国家社科基金
GUOJIA SHEKE JIJIN HOUQI ZIZHU XIANGMU
后期资助项目

后福岛时代中国核能的公众接受度与社会抗争研究

Chinese Public Acceptance and Social Resistance to Nuclear Energy in the Post-Fukushima Era

肖群鹰 著

上海远东出版社

图书在版编目(CIP)数据

后福岛时代中国核能的公众接受度与社会抗争研究 /
肖群鹰著. —上海：上海远东出版社，2021
ISBN 978 - 7 - 5476 - 1751 - 9

Ⅰ.①后… Ⅱ.①肖… Ⅲ.①核能—能源发展—公众
—接受学—中国 Ⅳ.①F426.23

中国版本图书馆 CIP 数据核字(2021)第 197327 号

责任编辑 程云琦 刘思敏
封面设计 李 廉

后福岛时代中国核能的公众接受度与社会抗争研究

肖群鹰 著

出 版 **上海远东出版社**
　　　　(201101 上海市闵行区号景路 159 弄 C 座)
发 行 上海人民出版社发行中心
印 刷 上海信老印刷厂
开 本 710×1000 1/16
印 张 21.5
字 数 375,000
版 次 2022 年 1 月第 1 版
印 次 2022 年 1 月第 1 次印刷
ISBN 978 - 7 - 5476 - 1751 - 9/F · 678
定 价 98.00 元

前　言

在安全可控核聚变反应实现之前,核能仍然不是完美的能源。一部分人接受它,另一部分人却拒绝它。因此,世界核能的发展道路,一直面临着"向左走"还是"向右走"的抉择问题。特别是 2011 年日本福岛核事故发生之后,世界核能发展进入相对低潮期,核能的公众接受水平下降、社会抗议风险攀升。核能的利用和发展,在德国、意大利、瑞典和日本等国遭遇重大挫折,在中国也受到巨大的冲击和考验。本书聚焦这一特定历史阶段,在中国社会文化背景下,探讨我国社会公众对于核能的复杂心理特征及其影响机制,并思考如何防范和化解相关社会冲突风险。

这项研究开始于 2013 年,当时我在西安交通大学从事博士后研究,参加了朱正威教授主持的国家社科基金重大项目"建立社会稳定风险评估机制研究"(批准号:11&ZD034)课题,依托该项目获得了部分前期研究数据,开展了关于核能风险感知与微观心理机制的研究;2014 年获得了国家社科基金后期项目(批准号:14FGL009)的立项支持,又开展了一系列补充调查和分析,进一步充实了有关核能社会抗争的研究。

全书基于国际和历史的视野,在心理认知理论、风险管理理论和社会运动理论的指导下,系统地研究中国核能的公众接受性与社会抗争风险。主要研究内容包括:

(1)环境研究。分析后福岛时代国际核能发展的形势变化,分析中国核能发展的政治、经济、能源和技术环境。

(2)现状研究。辨析中国社会有关核能接受度、风险感知、舆论场域,还有社会抗争的状态与特征。

(3)机制研究。探索善意信任和能力信任对核能接受度的影响机制,分配公平感和程序公平感对核能接受度的影响机制,核能项目社会抗争的形成机制,还有选址地群众反对邻避型项目的社会动员机制。

(4)对策研究。探讨防范和化解核能项目低接受度、高抗争风险的策略与方案。从科学选址、大数据情绪监测、社会心理调适、核事故风险沟通几方面,提出应对风险的模型与方案。

　　本书诠释了群体复合感知对核能公众接受度的影响,揭示了程序正义和分配正义、善意信任与能力信任对核能接受度的影响机制;在理论上澄清了心理认知、情绪、接受度、抗争行为之间的关系,有助于改变国内对相关重要问题的研究过于碎片化的现状。研究对核能接受度的信任机制、公平机制、舆论场域及抗争机理的解析,对低接受度、高社会抗争风险防范和化解方案的设计,对于理解和推动中国核能安全发展有借鉴意义。该书对核能应急管理研究和实践具有参考价值,适合重大项目社会风险管理的决策者、执行者或研究者阅读。

　　本书的顺利出版得到了各方面的关心和支持。除了必须感谢国家社科基金后期项目的立项资助外,首先需要感谢原武警福建省总队政委卢江辉少将,正是在老首长特批之下我才获得了从事博士后研究的宝贵机会,也才有充裕的时间进行这项研究;其次需要郑重感谢我的博士后导师朱正威教授,是老师将我领入公共危机管理研究领域,并让我对核能社会冲突研究产生了兴趣;最后还要感谢上海远东出版社的刘思敏老师,她耐心细致的出版编辑工作,显著提升了书稿质量。谨将此书献给我的母亲陈丽英女士。

目　录

第一部分

绪　论

这是一项聚焦于 2011 年日本福岛核事故发生之后特定历史阶段,探讨中国核能社会接受度与邻避对抗风险的系统性研究。绪论部分除了分析研究的社会背景和研究背景,将重点介绍总体研究设计,说明研究的目的意义、框架内容思路,还有数据与方法。

一　社　会　背　景

以 2011 年日本福岛核事故的发生为标志,国际社会迎来了核能发展的后福岛时代,新的社会特征与历史问题在这一时期重合到了一起。

(一) 国际核能发展道路出现分岔

1905 年爱因斯坦(Einstein)发表相对论,指出质量和能量可互相转化,其公式为"$E = mc^2$"。在真空中,光速(c)为每秒 30 万千米。这意味着物体只要减少一点点质量(m),就可以转化为巨大的能量(E)。1938 年德国化学家哈恩(Hahn)和施特拉斯曼(Strassmann)用中子轰击铀原子核,发现重金属元素铀的原子核裂变反应,具有上述质能转化特性。据此,意大利裔美籍科学家费米(Fermi)在芝加哥大学建成世界第一座核试验堆,并于 1942 年 12 月 2 日进行了首次自持链式反应实验,实现了可控的核能释放,原子时代由此拉开了序幕。至今民用核电大致经过了五个发展阶段:

(1) 20 世纪 50—60 年代,核电发展草创期。1954 年 6 月 27 日,前苏联建成了世界首座民用核电站——"奥布林斯克"核电站;1956 年,英国建成世界上第一座商业运营核电站——"考尔德豪尔"核电站;1957 年美国建成世界上第一座压水核反应堆——"西坪港"核电站;法国、德国和日本也均在这一时期进入核能商用国家行列。

(2) 20 世纪 70—80 年代,核电飞速发展期。以法国和日本为代表,西方国家大力发展核能,年度新开工建设反应堆经常保持在两位数,至 80 年代晚期,核电占到了全球电力总量的 17%(Kidd,2013)。

(3) 20 世纪 80 年代末与 90 年代,核电发展陷入低潮期。1979 年美国三哩岛核事故、1986 年苏联切尔诺贝利核事故引起了国际社会的惊疑和恐慌。特别是切尔诺贝利核事故,破坏性极大,给欧洲各国社会造成了长期的不可逆的环境、身体和心理伤害,导致国际核电的发展进入低潮。核电占全球电力比出现萎缩,降至全球电力总量的 14%(Kidd,2013)。

(4) 21 世纪的第一个十年,被称为"核子复兴(Nuclear Renaissance)"期。油价、电力和气候变化的压力,推升公众的核能接受度,欧美各国核电发展环境走向宽松,政策上也有了松动的迹象。但从反应堆新建情况看,年均开工数量依然维持在个位数,核电占全球电力的比例继续维持在 14%,"核子复兴"时代实际并未到来(Kidd,2013);

(5) 2011 年日本爆发福岛核事故,核电发展转入"后福岛时代"。主要核能利用国家在核能发展取向上产生分歧,德国、意大利、比利时、瑞士、瑞典迫于社会压力,都宣布"退出核电"计划。德国作为"重核裂变反应"发现者哈恩和斯特拉斯曼的故乡,决定于 2022 年之前关闭全部核反应堆,对国际公众的核能心理认知造成了巨大的负面影响。日本政府作为核事故发生国家,关闭了大部分核电站,核能发展政策进入了国内消极研讨阶段。不过,作为新兴经济体的中国、印度和越南,坚持积极的核能发展战略;作为核能大国的美国和法国,则基本维持着原有的核能利用地位。

受 2011 年福岛核事故的影响,全球核能发电量呈现出"V"形走势。2010 年全球核能发电量为 626.3 Mtoe[①],2011 年日本福岛核事故的发生影响了世界核能利用格局,当年全球核电发电量下降到 600.4 Mtoe,2012 年缩至 559.3 Mtoe,到达谷底,然后逐年缓慢回升,至 2015 年回升至 583.1 Mtoe[②]。这是一种典型的"V"形走势。在此期间,中国实施了宏伟的核能拓展计划。2010 年中国核电发电量为 16.7 Mtoe,占全球核能总发电量的 2.67%;2015 年增至 38.6 Mtoe,占到全球核电总发电量的 6.62%[③]。

如果考虑与 GDP 全球占比(2015 年中国的 GDP 占全球总量的

---

① 油当量(Oil Equivalent),指按标准油的热值换算的能源量指标,也称标准油。Mtoe 表示百万吨油当量(Millon Ton Oil Equivalent)。1 吨油当量等于 1.428 6 吨标准煤。

② IAEA PRIS (Power Reactor Inormation System). Operational & Long-Term Shutdown Reactors,31,May,2017,http://www.iaea.org/PRIS/World Statistics/Operational Reactors By Country.aspx.

③ BPstats.BP 世界能源统计年鉴,2016;35. http://bp.com/statisticalreview.

14.84%）相匹配,中国的核电还有巨大的发展空间。可是我们无法否认这种发展速度非常惊人——中国核电发电量的年均增长率,2005—2011年为5.76%,2011—2015年就变成了18.37%。2011年中国核电运行和在建装机容量有4 179万千瓦(肖新建,2012),根据《核电中长期发展规划(2011—2020年)》,2020年达到8 800万千瓦,十年内总量要翻上一番。作为推动国际核能发展的引擎,中国新规划和新建设的核电站、核燃料基地和核乏燃料处理厂项目将日益增多。以2013年为例,中国开工建设的核反应堆数量占到了全球总开工数的38.9%,筹建的核反应堆占到了全球总筹建数的52%,发展速度非常快。

中国的核电发展有些不走寻常路。在世界核能发展的低潮期,中国的第一座核电站秦山核电站、第二座核电站大亚湾核电站建成投产;而在后福岛时代,世界核能发展出现重大分歧之际,中国坚持了自己宏伟的核能拓展计划。从国际核能发电量的变化看,中国作为新兴经济体的核电发展冲劲一览无余。但是,国际环境影响着本国公众的风险认知与反核情绪。在外部形势拖累之下,中国政府积极扩大核电比重、谋求做大核电,虽然巧妙地利用了城市空气污染治理和国家能源结构调整的契机,以及大型国企的市场支配地位,在多方面取得重大进展,但是也遇到了很大的阻力。在快速发展核电的过程中,国内发生了多起群体性事件。可见,我们必须紧跟中国核电大发展的步伐,加强对核能公众接受度与反核社会冲突的研究,为核能政策的顺利施行提供理论支持。

(二) 各国公众核能接受度不足

原子时代的缔造者、诺贝尔奖获得者恩利克·费米(Enrico Fermi)曾经说过:"在将来,核能领域公众对核能的意识和接受度将成为最严重的问题,但是我们却忽视了它。"(Wu, et al., 2013)国际经验告诉我们,公众接受度不足或突然下挫,是阻碍核能发展的关键问题。德国和瑞典等国的案例说明,公众接受度会在政治过程中发挥作用,低接受度会牵引造成高压力,迫使本国政府不得不调整甚至退出核电利用;世界各地的反核运动表明,在核能利用过程中,公众认可水平不足可能导致社会不稳定。例如:1977年西班牙毕尔巴鄂、1979年美国纽约、1981年德国汉堡、1986年意大利罗马、2011年日本东京,都发生过10万人以上超大规模反核游行示威活动,其他国家规模较小的反核集体行动更是不计其数。

调查表明,中国社会公众的核能接受度明显高于美法德日等主要核能国家(Kim, et al., 2014；Wu, et al., 2013),但人们对于在居住地建设核电站的接受水平明显偏低(肖慧娟,2001;戴正等,2014;陈钊等,2009)。在中国,核能项目属于典型的邻避项目。中国建设第二座核电站时就爆发了群体性事件——1986 年香港反对大亚湾核电站建设事件;30 年后的 2016年,江苏连云港发生了反对中法合作核循环项目事件,抗争的对象变成了核乏燃料后处理厂。不过,人们的核项目邻避心理依然炽烈。在这期间中国发生了大大小小数十起抗争事件,其中以台湾反对第四核电厂的斗争最为激烈(周扬清,2014)。而除大亚湾核电站之外,绝大部分被针对的项目命运多舛。

各类反核事件的出现,向我们传递了清晰的风险信号——在中国社会"恐核"和"反核"情绪十分强烈;地方民众存在核能接受度不足的问题,这对于积极发展核电的中国是一个大问题。2011 年日本福岛核事故使一些国家的核能公众接受度大幅下滑,也影响了中国大众的核电风险认知(方芗,2014)。中国政府发展核能,除了需要特别关注核安全问题本身之外,还必须科学应对后福岛时代核能接受度下降的问题。从研究角度看,当务之急是要辨识核能接受度的影响机制,探讨有效的风险治理模式,而这些都有赖于更深入的专项研究。

美国的实践可以给我们很多启示。1979 年三哩岛核事故和 1986 年切尔诺贝利核事故,曾经严重挫伤了美国社会对核电的接受水平(Bolsen & Cook,2008),但是 2010 年盖洛普(Gallup)的调查说明,通过风险沟通与信任重建,美国公众的接受度得到了明显提升(Jones,2010)。虽然日本福岛核事故的发生同样让美国政府非常被动,但先前的努力至少说明,公众对于核能的认可水平是可调节的。在后福岛时代,中国政府需将提升核能接受度、调节反核行为倾向,作为新项目规划建设的重要条件。当前,中国政府对重大项目推行"社会稳定风险评估制度",就是希望能够在事前防范和化解群体性事件社会风险,不过目前这项工作还需要进一步探索和完善。有鉴于此,本书将在政策研究部分,突出对核能项目认知调适、风险沟通,以及重大项目"稳评"机制的研究。

(三) 能源、气候、社会安全问题多点重合

核能因为具有高能效、经济和低二氧化碳排放的特点,在许多国家取得了"通行证"。但是,1992 年《联合国气候变化框架公约京都议定书》为帮助各国完成限制和减少温室气体排放指标,确立了两套应对机制——清洁能源发展机制和联合执行机制,特地将核能项目排除在外,提出的理由为核电可能不安全、不经济,或可能与武器制造有关(Rogner et al.,2010)。

国际原子能机构(International Atomic Energy Agency，IAEA)对此相当不满，建议重新对核电进行评估，并将之纳入全球气候变化应对机制(Rogner，et al.，2010)。2010 年，国际能源署（International Energy Agency，IEA)发布《核能：可持续、气候变化和市场竞争》，重申发展核能有利于解决当前世界最关键的三大问题——资源不可持续、气候变化和电力市场竞争问题(田愉和胡志强，2012)。中国的上述三大问题也很严重，需要借力发展核能这条道路。

（1）从资源可持续性看，2013 年中国的化石能源消费占本国能源消费总量的90.2%，其中煤炭、石油和天然气的消费在本国能源消费比例中分别为67.8%、17.5%和5.3%。过度的一次性能源消耗，是不可持续的。中国政府认识到了这种能源消费模式的短视与粗放，正在不断调整和改进。至2020 年，中国化石能源占能源消费总量的比重下降到了84.3%，其中煤炭消费占比下降到了56.6%，但是石油和天然气消费占比却上升为19.6%和8.2%。① 可见，能源消费模式的调整前路漫长，发展劣势尚未根本扭转，调结构依然任重道远。

（2）从能源市场竞争看，中国作为经济发展强劲的世界第二大经济体，能源消费需求年年攀升——中国的能源消费总量2000 年为1 000.7 Mtoe，2010 年达到2 491.1 Mtoe、增长148.9%，2020 年涨到3 474.2 Mtoe、增长247.2%(BPStats，2021)。虽然中国人均能源消费低于世界平均水平，但是人口总量世界最大，能源消费呈现持续扩张态势，使得能源供给十分紧张。目前，中国是世界上最大的煤炭消费国、最大的石油进口国。国家的能源安全，要求提升能源自给率。

（3）从气候环境变化看，在快速发展过程中，中国存在不容忽视的生态环境破坏和污染问题。2008 年起，中国便被认为是世界上二氧化碳排放量最大的国家，在道义上一直被国际社会置于不利的位置(Murdoch，2008)。2013 年，中国部分城市又发生了历史罕见的雾霾污染，治理空气污染是一项长期而艰巨的任务。为了应对气候环境变化，2015 年11 月中国政府在法国巴黎世界气候大会上做出政治承诺——"二氧化碳排放2030 年左右达到峰值并争取尽早达峰；单位GDP二氧化碳排放比2005 年下降60%—65%；非化石能源占一次能源消费比重达到20%左右"。为此中国必须不断

① 这些数据源自 Statistical Review of World Energy 2021 (70th edition)，2021-06-08，BP P. L. C.，UK. https://www. bp. com/content/dam/bp/business-sites/en/global/corporate/pdfs/energy-economics/statistical-review/bp-stats-review-2021-full-report.pdf.

优化一次性能源消费结构,大力发展清洁能源,逐步降低化石能源消费占比。

在以上三重压力下,中国的核能发展需求非常迫切。以核电部分代替煤电,已成为中国能源与环境政策的发展取向。但是要顺利推进这项工作并不容易,化石燃料(以煤炭、石油为主)的利用尽管会出现诸如酸雨、雾霾、温室气体排放、资源不可再生、矿难等问题,但是在中国很少引起激烈对抗;而对于核能项目,核辐射事故发生的可能性极低,中国"至今没有发生2级以上核电事件"(袁于飞,2017),但是地方民众反对在居住地建设核能项目的态度却非常鲜明。尤其是进入后福岛时代,邻国日本发生7级核事故的负面影响一时难以消化,国内核电项目选址地民众的核能接受度低迷,给项目推进带来较多困难。

从专家意见、网民意见,以及核电站周边居民意见可以看到,持赞同与持批评观点的人们的心理认知非常复杂,经常会形成泾渭分明的两派。中国围绕核能项目建设已多次爆发争论或冲突。参与争论各方提出了许多立场迥异的观点,形成了中国核能技术和核电项目发展的舆论场域。总体看,持支持观点的人往往更为知性和温和,持反对观点的人则比较情绪化。显然,中国社会公众对于核能发展的微观社会心理,关于核能发展的议题观点,是探测核能项目社会冲突风险、完善危机公关方案、沟通化解社会矛盾的重要参考素材。但是,当前还未见有人对这些相关的社会情绪、态度和议题观点做过系统梳理,本研究希望能够弥补这一点不足。

总之,当前中国核能公众接受度不足的问题,与本国能源短缺、邻国核事故、全球温室效应、本国大气污染治理、核电项目邻避效应、社会变迁等问题,紧紧缠绕在一起,使得核能发展形势趋于复杂化。经济的因素、安全的因素、社会的因素、环境的因素是国际核电站建设必须综合考量的四条通则(杨海霞,2011)。本研究将基于系统论的视角,从多个角度剖析中国社会的核能接受性和反核冲突问题。

二　研　究　背　景

(一) 核能的公众接受度与影响因素

1. 核能接受度

国际研究已经表明,核能的社会接受度不足是一个国际难题。国内研究者(如:胡蓉,2009;宣志强等,2012;陈钊等,2009;戴正等,2013;杨广泽等,2006;王丽,2013),对核能及核能项目的公众接受度进行了调查,结果发现在中国同样存在核能接受性问题。国内研究者分析了中国核电的风险感知和收益感知状况,分析了核电知晓率、人口属性(年龄、教育、性别等),以及空间距离(居住地与核电站的距离)等对核能接受度的影响,发现地方民众对核电站具有突出的邻避心理。还有研究者对比了科学家、核电站职工与社会公众,对于核能的不同接受态度,认为科学家或核电站职工的接受度要高于普通公众(时振刚,1998;郭跃等,2012;王丽,2013)。已有研究指出了中国社会不同人群的核能接受水平存在分化,但是对类间差异和分化程度的描述还不够清晰。例如,绝大多数国内调查发现核电站作为邻避型项目,周边居民的接受度要明显低于普通公众。但是,Yuan et al.(2017)的调查却发现海阳核电站周边居民由于环境问题和电价,对在当地建设核电站有很高的接受水平。这究竟是异常还是常态,还有待比较分析。

2. 内陆核电的接受性

由于中国大体上是在沿海地区发展核电,导致目前内陆省份没有核电站;而沿江发展核电的新规划又遭到了地方民众的强烈反对。由此,中国出现了独特的"内陆核电"问题——即内陆核电接受性问题。杜祥琬等(2015)分析和评估了内陆核电厂的自然灾害(水灾、旱灾)抵抗力、流出物和废水的放射性污染、事故工况下的放射性污染、水和大气环境问题等,强调内陆核电的自然灾害风险可控,废气废水排放可控,对照福岛核事故的善后处理经验,认为"兜底方案"可确保内陆核电厂周边水资源的安全。王小楠(2014,2015)以福岛核事故为据,紧盯湘鄂赣核电站的脆弱性环节,提出《内陆核电能否重启,十个关键问题不容回避》,以及《"十问内陆核电"之续问》。对立的学术观点和评估判断,反映了中国内陆核电发展在支撑智库层面的分裂。

那么,究竟内核核电的社会接受性如何呢? 洪加标等(2016)做过一次内陆核电站选址地周边居民接受度调查,发现调查对象中持支持态度非常高(占73.9%),但邻避心理也很强,提出若核电站建在自家附近将选择搬迁的占69.0%。可见,"内陆核电建设不是什么特殊的技术问题,是社会公众的可接受问题"(王晨香、杨志平,2013)。江西彭泽、湖南益阳、河南南阳等地在规划或开工建设核电站的过程中,遭遇到了较大的负面网络舆情。内陆核电的接受度问题,或许会在一般核电的不接受性之上,多上一重带有"内陆"标签的阻碍。相当一部分内陆省份的民众拒绝内陆核电,并不是因为核能设施具有"内陆"特征可能增加不可接受的技术风险,而是因为对核能项目存在强烈的邻避心理,需要一个拒绝的好理由。这种情况增加了风险沟通的难度。

3. 影响机制

核能接受性的形成是个很重要的议题。国内有些研究者分析了核能接受度在人口学与社会学方面的影响因素,但是鲜有研究从促进机制角度,探讨如何提升核能公众接受度,相关理论成果的政策应用也需要进一步强化。国际研究者深入辨识了公众对核能项目接受度的一系列影响因素,包括收益与风险分配、公众决策参与、政府与运营商的应急管理能力,以及公平正义等。研究发现风险感知(Song,2013;Whitfield,et al.,2009)、收益感知(Visschers & Siegrist,2012;Nick,et al.,2009;Adam,et al.,2011;Liao,et al.,2010),以及信任(Ho,2013;Song,2013)等心理认知因素,可以解释和预测核电站或核能的公众接受度。国际研究者希望通过探讨核电项目的微观社会心理机制,帮助政府和运营商减少或避免社会对抗。相关的理论产出有些已被应用于核能的风险沟通制度设计,很值得我们借鉴和思考。

不过,当前这一领域的研究还不够完善。在信任研究方面,已有研究没有考虑到"信任"是一个复合概念,也没有意识到"信任"同时包含着情感和能力上的认可,因而在核能接受度的信任机制研究中,还未见分维度的探索——这种情况削弱了相关研究产出对于核能信任建构的理论指导价值;在公平研究方面,袁丰鑫等(2014)曾经提出公平是调节核电公众接受度的重要因素,但是所提观点尚缺乏证据支持。Visschers & Siegrist(2012)采用调查数据,分析了"产出公平"与"程序公平"对核能接受度的影响,但在其模型中,历来被认为是关键解释因素的核风险感知、收益感知等变量,竟对核能接受性没有解释力。这与国际研究者(包括 Visschers 自身)的其他研究结论存在矛盾,因此,Visschers 等在后继的核电接受性研究中,不再纳入"公平"变量。但是考虑到公平的程序正义维度,对应着民众参与权的配置问题;公平的分配正义维度,对应着核电收益的分配问题,政策意义重大,有必要进一步的探索和研究"公平"与"核能接受度"的关系。

(二) 核能的风险感知与社会恐核心理

关于核能风险感知的研究,包括了对风险感知心理、风险感知影响因素,以及风险感知后果的研究。

1. 风险感知心理

一些研究者将苏联切尔诺贝利核事故、日本福岛核事故作为背景,分析了公众的核能意识(Amano,2011;Eiser,et al.,1990)、焦虑心理(陈晓文等,2013)或恐慌行为(陈紫涵等,2011;廖力等,2012),据此揭示了非项目选址地民众的核风险感知;还有一些研究者以具体项目为背景,研究了核电站(谭爽、胡象明,2013;朱苇苇等,2017)、核乏燃料基地(Sjöberg & Drottz-Sjöberg,2001;Slovic,et al.,1991)、核事故发生地周边居民的风险感知。鉴于核能项目风险的不可完全消除,在核能利用过程中,核风险感知将永久陪伴着人们,为此,Starr(1969)提出了一个值得深思和探究的命题——"多安全才够安全(How safe is safe enough?)"。在研究和回答这一问题的过程中,人们提出了"可接受风险"的概念。这里的"可接受风险",实则指世界上的安全是相对的,不是没有风险,而是主观感受到的风险水平居于一个合理的、较低的范围。

那么,应当如何让核能风险变成"可接受风险"呢? 美国核管理委员会(Nuclear Regulatory Commission,NRC)在其"SECY-01-0009"声明中提出了核能项目达标的"两个千分之一"标准,即:①厂区外1.61公里范围内的公众,由于反应堆核事故立即死亡的风险,不超过其他事故所导致立即死亡风险总和的千分之一;②厂区外1.61公里范围内的公众,由于反应堆运行导致癌症死亡的风险,不超过其他原因所导致癌症死亡风险总和的千分之一(刘长欣等,2008)。这是核能管理者眼中的核能"可接受风险"。Sun & Zhu(2014)则采用潜在价值评估法(Contingent Valuation Method),计算公众为了避免核电站成为邻避设施愿意支付的价格(Willing to Pay,WTP)。计算结果是,在中国每户居民的核电站WTP价格约为80.106—116.60美元。这是由研究者提出的核能"可接受风险"。事实上,社会公众的风险感知是多层次多向度的,具体内容结构远比上述两者要来得复杂。本研究希望探索中国社会复杂的核能风险心理认知。

2. 风险感知的影响因素

风险感知决定着人们的核电接受水平。影响公众核电风险认知的因素很多,其中比较显著的有核事故、媒体宣传、时间、熟悉程度等(田愉、胡志强,2012)。在核事故发生时,信息不对称让各国普通民众心中充满了忧虑,担心利益集团与政府为了经济利益而隐瞒实情,牺牲环境和民众健康(杨海霞,2011)。有研究提出,人们对核能技术的熟悉程度与知识掌握水平,对核能接受性存在正向影响(时振刚等,2000);但也有研究者表示反对,指出没有证据证明核知识教育可以改变人们对核能的态度(韩自强、顾林生,2015)。比较技术人员与普通公众的核能风险感知与接受性,可以看到这两类人员的差异较大,核电技术人员的分析和态度更为理性,而公众的认知更加感性和情绪化(郭跃等,2012)。这种差异可以用熟悉性来解释,人们对核能风险的熟悉程度越高,对风险的接受程度就越高。普通民众对核能的风险感知异于专家,是因为他们对核能存在非理性的恐惧(韩自强、顾林生,2015)。一些研究分析了福岛核事故爆发后中国民众的反应,提出中国社会存在比较普遍的核恐慌、核焦虑心理(如:陈晓文等,2013;廖力等,2012;王丽,2013)。Huang et al.(2013)对福岛核事故灾前灾后中国公众的核能接受度做了比较,发现核事故提升了公众的风险感知、挫伤了核能接受度。可见,相关部门和企业需要正视这种恐核心理,将普及核电科学知识、消除人们的疑虑,放到重要位置(侯逸民,1991)。无论是在常态下、还是非常态下,都要做好涉核项目的风险沟通。

3. 风险感知的后果

大量研究(如:Slovic, 1987;Whitfield et al., 2009;Song et.al., 2013)揭示了风险感知的影响作用,发现它是解释核能态度的核心变量。也有研究认为核能风险感知与信任、公平等因素的交叉作用,可以显著影响公众接受度;可惜未能进一步探讨核能风险感知究竟是什么,很少能够在真实场景下解释清楚风险感知和接受度同核能项目社会抗争之间的关系。谭爽、胡象明(2013)的工作证明了在中国社会文化环境下核电站风险感知对反抗行为倾向有很好的解释力,不过这项研究忽视了对其他关键心理认知变量的分析。国际研究往往将风险感知和收益感知放到一起,探讨核能接受性的形成机制。一般的逻辑是,当收益感知超过风险感知时,人们对核电的接受性会明显提高(Venables,2012);但我们还不知道这种模式对于避免核能项目社会对抗是否有决定性影响。

(三)涉核项目社会冲突研究

1. 社会运动理论的解析

反核运动是社会运动的重要组成部分,社会运动理论对核能社会抗争研究具有重要的指导意义。西方社会运动理论存在集体行动论、资源动员论、政治过程论、框架建构论、新社会运动论等多个理论流派(冯仕政,2013),其中基于微观心理的聚众行为分析,在早期理论发展中贡献巨大。

怨恨心理、资源动员、抗争文化,以及政治过程四方面,被视为集体行动的根源和路径(Tarrow,2011)。

布鲁默(Blumer,1946)的符号互动理论认为集体行动是一个由集体磨合(milling)、集体兴奋(collective excitement)、社会感染(social contagion)依序构成的循环反应过程。该理论将社会抗争的形成分为三个层次:一是微观个体的心理活动滋生负面情绪;二是个体间的符号(语言、文字、动作等)互动,将个体的负面情绪变成了集体愤怒情绪;三是进一步的情绪传染,增强和放大了集体心理反应,最终爆发集体行动。布鲁默的这一理论生动解释了社会公众从个体对抗到群体对抗的心理反应过程,不过它没有考虑社会控制的影响。斯梅尔塞(Smelser,1963)的加值理论弥补了上述缺陷,提出形成群体心理(共同信念、普遍情绪),实施有效动员以及社会管控力下降,是导致集体行动的关键因素。

但这还不够,对集体行动而言,社会动员具有丰富的内涵。梯利(Tilly)提出了集体行动的社会动员模型,用资源动员和政治过程来解释社会运动的条件和机制(赵鼎新,2014)。在利益竞争关系盘根错节的环境下,资源动员程度是决定社会运动成败的关键。特别是环境保护运动,资源动员特征尤为明显(刘颖,2015)。

在国际社会运动理论发展中,基于微观心理的研究,还存在情感分析或情绪分析取向。如 Smith et. al.(2008)、Murphy & Tyler(2008)、VanZomeren et al.(2004)的研究,都正视了情感或情绪对集体行动的刺激作用。不过在国际反核运动研究中,采取此类分析方法的还比较少。本研究将在心理认知理论、集体行动理论、资源动员理论,以及情绪理论的指导下,探讨反核社会抗争的行动逻辑和演化机制,并思考应对办法。

2. 反核社会运动

西方的反核运动已成为其社会政治的一部分,持续的反核运动挑战了核能政策、改变了政治参与模式,并影响到了社会经济的运行(Kitschelt,1986)。因而在西方国家反核运动研究受到较大关注,出现了较多关于反核团体、媒体、网络和行动的研究(如:Feigenbaum,2015;Hoffman et al.,2002;Eschle,2017),成果十分丰富。但是,中国的反核运动研究的理论成果十分薄弱。已有针对中国反核事件的讨论,绝大部分与社会运动理论欠缺基本的关联,对中外反核运动的现状、特征、形成机制和社会后果,缺乏梳理和比较。而实际上,反核运动是社会运动的重要组成部分,中国社会同样存在着反核的力量和形式,如何利用西方社会运动理论,来认识中国的核社会抗争行为,还有待进一步的研究。

中国的反核事件具有本土社会文化特征。山东乳山核电项目在银滩购房者推动下因环评流产、广东鹤山核燃料项目在"稳评"报告公示之后起风波、江西彭泽核电站项目由于安徽望江县的反对陷入邻域纠葛、湖南益阳桃花江核电站项目选址陷入"内陆核电"漩涡等,都形象地说明了中国反核事件具有特殊的社会抗争形式,现有研究仍缺少归纳和探析。

3. 反核抗争的形成机制

反核事件的发生既有外部控制机制的问题,也有内部信念和认知的诱因(Downey,1986)。由核电项目引发的社会冲突,具有潜在的心理发生机制。Park & Ohm(2014)研究了福岛核事故前后韩国人对可再生能源的态度变化,发现感知信任、感知收益与感知风险共同影响公众态度,而态度与成本又进一步决定了公众的行为倾向,比较清晰地展示了韩国社会民众反核的心理认知机制。在国内有限的研究中,谭爽、胡象明(2013)证明了公众的风险感知会导致核电站项目的社会对抗。不过这种分析并不全面,群体性冲突事件客观上反映的是社会利益整合的状况(李琼,2007),是社会报酬不均衡分配的结果(科塞,1989)。谭爽(2014)也认为核电站邻避冲突的成因,可归结到安全之忧、利益之争、权利之辩和文化之殇四个方面,不过它们之间复杂的因果关系还未全部得到证实。

(四) 核电项目社会风险治理

国内有关核能社会风险治理的研究逐渐增多,主要集中于反核事件舆情分析、风险沟通和社会稳定风险预警研究三个子领域。

1. 涉核网络舆情研究

在互联网社会,网络舆情与反核事件一体双生,得到了大量研究者的关注。有研究者介绍了江门事件(李炜炜,2015;王斌,2014)、连云港事件(马天南,2017;张天杨,2017)事发前后的舆情动态,乳山事件中山东银滩业主自发创办媒体("天下第一滩"网站)的反核动员和诉求表达(曾繁旭等,2014),提出公众参与途径不畅和网络聚众行为交互影响,共同构建了涉核舆情和媒介生态。核电各方争相在传统媒体和自媒体上发声,特别是2011年福岛核事故发生之后,中国的核能议题网络出现宽幅振荡,生产了大量与反核相关的内容。新媒体的扩张和媒体循环,推动了反核议题和政治机会的生成(曾繁旭等,2014),媒体甚至作为议题设置者,主导了风险议题的建构(曾繁旭、戴佳,2015)。核项目集体对抗,实质上是政府、项目方与选址地民众有关利益与风险的多重博弈。参与各方往往对核安全有着不同的理解和认知,不同利益集团的立场和主张存在明显差异。但是在上述博弈中,关于中国社会的反核抗争,究竟形成了哪些核心议题和观点,还未见过系统的梳理。

2. 涉核风险沟通研究

美国核管理委员会颁行"对外风险沟通导则",规范了本国的核能风险沟通工作,中国的核电业务管理部门还缺乏类似的有影响力的行动指南。从沟通形式看,有人提出核电的风险沟通存在"技术专家模型——抉择主义模型——协同演化模型"的发展路径,理想的沟通方式应当借助风险评估工具,考虑沟通双方在社会、经济和政治上的差异性因素,进行双向交流、相互学习、相互了解(田愉等,2012;Bennett & Calman,1999;Reid,1999)。既然叫风险"沟通",顾名思义是发生在双方之间的交流、协商,以及寻求合作的行为。中国当前阶段的风险沟通,也应重视协同合作方式。常态与紧急状态下的风险沟通由于风险压力的差异,以及沟通时效性的差异,应当有所区分。大量已有研究(如:雷翠萍等,2011;范育茂,2011;杨波等,2013;张露溪等,2016),集中探讨了常态下的核能风险沟通,核应急风险沟通研究还需要推进。

在中国已有一些核能项目抗争事件,相关事件处置时风险沟通的经验教训,需要被归纳并沉淀下来。侯逸民(1991)详细介绍了政府与反对大亚湾核电站建设的民众进行风险沟通的过程,提出要正视民众恐核心理,用科学事实消除疑虑,大力普及核能知识;曾繁旭等(2015)分析了广东江门鹤山核燃料项目事件的风险沟通,认为沟通失败的原因在于知识差异、缺乏沟通技巧,以及信任危机。虽然两类观点差别很大,但是都强调了核应急风险沟通的作用。陈惠芳等(2016)以广东茂名PX抗议事件为例,提出风险沟通存在态度、方法和技巧上的问题,反核事件风险沟通应引以为鉴。以上三者都尝试探讨了应急行动中的风险沟通,侯逸民(1991)的研究重在沟通过程的梳理和介绍,缺乏对沟通理论和模型的进一步概括,因而可移植性不好;曾繁旭等(2015)和陈惠芳等(2016)的分析结论十分相似,都指出了风险沟通存在信任不足,都认为风险沟通方法和技巧存在较大问题,但是二者都没有给出改进的沟通方案。

3. 社会稳定风险预警研究

核电项目的社会风险治理需要公众参与,但是,当前的核电站风险管理比较缺乏公众信息反馈环节的设计。既然核能项目具有高邻避风险,那么科学评估和预警此类风险,有助于安抚人心、有利于保障社会稳定。为防范与化解重大决策、重大项目引发的群体性事件风险,中央政府出台了《关于建立健全重大决策社会稳定风险评估机制指导意见》(中办发[2012]2号)文件,国家发改委出台了《重大固定资产投资项目社会稳定风险评估暂行办法》。据之,所有核能项目必须先通过稳评,方可开工建设。从这一点看,社会公众对核能的接受度,及由此产生的抗争行为意图,已成为"稳评"调查、分析及评估的重要内容。

当前已出现了一些评价或预警核能接受性和核项目社会风险的技术模型研究,如 Liu et al.(2008)、姜金贵和刘显铭(2014)、邓渠成等(2017)、谭爽(2013)的研究。相关研究首先设计了评价指标,然后基于对少数样本的调查,来评价或预警核能或核能项目的接受性与社会风险——相关操作很难保证调查的质量和当地居民样本的代表性。不仅如此,项目评价工作,或者需要项目方提供评价资金,或者需要地方政府和项目方选择评估机构,这种情况造成了一些项目的评价结果,只能部分反映、甚至无法反映当地民众"民意"的状况。现实的例子可以印证上述观点,广东鹤山市龙湾工业园的核燃料项目,在前期准备时并未受到抗拒,在"社会稳定风险评估报告"公示期间,当地爆发了抗争性群体性事件。现实情况很值得我们反思!

(五) 总体评价

以上具体评述了国内外风险感知、核能接受度与影响因素、反核运动及其应对机制研究的最新进展,指出具体各部分研究存在的空间,以及需要努力的方向。以下对照国际研究状况,对中国核公众接受度及社会抗争研究做一个总体评价。

1. 对研究问题的总体评价

2011年起国内关于核能接受度的研究成果突然增多,这可能与政策需求和国际环境有关。后福岛时代核电问题的社会选择是在复杂的国际化场景之下展开的,由于核能政策的施行、社会矛盾的化解具有长期性,预期未来核能社会风险研究的兴奋点会更加突出,研究的热点具有延续性,"核能战略、公众接受度、风险感知、反核事件、风险沟通"等将是研究焦点。其中公众接受度作为国家能源规划和项目运作中需要重点考量的因素,又是社会抗争的心理认知基础,将统领其他的研究点,引发更大的研究关注。

核能项目容易导致公众产生高风险预期,日本福岛核事故发生之后、中国扩张型核能发展战略推行以来,国内反核事件频发。群体性对抗会破坏社会安全,甚至造成能源、经济与政治动荡,所以核能的社会抗争研究也应该得到更多关注。中国核能发展的民用和商用纪元,开篇于 1991 年秦山核电站的并网发电,迄今不过 30 年,有太多心理学领域、社会行为领域、工程管理领域,以及应急管理领域的重要问题,我们还没有经历过,需要开展前瞻性研究。核能社会安全领域的实践需求将不断浮现,现有理论研究需要强化指导性作用。但实际上,在核安全方面有一些关键的问题仍然没有引起重视,理论研究跟进也很不够。例如:

核电站退役与社会冲突问题——2018 年中国台湾第一核电厂、2021 年秦山核电站如果选择延长运行"寿命",未来会不会引发社会抗争?

反核运动的发展问题——与西方国家相比,中国的反核社会抗争有何不同,随着核能总量的放大,国内反核斗争形势会不会趋于复杂化,如果安全形势变得更为严峻,当前的应急准备是否足堪重任?

核事故的应急管理和风险沟通问题——中国的核电站有着较好的安全运行纪录,还未有应对严重事故的经验,核能应急处置和风险沟通的设计和演练都还很不够;切尔诺贝利核事故发生以来德国的反核运动、福岛核事故发生之后日本的社会与能源困局,能否让我们引以为戒?

内陆核电站启动建设之后的社会抗争问题——中国的核能项目空间分布处于极度不均衡状态,各大核电企业、内陆省份的决策层都在反复酝酿并热切期望着内陆核能项目的顺利开局和推进。民间却在坚决抵制。这样,"内陆核电"问题成了一个很大的"马蜂窝"。这个问题终究是要解决的,但是,当前的内陆核电研究以技术层面的论证为主,对内陆核电社会抗争的研究还未见有重要成果出现。

2. 对研究团队的总体评价

本领域的研究已聚集了相当一批学者,成果越来越丰硕。其中,以清华大学的研究最有持续性,在公共管理、新闻传媒,以及核能技术学科等方面,各有一些研究者关注核能利用的社会问题,研究侧重点在于核能的接受性和风险传播,如曾繁旭等(2015)、戴佳等(2015)对新闻媒介与核能风险沟通的研究,Huang et al.(2013)、Liu et al.(2008)、时振刚等(2000,2002)、李锦彬等(2014)、郭跃等(2012)、杜娟和朱旭峰(2019)、陈虹宇和房超(2020)对核能公众接受性的研究。北京航天航空大学胡象明团队一度对核风险与核安全心理进行了研究,其中对核风险预警(谭爽、胡象明,

2013，2014)、对核安全文化的研究(王丽，2013)较为醒目。从研究依托的单位看，该团队成员的流动性较大，而且跟进性不足，尚不足以成为一个研究的群落。具有类似特征的是西安交通大学的朱正威研究团队，同样从核能项目的社会稳定风险评价切入做了部分研究，集中在核能项目的风险感知及其评价(朱正威等，2015；肖群鹰等，2016)，核能抗争的微观心理(Xiao et al.，2017；肖群鹰、刘慧君，2017)，以及核能的公众参与和接受性(X Guo et al.，2021)等方面。此外，中国台湾大学的何明修从社会运动视角，对台湾反核运动做了长期观察研究(Ho，2018；Ho，2014；何明修，2002)；中山大学的方芗对中国大陆核能发展的"信任"和"风险感知"问题，做了比较系统的调查分析(方芗，2014)。

在中国核电产能不断扩张和核能项目社会抗争多发的今天，核能的接受性与抗争研究受到了极大关注，剔除新闻报道和单纯发表言论的作品，国内有二十多个高校或研究机构的研究人员，关注和研究过这一领域的问题。但是多数研究者做了孤立的研讨，同相关成果发表前后自己所做的研究关系不强，同自己的学术网络关联不大，研究的影响力比较有限。在有关中国核能接受度的影响机制、反核社会冲突研究方面，仍然缺乏同国际研究的对话。公众的核能接受度与反核运动，无论是对中国、还是对国际社会，都是一个重大的社会安全问题，但是学术研究领域的"麦田守望者"较少，缺乏代表人物。一些研究过于抽象和表面，缺乏对中国社会真实问题的关注。中国的核能社会抗争问题可能有不同的变局，很少有研究对此做过前瞻性的分析。

3. 对实证调查的总体评价

随着核能项目和社会抗争事件的增多，中国社会有了大量鲜活的素材和资料，可供研究者进行核能接受性和社会抗争的研究。调查实证研究，已成为核能接受度研究的一大特色。国内有不少对于核电站周边居民的调查研究，已有的对于三门核电站、田湾核电站、海阳核电站、秦山核电站等周边居民的调查，在样本规模、调查问题及分析结论上，都有力地支持了各自关于中国核能接受度及其影响因素的分析结论。不过，国内的调查研究彼此之间欠缺对照和互补，调查研究成果的政策推动力较弱，欠缺社会公众与地方政府互动的研究视角。核能的公众接受度反映的是群体的复合感知，但是既有调查研究对核项目选址地民众的公平感、负面情绪、道德责任意识等，大都缺乏关注。在这种情况下探讨核能接受度的影响机理，很难发现有价值的结论。

　　还有不少研究基于典型案例分析,探讨了核能的社会冲突问题。不过相关的研究主要是在邻避理论视野下进行分析,带有较大的趋同性,与西方社会运动理论的接驳很不顺利,相关研究成果还有待丰富。案例分析工作,无论是成功的案例还是失败的案例都应得到关注,特别是失败的案例,有助于进一步理解问题所在,帮助做出政策调整。但是类似于桃花江核电站网络事件、浮山红石顶核电站网络联签抗议事件、帽子山核电站邻域纠纷事件,以及反对大亚湾核电站事件等,新闻报道虽多,但是欠缺对于核能冲突形成机制、风险扩散机制,以及危机解决机制的研究,仍然无法在理论上解释好中国核能问题独特的社会冲突机制,并提出有针对性的解决方案。

　　4. 关于应对方案研究的总体评价

　　当前有关核能接受性解析模型、核能社会风险评价模型,以及核能风险预警体系的研究,都比较有特色;但是从与实践的关联看,核能项目稳定风险评估制度的评估方法研究、核应急风险沟通方案研究、核能新技术风险(无人机攻击、人工智能的脆弱性、网络威胁等)治理研究方面的政策需求更为迫切。以上研究已经出现了一些成果,不过还未见操作层面的反馈。在大数据时代,互联网络和社交媒体将核能项目选址地居民,以及一般社会公众的网络行为推到了我们面前,研究资料之丰富前所未有。但是,应对核电社会问题的大数据理论和技术模型,还很少看到有什么创新与突破。

　　国内研究者虽然相当关注核电站周边居民的风险感知问题,并发现不同人群存在感知差异,也发现了核事故对风险感知的影响和冲击,但是研究的政策建议普遍较弱,例如许多研究建议通过强化知识、普及教育提升核能接受度,但这一点并不能得到国际研究结论的支持。德国、美国、法国和日本作为老牌核能利用国家,国内民众对核能技术相对比较熟悉、核能知识也相对丰富,但是这几个国家的核能社会接受度差异极大,且各自走上了不同的核能发展道路。不少研究发现风险感知对核能接受水平、对核能社会抗争具有解释力。但是较少研究涉及核能风险感知的内容与结构,有关核能或核能技术风险感知的本质,仍然缺乏理论上的归纳和揭示。因此,有针对性的政策建议还比较少。

　　在社会运动理论中,负面情绪是抗争行为的重要影响因素,但是当前关于核能风险感知与情绪反映的研究少而弱,这种情况说明我国国内反核运动与社会运动研究之间的理论传承不够。已有关于国内民众的核风险感知、接受态度和社会抗争行为的研究不少,但辨识还很不够,有必要从风险、收益、公平和信任复合感知的视野,深入探讨中国核电项目社会抗争的理论机制。当前,核能利用的公平性问题十分突出,但是国际上关于核能公平的研究是比较失败的,国内研究者对这一问题也基本是绕路而行。核能项目邻避效应和社会抗争的预防和应对方面,还比较缺乏专门风险治理工具的研究和开发。核能接受度属于心理认知的范畴,但是还未见国内有专门应对核能低接受度问题的心理调适研究;紧急状态是风险沟通的关键时段,核能社会冲突(如示威游行)和核事故应急行动(如组织撤退)都需要风险沟通的助力,但是国内还很少见关于核能应急沟通方案的研究。

三 提 出 问 题

2011 年福岛核事故发生之后,国际核能进入了多分岔发展的"后福岛时代",而中国坚持走上了核能扩张的道路。新局势带来的新问题受到了国内外研究者的巨大关注。但是,有关核能接受性、核风险、核安全心理,以及反核事件的研究大都是碎片化的,核能接受性与反核行为的一些内在理论关系也还没有理顺。本研究将汇总、比较和探索相关研究问题,在思想和学术观点上进行交流和争鸣。相关研究设想主要分布如下。

(1) 在后福岛时代,能源、环境、社会与安全的因素已经交织在一起,但是已有关于中国公众对核能认知及其影响机制的研究,往往只关注一点,缺乏系统性。针对这种情况,需要在国际的和历史的视野下,对中国的能源、环境、社会、安全因素进行关联分析,探讨中国社会公众和项目选址地民众核能接受度产生和变化的整体政治、经济与社会环境。

(2) 核能项目属于邻避型项目,这意味着社会公众和项目选址地居民对于核能(或核能技术)和核能项目的接受性必然存在差异,大量的调查研究已经证明了这一点。但是在中国社会核能项目的邻避心理究竟多大,尚缺乏清晰的度量。本研究希望能够将差异清晰地呈现给地方政府和项目方,以确保各方能够谨慎安全地规划建设各类核能项目。

(3) 中国大陆与台湾都出现过反核事件。特别是 2011 年福岛核事故发生之后,国内发生多起核能项目社会抗争事件。当前已有较多对于单一核能抗争事件的分析和研究,不过,已有研究对中国的反核抗争仍缺乏必要的理论分析和归纳。由此看,我们需要加强对反核事件的整理和归纳,中国的核能社会对抗事件将是本研究的分析材料和事实基础,我们需要从整体论的视角来理解和研究它们。

（4）核电风险与社会对抗的互动影响关系比较难以把握,但深入揭示这层关系,有助于防范和化解核电社会对抗风险。当前风险感知对社会抗争的解释力已经得到确认,但是核能风险感知的结构、特征及表达方式依然不明。当我们不了解核风险是什么,不了解核恐慌是什么时,讨论核能风险感知及社会抗争无异于纸上谈兵。

（5）公众接受度与反核行为的影响因素具有多维性,其形成机制相当复杂。对此,国际研究已深度涉及,并设计了一系列的理论解释模型,但已有关于核能接受度和社会抗争形成机制的研究结论,还需要在中国社会文化背景下进行应用检验。不仅如此,现有研究在信任与公平的探索方面仍有未尽之处,较少意识到公平与信任属于复合概念,造成了研究结论政策操作价值的不足。

（6）在后福岛时代,核能项目社会抗争增多,需要科学有效的风险防范与化解方案。社交网络和大数据预测技术的出现和进步,为核能风险治理提供了新的视角和方向,但是如何导入应用,还需要进一步探讨。

四　研究设计

（一）研究目的和意义

本研究的主要目的在于识别中国公众核能接受度及社会抗争行为的影响因素与机制,揭示群体复杂感知与核能接受度及对抗行为的因果关系,在此基础上进一步探讨低接受度与社会抗争风险的防范与化解策略。研究将在心理认知理论、风险管理理论和社会运动理论指导下,把握能源、环境、社会和安全等要素,深入分析公平感、信任、收益感知、风险感知等心理认知因素同核能接受度和社会抗争的理论关系,在此基础上进一步研究风险防范与化解的措施。为了完成以上任务,本书将试图回答以下几方面问题。

（1）中国核能的公众接受度究竟居于什么水平？社会公众与项目选址地民众的接受水平有何差异,如何理解这种差异？能源、气候、社会和安全的因素,对核能的接受度和反核抗争有何影响？

（2）中国社会针对核能的舆论特征和议题观点是什么？

（3）中国社会对于核能技术风险的认知状态如何？公众核能风险感知的内容和结构是怎样的？又是如何形成的？

（4）风险感知、收益感知、信任、公平感等心理认知因素，对核能接受度及对抗行为有无解释力，它们之间存在怎样的理论关系？如何测度核能项目周边居民的邻避效应？核能接受度与对抗行为之间又有怎样的转化关系？

（5）中国核能社会抗争与西方社会反核运动有什么不同？为什么同样的项目，在一些地区得以建设和发展，在有些地方却被放弃或搁置？

（6）在后福岛时代，中国快速推进核电项目，应当如何应对选址地民众的低核能接受度问题，应当如何应对核电的社会冲突问题？如何利用大数据技术，监测社会风险，保障社会稳定？

对这些问题的成功解答，具有重大的理论意义和实践价值。

（1）在理论上，分析中国社会公众核能认知的水平、结构及影响环境，并从复合心理感知视角，建构核能接受度和对抗行为的理论解释模型，将揭示中国社会核能技术接受度与对抗倾向的产生机制，将丰富核能发展的公平理论、信任理论和社会抗争理论。

（2）在技术上，研究将开发核能接受度的群体感知模型、核能社会对抗行为倾向测量量表，以及核能项目"民意"监测模型，提出紧急状态下的核能风险沟通方案等。这些工作都将在中国社会文化背景下分析或检验其适用性，相关分析操作技术可供移植借鉴，可供实践操作使用，具有重要的应用价值。

（3）政策上，后福岛时代各国核能的公众接受度下降，国际核能发展道路出现了分岔，中国采取积极扩张性的核能政策，在未来将面临接受度不足、社会抗争事件增多的困境。在此背景下，基于全球的视野、立足中国社会问题，研究核能低接受度与高社会抗争风险的应对机制，符合当前的重大政策需求，具有清晰的政策参考价值。

（二）研究框架与思路

世界核能发展进入后福岛时代，公众接受度明显下降，在此背景下中国选择积极发展核能，面临着较大的社会风险与挑战。据此，本研究在心理认知理论、风险管理理论和社会运动理论的指导下，基于国际和历史的视野，系统地研究中国社会公众的核能接受度及其影响机制，研究中国核能社会抗争的现象及其形成机制，探讨核能低接受度与社会抗争风险的防范与化解办法。研究将沿着"形势分析→现状分析→机制研究→对策研究"的逻辑思路展开。研究的框架与思路见图Ⅰ。

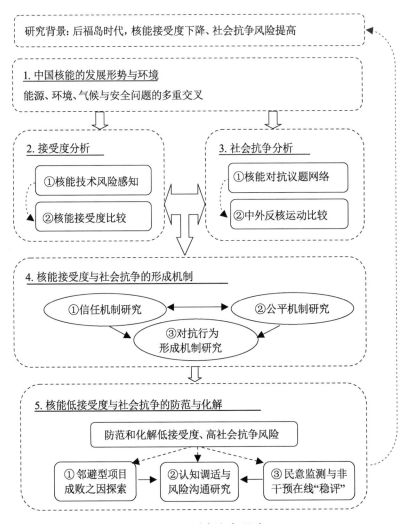

图Ⅰ 研究框架与思路

1. 分析核能发展的形势与环境

在国际和历史的视野下,综合分析后福岛时代中国核能发展的能源、环境、气候和安全形势。外部形势分析国际核能发展的分歧,国内形势分析中国的能源结构、环境污染和气候安全状况,在此基础之上描述和分析中国的核能发展战略和核能利用现状。上述研究展示了中国社会核能接受度与社会抗争形成的条件与环境。

2. 分析接受度与社会抗争现状

分析中国公众核能接受度与社会抗争的现状与特征。包括：①利用国内历次调查数据，综合比较中国社会公众、核能项目周边居民的核能接受度；②整理和比较国内外的核能风险感知水平，并利用核电站周边居民心理测试数据，分析核风险感知的内容与结构；③整理国际反核运动，以及中国大陆、香港和台湾发生的核能抗争事件，从国际比较视角分析和归纳中国大陆反核社会抗争的鲜明特征；④利用互联网资料，分析核能态度对立双方的主要议题观点，展示中国核能的公众议题网络，辨明中国社会公众不接受和接受核能的理由。

3. 探索接受度与社会抗争机制

采用调查数据，揭示复合心理感知因素对核能接受度与社会抗争的影响机制。包括：①采用结构方程模型分析方法，从程序正义与分配正义的视角，研究核电站公众接受度的公平影响机制；②从善意信任与能力信任的视角，研究核电站接受度的信任影响机制；③开发核能项目周边居民邻避效应测量量表，建构核对抗行为的理论解释模型，分析核能社会抗争的影响机制。

4. 核能社会风险的防范与化解

探讨低接受度与对抗行为的应对机制。包括：①研究如何通过心理调适与风险沟通，提升公众接受度；②参考美国核管理委员会风险沟通指南，研究紧急状态下如何科学实施风险沟通；③分析和解释高风险邻避型项目，为什么在一些地方可以成功落地、在另一些地方却被放弃或搁置；④基于罗素的情绪环状模型，开发基于社交网络的核能项目选址地"民意"监测模型；⑤在大数据民意监测模型研究的基础上，改进当前的重大工程项目社会稳定风险评估模式，提出核能项目社会稳定风险非干预在线评估方法。

（三）数据与方法

1. 数据和资料来源

研究所用数据资料的来源与用途参见表 I。数据资料构成主要有以下几类：一是田野调查数据，包括问卷调查与访谈数据；二是自建案例库，集成国内外反核事件案例；三是国内外统计年鉴或统计公报数据；四是各类社交媒体资料。

表Ⅰ　数据来源与用途一览表

数据来源	数据用途	对应章节
国际原子能机构 PRIS 数据库,BP 能源统计数据,《中国统计年鉴》和《国民经济和社会发展统计公报》数据。	分析中国能源消费结构、分析核能的发展状况、分析世界温室效应,说明后福岛时代中国公众核能认知形成的形势与环境。	第一章第二章第三章
关于中国核能发展的相关主题言论文章,以及 1.3 万条回帖记录;江门市网民关于核燃料项目的新浪微博记录,以及百度指数搜索数据。	分析和比较接受与不接受核电双方的议题观点;分析核电项目选址地网民的网络关注、风险感知与负面情绪。	第六章第十四章
自建中外反核事件案例库,共 301 例。	比较和归纳中外反核运动的态势与特征。	第七章
Q 核电站周边居民及核电站职工核能接受度调查数据 491 人;F 核电站附近三个镇街头拦访调查 97 人。	分析比较不同群体的核能接受度差异;探索项目选址地居民的核能接受度与对抗行为倾向的影响机制。	第四章第十章第十一章第十二章
Q 核电站周边居民"核能风险感知心理测试"363 人。	分析核电项目选址地民众风险感知的内容与结构。	第五章
组访:Q 核电站及当地政府安全管理人员访谈 15 人;山东省青岛市公务员 25 人、莱芜市 G 公司职工 13 人。	分析核能项目选址地及非选址地民众的接受态度与对抗行为倾向,辨析影响因素。	第九章第十章第十一章
个访:厦门市和漳州市市民 17 人。	研究同类邻避项目为什么在甲地成功落地,在乙地却会失败。	第十三章

2. 研究方法

本研究综合采用了定性研究与实证研究相结合、理论演绎与归纳总结相结合的方法。而且不同研究阶段,根据具体研究目标的差异,有差异地选择了不同的研究方法。

(1)在形势分析阶段,以福岛核事故发生的时间为起始点,采集世界各国核能的生产消费数据、公众接受性调查资料,以及各国政府核能政策的变化资料,分析后福岛时代世界各国的核能接受性、核能发展战略、核能运行数据的变化,呈现这一时期国际核能发展的基本特征。收集统计年鉴与监测数据,采用国际比较方法,从能源结构、空气污染、气候变化,以及核电发展战略等方面,分析中国核能发展的总体形势与环境。

(2)在现状分析阶段,采用比较研究方法,利用对核电站周边居民的社会调查与心理测试数据,分析国内外公众的核能接受水平与风险感知的内容与结构。采用质性研究方法,收集核电问题专家、网民跟帖评论信息,分析中国接受与不接受发展核电双方的主要观点与态度。采集大量国内外反核案例,通过国内外比较,分析中国核能社会抗争的特征,探寻其变动规律。

（3）在机制研究阶段,应用结构方程模型分析技术和量表开发方法,利用Q核电站周边居民社会调查数据,研究核电站选址地居民核能接受度与对抗行为倾向的影响机制。研究将拓展应用 Visschers et.al.(2012,2013) 开发的基于复合心理感知的核电站接受度模型,开发核电项目周边居民邻避效应测量量表,并在中国社会文化背景下进行检验。

（4）在对策研究阶段,采用典型案例分析和大数据分析方法,研究核能社会风险的防范和化解措施。研究将以腾龙芳烃项目事件作为典型案例,分析同一项目在厦门和漳州的不同遭遇,据此类比和解释具有高邻避风险的核能项目为什么在一些地区可以顺利落户,在另一些地区却被放弃或搁置。利用江门市(鹤山反核事件发生地)网民的新浪微博数据,在罗素环状情绪模型指导下,开发基于社交网络表情图片的核能项目选址地民众"民意"监测模型。然后基于大数据的视角,针对当前的重大工程项目社会稳定风险评估制度,尝试进行政策创新设计,提出核能项目非干预在线社会稳定风险评估模式。

第二部分

中国核能发展的形势与环境

第一章　新时期中国核能发展的形势

本章的研究将从国际比较的视野,分析后福岛时代中国核能的发展环境。具体从能源的存储、生产与消费层面,分析中国核能发展的能源结构环境;从福岛核事故发生后世界主要国家的核能利用格局变化,分析中国核能发展的国际环境;从全球气候变化,以及中国政府的承诺目标和应对战略,分析中国核能发展的气候环境动因。

一　中国的能源结构

(一)能源供需缺口

图 1-1 比较和预测了中国能源的消费总量和生产总量,可以清晰地看到,1995 年以后中国的能源供需始终存在一个较大的缺口。采用能源供需差与能源生产量的比值,来表示缺口的大小。根据《中国统计年鉴 2020》,中国的能源缺口在 2000 年值为 6.1%、2010 年为 15.5%、2015 年为19.9%、2019 年为 22.7%,能源供需缺口一路放大。根据 BP 的预测这一缺口将一路上升,并于 2025 年左右达到 32.7% 的峰值。

因为存在巨大的能源供需缺口,中国只得从国外大量进口能源。2013年中国的石油净进口量为 7 百万桶,已经超过美国成为了世界最大的石油净进口国;中国的天然气消费同样严重依赖进口,2018 年全年进口天然气1 254 亿立方米,已超过日本变为世界最大的天然气进口国。至 2019 年,中国的石油对外依存度为 70.8%,天然气对外依存度为 43%。对外能源依赖度过高,对于国家能源安全极为不利。

中国的能源消费曲线大约会在 2030 年达到峰顶,此后能源消费量出现缓降态势;相反,能源生产量却将继续保持攀升状态,最终中国的能源供

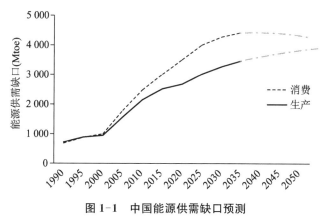

图 1-1   中国能源供需缺口预测

数据来源:《BP energy outbook 2018-data pack》。

需缺口将得以弥合。如图 1-1,根据 BP 的估计,2035 年能源供需缺口占比将降至 27.5%,此时已经开始了漫长的缩口过程。考察背后的原因,供需缺口减小一方面得益于节约能源和能源效率提高;另一方面,还因为中国着力发展的可再生能源和核能,受资源条件约束变小。总之,当中国走上低碳绿色经济发展之路,能源供需缺口将迎来了闭合的曙光。核能作为一种有潜力的供给能源,核能的发展对于弥合能源缺口、保障能源安全具有重要的意义。

(二) 能源消费结构

图 1-2 展示了 1965 年至 2018 年中国的一次性能源消费结构的变化。

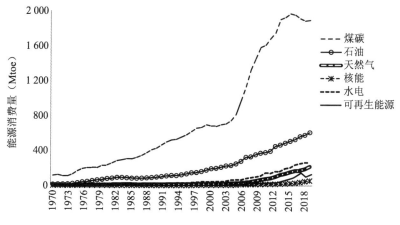

图 1-2   1970—2018 年中国能源分类消费量变迁

数据来源:《BP 世界能源统计年鉴 2019》。

在中国,煤炭是比重最大的消费能源,其次是石油、水电、天然气,而核电、风电、太阳能、生物能的消费占比极小。煤炭是碳排放最高的能源品种,也是中国消费占比最大的能源,以之为代表的中国能源消费结构具有不可持续、高排放、低能效的特征。

"不可持续"表现在 1965—2018 年中国的化石能源(煤炭、石油和天然气)消费年均占比为 91.7%,化石能源的不可再生性,决定了这种能源结构是不可持续的;"高排放"表现在中国的二氧化碳排放量超过全球总量的四分之一,高排放的化石能源消费占比过大;"低能效"表现在 GDP 单位能源消耗持续偏高,以 2014 年为例,据世界银行统计,平均每千克石油当量的能源消耗,世界各国产出 GDP 平均为 9.77 美元,美国为 7.91 美元,而中国只有 5.61 美元。可见我国的单位 GDP 能效偏低、能源利用风格过于粗放。对生态环境而言,这种能源结构是很不友好的。

如图 1-2,根据煤炭年度消费量的变化特征,大致可以将 1970 年至今中国的能源消费变化分为三个阶段。

(1)第一阶段(1970—2000 年),煤炭消费年均增长 5%,这段时间制造业产能还未充分放大,煤炭的消费量也还相对较小,环境和大气受到的负面影响还不突出。

(2)第二阶段(2001—2011 年),煤炭消费年均增长率为 9.58%。中国能源利用进入了高能耗的、高排放的、以 GDP 增长为中心的能源消费阶段。

(3)第三阶段(2012 年至今),煤炭消费年均增长率为 0.03%。中国能源发展转入了有意识的、负责任的、以发展清洁能源的为重心的能源结构优化阶段。这一阶段核能和太阳能发展强劲,节能和储能行业发展较快,煤炭燃料占比不断缩小,非化石能源占比不断扩大。

虽然以上三个阶段能源消费风格仍然比较粗放,化石燃料占一次能源的比重都偏大;但进入第三阶段,可再生能源、核能和天然气比重已发生明显上升。确切地说,在第三阶段中国进入了能源结构优化阶段。通过结构优化,未来中国有望进入低碳能源时代。有意思的是,2012 年恰好是日本福岛核事故发生后的第一年。由此我们也就能够理解,在福岛核事故发生之后,为什么中国核能会逆世界核能萎缩动荡之势快速释放产量。因为核能扩张是中国能源结构优化联动的一个环节,核能只有参与联动,能源系统的整体高效才能得到保障。

(三) 能源结构优化

在核能发展的后福岛时代,中国大陆进入了能源结构的优化调控阶段。下面通过比较 2011 年和 2017 年中国能源消费结构数据,分析这种优化的方向与预期效益。

如图 1-3(左)所示,在日本福岛核事故发生当年(2011 年),中国煤炭、石油和天然气这三类化石燃料的消费量,分别占能源总消费量的 70.8%、17.3% 和 4.6%,合计为 92.6%;可再生能源及核能总占比为 7.3%,其中水电 5.8%、风电 0.6%、太阳能 0.02%、生物能 0.2%、核能 0.7%,比例都非常小。按照常规计算方式,天然气、核能以及可再生能源都被视为清洁能源,那么清洁能源占比也仅为 11.9%。显然,此时中国面临着艰巨而又紧迫的能源结构调控任务!

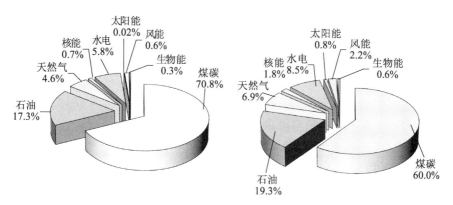

图 1-3　2011 年(左)与 2017 年(右)中国能源消费结构比较

如图 1-3(右),至 2017 年中国的煤炭、石油和天然气消费占比分别为 60.0%、19.3% 和 6.9%,合计为 86.2%。与 2011 年的能源消费结构相比较,可以清晰地看到化石燃料的比重下降了 6.4%,其中煤炭消费占比下降了 10.8%,石油和天然气消费占比分别提升了 2.0% 和 2.3%。可再生能源及核能的比重变为 13.9%,比 2011 年提升了 6.5%;其中核能、水电、风电、太阳能和生物能的消费占比分别为 1.8%、8.5%、2.2%、0.8% 和 0.6%,比 2011 年提升了 1.1%、2.7%、1.6%、0.78% 和 0.3%。显然,除了石油的消费占比不降反升之外,其他能源比重的变化方向都符合预期,特别是煤炭燃料比重的下降、可再生能源比重的上升,幅度都比较大,说明了中国的能源结构正在不断优化。

由于可再生能源占一次能源比重的基数偏小,看似内部各子类占比变化不大,可事实并非如此。比较 2017 年和 2011 年水电、核能、风电、太阳能和生物能的消费量,可以看到这几类能源分别增长了 71.9%、187.6%、332.8%、4 348.8% 和 224.8%,核能和可再生能源发展非常强劲。结果说明:中国的能源结构正在不断得到优化,煤炭燃料占比不断变小,太阳能、生物能、核能和风能得到了快速发展。美中不足的是一次性消耗能源(化石能源)占比仍然偏大,石油消费占比上升的势头还未得到扼制。中国是世界上最大的原油进口国,过度的石油消费,不仅增加了碳排放压力,还将提高能源消费的对外依存度。

根据国务院颁行的《能源发展战略行动计划 2014—2020》(国办发〔2014〕31 号),中国能源消费结构优化,要走"逐步降低煤炭消费比重,提高天然气消费比重,大幅增加风电、太阳能、地热能等可再生能源和核电消费比重"的路径。行动计划的目标是"到 2020 年,非化石能源占一次能源消费比重达到 15%,天然气比重达到 10% 以上,煤炭消费比重控制在 62% 以内",据此可以推算,调控目标要求石油消费比重被控制在 13% 以内。现在调控期已过,2020 年的能源结构优化目标是否可以如期达成呢?

2020 年中国的各类能源消费状况占比是:煤炭 56.6%、石油 19.6%、天然气 6.9%、非化石能源 13.9%。比较行动计划中的 2020 年调控目标,可以看到煤炭消费比重已降低并达标;石油消费比重不降反升,正在进一步远离优化目标;天然气和非化石能源的消费比重已得到提升,但尚未触及标准。照此调控速度,非化石能源的消费占比有望超预期;对石油和天然气消费占比的调控,可能无法如期达成。中国是世界上最大的原油进口国,过度的石油消费,不仅增加了碳排放压力,还将提高能源消费的对外依存度。

二 能源结构与碳排放的国际比较

(一)中美欧能源结构比较

世界经历了三次工业革命:以蒸汽机和纺织业的发展为标志,1765—1840 年英国引领了第一次工业革命,法国、美国和德国相继推进,这一时期的主导能源和特色能源是煤炭,彼时采煤和冶金工业得到了飞速发展;以电力和内燃机的发展为标志,1860—1939 年美国和德国引领了第二次工业革命,这一时期的主导能源和特色能源是电力和石油,彼时石油化学工业得到飞速发展(张维迎,2018);以计算机和互联网为标志,20 世纪50 年代开始美国引领了第三次工业革命,中国也在这一阶段向前发展,这一时期的特色能源是新能源,包括天然气、核能、生物能、太阳能等,但这些能源的比重仍然较低,还不是主导能源。

　　在长期的选择和适应过程中,各个国家或地区的能源结构都会不断调整。如果不考虑能源资源禀赋差异对能源结构的影响,中国、美国、欧盟的能源结构应该可以代表不同发展阶段的能源结构。图 1-4 展示和比较了2019 年美国、中国和欧盟的能源消费结构。

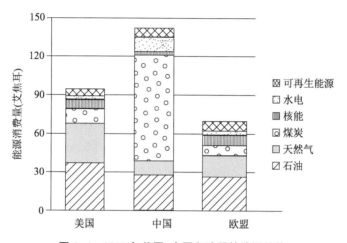

图 1-4　2019 年美国、中国和欧盟的能源结构

数据来源:《BP Statistical Review of World Energy 2020》。

　　(1) 从能源消费总量看,2019 年中国能源消费总量为 141.70 艾焦耳,美国为 94.65 艾焦耳,欧盟为 68.81 艾焦耳,中美欧的单位 GDP 能耗之比为 2.6∶1.2∶1。结果说明在节能方面欧盟表现最好,美国次之,中国的能源利用明显高能耗、低能效。但是 2019 年中美欧的人均能耗之比为 0.7∶2.1∶1,从个体看美国人反而是耗能大户。

　　(2) 从化石能源的消费比重看,中国最高(85.1%)、美国次之(83.3%)、欧盟最低(74.1%)。在中国,煤炭消费占比一枝独大,占到了 57.6%;在美国,石油和天然气的消费比重都很大,且较为接近,分别占 39.1% 和32.2%;在欧盟,石油消费比重最大,占到了 38.4%。由此可见,中国以煤炭燃料为主导能源,而美国和欧盟以石油为主导能源。而这两类能源,尤其是煤炭,都属于二氧化碳与烟尘排放高的化石能源。可见,面对全球气候变暖,中国、美国和欧盟都面临着能源结构优化问题,其中中国的能源结构调整任务最重。

（3）从可再生能源和核能的比重看，欧盟这两类能源的比重最大，分别占 11% 和 10.7%；美国这两类能源的消费比重分别为 6.2% 和 8%；中国这两类能源的消费占比最低，分别为 4.7% 和 2.2%。这种情况说明当前欧盟的低碳能源发展得最好，也许欧盟将引领世界能源革命的方向。中国应积极借鉴欧盟的能源结构、能源效率和能源发展经验；美国的能源实践作为过渡阶段的尝试，也值得中国学习和参考。

（二）化石燃料的储量、产量与消费比较

世界上煤炭储量最为丰富的国家依次是美国、中国、俄罗斯、澳大利亚、印度和德国，根据《BP 世界能源统计年鉴 2017》，这六个国家已探明煤炭储量共占全球 81.8%。虽然这些国家都有丰富的煤炭矿藏，但是对这一能源的利用情况却各不相同。如图 1-5，俄罗斯和澳大利亚代表了一种极端——煤炭储量丰富但消费比例极低；中国和印度代表着另一种极端——煤炭的储量、产量和消费量都不低，且消费过盛；美国和德国代表着中间形态——煤炭储量丰富，但生产和消费相对节制。

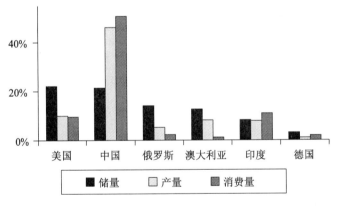

图 1-5　2016 年六个国家的煤炭利用情况

数据来源：《BP 世界能源统计年鉴 2017》。

煤炭利用的理想状态，应是储量、产量和消费量占比呈左高右低"L"形分布。但是，中国的煤炭已探明储量占全球 21.4%（2 440.1 亿吨），虽然比例不小，仍明显低于产量（16.9 亿吨油当量，占 46.1%）和消费量（18.9 亿吨油当量，占 50.6%）的全球占比，表现出来的却是右下半包框形态——这是一种过度开发的形态，说明中国煤炭资源的规划利用配比极不合理。如此这种模式延续下去，大约 120 年后中国将再无煤炭资源可用。

中国的石油 2016 年已探明储量为 257 亿桶（占全球 1.5%）、产量为

399.9 万桶(占全球 4.3%)、消费量为 1 238.1 万桶(占全球 12.8%)。与煤炭相似,石油的储量、产量和消费量全球占比,也呈现左低右高排列的右下半包框分布形态。这种形态意味着存在石油过度消费,本国资源无法支撑,只能通过大规模进口来解决。也正因为如此,中国成为最大的石油净进口国、石油消费增长最快国,以及全球石油消费总量第二大国。而中国的天然气 2016 年已探明储量为 5.4 万亿立方米(占全球 2.9%)、产量为 1 384 亿立方米(占全球 3.9%)、消费量为 2 103 亿立方米(占全球 5.9%)。天然气的储量、产量和消费量全球占比,同样呈现左低右高分布,不过数值差异没有煤炭和石油大。

可见在中国,三种主要的化石燃料,都是消费占比高于生产占比,利用占比高于储量占比。强烈的储用反差意味着极高的资源对外依存度,这种情况如果长久持续,能源安全实在堪忧!石油资源的对外依存度不宜过高,同样必须大力推进其他可替代能源的发展。除此之外,石油和天然气都会排放温室气体(二氧化碳和甲烷),还应当警惕它们对于全球气候治理的负面影响。

(三) 二氧化碳排放比较

当前中国的二氧化碳排放量很大。以 2016 年为例,中国大陆碳排放 91.2 亿吨、占全球的 27.3%;美国位居第二,碳排放 53.5 亿吨、占全球的 16.0%;欧盟位居第三,碳排放 34.9 亿吨、占全球的 10.4%;印度位居第四,碳排放 22.7 亿吨、占全球的 6.8%;俄罗斯位居第五,碳排放 22.7 亿吨、占

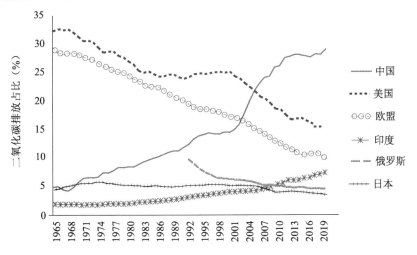

图 1-6   1965—2019 年二氧化碳排放全球占比的变化趋势

数据来源:《BP statistical review of world energy 2020》。

全球的 4.5%；日本位居第六,碳排放 11.9 亿吨、占全球的 3.6%。显然,当前中国的碳排放数量远高于其他国家和地区,节能减排任务非常重,需要通过持续改进能源活动,积极应对全球温室效应。

如图 1-6,中国的二氧化碳排放速度变化较快。1972 至 2001 年属于平稳递增期,年均增速为 4.8%；2002 年至 2007 年进入高速增长期,年均增速为 12.8%；2008 至 2019 年进入增速减档期,年均增速为 2.7%。这种变化生动地反映了中国的能源扩张及其反思历程,说明中国正在步履坚定地向 2030 年“碳达峰”迈进。对照图 1-2 和图 1-6,可以看到 2002 年以后煤炭和石油,尤其是煤炭消费的迅速放量,造成同时期二氧化碳排放增多,导致中国的碳排放总量在 2003 和 2006 年先后超过欧盟和美国,跃居全球首位。但中国政府很快意识了本国能源结构和能源活动的粗放特征,意识到了气候温室效应的全球责任,因而在 2009 年丹麦哥本哈根会议上针对二氧化碳减排做出政治承诺,并于 2014 年碳排放达到峰值,然后进入下降通道——持续 42 年的碳排放增长态势得以扭转实属不易,彰显了中国政府和社会的坚强决心。

温室效应本质上是一出“公地悲剧”,在历届世界气候大会上各国政府没少围绕排放和治理的责任,展开激烈的争执、推诿或协商。那么究竟哪些国家应当承担主要责任呢? 图 1-6 年展示了 1965—2016 年的全球主要国家或地区的碳排放比重,从时间跨度看,2003 年以前的欧盟、2006 年以前的美国,碳排放都远远地超过了中国。换句话讲,在这 50 年间,约 38 年美国和欧盟应负主要责任；约 12 年中国应负主要责任。但是不要忘记,1756 年织工哈格里夫斯发明“珍妮纺织机”,由此揭开了第一次工业革命的序幕,欧美国家的工业化活动,还要在图 1-6 的统计时段之外向前推 200 年。

所以,说到全球气候变暖谁应当负责任,任何国家都无法置身事外。全球温室效应问题需要全世界国家的共同努力,除美国、欧盟和中国之外,印度作为强劲发展中的国家,也应及早警惕碳排放问题。其他国家,如伊朗、韩国、南非、沙特阿拉伯等,因为经济体量较小,掩盖了其温室气体排放问题,实际上这些国家的碳排放也需要引起重视。

三 后福岛时代国际核能利用的格局变化

2011 年日本福岛核事故发生后,世界核能技术发展进入了一个多维的政策时间窗口。2011 年至 2017 年的六年时间里,世界各国的核能发展格局非常混乱。本文将通过对主要核电大国的核能政策分析,探讨各类涉核事件背后的复杂条件与问题,分析相关变化对中国核能利用的启示。

(一) 国际社会的核能发展变局

1986 年苏联发生切尔诺贝利(Chernobyl)核事故,全世界核能发展进入长达 20 年的沉寂期。由于石油、天然气价格高昂,火力发电空气污染严重,全球气候变暖,为解决问题,21 世纪早期世界各国转而支持发展核电,从延长老核反应堆使用寿命到开始核电建设计划,"核子复兴(Nuclear Renaissance)"时代开启。但是这场复兴运动尚未延续几年,2011 年日本福岛核事故的爆发,使德国等 5 个国家再度宣布逐步放弃核电,更多国家在安全自检中进入沉默期。为此,人们不由深思,后福岛时代核能发展应当何去何从? 英国《金融时报》发出了"全球核电复兴即将夭折"的警告,认为福岛核事故影响如果不迅速消除,发展核电可能又进入下一个二十年的沉寂期(克鲁克斯,普法伊费尔,2011)。但事实上每个国家都有自己的国情与核能意识,因而发展道路选择具有多样性。

1. 日本——零核与重启的摇摆

日本一次能源对外依存度在 80% 以上。福岛核事故发生之前,从经济和能源安全角度考虑,日本政府将稳定供给、经济性、环境保护、资源保障作为本国的能源目标(日本经济省,2013①),并确定了优先发展核能的战略。2011 年日本福岛核事故的发生,让日本发展核能的自然条件,以及政府和运营商的应急能力备受置疑,日本政府承受了极大的压力,关闭了全部 50 座核反应堆。就连主持福岛核事故应急救援的日本前首相菅直人也变身为反核斗士,甚至提出"最为安全的对策就是不依赖核电站,实现完全脱离核能"的主张(杨玉国,2012)。

究竟是重启核电还是实现零核,日本的核电发展存在两难。日本曾经是一个非常依赖核能的国家,最高时核电占到了全国发电量的 15%(1998年),福岛核事故发事前一年是 13.3%。福岛核事故使核电占比猛然下挫,2012 年至 2017 年核电占比均未超过 1%,最低的 2015 年只有 0.2%。全国突然消失了 12% 电力,让日本的工业企业非常痛苦。不仅如此,停止核电

---

① 日本经济省:《日本能源白皮书》,2013 年。

后,电力公司上调大用户电费;这一成本上涨与日本引入碳排放税结合在一起,令日企雪上加霜,使一些厂家陷入了困境①。因而,工业企业希望"重启核电"。菅直人内阁曾宣布 2030 年终止核电;2012 年 9 月,日本在政府新能源战略中又做出了"到 2030 年代使核电机组运转率为零成为可能"的规划。但是,2014 年 1 月 2 日日本安倍政府却表示,他将批准建造更多的核反应堆,由此日本政府发出了重启核电的信号。但是,重启之路并不平坦,日本可运行的 45 个核电机组中有 3 个是之前一直保持运行状态的,2011 年至 2017 年间,日本仅仅又重启了 4 个核电机组。2018 年 7 月日本新修订的能源计划却提出 2030 年将核电占比提升至 20%—22% 的目标②,这是准备重返核电利用强国的前兆。

日本的民用电价也有显著的上涨。有人曾做过比较,中国大陆的电价每度为 0.5 元人民币,日本的则是 1.49 元人民币③。但是,日本国内的主流民意仍是希望实现"零核"。2012 年 6 月 16 日,日本政府决定重启关西电力公司大饭核电站 2 台机组,引发社会强烈抗议,7 月 16 日,东京爆发了 17 万人参与的"永远告别核电站"大规模游行④。2013 年日本的一项民意调查询问受访者何时取消核电站合适,受访者选择"立即""2030 年前""2030 年""2030 年以后"取消的分别占 13%、22%、12% 和 71%,而选择"不取消"的只有 18%⑤。日本共同社 2014 年 1 月 25、26 日实施的全国民意(电话)调查显示,60.2% 的日本民众反对再次重返核电时代,赞成者仅占 31.6%⑥。显然,日本恢复核电的民意有回暖迹像,但还远未达到可接受水平。

2. 德国和欧洲国家——选择逐步退出

福岛核事故发生之前,德国共有 17 座核电站,供应着全德 23% 的电能。此前,由于高油价和气候变暖的影响,欧洲社会对核能的接受度表现为正向态势(European Commission,2010)。德国也考虑继续发展核能。

---

① 《日本电价上涨,企业穷于应对》,人民网,2012 年 12 月 6 日,http://japan.people.com.cn/35463/8048577.htm。

② 《日本修改能源计划,绿能、核与火力发电齐发展》,搜狐网,2018 年 7 月 15 日,http://www.sohu.com/a/241346938_100039513。

③ 《日本电费有多贵?一分钟看懂日本电费单》,铁血网,2017-8-4,http://bbs.tiexue.net/post2_12675818_1.html。

④ 王伟:《核电争议的日本宿命》,观察者网,http://www.guancha.cn/Neighbors/2012_08_13_90461.shtml。

⑤ 《民意调查显示超 7 成日本民众赞成取消核电站》,中国新闻网,http://news.163.com/13/0219/09/802LJD0H00014JB6.html。

⑥ 《日媒调查显示超六成日本民众反对重返核电时代》,《环球时报》,环球网,2014 年 1 月 27 日,http://news.163.com/14/0127/11/9JJG9ESV00014JB6.html。

2010 年 9 月,德国政府公布了一份新能源方案,宣布"德国所有核电站的运行时间将平均延长 12 年"(刘坤喆,2011),之所以称"延长",是因为 2002 年德国施罗德政府曾经通过了"核电逐步退出计划",该计划拟于 2021 年彻底放弃核电。显然,德国政府正在酝酿一步核能复苏的战略大棋。但是,2011 年 3 月突如其来的福岛核事故,使得德国政府不得不"重申"销核立场。在事故发生当月,德国成立了"伦理道德专家委员会,"宣布关闭 8 座老核电站,德国两院修改通过了《核能基本法》,确认在 2022 年之前完全放弃核电。

为什么德国首当其冲放弃核电计划,除了核电开发本身不容回避的潜在风险之外,主要有四部分原因:

(1) 德国具有激进的环保主义传统。德国人的环保意识、绿色意识和反核情绪非常强烈,该国有世界上最成功的、最大的"绿党",其政治主张是和平及回归自然。该党系德国联邦第四大政党,1998 至 2005 年与社民党组成联合政府、共同执政,而德国是于 2002 年通过"核电逐步退出"法令的,据之可以看到当时德国的政策背景与推动力量。

(2) 切尔诺贝利核事故的影响。1986 年苏联切尔诺贝利核事故爆发时,德国也受到了核污染。根据联合国的报告,当时德国 44% 的地区受到辐射尘的污染,至 2006 年德国某些地区的野猪、鹿、野生蘑菇、浆果和鱼类等的"铯 - 137"值,仍居于相对较高水平(Fairlie & Sumne,2006)。Berger (2010) 的研究证明,20 年后这起核事故还在影响着德国人的环境观感。

(3) 社会公众的强烈反对。日本福岛核事故发生之后,2011 年 3 月 26 日德国柏林、慕尼黑等多座城市举行大规模反核示威游行,有数十万人参与,部分人群甚至包围了德国总理默克尔的办公室,主张永久关闭德国核电站。[①]

(4) 存在恐怖袭击风险。2011 年 5 月 17 日,德国原子能安全委员会发布了对境内 17 座核电站的评估结果,特别申明"德国核电站总体上安全可靠,但应对来自空中的恐怖袭击的能力不足"(宋亚芬,2011)。

(5) 路线图的延续。2002 年德国施罗德政府已通过"核电逐步退出计划",计划到 2021 年彻底放弃核电,德国公众对去核问题有强烈预期。

显见,德国放弃核电是经济因素、政治因素,以及公众因素复合作用的结果,而核事故爆发的历史与现实,是推动三者联动的关键。德国选择走

---

① 《德国多个城市数十万人举行大规模反核示威游行》,2011 年 3 月 27 日,中国新闻网,http://www.chinanews.com/gj/2011/03-27/2932910.shtml。

了一条不同寻常的路。或许我们会认为德国放弃发展核电只是因为风险问题，但是德国政府和社会也给出了经济上的理由，认为在德国发展核能成本过于高昂、不经济（Kidd，2013），这与多数中国人认知中的核电低廉高效完全不同。德国《国际可再生能源杂志》刊文核算，认为风能、太阳能等 CO_2 零排放的可再生能源及天然气发电的成本比核电要便宜约 20%（Weinhold，2014）。民调也显示，德国社会正在发生巨大转变，2012 年夏季有 6% 的家庭自行生产自用能源，有 26% 的德国居民决定 2020 年之前坚持这样做，无论这一改弦更张的计划能否成功，德国人的决心都很令人震惊和感佩[1]。不过德国在宣布逐渐退出核电计划之后仍然面临了巨大的困难：

（1）火电比例上升。虽然德国将重心放在发展可再生能源上，但是此类能源高成本和替代不足的情况，导致火力发电与核电之间形成"跷跷板效应"。由于火力发电成本更为低廉，初期几乎所有公共事业公司都加大了煤炭的使用量。根据《BP 统计年鉴 2017》的数据，2011 年德国的煤炭消费量为 78.3 Mtoe，2012 年和 2013 年在此基础之上分别增长了 2.8% 和 5.5%。这种情况同样让温室气体排放量不降反升，如果这种态势延续，可能使德国"2020 年比 1990 年减少 40% 的温室气体排放"的计划流产（郑红，2013；王晓苏，2014）。好在从 2014 年起德国的煤炭消费又重拾跌势。

（2）电企压力变大。电力企业面临巨额亏损，Eon、RWE、EnBW、Vattenfall 等四大能源集团的运营陷入了困境，二战以后持续保持盈利的莱茵集团也是如此[2][3]。在成本压力之下，以核电和燃煤电力为基础的电力企业与钢铁、化工等企业也在不断挑战核电退出计划。

（3）各方面的反应。中国的网络媒体猜测德国因电价高昂或带来民怨[4]，但是民调显示德国人的幸福感上升 18.4%，对核电站安全的焦虑度下降 9.1%（Felix，et.al.，2013）。不过，德国的工业实体有不同的表现，以重工业为主的南部巴伐利亚州产生了极强的抵触情绪，甚至考虑如果没有妥

---

[1] "26 percent of Germans to make their own power by 2020", Renewables Inernational, 15 May, 2014, http://www. renewablesinternational. net/26-percent-of-germans-to-make-their-own-power-by-2020/150/537/78852/

[2] 《德国四大能源集团面临亏损》，《德国之声》，2012 年 3 月 8 日，http://www.mofcom.gov.cn/aarticle/i/jyjl/m/201203/20120308028480.html。

[3] 《德国放弃核电或使电价高企引发民怨》，中研网，2014 年 4 月 16 日，http://www.chinairn.com/news/20140416/090506599.shtml。

[4] 《德国放弃核电或使电价高企引发民怨》，中研网，2014 年 4 月 16 日，http://www.chinairn.com/news/20140416/090506599.shtml。

善解决办法将摆脱联邦统一规划,单独发展核电(郭阳,2012);政府采用补贴政策发展新能源成了财政包袱,2012 年德国联邦议院决定削减补贴计划,但随后又被代表地方利益的联邦参议院否决。

除了德国以外,瑞士、瑞典、意大利等欧洲国家亦正式宣布放弃发展核能。这些国家的状况与德国大同小异。以瑞士为例,作为德国的邻国,切尔诺贝利核事故发生时瑞士 86.8%的国土铯-137 含量达到了 4 000 Bq/m²以上(容许值是 500 Bq/m²)(Fairlie & Sumner, 2006)。核事故同样给瑞士民众造成了巨大的心理阴影。

瑞士的米勒贝格核电站运营许可证预定到期时间为 2012 年 12 月,但是 2009 年瑞士联邦环保部却向该核电站颁发了无限期许可。该核电站所在地居民强烈反对这一事件,将相关单位告上了联邦行政法庭。福岛核事故发生后,瑞士国内反核情绪再度高涨,国家核能源工业协会甚至接到一个装有炸弹的邮包,邮包当场爆炸导致两人受伤[1]。调查显示,福岛核事故发生之前瑞士公众的核能接受度为 4.15(取值在 0—7 之间,中位数是 3.5,值越大代表越支持),而事发后降为 3.50,差异显著($p<0.001$)(Siegrist & Visschers, 2013)。2011 年瑞士全民公投决定弃核,瑞士议会上院批准 2019 年至 2034 年间逐步放弃使用核能计划,米勒贝格核电站也在 2013 年 6 月如期停止发电。

对瑞士而言,弃核的代价非常大。据瑞士联邦政府估算,能源结构转型将消耗其国内生产总值的 0.4%—0.7%,到 2050 年,每户家庭每年大约要多支付 100 瑞士法郎电费(穆紫,2012)。为了应对核电逐渐退出留下的供电缺口,瑞士已开始大幅缩减私人和交通用电电耗,并积极发展可再生能源。

中国的核电支持者很喜欢将法国作为标杆,因为这个国家的核电占全国发电量比例曾达到了 75%。福岛核事故之后,法国民调机构索福莱斯(TNS-Sofres)的调查显示,即使受到福岛核事故的冲击,欧洲一片风声鹤唳时,法国仍有 55%的民众支持利用核能[2]。实际上福岛核事故给法国核电造成了很大的负面影响,只是尾大不掉,法国走的路同其他欧洲国家相比并无本质差异。2012 年,奥朗德在竞选法国总统时,承诺上任后要降低核电比例。2015 年奥朗德政府颁布了《能源转型法》,提出到 2025 年将核

① 《瑞士核能源工业协会发生邮包炸弹爆炸 2 人受伤》,中国新闻网 2011 年 3 月 31 日 http://www.chinanews.com/gj/2011/03-31/2944424.shtml。
② 实际上,这个数据仍远低于中国大陆的发展核电支持比例,中国社会才是核能的"铁粉"。具体数据参见中国核能接受度的研究章节。

电占比由 75% 降至 50%（肖楠，2016）。为实现这一目标，法国需要陆续关停 17 座至 24 座核电站（龙剑武，2017；肖楠，2016）。

3. 美国——世界第一大经济体的犹豫与坚持

美国国内反对核能技术的运动层出不穷，在社会上有一批非常活跃的反核团体，在历史上多次爆发过抗议者规模在万人以上的反核示威游行。1979 年宾夕法尼亚州三厘岛核电站局部泄漏，以及 1986 年切尔诺贝利核事故的发生，刺激了美国的反核运动，也使美国政府在二十多年里停止批建新的核电站。直到 2005 年，美国国会才通过能源政策法，为建造高温气冷核反应堆（HTGR）原型堆项目打开口子（刘渊，2013）。

在福岛核事故发生之前，因为美国社会对核能的态度正在好转，美国政府已经下定决心要消化重启核电建设的压力（Bolsen & Cook，2008）。根据 2010 年盖洛普（Gallup）的调查，受访者中有 62% 支持（28% 强烈支持）、33% 反对使用核能发电——从 1994 年起，该机构每两年实施一次调查，这是历次调查支持率最高、反对率最低的年份[①]。借此东风，2009 年 10 月，在三哩岛 TMI-2 核反应堆事故中受到牵连的 TMI-1 核反应堆，许可证也被延长了 20 年（2014 年至 2034 年）[②]；2010 年 2 月美国总统奥巴马宣布了将重启核电建设的计划。

再然后，2011 年发生的日本福岛核事故给了美国政府当头一棒，也影响了美国的核电重启之路。但是奥巴马政府最终顶住了压力，奥巴马在获得能源署关于未来能源需求预测报告之后，决定向核电站建设融资提供 83 亿美元贷款；2012 年 2 月美国核管理委员会（NRC）又批准南部核运营公司在佐治亚州的沃格托尔（Vogtle）核电站建造两座 AP1000 核电机组，开启了核电重建计划之门[③]。虽然这两座核电机组是在 2011 年福岛核事故之前就计划好的，但在特殊时期启动计划同样遇到了极大的阻力，有多个反核组织为此将 NRC 告上了法庭。

美国政府决定重启核电建设、决定继续发展核电，有以下几方面的

---

① Jeffrey M. Jones. U.S. Support for Nuclear Power Climbs to New High of 62%，March 22，2010，http://www.gallup.com/poll/126827/Support-Nuclear-Power-Climbs-New-High.aspx.

② steveheiser. NRC Renews Operating License For Three Mile Island For An Additional 20 Years，Oct 26 2009，Nuclear Power Industry News，http://nuclearstreet.com/nuclear_power_industry_news/b/nuclear_power_news/archive/2009/10/26/nrc-renews-operating-license-for-three-mile-island-nuclear-power-plant-for-an-additional-20-years-10261.aspx#.U3lqDXwbRko.

③ Combined License Holders for New Reactors，September 19，2013，http://www.nrc.gov/reactors/new-reactors/col-holder.html.

考虑：

（1）电力增长的需要。根据美国能源署预测，2030 年美国电力需求将增长 40%—50% 以上，美国虽然煤炭资源丰富，但在倡导应用清源能源的政策背景下，倾向于持续减少煤电比重，在这种情况下核电建设是无法放弃的。根据美国能源署的规划，2040 年美国拟新增 3 510 亿瓦发电量，其中天然气发电量占 73%、可再生能源占 24%、核能占 3%、煤炭发电占 1%。[①] 可见未来美国核能发展的大致方向是稳中有进。

（2）老的核反应堆临近退役。核电在美国的能源消费占比约为 19%，而美国当前处于商业运行的 104 个核电机组，有一半运行期已经超过 30 年，考虑到第二代核反应堆寿命只有 40 年，作为世界第一大经济体、化石燃料消费大国和输入大国，如果美国因为日本福岛核事故而继续停止建设核电站的话，未来电力供应状况将极为狼狈。

（3）能源由进口向出口的转变。2017 年以前，美国是世界第一大石油消费国。2008 年经济危机期间石油价格飞涨，使作为最大石油输入国的美国为此背上沉重的能源包袱。为了实现对伊斯兰世界石油资源的控制，美国组织了对伊拉克、阿富汗、利比亚的战争。近年来，美国天然气行业发展迅猛，核能利用得以维持，美国的能源供应变得富足，当前已开始出口液化天然气。2017 年特朗普在美国能源部做了能源主导战略的主题演讲，提出复兴核电工业和煤炭产业，向国际市场输出天然气和煤炭的思路。[②] 一些环保人士将特朗普做这场演讲的这一周称为"肮脏的能源周（Dirty Energy Week）"，因为特朗普将能源发展重点放在扩张有争议的能源（核能）和高排放的能源（煤）上，削减了可再生能源的发展空间。

（4）削减温室气体排放量。中国、美国、俄罗斯、印度和日本，是温室气体排放量最大的五个国家，也是解决全球温室效应的关键；美国人均 CO_2 排放量仅次于澳大利亚，作为老牌工业化国家，美国在工业革命期间 CO_2 排放的历史累积也不低。但是美国政府拒签《京都议定书》，特普朗政府基于集团利益考虑退出由前届政府签署的《巴黎气候变化协定》。但温室气体减排的责任，美国政府是不容推卸的。

（5）核电发展的政治条件。从调查情况看，美国共和党是重启核电的主要支持者（支持率 74%），而民主党的支持率略低于社会平均水平（支持

---

① 到 2040 年美国将增加电力 830 亿瓦，秦皇岛煤炭网，2014 年 7 月 19 日，http://www.jcoal.com/international/news/html/1407/20140719_283470.html。

② 杨漾，张静.特朗普宣布能源新政：重振核电，把煤炭卖给全球有需求的国家.澎湃新闻，2017-07-01，https://www.thepaper.cn/newsDetail_forward_1722545。

率51%）(Jones，2010)。但是应当注意，主持了"核电建设重启"的奥巴马是民主党人，而主张"复兴核电"的特朗普是共和党人，可见美国在发展核能上有着较好的政治环境。

（二）对中国核能发展的启示

美、日、德、法四国在核能发展上，有继续扩张的、有暂停待议的、还有逐步去核的，不同的政策取向会产生不同的政治、经济、社会影响效应。"以铜为鉴，可正衣冠；以古为鉴，可知兴替；以人为鉴，可明得失"，上述国家的发展状态及社会反馈，对中国的核能发展有重要的启示价值。

1. 来自德国的启示

德国和其他欧洲国家的能源发展方向告诉我们，虽然核能是一类富能源，但是安全性仍然无法满足各国公众的心理底线，在核废料（乏燃料）处理、核电站退役、核武器扩散、核设施反恐等各个方面，都还存在着许多悬而未决的技术问题和管理问题。核能的安全性与经济性要放在一起衡量，作为一个负责任的政府，保证本国公民安全的生存与有尊严的生存一样重要。德国和日本去核（停核）的后果已经说明，家庭与社会要有毅力忍受去核的痛苦与不便，德国做得到2012年6%、2020年26%家庭自产自用能源，中国却未必可以；在可控核聚变商业化实现之前，可再生能源是未来能源发展的主要方向，但是当前可再生能源技术的效能依然不高、仍不足为依靠，核能是重要的能源补充，对中国更是如此；德国以环境和安全为由，决定放弃核电；而退出的同时，跟日本的工业企业一样，某些工业企业转而选择和支持更为廉价、排污量极大的火电。在初始时期，这种以保护环境为由反对核利用却拥抱污染源的行为像极了一个悖论，也许随着可再生能源的发展，悖论可以被破解。

2. 来自日本的启示

核能设施的设计与建设，必须足以严密防范自然灾害与人为事故。在可能出现强震或严重洪涝灾害的地方建设核电站，或者所建设的核电站抗震、抗洪、抗汛能力不过关，都存在高风险，选址的问题丝毫不能马虎。无论是去核还是停核都应当走循序渐进的道路，都不宜选择"休克"的模式。相比之下，德国的退核方式比日本的更加科学——即使提出了去核的战略，当下德国核电仍占全国发电量的17%，而日本虽然大呼要重返核电舞台，六年间核电占比依然徘徊在低位。日本的核能政策虽然正在重拾升势，但是作为岛国，日本核电站的安全运行与核废料处置问题依然没有很好的解决方案。作为核能占比较大的国家,在较短的时间内停止核能供应,会引发电价上涨、提高生产与生活成本,扼杀社会经济的活力。减少核电之后,转而依赖高排放的化石能源消费,不利于生态环境保护,也是控制温室气体排放的又一次失败。

3. 来自美国的启示

与美国相比,中国非营利组织社会活动力较弱,反核组织的阻碍作用较小,在政治上也没有反核政党的桎梏,核能的社会接受度较高,这减轻了中国核能战略选择与调整的阻力。中国的核电站运行离退役尚早,也减轻了核电站更新换代的压力。但是和美国一样,中国同样存在电力增长的压力、对进口石油的依赖和高油价的影响、削减温室气体排放量的需要,因此不能不考虑和借助核能利用的经济性与低排放特征。美国希望核电比重在维持的基础上有所增长,所考量的经济基础与环境问题同中国大同小异。最大的一点不同是,中国的核电占比仍远低于美国,说明在核电发展上中国的空间较大。美国的能源消费结构虽然不是最优的,但仍然明显优于中国的能源消费结构,在能源战略调整上,有许多值得我们学习和借鉴的地方。根据 BP 的预测,预期 2040 年美国的能源结构中天然气、可再生能源、核能和煤电,将分别占 73：24：3：1;同德国和日本一样,美国将把发展可再生能源的优先性远远地置于核电之前。

四　世界与中国能源的未来

中国是地球能源生产和消费中的重要一环。中国的核能发展与本国的能源结构优化战略,与世界能源格局的变化以及全球气候治理行动紧密联系在一起。

(一) 世界未来能源格局

1. 全球目标

未来世界能源格局可能发生哪些变化呢? 2015 年第 21 届联合国气候变化大会,确定了全球气候治理的目标:"把全球平均气温较前工业化水平[①]升

---

① 根据约翰·科迪的工业化理论(或称科迪指标),"前工业化(Pre-industrial)"指作为工业主体部分的制造业产值,在 GDP 中所占份额小于 20%的阶段。一般认为 1880 年至 1899 年属于前工业化阶段,期间全球平均气温约为 13.7 摄氏度。

高控制在 2 摄氏度之内,并为把升温控制在 1.5 摄氏度之内而努力。全球将尽快实现温室气体排放达峰,本世纪下半叶实现温室气体净零排放。"包括中国、美国、欧盟和印度在内的 195 个国家参加了这次会议,并承诺做出相应努力。大会设计了达标年份、达标气温、投资额、碳排放量、能源结构等量化抓手,强化了应对行动,督促世界各国共同监督全球气候治理。根据各国在会上做出的"国家自主贡献"预案,未来世界能源格局变化的主流方向将是:①遏制碳排放,减少对化石燃料(尤其是煤炭)的利用和消费;②采用清洁能源,大力发展可再生能源。

这次气候大会成果喜人,从参与成员看,除了叙利亚、尼加拉瓜等零星国家未加入协议外,190 多个国家都承诺为全球气候治理尽力。不幸的是,2017 年美国特朗普政府宣布退出巴黎气候协定,不愿再履行其前任(奥巴马政府)作出的关于"到 2025 年温室气体比 2005 年减排 26% 到 28%"的自愿减排计划,转而推出鼓励和支持传统化石能源的政策(余海舰,2017)。不过,中国和欧盟表示将继续信守约定——到 2030 年,欧盟将在 1990 年的基础上减排温室气体 40%,同时将可再生能源比例提高 27%;中国将使二氧化碳排放达到峰值,提升非化石能源比重至 20% 左右。

美国政府的"食言"对于世界气候共同治理是一个沉重的打击,给未来世界能源格局发展增加了变数;但是中国和欧盟的信守承诺也表明,世界能源改革的潮流和方向并没有发生逆转。

2. 选择与路径

基于前瞻和预测的视野,英国石油公司(BP)和国际能源署(IEA)分析了上述目标实现的可能性和方案。

(1) 可持续发展情景

2017 年,国际能源署(IEA)针对联合国气候治理目标设计了全球能源的"可持续发展情景"[1][2](何肇等,2018),同时做了展望和补充。IEA 预期到 2020 年全球温室气体排放达到峰值,但是巴黎协定下各国允诺的"国家自主贡献"减排量,仍不足以实现气候变化减排目标。为了达成目标,IEA 提出了如下减排设想和政策参考:

① 减少工业用煤和居民用煤,逐步关停并禁止新建低效燃煤电厂。由

---

① 国际能源署:《世界能源展望 2015》摘要精华,来源:能源世界,国际能源网,日期:2015-12-07 http://www.in-en.com/finance/html/energy-2233052.shtml。

② 伍浩松、戴定.国际能源署:实现联合国可持续发展目标,需要发展核电,北极星核电网讯,2017-11-21,http://news.bjx.com.cn/html/20171121/862914.shtml。

此重工业用煤和居民供热用煤将出现结构性下滑,燃煤火电的电力装机占比将从2016年的66.7%降到40%以下。

② 逐步形成世界低碳化能源体系。天然气将取代高碳强度的其他燃料能源,成为仅次于石油的单一燃料[1];核能占比会进一步放大。到2040年,天然气消费将增加近50%,占能源消费总量25%;法国和韩国核能利用可能减少,而中国和印度将大幅扩张,核电消费占比将从11%增加至15%。

③ 可再生能源增大投资、增加补贴、飞速发展,成为主要的新型能源。中国和印度太阳能光伏、风电发展迅速,欧盟可再生能源发展强劲。可再生能源的技术投资额在2014年为2 700亿美元,2030年将增至4 000亿美元;可再生能源投资将占到全球电厂投资的2/3。在能源补贴项目上,对化石燃料的补贴将在2030年前逐步取消,对可再生能源的补贴至2040年将增加50%,达1 700亿美元。到2040年,可再生能源将占全球发电量的40%。

④ 节约能源、提高能效。通过发展碳捕获和储存(CCS)和生物质能源来支持工业部门减排,不断提高工业、建筑业和交通运输业的能效。控制照明、电器和建筑设备的电力消费增速,预期增速从过去十年的3%降到1.5%[2]。严格控制机动车的碳排放标准,扩大新能源车投放,预期到2040年全球电动汽车保有量达到2.8亿辆。通过措施管控,持续减少石油和天然气生产过程中的甲烷排放(甲烷是强温室效应气体)。

(2)能源转型预测方案

2018年,英国石油公司(BP)以2016年为中间时点,以过去25年(1990—2016年)为历史趋势,预测了未来25年(2016—2040年)世界能源消费的变化。该预测假设前后两个期间人口的年均增长率由2.1%变为2.4%、GDP的年均增长率由3.4%变为3.2%,电能的年均增长率由2.9%变为2.2%、一次能源的年均增长率由1.9%变为1.3%,然后在此基础上提出渐进转型、快速转型和更快转型三套预测方案[3][4]。预测结果见图1-7。

---

[1]　国际能源署在其2017年版《世界能源展望》中,进一步预测世界石油消费已达到峰值,天然气将超过石油成为最大单一燃料。

[2]　《重磅! 国际能源署发布　能源技术展望2017》,北极星电力会展网,2017-06-14,http://ex.bjx.com.cn/html/20170614/22131.shtml。

[3]　BP Energy Outlook 2018,2018-05-05,https://www.bp.com/en/global/corporate/energy-economics/energy-outlook.html。

[4]　BP Energy Outlook 2018-data pack,2018-05-08,https://www.bp.com/content/dam/bp/en/corporate/excel/energy-economics/energy-outlook/bp-energy-outlook-2018-data-pack.xlsx.

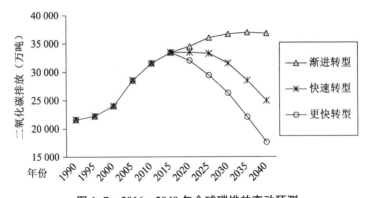

图 1-7   2016—2040 年全球碳排放变动预测

数据来源：BP Energy Outlook 2018-data pack①。

其中，"渐进转型"方案是当前能源结构变化基础上的顺势预测，也是能源格局变化可能性最高的，根据该方案，至 2040 年全球碳排放仍将继续增长 10%。"更快转型方案"与国际能源署(IEA)的"可持续发展情景"减排目标，以及联合国温室气体治理目标较为一致，实现该方案需要各国能源政策的突破性创新。该方案的目标是到 2040 年碳排放量比 2016 年下降约50%，可再生能源比重升到约 1/3，且总量超过全球能源的增量。而"快速转型"方案是以上能源调控的中间状态，调控目标是将碳排放量降低 25%。

图 1-8 展示了 2016 年的全球消费能源结构(参照点)，以及英国石油公司(BP)三套预测方案运行至 2040 年的消费能源结构。在"渐进转型"方

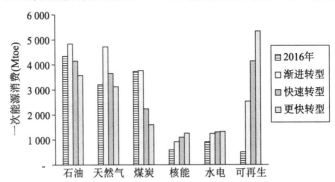

图 1-8   2016 年与 2040 年(仿真)一次能源结构比较

数据来源：BP Energy Outlook 2018-data pack②。

---

① BP Energy Outlook 2018-data pack，2018-05-08，https://www.bp.com/content/dam/bp/en/corporate/excel/energy-economics/energy-outlook/bp-energy-outlook-2018-data-pack.xlsx.

② BP Energy Outlook 2018-data pack，2018-05-08，https://www.bp.com/content/dam/bp/en/corporate/excel/energy-economics/energy-outlook/bp-energy-outlook-2018-data-pack.xlsx.

案中,到 2040 年煤炭对于新增电力中的贡献比将降至 13%,占总体能源比重大约降为 20.9%;天然气比重平缓上升至 26.2%;可再生能源(风能、太阳能、地热能、生物质能和生物燃料)增长强劲,到 2040 年比重将由 3.8%升至 14.1%。按照"渐进转型"方案,到 2040 年全球能源结构趋于多元化,石油、天然气、煤炭和非化石能源大约各占 1/4,但是由于碳排放将大约增长 10%,所以尽管在该方案下碳排放增长明显降速[1]了,但是仍然远远无法达成巴黎协定下的减排目标,这意味着必须推进和采用其他方案。

之所以靠"渐进转型"方案无法完成目标,原因就在于该方案对削减化石能源、增加可再生能源重视不够。"更快转型"方案在这两方面做了突变式的政策调整,因而与 2016 年相比,2040 年煤炭占比由 28.1%降至 9.9%;可再生能源占比由 3.8%升至 32.9%;石油占比由 32.7%降至 22.1%;天然气占比由 24.1%降至 19.3%;核能占比由 4.5%升至 7.7%;水电占比由 6.9%增至 8.1%。能源消费结构朝着低碳方向快速发展,伴随而来的高碳价也将促使工业和电力行业更多应用 CCS 技术。在更快转型方案下,到 2040 年碳排放量将下降约 50%,可以实现全球气候治理目标,但是未来 25 年世界能源结构还需要进行重大调整。

从趋势看,未来世界能源格局的变化要求化石燃料比重减少,特别是高排放的煤炭燃料更要进行控制;与此相反,可再生能源将作为世界能源的发展方向,核能利用在局部区域(主要是中国和印度)也将提速。全球碳排放的增长态势将不断变缓,温室气体排放有望在 2020 年左右通过峰顶。从目标看,无论是 IEA 还是 BP 的研究,都认为要实现巴黎协定的治理目标任重道远,从结构看还需要大幅减少煤炭燃料的应用,大幅提升可再生能源的比重,需要进一步推动核能增长,并降低石油燃料占比。不过,IEA 将扩大天然气使用当作解决问题的途径,而 BP 的思想却是减少天然气占比。此外,显然 BP 把调整能源结构当作主要解决方案,而 IEA 更为重视推进节能增效。IEA 对于《巴黎协议》目标的实现预期,要更为悲观一些。

(二) 中国未来能源格局

1. 中国目标

2009 年 12 月《联合国气候变化框架公约》缔约方第 15 次会议在丹麦首都哥本哈根召开。会上,中国政府做了以下政治承诺:①加强节能、提高能效工作,争取到 2020 年单位 GDP 二氧化碳排放比 2005 年下降 40%—

---

① 过去 25 年(1990—2016 年)来,全球碳排放增长了 55%。

45%;②大力发展可再生能源和核能,争取到 2020 年非化石能源占一次性能源消费比重达到 15%左右。

在 2015 年 11 月巴黎世界气候大会上,中国政府又做出承诺:①二氧化碳排放 2030 年左右达到峰值并争取尽早达峰;②单位 GDP 二氧化碳排放比 2005 年下降 60%—65%;③非化石能源占一次能源消费比重达到 20%左右。

上述两轮气候大会的自主贡献承诺,实则描绘了中国能源发展的方向、任务与愿景,不过具体要如何达成目标,还需要细致地选择发展路径。

2. 路径与选择

对照中国在 2009 年哥本哈根世界气候大会上作出的政治承诺,2018 年中国的单位 GDP 二氧化碳排放比 2005 年下降了 45.8%、提前完成了承诺目标[①];2020 年非化石能源占一次能源消费的比重约为 15.4%,承诺目标同样达成。这一篇已经翻过,现在我们更关心中国将如何完成在 2015 年巴黎世界气候大会做出的新承诺。对中国可能选择的能源发展路径,国际能源署(International Energy Agency, IEA)和英国石油公司(BP)都做了预测。

(1) IEA 的预测

IEA 预测未来 25 年中国能源的年均增速仅为 1%,IEA 认为,能效的不断提高消除了能源需求的增长。到 2040 年时,中国的煤炭消费占比将下降至 15%左右;天然气消费占比将从 6%上升到 12%以上;中国新增的风电和太阳能光伏将占到世界总量的 1/3;在交通运输方面,中国的电动汽车投资将占到全球的 40%以上,中国国内将有 1/4 轿车是电动汽车;虽然世界核电发展前景并不明朗,但中国核电生产将继续向前发展,并在 2030 年超越美国,成为最大的核电生产国(何继江,2017[②])。

(2) BP 的渐进型方案

2018 年,BP 对中国 2016 年至 2040 年的能源发展做了展望,认为大约在 2026 年中国的炭排放将达到峰值,这比中国政府的预设目标(2030 年左右)明显提前。BP 认为有两方面的原因:一方面,这是经济增长放缓的缘故——BP 估计中国的能源需求平均每年增长 1.5%,而先前 20 年中国的能

---

① 中华人民共和国生态环境部:《2018 中国生态环境状况公报》,2019 年 5 月 29 日,http://www.mee.gov.cn/hjzl/sthjzk/zghjzkgb/201905/P020190619587632630618.pdf.

② 何继江:《国际能源署:2017 世界能源展望执行摘要》,2017 年 11 月 25 日,搜狐网,http://www.sohu.com/a/206518376_825427。

源需求增速却是 6.3%,两者相去甚远;另一方面,归功于中国积极发展清洁和低碳能源——BP 认为与 2016 年相比,除煤炭需求下降 18%外,其他能源需求均有不同幅度的上升,具体上升幅度石油 28%、天然气 194%、水电 32%、核电 574%、可再生能源 789%。因此,可再生能源、核电和天然气是未来 25 年中国能源结构调整的三个方向。

比较 2016 年和 2040 年中国的一次能源消费结构,传统能源占比将显著下降。BP 预计中国煤炭消费占比将从 62%降到 36%,石油消费占比将从 19%下降到 17%,水电消费占比将从 9%降到 8%;而其他低碳能源则处于上升通道,天然气消费占比从 6%上升到 13%,核电消费占比从 2%上升到 8%,可再生能源消费占比将从 3%上升到 18%。[1] 据 BP 预测,未来 25 年(2016—2040 年),中国的核电和可再生能源将分别保持 8%和 9.5%增速,到 2040 年这两类能源消费量,将分别占到全球总量的 36%和 31%,明显高于中国能源消费量的全球占比(24%)[2],说明届时与中国的其他能源相比较,这两类能源也会是相对优势能源。

(3) 中国政府的努力

过去 30 年里,我们因为粗放的能源利用模式,在环境生态、自然资源和国际舆论方面承受了巨大压力;现在和未来的中国将与世界同轨,节能、增效与结构优化三驾马车并列前行,走清洁低碳的经济发展道路,节能、增效与结构优化同时发力。当前中国政府和社会正在进行不懈的努力,具体表现为:

① 扭转了煤炭消费迅速增长的态势,煤炭消费量 2013 年达到峰值,随后进入了下降通道;

② 开始向低碳经济转型,经济由钢铁和水泥等能源密集型行业,转向较低能源密度的服务业,及其他面向消费者的行业;

③ 天然气进口加速,京津冀及周边地区设置禁煤区,政策性地推进煤改气、煤改电工程;

④ 推行更为严格的机动车燃油效率措施,大力发展新能源汽车,倡导共享汽车、共享单车出行模式。鼓励照明节能和建筑节能。促进能源消费

① 《BP 能源展望国家和地区专题——中国》,BP 中国,2018,https://www.bp.com/zh_cn/china/reports-and-publications/_bp_2018_.html https://www.bp.com/en/global/corporate/energy-economics/energy-outlook.html。

② 《BP 能源展望国家和地区专题——中国》,BP 中国,2018,https://www.bp.com/zh_cn/china/reports-and-publications/_bp_2018_.html https://www.bp.com/en/global/corporate/energy-economics/energy-outlook.html。

智能化,推动储能技术发展,推进 CCS 在工业和电力行业的深度应用;

⑤ 大力发展清洁能源、低碳能源,太阳能光伏产业和核能产业。从多个机构的预测看,中国核能产业快速发展的势头,在 2040 年前没有逆转的迹象。

⑥ 以 2030 年前实现"碳达峰"和 2060 年实现"碳中和"为目标,积极主动应对全球气候变化,参与构建人类命运共同体。在达成 2009 年在哥本哈根世界气候大会上做出的承诺目标后,为践行 2015 年巴黎世界气候大会上的新阶段目标不懈努力。

第二章　中国核能发展战略分析

本章辨析中国核能发展的驱动力与战略选择,探讨究竟是地方经济发展、电力供应需求、生态环境保护、全球气候变暖,还是来自能源技术自身创新的需求,推动中国走向持续发展核能的道路? 与此同时,尝试划分中国核能发展的不同阶段,分析各阶段中国选择的发展战略,思考中国发展核能的必要性和可行性。

一　发展核能或可解决的问题

调查访谈和文献研究显示,发展核能除了优化能源结构之外,还可以帮助人们解决以下矛盾和问题。

(一) 用电压力问题

对照当前中国在运和在建核电站的区域分布,分析核电站布局与区域电力需求是否存在对应关系。假设各区域用电社会压力与用电数量成正比,那么电力消费规模较大的区域应当具有更大的动力发展核能。中国的在运或在建核电站主要分布于广东、浙江、江苏、福建、山东、辽宁和海南,根据《中国统计年鉴2020》,对2019年各省、自治区和直辖市的电力消费量进行排序,结果见图2-1。可以看到除了海南以外,几个有核电站的区域都是电力消费旺盛的地方。但是河北、河南、内蒙古、新疆、四川、山西、安徽、湖北和陕西等用电大省,前期并未被纳入核电站建设范围。考虑到这些省份基本属于内陆省份,在内陆核电建设破冰之前发展核能阻碍较大,因此无法作为反向论据。至于河北省先前未部署核电站,可能有其他方面的考虑。

中国每年电力消费中大约70%属于工业用电,可见电力主要用在了经济发展上。在先前的核电站布局问题上,决策者也首先考虑了经济发展的需要。但是,中国区域经济存在不平衡发展态势,核电站作为重大固定资产投资和重要电力来源,应当在支持地方经济发展方面发挥积极作用。

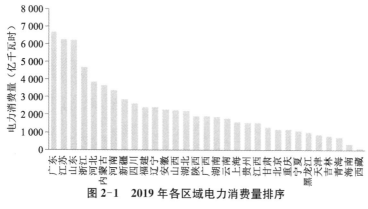

图 2-1　2019 年各区域电力消费量排序

数据来源:《中国统计年鉴 2020》。

(二) 空气污染问题

2013 年中国出现大范围严重雾霾污染,据统计,当年全国平均雾霾日 29.9 天,波及了 25 个省份、100 多个大中城市(张彬等,2013)。雾霾污染治理长期而艰巨,时至今日,一些城市的空气质量问题还有待改善。参考《统计年鉴 2017》的统计标准,我们将空气质量二级或二级以上的视为达标。如图 2-2,对 2016 年不达标天数进行排序,空气质量最差的前十位省会城市分别是郑州、济南、石家庄、西安、北京、成都、天津、太原、武汉和南京。其中,郑州 206 天不达标,空气污染最为严重;其他 9 座城市全年不达标天数在 123—197 天之间。

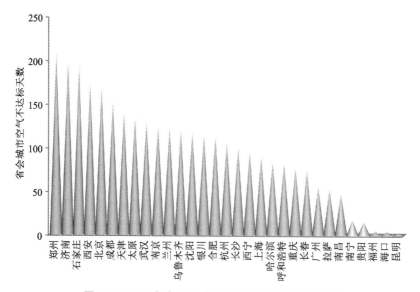

图 2-2　2016 年各区域省会城市空气不达标的天数

对照图 2-1 和图 2-2,可以看到城市空气污染(雾霾)的严重性与电力消费的社会压力之间对应性不强。从图 2-2 看,核电站建设与地方性空气污染之间也不具有对应性。换句话讲,中国的核电站几乎都建在了空气质量好的地方①。空气污染严重的石家庄、西安、北京、成都、天津、太原和武汉,所在区域至今没有在建或在运核电站。海口、福州一年只有 4 天空气质量在二级以下,十分优良,但其所对应的省份仍然建有多座核电站。总之,过去中国的核能发展选址优先满足了经济发展的需要,却忽视了环境保护的需要。需要重点指出的是,从排序情况看,环渤海经济圈的城市中,济南(197 天不达标)、石家庄(193 天不达标)、北京(167 天不达标)、天津(139 天不达标),存在城市群落空气污染问题。目前该区域主要集中在山东省建设核电站,其他辽宁省和河北省亦有规划建设。

雾霾污染会影响人们的身心健康,带来心理压抑,导致呼吸系统疾病、心血管疾病例等。中国的老百姓不能长期生活在受污染的城市空气之中,空气质量保护被各级政府提上了重要日程。由于对环保的关注,沿海及京津冀地区火电项目发展受限,新建燃煤电厂呈现出向晋陕蒙宁等煤炭产地转移的趋势②。但是从大气污染情况看,晋陕蒙宁由于粗放的工业模式,以及接收了沿海转移来的一些高排放企业,区域的大气质量同样堪忧。"搬迁式"的大气污染环境治理解决不了问题,发展可替代性清洁能源,努力提高单位能效并降低单位能耗才是我们应当追求的。在核电风险与空气污染"两个魔鬼"之间,我们应当做怎样的选择呢? 实验室数据和法国经验都说明,前一个"魔鬼"可以干掉后一个"魔鬼",如果安全科技和风险管理可以驯服住前一个"魔鬼",我们还有什么理由不接纳核能?

(三) 温室效应问题

人类的生存正遭遇着全球气候变暖的威胁,温室气体排放造成的温室效应问题,促使海平面上升、冰川退缩、极端天气频发、动植物数量减少、人类冲突增加。根据《京都议定书》,温室气体包括 CO_2(二氧化碳)、CH_4(甲烷)、N_2O(氧化亚氮)、HFCs(氢氟碳化合物)、PFCs(全氟碳化合物),以及

---

① 还有一种逻辑是,核电站的存在极大地排斥了化石燃料(如煤电)的使用,使当地空气变好。这一点是否成立,还缺乏数据支撑,因为近些年新建核电站选点,都在风景秀丽、空气清新的滨海之地,如福建省的福清市、宁德市在核电站运营之前,空气质量也非常好,后者甚至傍着太姥山风景区。

② 《2013 年度火力发电十大新闻》,北极星电力网新闻中心,北极星电力网,2014 年 1 月 10 日,http://news.bjx.com.cn/html/20140110/485881-3.shtml。

SF_6(六氟化硫)。这六种温室气体主要来源于人类活动,特别是人类工业活动。煤炭、石油和天然气作为燃料,对温室效应影响恶劣。这里我们没有考虑影响最大的温室气体——水蒸气,主要原因在于大气水汽对人类活动的影响很不敏感,人们在讨论温室效应时间也往往将它排除在外(王明星等,2000)。

国际原子能机构专家 Weisser(2007)采用生命周期排放计量方法,对不同能源的温室气体排放做了评估。参与比较的有化石燃料技术——褐煤、煤、石油、天然气,以及碳捕获和储存(CCS),以及非化石燃料技术——水电、核电、风能、太阳能、生物质能及能量贮存。比较结果如图2-3。

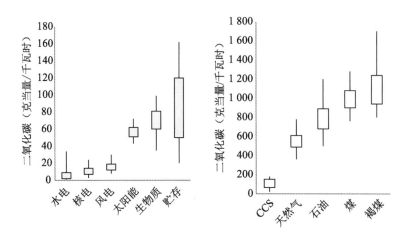

图 2-3   化石燃料(右)与非化石燃料(左)的温室气体排放比较

注:右图纵坐标标的数值比左图大 10 倍。数据来源:Weisser(2007)。

可以看到,化石燃料技术的碳排放比非化石燃料少了多个数量级,前者的排放量落于 0—180 之间,而后者的排放落在了 0—1 800 之间。由此可见,从保护地球气候环境考虑,未来能源应当以非化石燃料技术为主导方向。在化石燃料的排放中,碳气体排放又以褐煤和煤为最,石油次之,再次是天然气。在非化石燃料的排放中,水电、核能和风能在一个生命周期中的碳排放量最少,比光电和生物质能低约 2/3。核能虽然被称为无碳能源,实际上也有温室气体排放。核能的生产有完整的生命周期,包括铀开采,燃料制造,核电厂建造、运行和退役,核废物处理的全过程并非一些宣传讲的属于零排放的能源。核能的主要温室气体排放来自生产的上游,如铀采矿、冶炼、浓缩和燃料制造等。相关生命期间的温室气体排放数量取决于生产时所采用能源的类型,如果是火电,那么排放量也不会小;如果是核电,那么整体生命周期的温室气体排放量,将被控制在极低的水平上 (Rogner,et al.,2010)。

Weisser(2007)的分析没有关注石油和天然气的甲烷排放问题。实际上,我们在能源排放中也大都关注石油和天然气的二氧化碳和颗粒物排放,忽视此二者的甲烷排放,而甲烷恰恰是温室效应的又一重要推手。当前,中国社会存在一种想用天然气替代煤炭来改善生态环境的发展思路;政府层面也积极地在推进"煤改气"。就环境影响而言,天然气比煤炭更有优势。但是中国的天然气储有量不大,且天然气是温室气体甲烷的主要排放者。2017年国际能源署在设计全球气候治理"可持续发展情景"时,专门将石油和天然气生产过程中的甲烷减排作为治理要点提了出来;国际上,联合国环境署、国际能源署、国际煤气联盟、石油天然气气候变化倡议组织、美国环保协会等共同发起了减少甲烷排放指导原则(陈存军,2017)。由此可见减少石油和天然气使用的甲烷排放,也是实现全球气候治理目标的重要前提条件。据估计,全球油气行业每年排放了7 600万吨甲烷(何继江,2017)。如果二氧化碳排放达峰了、甲烷排放却又上来了,同样大事难成。

相比之下,对自然条件依赖少的可再生能源、安全可控的核能,以及大幅减少甲烷排放的天然气,或许都可以作为中国参与全球气候治理的方案。张建民(2016)曾经估算了通过增加可再生能源、核能和天然气消费,抑制煤炭能源消费,确保2030年二氧化碳排放达到峰值的方案,他通过模拟计算说明了这种组合方案的可行性。显然,核安全问题和气候变暖两相对比,气候变暖才是更大的威胁,而核能则是应对方法的一部分(白晶,2009)。

(四) 地方官员绩效考核问题

虽然在1994年7月国务院便已批准中国的第一个国家级可持续发展战略——《中国21世纪人口、环境与发展白皮书》;2005年10月党的十六届五中全会又明确提出了"建设资源节约型、环境友好型社会",并首次把建设"资源节约型"和"环境友好型"社会确定为国民经济与社会发展中长期规划的一项战略任务。中央的指导思想非常明确,但是因为经济考核指标的存在,地方政府倾向于保护和鼓励经济生产,普遍采取了对生产过度排放容忍的态度。一些地方的党政领导干部热衷于组织经济活动,比如积极推动火力发电厂建设、鼓励汽车消费、刺激房地产开发等,但是在生态环境保护和控制方面无甚建树,实际上损害了空气、土壤和水的质量。以至于 2013 年中国多区域城市空气出现雾霾污染。

为防止在短期利益驱使下,出现更多危害生态环境的行为。2013 年 12 月,《中共中央关于全面深化改革若干重大问题的决定》发布,提出"探索编制自然资源资产负债表,对领导干部实行自然资源资产离任审计,建立生态环境损害责任终身追究制",实质上这是一个地方政府主要领导环境问责制度。2013 年 12 月,中央组织部印发《关于改进地方党政领导班子和领导干部政绩考核工作的通知》,规定今后对地方党政领导班子和领导干部的各类考核考察,不能仅仅把地区生产总值及增长率作为政绩评价的主要指标,不能搞地区生产总值(GDP)及增长率排名,决定对限制开发区域和生态脆弱的国家扶贫开发工作重点县取消地区生产总值考核,并加大了资源消耗、环境保护、消化产能过剩、安全生产等指标的权重[1]。2015 年 8 月,《党政领导干部生态环境损害责任追究办法(试行)》颁行实施。2018 年 1 日,《生态环境损害赔偿制度改革方案》出台,在中国试行生态环境损害赔偿制度。中国政府和社会对生态环境问题的重视,切实落实到了监督和执行制度上。

随着生态环境责任考核的到来,空气、河湖、土壤、森林、草地等的质量将备受重视。在生态环境考核变成硬指标的形势下,一些地方甚至采取"休克"方法治污,生态环境保护与地方产业发展之间存大跷跷板效应;但是,长远的可持续发展模式一旦形成,这两者之间就会形成相互支撑、相互促进的关系。当前,地方经济发展与主官考核还无法完全脱钩,GDP、地方财政收入以及社会经济活力,仍然是地方党政领导干部绩效考核的焦点。不过,由于生态环境责任制度的推行,当前低碳产业和循环经济优先得到地方领导干部的关注和支持。核能项目既属于大规模固定资产投资,能够满足 GDP 激励需求;又是清洁能源,能够满足生态环境考核需要,所以地方政府愿意大力支持当地发展核能。

以上详细而系统地分析了发展核能对于促进经济发展、缓解电力压力、保护生态环境、治理全球气候变暖的重要意义,但是要将核能作为能源利用的备选方案,又不得不考虑潜在的核安全问题——核事故、核原料来源、核废料处置,以及核设施退役的相关安全问题。分析至此,我们看到发展核能的收益是清晰的,主要表现在有利于环境保护,可以提供充沛的电能,甚至表现在增加地方财政收入上;但发展核能具有发生核事故的潜在

① 中组部:改进地方领导政绩考核指标　不搞 GDP 排名,新华社,http://www.guancha.cn/politics/2013_12_09_191475.shtml,2013 年 12 月 9 日。

风险,虽然这是一种小概率事件。那么,究竟是选择核能的"环保+发电"优势,还是选择邻避"核事故"风险,这就变成了一个复杂的社会问题。

二　中国核能技术的性能指标

接不接受核能技术,接受水平如何,一方面取决于个体、家庭和当地的特质,另一方面还受到核能技术性能的影响。以下将梳理和分析中国核电的技术性能、环保性能、经济性能和安全性能。

(一) 技术性能

中国核反应堆技术的分代及适用情况,主要包括以下 5 点。

1. 引进的二代加技术

中国大亚湾一期项目曾引入法国的 M310 二代核电技术,后来又在田湾一期项目中引入俄罗斯的 V428 压水堆技术,在秦山三期项目中引入加拿大的 CANDU6 重水堆技术。

2. 自有二代加核电技术

中国 20 世纪 80 年代引进和吸收国际核电二代技术后,形成了 CNP300、CNP600 系列两个自有品牌(潘群峰,2009)。中国自行设计和建造的秦山一期项目,采用了二代技术(CNP300);秦山一期和秦山二期的扩建项目采用了二代加技术(CNP650)。海南昌江一期项目用的也是二代加技术(CNP650)。中广核集团的大亚湾一期项目采用了从法国引入的 M310 技术;在 M310 之上形成的中国自主二代加核电技术 CPR1000,又被应用于岭澳、海阳、红沿河等核电站项目。二代和二代加核电技术已在中国安全运行 30 年,因而是比较成熟和稳健的。

3. 引进的美国和法国三代核电技术

第三代核电技术是在三哩岛和切尔诺贝利核事故之后的产品,其安全性能比二代有更大的提高。中国引进的第三代核技术,包括美国西屋电气的 AP1000,以及法国阿海珐的 ERP 技术。AP1000 技术采用了"非能动"的设计理念,降低了由人为操作因素造成的核事故;ERP 则在原有二代压水堆技术之上,通过增加冗余度来提高安全性。福岛核事故的发生,促使中国核电管理部门更加重视核电安全性,选择将三代核电技术作为主要发展方向。海阳核电站和三门核电站都是国家第三代核电自主化的依托项目。

4. 自主三代核电技术

经过中核集团的消化、吸收和创新开发,在 AP1000 技术之上,中国形成了自主第三代核电技术 CAP1400。目前在建中的山东石岛湾核电站,就是这一技术的示范性工程。2014 年,中广核和中核集团在前期各自研发的 ACPR1000 + 和 ACP1000 的基础上,联合开发并形成了第三代自主核电技术方案——"华龙一号"。该技术已被应用于福建福清二期、广西防城港二期核电站项目。2015 年,中广核集团和法国电力集团在英国伦敦签订协议,决定新建英国欣克利角 C 核电项目,以及共同推进塞兹韦尔 C 和布拉德韦尔 B 核电项目。其中的布拉德韦尔 B 核电站,便计划由中广核集团控股,并以中广核防城港二期项目作为参考电站,采用"华龙一号"技术(郑小红,姚操铎,2017)。目前该项目正在进行英国通用设计审查①通关。"华龙一号"作为中国自有知识产权的三代核电技术,首次尝试进入老牌核电强国英国,如果可以获得顺利落地,将是中国核工业发展史上一个具有划时代意义的事件(郑小红,姚操铎,2017)。

5. 具有第四代核电技术特征的模块高温气冷堆技术

20 世纪 70 年代,清华大学从德国引进这项技术进行研究,2003 年,清华大学自主设计建造的"10 兆瓦高温气冷试验反应堆"实现满功率运行发电,这是一项适应国家发展先进核电技术的自主创新(张作义等,2008)。这项技术具有安全性好、发电效率高、经济竞争力强的优点(董玉杰等,2007)。石岛湾一期核电项目就是运用了球床模块式高温气冷堆技术的示范堆。该项技术的安全性虽然具有了四代核电技术的特征,但是尚未解决"乏燃料"的后处理问题,而第四代核电站的建设标准,要求能够解决核能经济性、安全性、废物处理和防止核扩散问题(北极星电力网新闻中心,2013②)。

从当前情况看,中国核电站建设采用的技术不够统一,存在多个技术流派,业界戏称之为打"万国牌"(李彬,2012)。除购入后发展形成的自主压水堆技术、自主探索的冷水堆技术和高温气冷堆技术外,还有来自法国、美国和俄国的压水堆技术,来自加拿大的重水堆技术。这种情况除了无法

---

①　英国通用设计审查(Generic Design Assessment,GDA),英国核监管办公室和环境署共同实施的针对新建核电厂拟采用候选堆型的技术性安全审查。

②　《石岛湾项目一波三折,华能核电"野心"泄底》,北极星电力网新闻中心,北极星电力网,2013 年 1 月 7 日,http://news.bjx.com.cn/html/20130107/412070.shtml。

集中力量发展外,也给核电安全管理造成了障碍,未来可能进一步增加核电站退役和核废料处理的难度。核电技术成熟的检验标准有三个层次:一是研发设计的成熟,二是首堆工程的成熟,三是市场验证后的成熟(董红,李耀东,2011)。中国的核电技术要展示先进、安全、成熟的特征,并最终领先于国际同行,必须打造自己的拳头产品。"华龙一号"已在尝试对内建设发展,对外打包销售,不过市场验证之路还很漫长。

(二) 环保性能

以装机容量 1 000 兆瓦的电厂为例,比较分析煤炭、石油、天然气,以及核能的发电、能耗及排放等六项指标,结果如表 2-1 所示。在不考虑上游生产环节的情况下,发展核电可以实现温室气体与污染物零排放,而使用煤、石油和天然气则有规模不等的污染物排放。煤电的污染物排放最为严重,生产 100 千瓦时的煤电,将产生 588 万吨二氧化碳、4.8 万吨二氧化硫、0.9 万吨烟尘,以及 45 万吨灰渣的附属品。需要注意的是,煤炭不是就地转化为火电的,还需要长途运输到各处电厂,在转运途中还会产生大量的污染。但是,生产核电除了采矿冶炼和装备制造之外,几乎不存在污染物排放。虽然表 2-1 并未计算核电在开采和设备生产等环节的污染物排放,不过这些环节的排放问题,其他燃料也同样有。综上,核电不仅是一项显著优于火电的能源,同石油和天然气比较,在能效和污染物排放上也具有明显优势。

表 2-1　四类能源的污染物排放比较

	煤	石油	天然气	核电
容量(兆瓦)	1 000	1 000	1 000	1 000
发电量亿度(年)	55	55	55	65
燃料万吨	300—600	77	104	0.002 4
CO_2 万吨	588	248	290	0
烟尘万吨	0.9	0	0	0
灰渣万吨	45	0	0	0

数据来源:中核集团《核电站常规岛及 BOP 土建工程培训讲义》[①]。

对照表 2-1,2013 年中国消费 36.1 亿吨煤炭,产生了 5 070.79 亿万吨二氧化碳、41.39 亿万吨二氧化硫、7.76 亿万吨烟尘,以及 388.07 亿万吨灰

① 核电站常规岛及 BOP 土建工程培训讲义,中核集团,2011 年,第 3 页.豆丁网,http://www.docin.com/p-318302166.html。

渣。假设中国以核电代替煤电,且煤炭消耗(占全球的 50.0%)能够下降至美国的消耗量(占全球的 11.9%),那么可以减少排放 3 863.94 亿万吨二氧化碳、31.54 亿吨煤炭、5.91 亿万吨二氧化硫,以及 295.71 亿万吨灰渣,潜在减排收益非常之诱人。正因为法国核电占本国能源比例全球最高,所以法国的碳排放强度[①]全球最低,被视为核电世界的典范。如果全世界的碳排放强度能如法国这般得到控制,那么全球的二氧化碳排放量将降低 50%(伯顿·里克特,2006),温室效应将迎刃而解。

如果以 2013 年中国的百万吨煤死亡率(0.293)作为铀矿开采死亡率,以年均消耗铀矿产量不满 1 800 吨估算,中国因产铀死亡人数不足 36 人。但是 2001 至 2013 年中国因生产煤炭死亡人数约 5.05 万人。根据张小曳等(2013)对北京市雾霾污染源的甄别结论,燃煤污染约贡献了其中的 32%;Chen et.al(2013)估计中国因雾霾早死人数约在 35—50 万之间——据此估计,中国因燃煤污染环境致害的人数约在 13.6 万(11.2—16 万)之间。而根据 Kharecha & Hansen(2013)的数据,1971—2009 年中国因核电污染死亡了 40 人。相形之下,降低煤炭的生产与并使用核电作为能源,是非常理性安全的策略。

中国是世界上煤炭消费量最大的国家,煤炭的开采、运输,以及火电的生产过程对空气环境质量的负面影响比较大。石油和天然气作为化石燃料对温气气体排放也存在一定负面影响。相形之下,核能作为"轻碳能源"或"清洁能源",可以作为解决中国空气污染的备选方案。

(三) 经济性能

对核电进行经济性能评估,成本端应当看建设成本、发电成本和退役成本,产出端应当看收入和利润。由于中国还未有满役期且准备退出的核电站,中国的电价也不是市场定价的,因而下面主要比较分析核电的发电成本和建设成本。

1. 发电成本比较

2015 年国际能源署(IEA)和核电能源机构(NEA)联合发布了一份对 22 个国家 181 个不同类型电厂发电成本的调查报告(IEA,NEA,2015[②])。

---

① 碳排放强度,指单位国内生产总值的二氧化碳排放量。

② IEA(International Energy Agency) & NEA(Nuclear Energy Agency). Projected cost of generating electricity(2015 Edition),NEA No.7057,2015,https://www.oecd-nea.org/ndd/pubs/2015/7057-proj-costs-electricity-2015.pdf.

在报告中,LCE[①] 被作为发电成本评价和比较的指标。这份报告采用 3%、7% 和 10% 三个等级的使用折现率,来比较不同国家的 LCE。结果显示:

10% 折现率时 LCE 的值(单位:美元/兆瓦时),核电厂为 51—136,煤电厂为 83—119,天然气发电厂为 71—143。因为核电的投入太大,如果折现率太高,核电的发电成本就会高涨;在 7% 折现率下 LCE 的值,核电厂为 40—101,煤电厂为 76—107,天然气发电厂为 66—138,相形之下核电具有优势;在 3% 折现率下 LCE 的值,核电厂为 29—64,煤电厂为 66—95,天然气发电厂为 61—133,核电优势尽显(IEA,NEA,2015)。这也从另一个角度解释了为什么核电站到期,一般都会继续延长服役时间,因为考虑到经济因素。

在 7% 折现率时,核电、煤电和天然气的 LCE 比值较为接近,所以我们在这个参数点分析中国核电的发电成本。首先,比较 7% 折现率时中国不同燃料的 LCE 中间值,核电厂为 42.5、煤电厂为 78、天然气发电厂为 93(IEA & NEA,2015)。显然,在本国的能源中,核电厂的发电成本具有明显优势;其次,比较 7% 折现率时中外核电厂的 LCE 中间值,成本最低的是 40(韩国),最高的是 101(英国),中国核电发电成本为 42.5,接近最低值。由此可见,中国的核电站的发电成本在国际同类能源中具有比较优势。

2. 建设成本比较

核电站建设除了建设周期长之外,投资大也是一大弊病。中国自主设计的秦山二期核电站建设成本为每千瓦时 1 360 美元;采用 CRP1000 机组的辽宁红沿河核电站,预算成本为每千瓦时 1 662 美元(路风,2009)。相形之下中国的核电站建设成本在国际上是比较低的,Kidd(2013)认为原因在于劳动力成本低,估计中国二代核电站建设成本成为大约为每千瓦时 1 600—2 000 美元,采用三代核反应堆技术的成本为每千瓦时 2 000—2 500 美元。从大亚湾核电站等的成本执行情况看,这一估计是基本准确的。

国际上第三代核电站的建设成本不断攀升。2007 年中国从美国西屋电气公司购入 AP1000 技术,建设成本约为每千瓦时 2 000 美元(路风,2009)。2005 年开工建设的芬兰奥尔基洛托核电站 3 号机组,以及 2007 年开工建设的法国弗拉芒维尔核电站 3 号机组,都采用法国阿海珐公司的 ERP 技术,预算建设成本约为每千瓦时 2 280 美元和 2 600 美元(李永江,

---

① LCE(Levelized Cost of Energy),即平准化能源成本,它是国际上被用于评价能源项目发电成本的经济指标,在计算上用电力系统生命周期内的成本现值,除以生命周期内的发电量现值。其计算公式包含了建设期投资、运营期成本、运营期发电量,以及给定的折现率等。

2009)。到 2013 年国际核电建设成本上涨,升至每千瓦时 4 000—5 000 美元(Kidd,2013)。以美国为例,全部采用西屋电气的 AP1000 技术,预算成本佛罗里达州 Levy 核电站为每千瓦时 5 000 美元、南卡罗来纳州 VC-Sumer 核电站为每千瓦时 4 387 美元、乔治亚州 Woergoetter 核电站为每千瓦时 4 363 美元至 6 360 美元(温鸿钧,2008)。

国际核能项目建设成本不断高涨,还有一个原因是发展核能的社会成本会被转化成经济成本。反核运动会拖延项目工期,使得建设成本飞涨。如我们先前谈到的芬兰奥尔基洛托核电站 3 号机组和法国的弗拉芒维尔核电站 3 号机组,因为社会事件的影响,开工建设至今已超过十年仍未进入商业运行。但在中国这种情况比较罕见,秦山核电站 1 期 1985 年开工建设、1991 年就投入商业运行;大亚湾核电站 1 期 1987 年开工建设,1994 投入商业运行。两者都在开工建设 6—7 年后顺利发电并网,换句话讲,在中国核电站建设的成本附加较小,发展核能的社会成本相对较低。

(四) 安全性能

2001 年美国核管理委员会(Nuclear Regulatory Commission,NRC)提出核反应堆技术的安全性能指标,要求"大规模放射性释放的概率低于每运行堆年 10^{-5} 次、堆芯严重损坏事故概率低于每运行堆年 10^{-4} 次。"这也是二代核电的安全目标(温鸿钧,2008)。三代核电将以上两类事故概率进一步调整为 10^{-6} 和 10^{-5},安全性能要求进一步提高。首先,可以确认 NRC 给出的是一个理想化的技术性能指标。如果采用堆年法计算核事故概率,可以看到完全不同的核电站安全现状。

如图 2-4,截止 2018 年 8 月 31 日,世界处于商业运行状态的核反应堆共有 454 座,总运行时长为 13 729 堆年,其中美国的核反应堆总运行 3 727 堆年、排名第一,其次是法国(1 939 堆年)、日本(1 470 堆年)、俄罗斯(1 105 堆年)、加拿大(667 堆年)、英国(515 堆年)、印度(494 堆年)、韩国(493 堆年)和乌克兰(446 堆年);中国的大陆地区以总运行时 299 堆年居世界第 11 位,中国的台湾地区以 221 堆年位居第 15 位。

国际上发生过较高级别核事故的国家主要有:美国(1979 年,5 级,美国三哩岛核事故)、日本(2011 年,7 级,福岛核事故)、英国(1957 年,5 级,温德斯格尔核事故)、苏联(1986 年,7 级,切尔诺贝利核事故;1957 年,6 级,Kyshtym 核事故)[1],以及加拿大(1951 年,5 级,加拿大的乔克河核事

---

[1]　由苏联分出的核能国家有俄罗斯(1 091 堆年)和乌克兰(413 堆年)。

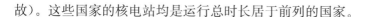

故）。这些国家的核电站均是运行总时长居于前列的国家。

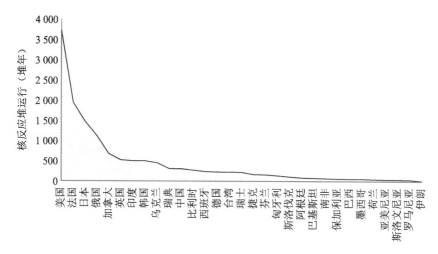

图 2-4　各国核反应堆商业运行总时长

数据来源：国际原子能机构 IAEA PRIS 数据库①，截至 2018 年 8 月 31 日。

现在，我们用这些国家严重核事故的发生频次，除以其核反应堆的总堆年数，可以看到一个远低于 NRC 安全目标的核风险现状。不过，采用堆年法进行概率估计，只能说明核事故发生的历史状况，以及未来可能性，并不意味着必定会发生，核能利用老牌国家德国和法国就没有发生过较高等级的核事故。而印度、韩国、巴西虽然均没有超过 500 堆年，但都发生过 2—5 级的核事故。在没有控制技术性能、没有控制风险管理能力、没有控制社会与自然的风险条件的情况下，以历史数据预见未来，同样不足采信。此外，用堆年估算核事故发生概率还有科学性不足之处，根据 IAEA 的核反应堆数据库，以下国家核反应堆永久关闭最多：美国 35 座、英国 30 座、德国 29 座、日本 18 座、俄罗斯和法国各有 12 座。可以看到这些恰恰是主要的核事故发生国家。而在我们的计算中，已永久关闭（退役）的核反应堆并不计入总运行时长。

中国核电的发展仍在早期阶段，"迄今未发生国际核事件分级（INES）2级及其以上的运行事件"（环境保护部等，2012）。虽然用堆年法看中国核电还如此的"年轻"，但有一点是事实：正因为发展核能较晚，中国的核反应堆安全性能要明显高于前期核能优势国家。中国的能源管理部门、核电企

---

①　IAEA PRIS (Power Reactor Inormation System), Operational & Long-Term Shutdown Reactors, 31, August, 2018, http://www.iaea.org/PRIS/WorldStatistics/OperationalReactors ByCountry.aspx.

业的负责人,以及核能专家经常提及"中国核电有良好的安全记录"和"中国核电是安全的",但考虑到运行时间还不太长,中国核电的安全状况还需要历史的考验。随着中国新建核能设施增多,前期运营核反应堆的老化,核安全风险同样在提升。故而,居安思危,确保安全发展核能是必要的,建好建强核能应急管理体系更是必要的。但是我们也不能因为他国出现严重核事故,便轻易否定本国核能利用的安全性。国际原子能机构(International Atomic Energy Agency,IAEA)在《核电安全的基本原则》指出:"无论怎样努力,都不可能实现绝对安全。"[1]所有核电站的安全性能都是相对的,只有走正确的技术发展道路,努力采用更安全的核电技术,积极提升安全管理水平,才能提供更充分的安全保障。

三　中国核能的发展阶段

中国各年份核电机组的开工情况如图 2-5 所示,从开工态势和国家核电政策看,中国核能大致经历了"摸索发展→扩延发展→飞速发展→暂缓发展→安全发展"的路径和过程。

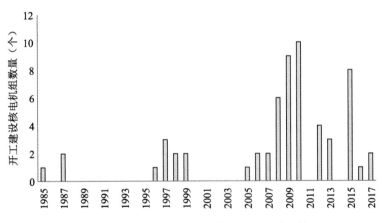

图 2-5　1985—2017 年中国核电机组开工建设情况
数据来源:2015 年之前数据整理自《中国大陆运营和在建核电分布图、大数据》[2]。

---

① International Atomic Energy Agency(IAEA). Basic safety principles for nuclear power plants:75-INSAG-3 rev. 1, a report by the International Nuclear Safety Advisory Group. Vienna:1999.

② 《中国大陆运营和在建核电分布图、大数据》,中国核能,北极星电力网新闻中心,2018 年 4 月 16 日,http://news.bjx.com.cn/html/20180416/891804.shtml。

（一）摸索发展阶段（1985—1995 年）

1964 年中国爆炸了第一颗原子弹,但是直到 1991 年才有民用核电站。初始阶段,浙江和广东各建一座核电站,两者的发展方向完全不同。1985 年,浙江秦山核电站 1 号核电机组开工建设,1991 年投入运行。秦山核电站,是第一座由中国自行设计和建设的,使用自有核电技术的核电站,开启了中国民用核能的篇章。该核电站由中核集团完全控股。1987 年,广东的大亚湾核电站 1 号和 2 号核电机组开工建设,1994 年商业运行。大亚湾核电站是中国内地首座使用国外技术(法国法玛通 M310 压水堆机型),采取合资形式建设和运营(内地和香港)的核电站。具体由新组建的中广核集团负责营运。在这一阶段,中国只选取了两个点建设了 3 个核电机组,然后便是长久的空白期。在这一阶段,中国核电的发展处于谨慎探索状态,但是点燃了的秦山和大亚湾两把火炬,照亮了中国核电的未来。中国核电发展的宏大布局以此二者作为人才和技术的基点。

（二）拓延发展阶段（1996—2007 年）

1996 年至 1999 年,秦山核电站二期和三期开工建设,各自增加了 2 个核电机组;在大亚湾核电站所在地大鹏半岛,岭澳核电站一期的 1 号和 2 号机组同时开工建设;在江苏连云港田湾核电站 1 号和 2 号机组同时开工建设。岭澳核电站一期以大亚湾核电站为参考,并做了部分技术改进。秦山核电站二期和岭澳核电站一期在 M310 技术方案的基础上,努力走自主化和国产化的路线,分别形成了 CNP650 和 CPR1000 两个中国自主核电品牌。可以看到,这一阶段中国的核电发展主要在原厂址、原技术和原人才的基础上扩展延伸,此外,仅尝试着增加了一个新的选址地点(江苏连云港连云区田湾),发展核能的态度依然比较谨慎。有意思的是,在先前的技术之外,1998 年秦山核电站三期建设新引进了加拿大的 CANDU 型重水堆技术,1999 年田湾核电站建设新引进了俄罗斯的 AES-91 型压水堆技术,中国核电多技术路线发展已现端倪。

2005 年至 2007 年,前期开工建设的核电站陆续进入了商业运行。按照先前扩延发展的思路,新一批核电站可以开工建设了。然后与先前一样采取原址扩容的操作方法,秦山二期又增加了两个核电机组,岭澳二期 1 号和 2 号核电机组也开始建设;增加了一个新的厂址,辽宁红沿河核电站开工建设。几者采用的都是中国先前发展的自有知识产权技术。显然,这一阶段的两轮建设思路比较接近,采取了成功一批、扩延一批,一轮只增加一个核电站新厂址的谨慎做法。

(三) 快速发展阶段(2008—2010年)

2007年11月《核电中长期发展规划(2005—2020年)》获得通过,确定了"积极推进核电建设"的电力发展方针,计划"提高核电所占比重,实现核电技术的跨越式发展",这标志着中国核电发展进入新的阶段。规划提出的发展目标是:到2020年,核电运行装机容量达到4 000万千瓦、核电年发电量达到2 600—2 800亿千瓦时、2020年末在建核电容量保持在1 800万千瓦左右。同时,规划还公布了13个核准的核电站厂址。显然,这一阶段中国核电的发展风格开始转变,同先前的谨慎态度不同,出现了快速发展的势头。

特别是在2008年,全球原油价格暴涨,带动所有能源价格上行。中国作为石油进口大国深受其痛,核电能源投资也受到了刺激。在世界经济危机之下,中央政府抛出"四万亿投资计划",核电产业成了主要获益行业之一。2009年国家能源局向国务院建议调整2007年制定的《核电中长期发展规划(2005—2020年)》目标,使得"2020年中国核电运行装机容量应调整为7 000万千瓦,在建3 000万千瓦"(杨磊,2009)。2011年全国能源工作会议再次提出"到2020年中国核电装机规模将达到8 600万千瓦"。

在这一阶段不仅中国核电的发展目标不断提升,在建及新投核电项目的审批也空前增多。2008年至2010年,运营中的核电机组有13台,而新开工建设的核电机组却有25台,中国核电机组在建规模全球第一。除浙江的方家山核电站系秦山核电站扩容之外,广东的阳江和台山、福建的福清和宁德、海南的昌江、广西的防城港、浙江的三门、山东的海阳,都是新开工建设的核电站。这种发展势头引起了社会空前担忧,有人担心核电发展过快会长期威胁核安全(如:中研普华财经,2014)。

(四) 暂缓发展阶段(2011—2012年)

2011年3月11日,日本福岛发生核事故,3月16日,中国召开国务院常务会议,强调核电发展要把安全放在首位,提出"抓紧编制核安全规划,调整完善核电发展中长期规划,核安全规划批准前,暂停审批核电项目包括开展前期工作的项目"。此外,会议还决定组织对核设施进行全面安检。2011年3月至12月,环境保护部的国家核安全局、发展改革委的国家能源局,以及国家地震局,联合对中国45台在运、在建和待建的核电机组,以及各类民用研究堆和核燃料循环设施进行了综合安全大检查[①]。2012 年 10 月 24 日,《核电中长期发展规划(2011—2020 年)》出台,政策层面允许重启核电站建设。这个阶段虽然短暂却很有意义,福岛核事故让中国决策层意识到,先前飞快发展核电是有问题的,核电应当走安全发展的路线。"快速发展"与"安全"是一对矛盾,核电发展速度应当降下来。

(五) 安全发展阶段(2013 年至今)

2012 年 10 月 24 日,国务院常务会议通过的《核电安全规划(2011—2020 年)》和《核电中长期发展规划(2011—2020 年)》,定下来了安全发展的基调。

(1)"十二五"时期只在沿海安排建设少数经过充分论证的核电项目,不安排内陆核电项目。由此,前期已经部分开展工作的湖南桃花江核电站、湖北咸宁核电站,以及江西彭泽核电站项目只好停了下来。

(2)新建核电项目的准入门槛被提高了,会议要求新建核电站要按全球最高安全要求建设,且新建核电机组必须符合第三代核电技术的安全标准。

(3)确定 2020 年中国核电装机达到在运 5 800 万千瓦,在建 3 000 万千瓦——这意味着之前急进的核电发展目标未获批准。这一核能发展战略目标明显低于福岛核事故之前的发展目标,显得更为稳健。

(4)重视发展自主技术。鉴于自主发展核电技术分支较多,在这一阶段国家能源局出面协调,于 2013 年促成中广核集团和中核集团通过技术合流,形成一个自主三代核电技术的产品——"华龙一号"。2021 年华龙一号首堆(福清核电站 5 号机组)投入商业运行。

虽然安全发展的基调让各省市政府明显收敛对于核电项目的狂热心理,并让新增核电厂址的奔马暂时收住了脚步,但是新阶段核电的实际发展速度并不低。简言之,由于跃进发展阶段"用力过猛",导致后继阶段存在前冲惯性,而且中国强劲的能源需求和碳减排承诺的叠加驱动,使得这一阶段不断出现核电站新厂址开工建设,以及新增核电机组建成并网。

在这一阶段,中国核电呈现出积极扩张的态势,新增核电机组数量和新增核能产量,双双达到了世界第一,这让后福岛时代偏重核电冷思维的西方国家十分震惊。根据国际原子能机构的数据,2010 年中国在运核电机

---

① 《中国开展民用核设施安全检查,借鉴福岛核事故教训》,中国新闻网,2012 年 6 月 15 日,http://www.chinanews.com/gn/2012/06-15/3967548.shtml。

组仅有 13 台,2021 年增至 51 台,扩张了 2.9 倍。根据《2020 年 BP 世界能源统计年鉴》,2012 年中国的核电发电量仅为 74.7 太瓦时,2019 年增至 348.7 太瓦时,增长了 3.7 倍,全球核电产能占比也从 2.7% 增至 12.5%。

四　核能发展战略的 SWOT 分析

SWOT 分析法是海因茨·韦里克(Heinz Weihrich)在 20 世纪 80 年代提出的一种战略规划与竞争环境分析技术。SWOT 分析包括优势(S)、劣势(W)、机会(O)和威胁(T)四方面的分析,其中优势与劣势分析是对内部能力因素的审视和比较,而机会与威胁则是对外部环境因素的一种评估。以下将采用 SWOT 分析法,扫描和分析中国核能发展可采取的行动战略。

(一) 核能发展 SWOT 分析

在以上对中国核电性能分析的基础上,通过分析中国核能发展的基础条件、外部环境、影响因素与竞争条件,形成中国核能发展的行动依据和备择战略。

1. 优势(Strength)

核能的优势在于清洁、相对经济、事故发生概率极低、高能量密度。核电属于高能量密集型能源,只需要很少的原料就能产生大量的能源。一座 100 千瓦时的核电站,年消耗的原料铀只需 24 吨,而同样容量的火电厂则需要消耗煤炭 300—600 万吨。中国是电力需求旺盛的国家,也是能源进口大国,核电作为高能量密集型能源,非常符合中国的能源需求。对于当前的中国,核电仍然属于一种经济的能源,其成本优势在建设成本和发电成本上,不仅在国际同类能源中具有比较优势,而且在国内不同能源中也具有比较优势。故而核电在中国属于廉价的发电手段,中国具有发展核能的经济成本优势。

不考虑原料和设备环节,核电生产几乎不产生二氧化碳和二氧化硫、不产生烟尘,有利于防范温室效应与环境污染,从这个角度分析,绝大多数人同意它是一种清洁的能源。中国曾遭遇严重雾霾天气,2013 年平均雾霾日 29.9 天,波及到 25 个省份、100 多个大中城市(张彬等,2013),中央政府决心实施严格的雾霾治理措施。其中治理燃煤排放污染,优化能源结构是关键(郝江北,2014)。2013 年 9 月 12 日,中国政府发布《大气污染防治行动计划》，下定决心大幅减少煤炭能源占比，计划 2017 年降至 65% 以下，这一目标已经实现；但是，中国的能源需求还在增长，当可再生能源还无法撑起重担时，核能作为一种几乎无碳排放的能源，可以作为解决方案之一。法国的经验表明，发展核电可以有效应对空气污染和温室效应。

中国的核能技术与核设施性能比较稳定，在国际上具有后发优势，出事故的概率远比其他核能利用国家低。核能利用的安全性能也远比其他各类化石能源高。如果 NRC 提出的核反应堆安全技术指标可以完美兑现，那么核能将会是无与伦比的安全能源。

2. 劣势（Weakness）

从物理特性看，核裂变会产生核废料，核废料的衰变时间非常漫长，运输和存放核废料存在风险；核电站退役反应堆停止后，仍需花费漫长的时间和精力来处理具有核辐射的物质。从社会反应看，核能利用具有高风险性和高风险感知。发生严重核事故的危害很大，民众的反应也会很剧烈。核裂变产生的核废料，运输、存放和处理存在巨大风险，是核能社会抗争的焦点问题。核电站超过使用寿命退役处置的经济成本和社会成本都很高。从能源特征看，核裂变技术对核原料的依赖十分严重，大规模发展核电需要大量原料支撑，而中国的核原料严重不足，以金属铀为例，本国矿藏无法实现自给，必须依靠外部输入，但是核能原料的进口比较困难。核原料依赖是核安全系统脆弱性的表现。

核能项目主导各方将核反应堆背后的遗留物或者称为"废料"，以回避将大量高放射性物质的保管责任，留给后代的事实；或者称为"乏燃料"，以强调它的潜在经济价值，强调核能是传给子孙后代的重要"资产"而不是"债务"（史蒂夫·基德，2008）。但事实上，核能利用也存在放射性固体废物污染风险，这是环境保护的一大难题。目前高水平放射性废物的最终处置难题仍未完全攻克。中国在建设核电项目的同时，也在建设中低放射性废物处置场，并计划建成高放射性废物的地下收藏室。对于核废料处理，中国还没有更好的解决方案。

现在多种型号核反应堆型同时并存，技术力量不够集中。《核电安全规划（2011—2020 年）》要求新建核电机组必须符合三代安全标准，对核电技术的争论有息争指路的作用，但仍然存在着前期核技术发展路线分散的安全隐患。

3. 机会（Oppertunity）

核能发展的机会主要体现在中国持续扩大的能源需求缺口、中国政府治理温室效应的政治承诺,以及自然灾害和环境污染的应对举措上。

中国的能源供需缺口自20世纪90年代至今持续存在,并有不断向外扩张的趋势。作为发展动力强劲的国家,中国对能源的渴求无法单方面地靠进口能源或加大对本国一次性能源的消费量来满足。因此,2007年起中国政府决定大力发展核能。工业革命以来,随着化石燃料的使用及温室气体排放的增加与积累,全球气候变暖,极地冰雪加速融化、海平面上升,灾难事故增多。2008年,那场袭击14个省市的南方雨雪冰冻灾害造成了大面积的运输中断、电力设备损毁和电力紧张[①]。冰冻灾害使以煤为主的能源结构弊端凸显,在抗击低温雨雪冰冻灾害及灾后重建过程中,政府和社会都做出了思考,决定继续加速发展核电(张立殷,2008)2009年丹麦哥本哈根会议、2015年法国巴黎会议,中国都参与了有关全球应对气候变化的治理协商,并在节能减排增效和能源结构优化方面做出了有力的政治承诺。

2013年以来,主要由于燃煤排放造成的城市空气雾霾问题,极大地牵动了各级政府以及中国社会民众的心。没有一个宜居的环境,就谈不上民生幸福。雾霾污染最大的症结是煤电在总体能源消费结构中比例过大,燃煤排放污染严重,中国急需优化能源结构(张小曳等,2013;郝江北,2014)。中国政府将雾霾治理与节能增效、改善能源结构结合起来,2014年5月16日,发改委、能源局、环保部等三部门联合发布《能源行业加强大气污染防治工作方案》,将"煤退核进"视为治理雾霾的药方,拟通过连续数年的环境治理,重建优良的生态系统。空气污染问题同样为核能发展提供了良好的契机。

除此之外,发展核能事关中国的能源安全和全球竞争。中国能源的需求缺口极大,在能源储量和产量上很难取得突破,除了依靠技术进步以及发展新能源之外,发展核能将是中国摆脱能源束缚的重要路径之一。

4. 威胁(Threat)

自然灾害、过度竞争、快速扩张、地方民众接受度不足、安全管理能力落后,以及能源与核电系统的管理问题,均构成了核能发展的潜在威胁。

中国核能出现过超常速度发展,除北京、上海、山西、西藏等几个省、市或自治区,各地地方政府发展核电的热情高涨,核电企业亦闻风而动、多处筹建。所有的厂址究竟是不是得到了科学的论证?环评是否严格?地方

---

　　① 《截至16日全国因灾停运电力线路恢复79.2%》,电监会,2008年2月18日,人民网,http://politics.people.com.cn/GB/1027/6891859.html。

民众是否真实接受？建设和运营的方案是否足以控制风险？安全隐患有哪些？核应急管理体系是否足堪大任？这些问题都需要一一落实。

中国属于地震、水灾和旱灾多发国家，因此，核设施在布局上必须确保远离地震带，远离可能出现严重灾害的区域。安全发展是核能利用的基本理念，但是仍有个别在地震带、史上发生过强震的地区，热衷筹建核电站的情况。

核电项目属于邻避型项目，核工业属于"一个受到反对者强烈攻击的行业"，世界各国的公众接受度都不高，存在较强的对抗情绪和反对意愿。民众的信任与接受意愿是核电发展成功与否的重大阻力。在中国，地方政府热衷而社区不接受，这种错位是一种不正常的现象，造成了极大的潜在社会稳定风险。核能项目投资动则几百亿，容易造成中国能源系统与核电企业出现腐败问题，这种情况说明核设施的规划建设与运行管理质量需要长时间的检验。

（二）核能发展行动战略思考

如表 2-2 所示，在 SWOT 分析模型中，内部能力因素与外部环境因素的交叉，可以形成 SO、WO、ST、WT 四组交叉策略。1985 年至 2005 年中国考虑到了核技术和核安全的劣势因素，以及在西方国家核能发展热潮之后我国核工业发展的机会因素，选择了"适度发展"的 WO 型战略，实现了核能发展的起步和小幅增长；2007 至 2010 年，一方面核能作为清洁能源、经济能源，以及高能量密度型能源的优势得到推崇，另一方面受国际能源价格上涨、哥本哈根会议中国减排承诺、南方大雪灾等机会因素的刺激，中国选择了"积极发展"和"尽可能快的发展"的 SO 型战略。

表 2-2　SWOT 分析法的交叉策略生成模式

内部能力因素 外部环境因素	优势（S）	劣势（W）
机会（O）	SO 型策略	WO 型策略
威胁（T）	ST 型策略	WT 型策略

当交叉策略加入其他分析要素时，又将进一步形成 SOT、SOW、WOT、SWT 四类复合策略。针对中国核电技术在国际竞争中的弱势地位，中国政府协调中核集团和中广核集团，合作研发形成具有自主知识产权的"华龙一号"技术，一方面改变了核电分散发展的问题，另一方面向英国和巴基斯坦出口，抓住"一带一路"走出去的契机参与国际竞争。显然，在核能技

术走出去的路线上中国选择了 SOT 型战略。中国作为缺铀国,为保证核燃料的安全稳定供应,利用福岛核事故之后全球铀矿价格大幅下挫的时机,在海外市场购买矿权和原材料,努力发展国内生产、海外开发、国际铀贸易三渠道并举的天然铀资源保障体系,并谋划发展乏燃料后处理市场,实则选择了 WOT 型发展战略。

更高层次的宏观发展战略,亦可能来自 SOWT 四要素组合策略。煤炭的过度消耗是全球气候变暖的主要推手(O),核能被视为"高密度能源""无碳能源"和"清洁能源"(S),但是福岛核事故发生之后国际核能发展出现颓势,中国各地频发的反核事件说明地方民众核邻避心理强烈(T),而在应对自然灾害攻击、人工操作失误、空中恐怖袭击等方面,核能利用仍然存在薄弱环节(W)。在这种情况下,我国中央政府选择了积极而又慎重的安全发展战略,这是一个四要素组合战略。

第三章 中国核能的发展现状

核能利用与发展的时空分布、规模和产业链,涉及不同人群利益,可以影响和建构各类潜在的社会对抗风险。本章将采用国际比较和描述性统计分析的方法,描述中国核电站的空间分布、中国核能的消费变化、中国的铀矿储量与消耗、中国的核废料处理情况,以及中国核能在时间、空间和数量上的状态与特征。

一 中国核能设施的空间分布

核能产业的链条非常长,上游是核原料生产供应,以及核能装备制造环节,涉及装备制造厂、采矿基地、冶炼厂、核燃料仓库等;中游是核电站建设、生产、退役和厂址恢复环节,主要涉及各核电站;下游是核乏燃料处理、放射性废物处置环节,涉及核乏燃料处理和废料填埋基地。中国作为一个核能利用大国,核能技术发展和核能设施分布,必须能够自具自足、实现完美闭环操作,但事实上某些设施还不健全。当前,各类核能设施的空间分布情况①如下:

(一) 核电站的空间分布

从核电站的空间分布情况看,中国前期核能发展存在着地理选择上的偏向,事实上存在沿海优先落子的特征,这种情况使得中国社会有了"沿海核电"与"内陆核电"的差别意识。在空间布局上,中国的核电发展形成了两个极端,一方面沿海核电站分布十分密集,另一方面内陆核电站迟迟未能破题。

根据国际原子能机构 IAEA/PRIS 数据库,截止 2021 年 6 月 30 日中国大陆共有 15 座处于商业运行状态的沿海核核电站,1 座实验快堆,分布于 8

---

① 中国台湾也有四座在运核电站,分别是龙门、金山、国圣和马鞍山核电站,以下的分析对它们不再做介绍。

个省或直辖市,总计 51 个在运核电机组,具体为:

① 浙江省秦山核电站(一至三期 7 个机组)、方家山核电站(一期 2 个机组)、三门核电站(一期 2 个机组);

② 广东省大亚湾核电站(一期 2 个机组)、阳江核电站(一至二期 6 个机组)、岭澳核电站(一期 4 个机组)、台山核电站(一期 2 个机组);

③ 福建省福清核电站(一至二期 5 个机组)、宁德核电站(一期 4 个机组);

④ 辽宁省红沿河核电站(一期 4 个机组);

⑤ 江苏省田湾核电站(一至三期 6 个机组);

⑥ 海南省昌江核电站(一期 2 个机组);

⑦ 广西壮族自治区防城港核电站(一期 2 个机组);

⑧ 山东省海阳核电站(一期 2 个机组);

⑨ 北京市房山实验快堆(1 个机组)。

根据国际原子能机构 IAEA 的备案数据,上述核电机组的参考单位功率为 48 528 兆瓦(MW)、总电容量为 52 165 兆瓦。此外,不包括 2021 年 5 月并网的田湾核电站 6 号机组,全国还有 13 个核电机组正在紧锣密鼓地建设当中。在建核电机组均分布在沿海地区。

由于沿海核电选址已渐渐趋于饱和,中国核电集团或电力集团将目光转向了内陆。早在 2008 年 2 月 1 日,国家发改委便已召开了内陆地区核电发展工作会议,同意湖南桃花江、湖北大畈、江西彭泽三地核电站项目开展项目前期工作。可是由于内陆发展核电社会争议较大,2012 年国务院常务会议在确定福岛核事故后核电重启建设方针时,决定“‘十二五’期间不安排内陆核电项目”,因此内陆核电建设暂时被搁浅。不过,除个别区域外,各内陆省份都在积极申请备战,并筹建选址多处,筹备中的内陆项目选址有重庆涪陵、四川三坝、安徽吉阳和芜湖、河南南阳、黑龙江佳木斯、吉林靖宇、湖北大畈和松滋、湖南桃花江和小墨山、江西烟家山、福建将乐等。另有一些筹备项目消息面还很不明朗,暂不列入统计范围。由于电力供应的区域不均衡,在当前的技术和社会条件下,内陆核电破题应是题中之义,各地都在等待中央政府松开口子。

(二) 核燃料厂和核废料处理设施的空间分布

1. 核燃料设施

三大核电厂商中,目前仅有中核集团涉足核燃料业务,其下属的中国核燃料有限公司是中国唯一的核燃料生产商、供应商和服务商(张慧,2016)。这种状况给中广核集团带来了一定的困扰,中广核希望拥有独立的核燃料供应资质与条件。实际上,包括中核集团在内,由于核燃料供应涉及诸多环节,相关的生产、运输和销售分散在多个省市,处于事实不经济状态,由此催生了建设统一综合核燃料产业园区的思路。2012 年和 2013年,中核集团和中广核集团经过商洽,规划决定"一南一北"各建一个核燃料产业园,用于整合从铀矿生产到核燃料元件制造等各个环节。南方筹建了广东省江门市鹤山市龙湾工业园核燃料项目,北方筹建了河北省沧州市沧县经济开发区核燃料产业园项目。但是,南方项目在 2013 年由于遭遇群体性事件暂时失利,具体落地还有待中广核集团提出新方案。

2. 核废料设施

核乏燃料的后处理是提高铀资源利用率、减缓天然铀消费、匹配快堆发展的必要举措,也是大幅降低高放射性核废物长期毒性和危害的关键步骤("中国核能发展的再研究"项目组,2015)。只有先进的商用乏燃料后处理厂的加入,中国核能产业才能形成闭式核燃料循环体系。不得不承认,"在核燃料后处理上我们是一个后进的国家"(科技日报编辑部,2016),迄今在中国没有一个在运的商用核乏燃料后处理厂。2016 年中核集团与法国阿海珐(Areva)规划在江苏省连云港市修建一座核废料处理厂,但是由于当地民众的反对该项目最终取消。当下,比较明确的信息是,中核集团正在甘肃省嘉峪关市金塔县建设核乏燃料后处理基地。如果中国只建这座处理厂,由于地理位置的关系,核乏燃料运输路线偏长、途中风险较大。

2009 年,国际原子机构发布放射性废物分类处置方案,根据核废料的放射性水平和半衰期的长短提出处置方案,要求对高、中放射性废物分别采取深地质处置和中等深度掩埋处置,对低放射性废物采取近地表掩埋处置("中国核能发展的再研究"项目组,2015)。当前中国在用和建设的西北、西南和东南三个处置场,都属于低水平放射性核废物处置设施("中国核能发展的再研究"项目组,2015)。其中西北处置场位于甘肃省酒泉市玉门市;北龙处置场位于广东省深圳市大亚湾核电站区域;西南处置场位于四川省广元市飞凤山。唯有甘肃省玉门市北山地区在建的北山处置场,是一座永久性高放射核废料处置库。

中国缺乏核废料深地质处置和中深度处置点。因为核废物的长期安全处置,不能单纯地依赖严密的组织监护活动,还需要地理地质环境的安全防护("中国核能发展的再研究"项目组,2015)。特别是放射性核素半衰期在千年以上的核废料,因为需要超长时间存放,采用应急设施对其进行隔离并不保险,最终还得依赖天然屏障。此外,随着核能生产的推进,大量石墨废物、核废密封源、活化金属废物和后处理废物将被堆积下来,其中的长寿命中低放射性核素,亦需要中等深度(距地表几十米至上百米)的掩埋处置;至于核乏燃料、核废料中的高放射性废物,还有钚废料,亦需要深地质(距地表500至1000米)掩埋处置(王驹等,2006),但是相关的选址建设工作还很不明朗。

二 核能利用的国际比较

(一) 核电的生产

根据《2020年BP世界能源统计年鉴》,2019年全球核能发电量为2795.96太瓦时(TWh),占全球一次能源总消费量的4.27%。核能是世界能源的重要组成部分,但总体上属于弱势能源。根据国际原子能机构的PRIS数据库,在2021年7月1日时点,全球有444座商业运行的核反应堆,总净电容量为39.42万兆瓦。各国或地区的核反应堆数与电容量如图3-1:

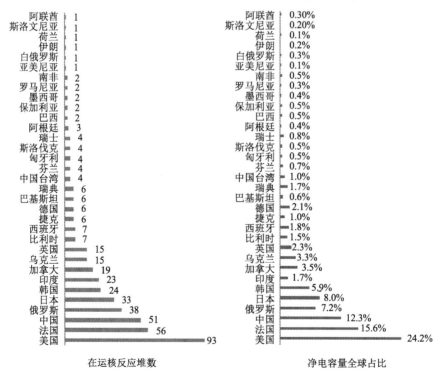

图3-1 全球核反应堆分布及电容量占比

数据来源:IAEA PRIS数据库(https://pris.iaca.org/pris/),2021-07-01。

根据图 3-1,在运核反应堆总量居前六强国家是:美国(93 座)、法国(56 座)、中国(51 座)、俄罗斯(38 座)、日本(33 座),以及韩国(24 座),总净电容量占全球 73.2%。紧接其后的六强国家是:印度(23 座)、加拿大(19座)、乌克兰(15 座)、英国(15 座,)、比利时(7 座)和西班牙(7 座),总净电容量占全球 14.1%。在十二强中,无论是反应堆数还是总净电容量,中国都位居前列。中国的在运核反应堆共有 51 座(暂未计入中国台湾的 4座),总净电容量 48 528 兆瓦,在全球核能利用国家或地区中排第三位。与此同时,中国的核能工业体系也已形成并趋于完备。要知道 1985 年中国才起步建设第一座核电站,仅仅三十五年就有了这样的斐然成就。

从新建核反应堆数及产能看,2011 年以来中国核能增长迅速,且至今速度未减。根据 IAEA PRIS 数据库,2021 年 7 月全球共有在建核反应堆51 座,设计总净电容量 5.39 万兆瓦(参见图 3-2)。其中,中国在建核反应堆最多、共 13 座(占全球在建数的 25.5%),设计总净电容量 1.26 万兆瓦(占全球新增产能的 23.2%)。可见,全球核能的新增规模和产能,约四分之一集中在中国;可以说,中国正走在通往世界第一大核能利用国家的道路上。

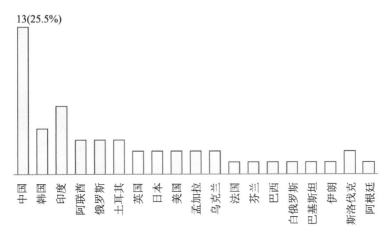

图 3-2 2021 年各国在建的核反应堆
数据来源:同上。

国际能源署预测认为,中国核能总量大约在 2030 年会超过美国,成为世界上最大的核电生产国(这是 2018 年 2 月国际能源署署长法提赫·比罗尔做出的估计。参见:"国际能源署署长——中国将超美国成全球最大核能国家",《人民日报》,2018 年 2 月 26 日 第 21 版。)。"后福岛时代"世界核能大变局是这一预测的前提:日本由于福岛核事故的影响,可用核电机组重启速度缓慢,但实际核电生产能力不低。假设日本核电产能完全恢复,日本的核能发电量可以达到世界第四位,中国的核电产能已经完全超越日本。法国有一个 2025 年核电产能比 2012 年缩小 25% 的能源法令,如果没有新的变数,预计 2025 年中国可以超越法国、成立为核电产能第二位的国家。美国的情况比较特殊:一方面在 2018 年特朗普政府新推出了"核电振兴"战略,拜登政府及后继各任美国总统的规划还很不明朗;另一方面美国很快会有一批核电站服役期满,如果全部退役会留下较大的能源缺口。所以说,中国几时会超过美国,变数主要在美国——如果美国核电能够基本保持现状,那么预计 2035 年至 2040 年中国将超越美国、成为世界第一大核能利用国家。

日本福岛核事故发生之后,世界各国的能源结构发生了巨大变化。根据《2020 年 BP 世界能源统计年鉴》,2019 年核能在本国的一次能源消费结构中,法国占比最高(占 36.8%),不过,法国生产的核电除供给本国能源消费需求外,还部分出售给德国、意大利、瑞士、瑞典等欧洲国家,这种情况也是欧洲国家能够选择退出或逐步退出核电的原因之一。美国作为世界上最大的核能国家,核电消费占本国能源消费总量的 8%。日本在福岛核事故之后关闭了一些核电站,造成核电占比一时下降,现已有所恢复,2019 年达到了 3.1%。中国作为能源消费大国,在一次能源消费中核电仅占 2.2%,同两大核能强国美国和法国比,比重偏小;但是中国的核能发展很快会后来居上。更何况核电占比小,不等于核电规模小。

从中国的核反应堆运行数量看,中国已成为世界核能大国;从核反应堆在建和筹建数量看,未来中国将成为世界核能强国。无论是成为核电大国或强国,中国都需要在自有核电技术、核安全管理能力,以及核能的社会公众接受度之上夯实基础,否则将产生不可预见的困难和危险。更何况中国仍是年轻的核能开拓者,还未有一座核反应堆被永久关闭。但是根据国际原子能机构 IAEA 的统计,截止 2021 年 6 月 30 日全球已有 193 座核反应堆被永久关闭。核能利用极大部分成本和社会风险来自末端,我们需要抉择核电站是否延期服役,需要决定关闭期间的成本支出,需要做好关闭之后的安全防控及核废料妥善处理,这些都可能带来挑战。

(二) 核电发电量

图 3-3 描述了 1993 至 2019 年中国核电的发电量情况,可以清晰地看到在"后福岛时代"中国核电产能明显放大。中国的核电发电量,1999 年为 14.9 太瓦时,2009 年升到 70.1 太瓦时,2019 年进一步增至 348.7 太瓦时。总产量前一个十年放大了 4.7 倍,后一个十年继续放大 5 倍。显然,中国的

核能产量正以较快的速度在做加法,且主要的量增出现在 2011 年福岛核
事故发生之后。

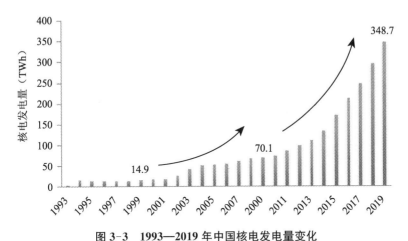

图 3-3   1993—2019 年中国核电发电量变化

注:数据来源为《 BP statistical review of world energy 2020》;
    TWh:太瓦时(Terawatt-hours),电功率单位。

比较中国及主要核能国家的核能发电量,结果如图 3-4 所示。世界上
最大的核能国家美国,核能发电量基本保持稳定;但是第二大核能利用国
家法国,核能发电略有扭头下探的迹象。德国的核能发电量曲线向下穿行
的趋势已经形成。日本的核能发电量受 2011 年福岛核事故打击发生跳水
后,始终在底部徘徊。而中国的核能发电量变动曲线表现非常强劲,先后
击穿了日本、德国、英国、韩国、俄罗斯的标识曲线,成为全球第三大核能利
用国家。中国保持着远高于其他国家的核电发展速度,凭此速度,很快将
超越法国,并有希望超过美国。

但从全球占比看,中国的核电发电量仍远比美国少。以 2019 年为例,
中国的核电发电量为 348.7 太瓦时(占全球核能总发电量的12.5%),美国
的核能发电量为 852 太瓦时(占全球核能总发电量的30.5%),是中国的 2.4
倍。2019 年法国的核能发电量为 99.4 太瓦时(占全球总消费量的14.3%),
中法的核电发电量已经非常接近。但不要忘了,中国是世界上最大的能源
消费国,石油和天然气燃料严重依赖进口,因而中国核能仍有较大的发
展空间。

在后福岛时代日本和德国核电产能萎缩也反映在核能消费变化上。
因为 2011 年福岛核事故的影响,日本核电消费发生了断崖式下挫,由 2010
年的 2.74 艾焦耳(能源单位,Exajoules 或 EJ),砸到 2012 年的 0.17 艾焦耳;

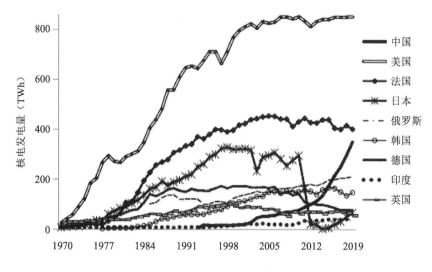

图 3-4　1970—2019 年主要国家核电发电量变化

数据来源:《BP 世界能源统计年鉴 2020》。

对应全球占比亦从 10.6% 降至 0.7%。此后,日本的核电消费虽有缓慢回升,但再无往日风光,到 2019 年占全球核电消费量的比例,仅为 2.4%。这一时期德国则在坚决地向永久退出核电过渡,德国 2010 年和 2019 年的核电消费量,占全球核电总消费的比例分别为 5.1% 和 2.7%,下挫幅度非常大。中国的情况完全不同,中国的核电消费量 2010 年为 0.7 艾焦耳(占全球核电消费量 2.7%),2019 年为 3.1 艾焦耳(占全球核电消费量的12.5%),增长明显。

总之,在世界核电发展犹豫之际,中国核电却一枝独秀、快速发展。根据各方的预测,中国必然会超越美国变成世界第一大核能利用国家。在这一过程中,核能技术风险的总量会扩张,核能社会抗争风险的总量也会增加,中国核能的社会安全形势将会变得更加复杂。

三　中国铀矿的储量与消费

1789 年德国化学家克拉普罗特(Klaproth)发现了一种化学性质活泼的金属元素——铀(Uranium)元素;1939 年德国化学家哈恩(Hahn)和斯特拉斯曼(Strassmann)进一步发现,用中子轰击铀原子,铀原子会发生裂变并产生巨大能量。此后,铀被锁定为核燃料。随着核反应堆数量的增长,铀矿变成了核能发展的原料命脉。

2019 年全球铀储量约有 1 618.32 万吨,分布极端不均衡。第一层次为富铀国,包括澳大利亚、哈萨克斯坦、俄罗斯和加拿大,共拥有世界总储量的 61%;第二层次为多铀国,包括南非、巴西、纳米比亚、尼日尔、美国、乌克兰、乌兹别克、印度和约旦,拥有总储量的 33%;中国属于第三层次,铀矿储量仅为世界总储量的 3%;第四层次是其他国家,铀矿储量合起来才占 3%[①]。中国作为积极发展核能的国家,铀矿储量明显偏低,核原料将面临极高的对外依存度。

从图 3-5 看,世界上主要的产铀国家哈萨克斯坦、澳大利亚、纳米比亚、尼日尔,均不是核能利用国家,但却保有超过全世界一半的铀储量;而主要核能利用国家却必须通过国际铀矿市场购入铀矿,或者同这几个国家合作开发资源。从铀的需求情况分析,2018 年美国的核需求量为 19 340 吨、国内生产量为 277 吨;法国、韩国、德国和日本的铀需求量为 7 370 吨、3 800 吨、1 420 吨和 1 180,几乎都要通过外部购入。

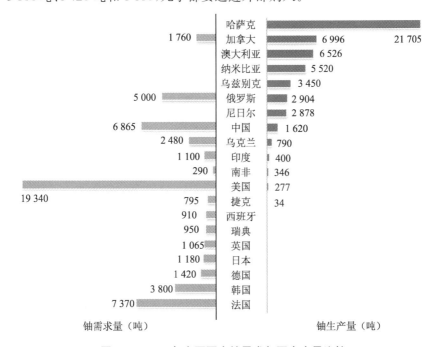

图 3-5　2018 年主要国家铀需求与国内产量比较

数据来源:《Uranium 2020:Resources,Production and Demand》[②]。

---

①　IAEA & NEA. Uranium 2010:Resources,Production and Demand,OCED,2010.

②　IAEA & NEA. Uranium 2020:Resources,Production and Demand,NEA No.7551,OCED 2020,P95.

中国的铀储量并不丰富,且铀矿分布以贫矿为主,铀矿石开采成本比较高昂。截止 2019 年 1 月 1 日,中国已探明铀矿石储量为 34.4 万吨,主要分布于广东、江西、湖南、广西、新疆、内蒙古等省或自治区的 21 个铀矿田。中国存在极高的铀矿对外依存度:根据《铀矿 2020:资源、生产和需求》,2013 年中国的铀矿需求量和国内产能分别为 6 147 吨和 1 820 吨,对外依存度为 70.4%;而 2018 年中国铀矿产量约为 1 600 吨,实际需求量为 9 600 吨,对外依存度升至 83.3%[①]。随着中国投入商业运行的核反应堆不断增多,铀矿需求缺口将进一步扩大。从这一点看,中国的核能生产在原料供应上存在一定安全隐患。

为了应对缺铀的困境,中国在铀矿石原料来源上实行了"三分策略",即三分之一国内供应、三分之一来自海外矿山投资、三分之一自国际市场购买(World Nuclear Association,2014)。虽然铀矿海外投资困难重重,不过目前相关工作已初显成效。表 3-1 为中核集团与中广核、中钢集团向海外投资入股铀矿的情况,三公司在哈萨克斯坦、乌兹别克斯坦、尼日尔、纳米比亚、澳大利亚的入股经营进展较好。此外,利用福岛核事故后铀矿价格回落的契机,中国也从国际市场购入了一批铀矿。例如,2013 年中国从哈萨克斯坦、乌兹别克斯坦、澳大利亚、纳米比亚,以及加拿大,共进口了价值 23.7 亿美元的 18 968 吨铀矿(World Nuclear Association,2014)。

表 3-1　中国在其他国家的铀矿入股情况

公司	国家	铀矿企业	入股比例（%）	生产年份
中核集团海外铀矿控股公司(SinoU)	尼日尔	Azelik	62	2010
	尼日尔	Imouraren	10(待定)	2016
	纳米比亚	Langer Heinrich	25	2014
	哈萨克斯坦	Zhalpak	49	2014
中广核铀业发展有限公司(CGN-URC)	纳米比亚	Husab	100	2012
	哈萨克斯坦	Irkol & Semizbai	49	2008,2009
	乌兹别克斯坦	Boztau black shales	50	2015
中钢集团南澳铀矿公司(Sinosteel Uranium SA Pty Ltd)	澳大利亚	Crocker Well	60	2007

数据来源:World Nuclear Association(2014)、中钢集团《可持续发展澳洲报告》[②]。

---

① IAEA & NEA. Uranium 2020:Resources,Production and Demand,NEA No.7551,OCED 2020,P190.

② 中钢集团可持续发展澳洲报告,2009 年 8 月 31 日,http://www.cec-ceda.org.cn/qqqy/download/1622_1_1347243162.pdf。

第三部分

中国核能的接受度与社会抗争

第四章　核能的公众接受度

在国际上,公众接受度、核技术安全性、核能的经济效益,以及核废料的处置,被并列为核电技术发展的四大关键问题。公众对核能的认可水平,反映核能应用的社会成本,是直接影响和决定核能发展的前因条件。本章将从概念内涵、社会调查,以及影响因素三个方面,集中探讨和研究核能的公众接受度。

一　公众接受度的内涵

公众接受度(Public Acceptance),指社会公众基于自身的道德观与价值观,以及对接触对象的心理认知,所产生的不同等级的认可水平与接受态度。它同时包含着人们对于被接触对象的感受、情感和意向三种要素。核能的公众接受,专指人们对核能技术或项目的心理认可水平。

关于核能公众接受度的研究主要有两种取向:一是从接受新技术或高风险技术角度,研究核能技术的公众接受水平;一是从工程项目的邻避效应角度,研究核能项目(核电站项目、核燃料项目、核废料处理项目等)选址时公众对项目的接受水平。邻避效应(Not In My Back Yard,NIMBY)的英文原意为"不要建在我家后院",指居民或当地单位因担心建设项目对身体健康、环境质量和资产价值等带来不利后果,而采取的强烈的、坚决的、甚至高度情绪化的集体反对行为或抗争行为(汤汇浩,2007)。由于各国人民对核能技术的安全性非常敏感,围绕核技术的应用问题爆发了一系列规模不等的集体行动,因而在核能发展过程中,NIMBY 常被西方社会作为反核标签(Welsh,1993)。风险技术与风险项目的公众接受度是有一定差异的,不过,许多研究并未对此二者进行区分,在具体研究中我们需要认真加以鉴别。

核能的可接受度取决于判断者的个体因素、核能的技术因素,以及来自公共政策、公共部门的制度因素。已有研究显示:(1)专家与公众的核能接受度存在差异。专家和技术人员更关注核事故的发生概率、对技术风险所持的态度也比较客观,而公众更关注核事故的严重性,核能项目虽然发生严重事故的概率很小,但是影响却很大,社会公众易对之产生负面情绪(郭跃等,2012);(2)核电企业职工与周边居民的态度有较大差异;(3)社会公众与项目选址地民众的核能接受态度不同。中国是个核能社会接受度较高的国家,2005 年环球调查(GlobeScan)受国际原子能机构委托,调查了中国非核电项目选址地公众($N=1\ 800$)的核能接受度,结果显示高度接受的占 61.2%、勉强接受占 22.7%,反对的仅占 7.4%(Kim et al.,2014);但是同样在 2005 年,杨广泽等(2006)对田湾核电站周边居民($N=17\ 797$)进行调查显示,当地民众仅 54.7%赞成中国发展核电事业,这个数据明显低于 GlobeScan 的同期调查结果。比较结果表明,中国社会对核电站具有强烈的邻避效应感知(Sun & Zhu,2014),很大一部分社会公众既渴望发展清洁的核能,分享其带来的好处,又不愿承担风险,存在"最好是把风险留给别人"的心理(杨广泽等,2006)。因此,项目选址地民众的接受度要明显低于普通社会公众。

在大量的核能接受度研究中,研究者虽然意识到专家与公众、核电职工与普通居民对核能技术的接受度不同;社会公众与项目选址地民众对核能项目的接受度不同。但是,很少讨论和解释这些不同究竟反映了什么差异? 如何对之进行科学分类呢? Wüstenhage et.al(2007)曾经对可再生能源技术的公众接受度做了区分,相关研究结论有助于解答上述问题。

Wüstenhage et.al(2007)采取文献综述方法,归纳提出了可再生能源技术的公众接受度结构。该研究认为从范围与领域分析,公众接受度包含着"社会—政治可接受度"、"社区可接受度",以及"市场可接受度"三个接受维度;从接受主体身份分析,公众接受度包含着社会政治接受(Social-political acceptance)、市民接受(Citizen acceptance)和顾客接受(Consumer acceptance)三个接受维度。这两种分类方法具有内在一致性,择前者绘制公众接受度关系图,具体结构图如图 4-1。

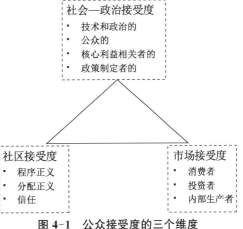

图 4-1 公众接受度的三个维度
资料来源:Wüstenhage et.al(2007)。

1. 社会——政治接受度

社会——政治接受度指公众、关键利益集团、决策者对新技术或风险项目的态度。社会——政治层面的接受,反映了人们对区域、国家或国际事件和政策的认知与反应。Wüstenhage et.al（2007）将社会接受和政治接受放到一起,容易带来困扰。实际上,关于核能的社会接受度与政治接受度,无论是接受态度的主体,还是反映心理认知的内容,亦或是利益的出发点,都存在着极大的差异。由此,本研究将"社会接受度"与"政治接受度"分开进行讨论。

（1）社会接受度。指非项目选址地民众对技术或项目的认可水平,技术或项目的决策一般不会对他们工作与生活的环境（即后院,Backyards）产生影响,也不会直接影响他们个人的成本、风险与利益,对相关产品可获得性的影响也非常小。考虑到核能项目选址地的民众,对超越当地的更大范围的核能技术利用同样存在认可度,但因为受到当地核能项目的影响,这种认可水平可能不同于普通公众,所以本研究将增加对项目选址地公众核能社会接受度的分析。

（2）政治接受度。指作为战略决策者的各级政府、政党,作为政策压力集团的技术拥有者、项目方或相关利益者,以及技术与项目实施地的政府官员,对技术或项目的接受态度。由于核能的政治接受度研究极为少见,本书不准备采用这个界定,而是将对核能"政治接受度"的描述和分析,分散在对能源政策、经济发展战略、技术方案、政府行为,以及公共政策环境的讨论之中。Wüstenhage et.al（2007）认为对"社会——政治接受度"（实则为政治接受度）而言,关键的挑战是如何建立起国家和地方分治的桥梁。作为民主集中制国家,中国中央政府和地方政府在这方面的关系障碍较小。2013年中国出台了新的官员政绩考核机制,在保留原有GDP考核指标的同时,又将资源与环境质量纳为考核内容,此举足以让地方政府对高投入、近乎零排放的核电项目趋之若鹜。

2. 社区接受度

社区接受度指当新技术或风险项目被应用于某个人的家庭或接近其家庭,但是却由他人决定、管理和所有时,这个人的行为反应（Wustenhagen et al.,2007）。社区接受度不同于社会接受度,它是家庭利益和地方利益的表现,反映的是地方利益相关者,特别是居民和当地权威对技术应用,或者项目选址立项的接受水平。如果我们用全球或全国的视野分析一个地方,探讨如何有效落实技术投资和项目选址决策,就会发现当前的社区接受度切实存在着问题(Bell et al.，2005)。比如：选址地民众会参加反抗技术项目的行动，或者拒绝购买和不愿应用这项技术及产品(Huijts et al.，2012)。

3. 市场接受度

市场接受度指投资者、生产者与消费者对于商品(技术或项目)的接受态度。顾客态度描述了公众对于购买商品与商品使用方式，以及对于技术运用结果的行为反应，如对太阳能板、对转基因食品应用的接受水平等。作为顾客的人们可以选择是否同新技术相接触，因而具有比社区居民更高的接触自由度(Montijn-Dorgelo，2009)。由于本书探讨的是核电的社会安全问题，聚焦于核能技术与核电项目引发的社会抗争风险，因而将着重研究核能的社区接受度及其影响因素，部分研究可能涉及到核能的社会政治接受度及其影响因素，但并不关注核能的市场接受度问题。

综上，本书将核能的公众接受度分为社会接受度、社区接受度、政治接受度和市场接受度，并系统地研究和讨论核能的社会接受度与社区接受度，研究会部分涉及核能的政治接受度，但不探讨市场接受度。

二 核能公众接受度的调查与结论

由于公众接受度对于核能技术发展具有重要意义，国内外有关核能公众接受度的调查研究较多。以下对有关中国核能公众接受度及其影响因素的调查研究进行汇总，结果见表 4-1。通过这张表可以看到历次调查的结论，可以分析中国核能公众接受度的基本状况。

表 4-1 历次中国核能公众接受度调查及结论

调查时点	类别	样本	调查结论	出处
不明	社会、社区接受度	江西省 (N = 458)	① 社会接受度：支持本省发展核能 71.6% ② 社区接受度：支持居住地附近发展核能 26.9% ③ 风险感知：(最担心)自然灾害与战争危害 35.8%、政府管理水平不足 24.7%、核电技术不够先进 16.8%、人为操作失误 11.6%、核能信息不公开 7.6%、其他 3.5% ④ 知识：(最了解)辐射防护 70.3%、核事故应急防护措施 48.9%、核废料处理 37.8%、发电话及运行原理 14.6%、退役后处理 11.4%、其他 1.7%	余飞等 (2017)

（续表）

调查时点	类别	样本	调查结论	出处
不明	社区接受度	山东海阳核电站、石岛湾核电站周边居民（$N=577$）	① 社会接受度：支持中国发展核能76.9% ② 社区接受度：支持当地发展核能54.4% ③ 风险感知：核能不安全65.3% ④ 收益感知：电力需求增长71.6%、经济利益79.4%、社会利益19.8%、环境收益（减少煤燃料44%、无污染26.7%、无温室气体排放21.5%、核电站周边生态保护和补救7.8%）	Yuan et al.（2017）
2015年	社会接受度	中国大陆31个省（直辖市、自治区）（$N=32\,753$）	① 社会接受度：支持核能技术的应用70.3% ② 收益感知：保证电力供应充足、促进能源结构调整82.6%；缓解火力发电造成的空气污染68.0%；发展核电利大于弊67.8% ③ 风险感知：科学技术的进步能够使人类更加安全地利用核能84.8%	张超等（2016）
不明	社区接受度	某内陆核电厂周边公众（$N=629$）	① 社会接受度：核电支持态度73.9% ② 社区接受度：愿意接受在当地建立核电站13% ③ 风险感知：认为核电站是安全的30.9%，担心对周围居民造成有害影响76.08% ④ 对抗倾向：若核电站建在自家附近选择搬迁69.0%，不迁31.0%	洪加标等（2016） Wang et al.（2017）
不明	社区接受度	广东某核电站周边居民（$N=1\,289$）	① 社会接受度：对核电这种发电方式的可接受程度46.3% ② 社区接受度：愿意接受在当地建立核电站13% ③ 风险感知：核电站比较不安全或非常不安全30.0%、对居住地建设核电站感到有点紧张或非常紧张16.7% ④ 对抗倾向：考虑迁出已建有核电站的居住地42.8%	林海辉等（2016）
2014年	社区接受度	秦山核电站周边居民与工作人员（$N=491$）	① 社会接受度：对核电这种发电方式的可接受程度56.6%（其中，居民44.8%、核电站职工89.7%） ② 社区接受度：愿意接受在当地建立核电站24%（其中，居民10.2%、核电站职工68.4%） ③ 风险感知：危害生命健康50.1%、存在致命风险50.1%、给子孙后代留下安全隐患61.7%、发生核事故会产生毁灭性后果79.2% ④ 收益感知：电力供给36.9%、保护环境44.6%、改变能源消费结构44.2%	Xiao et al.（2017）

（续表）

调查时点	类别	样本	调查结论	出处
2013年	社区接受度	三门核电站周边居民（N = 1 470）	① 社会接受度：支持国家大力发展核电事业42.84% ② 社区接受度：支持当地建设核电站17.82% ③ 知识：辐射知识知晓率34.76%、核知识知晓率14.29%，意见代表知晓率26.87%，想了解核电相关信息74.87% ④ 风险感知：认为核电站安全25.89%；在当地建设核电站会影响身体健康58.55% ⑤ 公平感：认为核电站的利益大于风险的27.35%	戴正等（2013）
2011年	社区接受度	大亚湾核电站职工与周边居民（N = 717）	居民： ① 社会接受度：赞同大力发展核电事业的居民超过60% ② 社区接受度：反对在当地建设核电站60%左右 ③ 收益感知：促进经济发展70.3%；使人民用电更方便68.81% ④ 风险感知：核电站建设会污染环境56.44%；影响居民健康52.97% 职工： ① 收益感知：促进经济发展86.59%、增加就业76.54%、使用电更方便66.2%、拉动投资61.59%、美化环境50.84% ② 风险感知：污染环境18.3%、居民健康受到影响14.25	王丽（2013）
2009年	社区接受度	秦山核电站附近居民（N = 82）	① 风险感知：辐射非常大要远离59%，有一定危险但不影响40%；对健康和生活的影响比较大63%、不清楚或无所谓25%、根本没影响12% ② 收益感知：拉动经济发展、影响很深25%，基本没贡献69%，阻碍经济发展6%	胡蓉（2009）
2007年	社会接受度/社区接受度	深圳市（N = 310）	① 社会接受度：支持广东发展核电74%，不支持10%、无所谓15.79% ② 社区接受度：支持在所在城市或周边地区建设核电站21.88%、不支持52.08%、无所谓26.04% ③ 知识：41.38%表示对核电不了解 ④ 风险感知：核电安全42.78%、不安全15%、不了解42.22%；核电是否影响自身健康，是63.02%、否23.96%、不了解13.02%；核电是否会影响周边环境，会52.38%、不会24.34%、不了解23.28% ⑤ 收益感知：支持核电站的原因，电力短缺42.19%，环保性能好28.65%、经济性能好27.6% ⑥ 发展核电面临的问题：技术问题35.71%、民众是否支持问题26.19%、政策问题16.67%、核燃料来源问题16.67%，其他4.76%	陈钊等（2009）

（续表）

调查时点	类别	样本	调查结论	出处
2005 年	社会接受度	GlobeScan 的 19 国调查，中国（$N = 1\,800$）	① 社会接受度：高度接受 61.2%、勉强接受 22.7%、反对 7.4% ② 知识：许多 18.4%；一些 34.2%；很少 27.3%；根本没有 18.3% ③ 信任：起作用 38.7%、不起作用 43.7% ④ 风险感知：有风险 50.1%、没风险 39.3% ⑤ 收益感知：电力 34.6%、疾病 26.8%、食品安全 7.3%、食品生产 4.7%、昆虫 3.6%	Kim et.al (2014)
2003—2005 年	社区接受度	田湾核电站周边居民（$N = 17\,797$、$N = 19\,632$）	① 社会接受度：赞成中国发展核电事业 54.7% ② 社区接受度：赞成在当地发展核电 40.6% ③ 知识：核电核认知水平 37.56% ④ 风险感知：核电焦虑平均得分 14.91，表明具有一定程度核焦虑	杨广泽等 (2006) 余宁乐等 (2010)
1999 年	社区接受度	秦山核电站周边居民（$N = 1\,539$）	① 社区接受度：支持当地建核电站 21.9% ② 知识：辐射认知率 39.6% ③ 风险感知：认为核电站对周围居民健康和环境影响非常或比较小 67.3%，认可核电站安全 42.3%	肖慧娟等 (2001)
不明	社会接受度	广东、湖南、山东等地民众（$N = 157$）	① 社会接受度：对当前核电站运行情况基本满意或非常满意 58.6%，未来核电站应该稳定发展 45.22%；核电应为电力能源未来主体 23.57%，未来核电应该稳定发展或加速发展 17.84% ② 风险感知：长期在周边生活患病风险比较高 91.08%；可能发生核泄露事故 96.18%；核电站可能对周边环境产生辐射污染 94.27%；相对于高风险企业如化工厂加油站等，核电站最危险或相对更危险 57.96% ③ 收益感知：认同清洁性（不排放 CO_2）73.25%、认同经济性 80.90%	曾志伟等 (2014)

注：核电站周边居民，一般指以核电站为圆心、半径 30 公里以内的住户。表中 Yuan et al.(2015) 的研究采用的距离尺度为 50 公里。

（一）核能社会接受度的国际比较

2005年,国际原子能机构(IAEA)委托民意调查公司"环球扫描(GlobeScan)"对19个国家实施了公众核能接受度抽样调查(N = 20 803)[1]。这是比较少见的同时段多国调查,相关调查结论很有代表性。以下采用这批数据,从国际比较的视野,分析中国核能的公众接受度在国际上的位次排序。在受调查的19个国家中,一些国家的调查回收率偏低,我们只分析回收率达到80%以上的国家,因而阿根廷、喀麦隆、摩洛哥、沙特不列入分析范围。结果如图4-2所示。

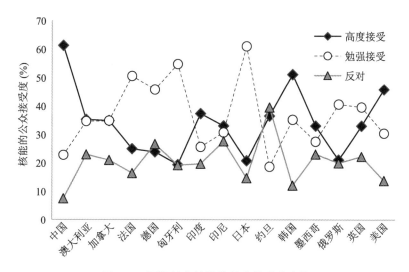

图4-2 国际社会的核能公众接受度比较

数据来源：2005年 GlobeScan 对19国的调查数据,具体见附录 A。

核能的公众接受度究竟要达到何种水平才可以为核能发展提供良好的社会环境,这并没有明确的标准。我们直观地按照"三分之一位"和"半数位"阈值原则进行划分,将支持发展核能的民众超过三分之二(含)称为接受水平高,超过半数(含)但低于三分之二称为接受水平较高,低于半数但超过三分之一(含)称为接受水平较低,低于三分之一称为偏低或者不愿接受。即：划定[66.7%,100%]为高接受度、[50%,66.7%)为较高接受度、[33.3%,50%)为较低接受度,[33.3%,0]为接受度偏低或不愿接受。对照上述标准,如图4-2和表4-2所示,我们对15个国家的核能接受度进行比

---

[1] GlobeScan, *Global Public Opinion on Nuclear Issues and the IAEA Final Report from* 18 *Countries*,http://www.iaea.org/Publications/Reports/gponi_report2005.pdf

较分析。

表 4-2　国际社会的核能公众接受度比较

国家\接受度	中国	韩国	日本	美国	法国	匈牙利	英国	加拿大	澳大利亚	德国	印度	俄罗斯	墨西哥	印尼	约旦
高度接受	61.2	51.1	20.7	45.8	24.9	19.3	33	34.8	35.2	23.8	37.3	21	33	33	36.5
勉强接受	22.7	35.2	61	30.4	50.5	54.7	39.6	34.8	34.6	45.7	25.6	40.6	27.5	30.7	18.6
反对	7.4	12	14.6	13.7	16.3	19.1	22.2	20.9	22.9	26.6	19.6	19.9	23	27.6	39.5
调整接受度	76.5	74.3	67.1	62.5	59.1	54.9	50.4	48.7	46.9	42.9	43.3	41.7	37.5	36.1	15.6
调整后的总评	高	高	高	较高	较高	较高	较高	较低	较低	较低	较低	较低	较低	较低	偏低

数据来源：Kim et al.(2014)。

必须重点指出的是,在这次调查中关于核能接受度的题项设计存在偏向性①。但是没有其他更合适的国际比较数据,我们姑且用之。鉴于调查设计存在问题,我们采用公式(4-1)进行评分修正。式中,M 大于或等于 1,是强接受态度的调整系数；N 小于或等于 1,是弱接受态度的调整系数。在针对这次调查的调整计算中,M 和 N 都取 1,调整后的接受度评价结果如表 4-2。

$$调整接受度 = M \cdot 高度接受的比例 + N \cdot 勉强接受的比例 - 反对的比例$$

$$(4-1)$$

如表 4-2 所示,GlobeScan 的调查结果显示全球核能接受度整体较好。原因在于这次调查发生在"核子复兴"阶段,此时各国民众的核能接受度相对都比较高,直到 2011 年福岛核事故爆发,国际上核能接受度才猛然下降。

从支持的态度看,中国是核能社会接受度最高的国家,高度接受的占 61.2%、勉强接受的占 22.7%；其次是韩国,高度接受的占 51.1%、勉强接受的占 35.2%。美国的核能公众接受度也相对较高,但高度接受的仅有 45.8%、勉强接受的占 30.4%。法国、德国和日本的"高度接受"比例都比较

---

① 缺少中间态度选项(即没有设"一般"选项),未给中间派、态度模糊或无所谓的人留出选择空间。不仅如此,接受态度有高和弱两级选项,而反对态度只有一个高级选项,选项设计不平衡。本该与"勉强接受"相对,设置表示"不太赞同"的选项,但是没有设。正因为如此,这个调查所显示的接受水平是偏高的。

小。法国虽然是核能利用占本国能源消费量比例最高的国家,但是高度接受核能的仅有 24.9%,勉强接受的占 50.5%。德国和日本的公众接受度同法国比较接近,主体人群的态度均表现为"勉强接受"。

从反对的态度看,约旦反对比例最高(占 39.5%)、其次是印度尼西亚(占 27.6%)和德国(占 26.6%),墨西国、澳大利亚和英国的反对比例也不低。中国的反对比例最低(占 7.4%),韩国(占 12%)和美国(占13.7%)也是反对比例较低的国家。

从调整后的接受度看,中国、韩国和日本都属于高核能接受水平国家,美国、法国、匈牙利和英国是较高接受水平的国家,加拿大、澳大利亚、德国、印度、俄罗斯、墨西哥、印尼是较低接受水平的国家,约旦是接受水平偏低的国家。从福岛核事故之前和之后世界核能的变局看,这个修整后的调查结论是比较可信的。以美国为例,2010 年 3 月盖洛普(Gallup)的能源民意调查显示,赞同使用核电的占 62%、反对使用核电的占 33%,这是该公司自 1994 年以来显示的最好的调查结果(卫之奇,2012)。而表 4-2 中调整后美国的支持水平为 62.5%,与此极为接近。由于这两次调查都发生在美国的"核子复兴"阶段,因而具有可比性。此外,我们还可以看到在福岛核事故发生之前,在日本核能的社会接受度是相当好的。

(二) 核能接受度的国内比较

如表 4-1,收集汇总已有研究中关于中国核能社会接受度和社区接受度的调查结论,归纳判断中国公众的核能接受度,可以获得如下重要结论。

1. 普通公众的核能社会接受度要高于项目选址地周边居民

GolbeScan 对中国普通公众核能接受水平的电话调查显示,高度接受核能的占 61.2%、勉强接受的占 22.7%,二者加起来占到了 83.9%(Kim et al.,2014)。有一项问卷调查显示,中国普通民众支持核能技术应用的占 70.3%(张超等,2016)。还有一项比较调查显示,中国公众对核能的社会接受度为 70%,即使受到日本福岛核事故的影响,接受度依然达到了 67%(Wu et.al.,2013)。另外两项针对省内普通公众的调查显示,支持本省发展核能的分别占 71.6%(余飞等,2017)和 74%(陈钊等,2009)。由此可见,中国普通公众的核能技术接受度波动区间为 67%—83.9%、均值为72.8%,在国际上居于显著高位。

对田湾核电站周边居民的调查显示,54.7%的居民赞成中国发展核电事业(杨广泽等,2006;余宁乐等,2010);对三门核电站周边居民的调查显

示,项目选址地民众支持国家大力发展核电事业的占 42.84%(戴正等,
2014);对秦山核电站周边居民的调查显示,当地居民认为核电这种发电方
式可接受的占 44.8%(Xiao et al.,2007)。比较例外的是,Yuan et al.
(2017)对山东海阳核电站和石岛湾核电站周边居民的调查发现,当地居
民支持中国发展核能的占 76.9%,研究者认为之所以接受度这么高,是
因为受到了环境问题和电价上涨的影响。另有两项调查显示,某内陆核
电站周边居民对核电这种发电方式的接受程度为 46.3%(林海辉等,
2016);广东某核电站周边居民对核电的支持态度为 73.9%(洪加标等,
2016)。故而,项目选址地民众的核能技术接受度波动区间为 42.84%—
76.9%、均值为 56.6%。

显然,项目选址地民众对核能技术的接受水平,要低于普通民众。这
种情况说明项目选址地有部分居民由于反对在当地建设核电项目,进而不
愿选择支持发展核能技术。不过,与表 4-2 中各国核能的社会接受水平相
比较,中国核能项目选址地民众赞同和支持国家发展核电的比例依然不
算低。

2. 核能项目的社区接受度明显低于核能应用的社会接受度

肖慧娟等(2001)对秦山核电站周边居民的调查显示,21.9%调查对象
支持当地建核电站;Xiao et al.(2017)在同一地的调查显示,愿意接受在当
地建立核电站的仅占 10.2%,二者比例相差较大。从调查访谈材料分析,
2011 年日本福岛核事故及此后的国际核能形势,对当地民众存在较大的影
响和冲击,极可能影响到了当地民众的社区接受度。对三门核电站周边居
民的调查显示,17.82%受访对象支持当地建设核电站(戴正等,2014);对田
湾核电站周边居民的调查显示,40.6%受访对象赞成在当地发展核电(杨广
泽等,2006;余宁乐等,2010);对深圳市居民的调查显示,支持在所在城市
或周边地区建设核电站的占 21.88%(陈钊等,2009;电力学院核电发展调
查小组,2007)。

如图 4-3 所示,核能项目社区接受度的波动区间为 10.0%—54.4%、均
值为 24.8%;核能应用社会接受度①的波动区间为 42.84%—83.9%、均值
为 63.2%。核能的社区接受度显著低于社会接受度。可见,中国核电发展
的邻避性问题非常严重。中国发展核电,有必要将政策研究和心理干预的
重心,放在如何促进和提升项目选址地民众的社区接受度上。

———————————

① 包括普通公众和项目选址地民众的核能社会接受度。

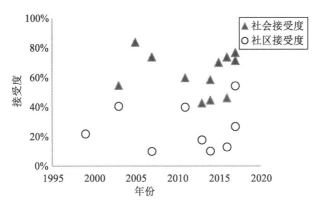

图 4-3　历次调查显示的中国核能社会接受度与社区接受度

3. 核电站职工的核能接受度显著高于项目选址地周边居民

调查显示,秦山核电站职工对于发展核能的接受度为 89.7%、当地居民仅为 44.8%(Xiao et al.,2017);以身份作为分组变量,进行接受度独立样本 T 检验,$t = -17.895(P<0.001)$,结果说明核电站职工与周边居民关于核能技术的社会接受度存在显著差异。Xiao et al.(2017)的调查显示,秦山核电站职工愿意接受在当地建立核电站的为 68.4%、居民仅为 10.2%;同样以身份作为分组变量,进行接受度独立样本 T 检验,$t = -12.913(P<0.001)$,结果表明核电站职工与周边居民关于核能项目的社区接受度差异显著。

王丽(2013)的调查也发现,核电站周边居民的风险感知水平显著高于核电站职工,对在当地建设核电站的接受水平却比核电站职工低。有关公众与科学家核能接受度的比较研究,也发现了这种差异。Barke 等的调查显示,公众之中认为核电安全的占 40%、科学家认为核电安全的占 60%(时振刚等,2000),这种情况表明核能技术的熟悉程度与知识掌握水平对核能接受度存在影响(时振刚等,2000);科学家对核能技术或核能项目的分析更为理性,而公众的认知更加感性和情绪化(郭跃等,2012)。

三　核能公众接受度的影响因素

中国核能的社会接受度较高,虽然 2011 年日本福岛核事故冲击了中国社会对核能的心理认知,但是 2013 年左右严重的空气雾霾污染,以及逐年严峻的全球气候变化,又让中国社会再次热议核电。当前发展和利用核能所面临的问题和挑战,主要在于提升核能项目的社区接受度。以下根据表 4-1 所示的历次调查结论,及文献研究的结果,归纳和分析核能社会接受度与社区接受度的关键影响因素。

(一) 核心影响因素

Shi et.al(2002)认为利益、风险、死亡指标和信任,共同影响核能接受度。Wu et. al.(2013)提出影响中国公民核能接受态度的指标包括:利益(能源、经济和环境)、运行风险、知识(知识与熟悉)、信任(对专家、对政府),并建构概念模型如图 4-4。该模型基本反映了国际核能公众接受度研究的几个重要影响因素,以下将以之为框架,归纳和讨论核能公众接受度的核心影响因素。

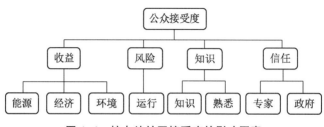

图 4-4　核电站社区接受度的影响因素

1. 知识和经历的影响

新技术的知识会影响人们对其成本、风险和收益的感知,从而间接影响接受度。Molin(2005)的研究说明人们将"氢"作为燃料的知识越多,就会感受到越少的风险,由此人们也更愿意采用这项技术;反之,知识越少,越容易选择反对的立场。戴正等(2014)对三门核电站周边居民的调查研究发现,对辐射和核电知识知晓率越低,对核电站建设的正向态度也越低。GlobeScan 的调查显示,中国社会公众有"许多"或"一些"知识的占 52.6%,"很少"或"根本没有"知识的共占 45.6%(Kim et al.,2014);戴正等(2014)对三门核电站周边居民的调查发现,辐射知识知晓率为 34.76%、核电知识知晓率为 14.29%。总体看,中国社会的核电知识知晓率并不高,但核能接受度仍然高于本国核能占比较大、发展较早的法美德日国家,这是一件很奇怪的事。这一点也许可以部分解释为什么核电知识扫盲对于降低反核意识的作用并不明显;在一些地方,受过较好教育的年轻人反而对发展核能持有更坚决的反对立场。

知识可以改变人们对世界的看法,不过由于经历和偏好不同,知识与接受度并不必然呈现正相关关系，一些人即使不会写氢的分子式，但是当对氢作为燃料所产生的环境收益有所认知，也会产生更积极的接受态度和使用意愿；而许多高级知识分子在系统地了解和掌握核能知识之后，依然可能选择反对核能技术与项目。知晓率与教育程度往往被人们用以反映知识的掌握程度。但是肖慧娟等（2001）的研究发现，教育程度越低，越倾向于支持在当地建设核电站。杨广泽等（2006）的研究也发现，学历越高，反对发展核电的比例越高。Siegrist & Cvetkovich（2000）的研究说明个人自评的关于灾难技术的知识水平越高，就越不信任那些技术操作人员，对技术风险的感知也更加强烈。Ellis et al.(2007)研究发现知识与接受度几乎没有关联。可见知识对于接受度的影响比较复杂，在不同条件下可能出现直接的和间接的、正向的和负向的影响分析。据此，我们也就能够理解，为什么德国许多技术专家在本国核能发展的转折关口，选择转向反对的立场了。

另外，还有研究认为熟悉程度会提高接受度。有调查显示，人们对核电的熟悉程度越高，认为核电安全的人数比例也越高；核能专家、能源科学家、科学家和公众对核电的熟悉程度依次递减，相应的认为核电安全的人数比例也依序下降，分别为99%、76%、60%和40%（时振刚等，2000）。不过，这种情况依然是相对的，本质问题还在于当事人是否认为核能技术和项目足够安全。只有当熟悉感产生有效沟通，并出现信任的认知效果时，才有助于提升公众接受度。

我们利用GlobeScan于2005年对19个国家核能社会接受度的调查数据，去掉有效回收比率不满80%的国家，比较"知识与反对态度之间的相关性"。由此判断是不是核能知识掌握越多，反对的态度就越低。如图4-5所示，这一结论仅获得了部分论据，中、日、韩三国调查对象的核能知识比较

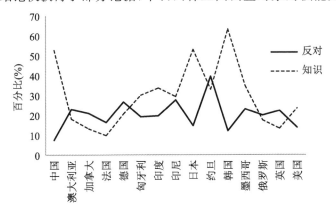

图4-5　核能知识与反对态度之间的联系

数据来源：来自2005年GlobeScan对19国的调查，具体见附录A。

高,因而持反对意见的比例也相对较低。不过既有一致的现象,也有背离的情况——美、英、俄三国调查对象的知识水平和反对态度都不高。从前面的分析结论可知:核能技术与核能项目的知识,与接受度的相关关系存在不确定性。

2. 风险感知的影响

风险感知对核能公众接受度的影响非常大。公众对核能技术和核能项目的心理认知是多方面的,风险感知是至关重要的接受度影响因素(Whitfield,2009;Tanaka,2004)。以下根据表4-1,归纳和分析已有关于核能风险感知的调查结论:

(1)核能项目选址地民众的风险感知。Yuan et al.(2017)对山东海阳核电站、石岛湾核电站周边居民的调查显示,受访对象认为核能不安全的占65.3%。洪加标等(2016)的调查显示,某内陆核电厂周边居民只有30.9%认为核电站是安全的,76.08%担心对周围居民造成有害影响。戴正等(2013)对三门核电站周边居民的调查显示,58.55%的被调查者认为在当地建设核电站会影响身体健康、25.89%认为核电站安全、59%认为辐射非常大要远离、63%认为对健康和生活的影响比较大。对秦山核电站周边居民的调查共有三次:胡蓉(2009)的调查显示,调查对象59%认为辐射非常大要远离,40%认为有一定危险但不影响;63%认为对健康和生活的影响比较大;肖慧娟等(2001)的调查显示,67.3%认为核电站对周围居民健康和环境影响非常小或比较小,42.3%认可核电站安全。Xiao et al.(2017)的调查发现,50.1%认为核电站存在致命风险、50.1%认为核电站危害生命健康、61.7%认为会给子孙后代留下安全隐患、79.2%认为如果发生核事故会产生毁灭性的后果。

(2)非项目选址地社会公众的风险感知。GlobeScan的调查显示,调查对象50.1%认为核能有风险、39.3%认为没有风险(Kim et al.,2014)。林海辉等(2016)的调查显示,30.0%受访对象认为核电站比较不安全或非常不安全,16.7%对居住地建设核电站感到有点紧张或非常紧张。曾志伟等(2014)的调查发现,调查对象91.08%认为长期在周边生活患病风险比较高、96.18%认为可能发生核泄露事故、94.27%认为核电站可能对周边环境产生辐射污染;57.96%认为相对于高风险企业核电站最危险或相对更危险。在此项调查中受访者的核能风险感知十分强烈,调查对象地域分布广(广东、湖南、山东等地公众)而数量少($N=157$),样本代表性不好,影响了结果的可接受性。关于核能风险感知的内容,余飞等(2017)的调查显示,调查对象最担心核电站存在的问题有：自然灾害与战争危害（35.8%）、政府管理水平不足（24.7%）、核电技术不够先进（16.8%）、人为操作失误（11.6%）、核能信息不公开（7.6%）或其他（3.5%）。陈钊等（2009）的调查显示，63.0%认为核电影响自身健康、52.4%认为核电影响周边环境；但是调查数据又显示认为核电安全的（42.8%）远多于认为不安全的（15.0%），前后结果存在不一致，不好确认。

总体看，国内调查研究结果说明，中国民众的核能风险感知非常强烈，无论是项目选址地还是非项目选址地的民众，都认为核电站有发生核事故的风险，居住在核电站周边的居民存在一定危险。感知的内容包括对发生可能性的认知，以及对危害后果的认知两方面。对后果的感知主要是认为核电站或核电会影响自身健康、导致患病，会给环境带来负面影响、给子孙后代留下安全隐患，可能发生核事故并带来毁灭性后果；对发生可能性的感知，存在较大的波动，相当一部分人认为核电站存在安全风险，引致风险的原因被认为是自然灾害与战争危害、政府管理水平不足、核电技术不够先进、人为操作失误、核能信息不公开等。

3. 收益感知的影响

以下根据表 4-1，归纳和分析关于核能收益感知的调查结论。

（1）非核能项目选址地公众的收益感知。张超等（2016）的调查显示，调查对象 67.8%认为发展核电利大于弊；82.6%认为发展核能技术能够保证电力供应充足、促进能源结构调整；68.0%认为发展核能可缓解火力发电造成的空气污染。曾志伟等（2014）的调查显示，认同核电站清洁性（73.25%）和经济性（80.90%）的比重较大。陈钊等（2009）的调查显示，支持核电站的原因（收益感知）有：可解决电力短缺（42.19%）、核电的环保性能好（28.65%）、经济性能好（27.6%），这项调查显示，受访者对于核能技术的环保性能与经济性能的感受不够强。GlobeScan 的调查显示，人们对核技术的收益感知从大到小依次有：电力生产（34.6%）、治疗癌症等疾病（26.8%）、通过射线杀菌保障食品安全（7.3%）、恶劣环境育种增加粮食产量（4.7%）、消灭毁坏作物或引致疾病的昆虫（3.6%）（Kim et al.，2014）。

（2）核能项目选址地民众的收益感知。Yuan et al.（2017）对山东海阳和石岛湾核电站周边居民的调查显示，调查对象中有 71.6%认为发展核能有利于电力需求增长，79.40%认为可带来经济利益，19.8%认为可产生社会效益；还有部分调查对象认为核电站存在环境收益，具体指减少煤燃料（占 44%）、无污染（占 26.7%）、无温室气体排放占（21.5%）、有助于保护和补救周边生态(7.8%)。胡蓉(2009)对秦山核电站周边居民的调查显示,25%的调查对象认为核电站对拉动经济发展影响很深,69%认为对经济发展基本没贡献。Xiao et al.(2007)对秦山核电站的调查显示,收益感知包括电力供给(36.9%)、保护环境(44.6%)、改变能源消费结构(44.2%)。

综上,发展核能的收益感知主要表现在电力供应、环境保护、能源结构优化,以及经济性能良好等方面,不过也有一些人不认可核电站对当地经济存在贡献,这一点同专家和地方政府的认知差异较大。有研究表明,公众对于核能在供给能源、改善气候方面的感知,对核电站接受度有正向解释力(Visschers et.al,2011)。不过,也有研究认为,当核能被视为应对气候变化的有益举措时,对核能技术接受度是有正向的影响,但是这种影响很小(Nick et al.,2008)。关于核电的收益感知,学术界还有另外一种表达,叫作"附条件的接受"。如 Pidgeon(2008)和 Adam et.al(2011)在英国的研究就发现,大量公众表示只要核电有助于应对气候变化就准备接受,来自中国台湾的研究也同样支持这一结论(Shu et.al,2010)。这是一种附条件的认知态度说明人们对核电收益的认识存在模糊且有些迟疑。不过国内还未看到这一方面的调查研究。

总体衡量历次调查统计结果,可以发现人们对核能的收益感知要弱于风险感知,如戴正等(2013)的调查显示:核电站周边居民认为核电站的利益大于风险的仅有 27.35%。也正因为如此,核能接受度影响因素的分析中,一些研究者只关注了风险感知,如 Whitfield et al.(2009),谭爽和胡象明(2013)的研究;但是,不考虑利益感知是不全面的,风险感知与收益感知都是预测公众核电接受度的重要变量,且二者的作用方向恰好相反(Tanaka,2004;Wallquist et al.,2010)

4. 信任的影响

国际研究已证实信任是影响核能公众态度的重要变量(Shi et al.,2002),肖慧娟等(2001)的调查发现,调查对象认为中央和地方政府处理突发事件能力越强,越支持在当地建设核电站。李哲等(2009)也认为对公共部门的信任度会影响核能的公众接受性。Huijts et.al(2012)认为高信任会获得好的收益感知、低的成本与风险感知,从而产生更好的核能接受度。也有研究认为信任是接受意图的解释变量(Siegrist et al.,2007;Terwel et al.,2009),当人们对技术所知甚少时,接受度在很大程度上取决于他们对负责技术者的信任度。信任作为一种精神启发力量,有助于建构个人的意见和态度(Midden & Huijts,2009;Siegrist & Cvetkovich,2000)。

GlobeScan 对 19 个国家的调查显示,国际上对核能技术的平均信任水平为 29.8%、不信任水平为 45.2%,整体偏向于不信任;而对中国的调查显示,信任核电的占 38.7%、不信任的占 43.7%(Kim et al.,2014)。虽然存在较多的不信任者,但中国公众对核能技术的信任水平明显高于国际社会。如图4-6所示,从信任水平与反对态度之间的关系看,韩国、日本、中国三国具有高信任、低对抗的特征,约旦和墨西哥具有低信任、高对抗的特征,几者关系比较协调;但是德国具有高信任、高对抗,美国和法国具有低信任、低对抗的特征,存在不对应的关系。

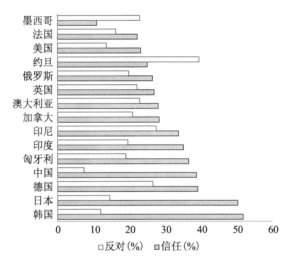

图 4-6 信任与反对态度之间的联系

数据来源:来自 2005 年 GlobeScan 对 19 国的调查,具体见附录 A。

关于核能的信任,仍有一些问题需要予以解答,比如,核能信任与接受度之间存在什么样关系? 如何认识核能的信任水平? 专门的研究还很少见,我们将在后续的研究中基于对核电站周边居民的调查,专章探讨核能信任问题。

(二) 其他影响因素

1. 本土化要素

对风能项目的拓展研究表明,在寻求公众支持上,外来的规划和投资往往比本地项目面临更大的困难(Wüstenhage et.al,2007)。本土资本的参与可以给管理创造条件,也可能影响到公众的社区接受度,因为技术与项目的本土化可能给当地民众在收益感知和信任水平方面带来正向影响。

2010 年 5 月《国务院关于鼓励和引导民间投资健康发展的若干意见》提出：
"支持民间资本以独资、控股或参股形式参与水电站、火电站建设，参股建
设核电站"，为更多的地方力量进入电力领域打开了一扇窗户。但要实现
当地民众小额参股、共享利益的机制尚需时日。

2. 核事故的影响

Visschers & Siegrist(2012)的研究发现，福岛核事故对核电的接受度与
信任度存在负面影响，无论是事发前还是事发后，收益感知与风险感知都
影响着公众的核电站接受度。无论在事前还是事后，信任对收益感知与风
险感知均存在显著影响。核事故事发前的信任对事发后的信任有显著的
影响，收益感知亦是如此，这说明即使是严重的核事故，也不会改变公众接
受度的决定因素。

3. 公平感

对照 Wüstenhage(2007)关于新技术公众接受度的三维模型（见图
4-1），上述关于核能技术核心影响因素的分析，基本反映了新技术公众接
受度(不含政治接受度与市场接受度)的影响因素。但是，还很少有研究探
讨程序正义和分配正义对社区接受度的影响，而 Wüstenhage(2007)恰恰认
为程度正义、分配正义和信任是影响新技术社区接受度的关键因素。戴正
等(2013)的调查也显示，三门核电站选址地居民认为核电站的利益大于风
险的仅占 27.35%，也就是说收益感知与风险感知处于不平衡状态，这种感
受实际上已经涉及了民众眼中核电站收益与风险分配的不对等，反映了项
目选址地民众的公平感。可惜，研究者未能清晰地探索公平感的影响路
径；没有进一步揭示收益与风险的不公平分配，同核能社区接受度或对抗
行为的因果关系。本书将以专章研究公平感对社区接受度的影响。

4. 道德责任

Groot & Steg(2010)的研究已经发现，人们将反核当作一种道德责任，
因而更愿意去抗议和反对核能。当人们认为核能风险大、成本高而利益小
时，个体的道德责任意识就会被进一步强化，更愿意在道德责任框架下对
人们的反核行为作出解释。不过对于核能而言，道德责任的运行方向是相
对的，当人们震惊于全球气候变化，当居民感受到了火电厂对环境的巨大
危害时，就可能转而支持发展核电。

第五章   核能技术应用的风险感知

核能技术或核能项目充满争议,主要问题出在人们的风险感知上。本章将采取心理认知测试和国际比较研究方法,集中分析核能技术风险感知的内容和特征,并试图探寻一个问题的答案——在微观心理世界里,核能的风险感知究竟如何影响社会抗争?

一　提　出　问　题

风险有主观与客观两个维度,主观维度的风险,亦被称为"风险感知"。Bauer(1960)首先将"风险感知"引到消费者行为研究领域,此后风险感知的概念得到了国内外研究者的重视。在核能技术的社会性研究中,风险感知同样得到了广泛的关注和应用。许多研究者探讨过风险感知对核能接受度或核能社会抗争的影响作用(如:Song et. al., 2013;Whitfield et al., 2009;谭爽和胡象明,2013)。研究结果说明在核能的微观心理感受中,风险感知扮演着重要的角色,它是决定社会公众核能接受度,解释和预测核能对抗行为倾向的重要指标。

那么究竟什么是核能的风险感知? Slovic(1987)认为风险感知是指当人们被要求对风险活动或技术进行评估时,针对风险不确定性所做出的判断。我们认为 Slovic(1987)只显示了风险的一个层次。Cunningham(1967)提出客观维度的风险包含损失的不确定性和结果的危害性双重因素,并据此建构了著名的风险两因素乘法模型如式(5-1),该模型在国内外得到了广泛的使用。

$$风险 = 损失的不确定性 \times 结果的危害性 \qquad (5-1)$$

与上述客观风险的内涵相对应,我们认为风险感知(Risk Perception)是人们对风险发生的不确定性,以及潜在后果危害性的主观判断和感受。

风险感知既是对客观风险的心理认知,又带有主观的感性色彩,风险感受者有时还会表现出个人情绪来。在现实世界中,民众对核能技术的风险感知是如此的强烈,他们究竟感受到了什么? 这种心理感受源自人们对风险总量的整体判断,还是只来自于人们对不确定性或危害性的部分认知? 还有,这些认知究竟带有怎样的主观感性色彩? 从文献研究结果看,已有研究没有回答上述问题。虽然先前的研究往往选择若干角度对核能风险感知进行测量,但是无法很好地解答核能风险感知为什么要这样建构,以及它究竟有怎样的内容和结构?

人类社会存在各种类型的风险和危机,这些风险的存在是客观的,人们对它们的感受和评价则是主观的。风险的主观感受和风险的客观水平往往不一致;不同情境、不同个体的风险感知也可能存在差异。本研究将通过国际比较,分析不同国家不同文化背景下,人们对于不同突发安全事件的风险感知状况差异,重点比较和分析核能风险感知在其中所处的位置。我们还想通过研究,分辨人们表现出的核能技术风险感知,指向的究竟是全部的风险还是其中某些关键环节或要素?

二　数　据　与　方　法

(一) 数据

采取多组数据,从社会公众的风险关注度、风险感知序次,以及核能项目选址地居民的风险认知类型与程度,系统地分析和评估国内外核能技术的风险感知情况。具体将使用到三类六批次数据。

(1) 国际核能技术风险感知数据。引用一组国际风险感知调查数据,包括 Slovic et al.(1980)对美国人的调查数据,法国原子能委员会 1998 年对法国人的调查数据,以及 Nakayachi et al.(2014) 2012 年对日本人的调查数据。美国、法国和日本都属于核能比重较大的国家,利用三个国家不同时期的技术活动风险感知调查数据,可以分析和展示核能技术的风险感知状况,说明人们对于核能技术应用风险的关注程度和焦虑水平。

(2) 国内核能风险感知数据。2007 年"中国科学技术发展战略研究院科技与社会研究所课题组"在北京市($N = 987$)和湘潭市($N = 660$)进行了"风险感知问卷调查";2008 年吉林大学社会学系课题组使用同一调查工具,在长春市进行了"风险感知问卷调查"($N = 506$)。两轮调查都列出 15

类事件,要求调查对象判断各类事件①的风险,1 代表"基本没有危害"、5 代表"危害非常大",2、3、4 代表中间过渡状态(张金荣等,2013)。

(3) 国内核电站周边居民心理测试数据。2014 年我们在浙江省 Q 核电站所在地做了调查,调查包括了一项对核电站周边居民的心理测试($N = 363$),要求被试在听到"核能"这个词后,将脑海中首先联想到的两到三个词(无顺序要求)写出来。本研究将通过分析这些词汇的类别与频数,判断公众核能风险感知的内容与结构。

(二) 研究方法

对核能技术风险感知的分析包括定量计算和定性排序两条途径:一是使用心理量表或计算模型来测量风险态度与感知;一是由测量者对不同灾害或技术进行风险排序分析。主要研究方法如下。

(1) 调查研究。对国内外核能技术风险感知的分析,将先后用到两类调查分析方法。先是引用国际调查、国内调查数据与结论,说明公众对核能的风险感知水平;然后使用核电站周边居民心理测试方法和数据,分析核能风险感知的内容与结构。

(2) 比较研究。通过国际国内调查比较、多种技术或活动感知比较,以及同类人群的认知比较,系统地分析核能技术的风险感知水平与结构。

(3) 计算方法。利用 Cunningham(1967)的风险双因素模型,计算和鉴别促成核能风险感知的关键要素。

三 核能技术的风险感知

利用文献析出的国内外历次调查数据,比较和分析核能技术风险感知。

(一) 国际社会的核能技术风险感知

1. 不同群体的风险感知

Slovic et al.(1980)报道了美国不同人群对 30 项活动(或技术)的风险感知状况,Slovic(1987)对这次调查的结果做了进一步的排序分析。在这

①　上述调查还涉及了贫富差异加剧、就医难、房价上涨三类事件,由于它们不属于本研究要探讨的突发事件范畴,故而暂不列入分析。

项调查中,感知人群被分为妇女投票团体、大学生、活跃俱乐部成员,以及专家四类,不同人群对 30 项活动(或技术)的风险感知序次如表 5-1 所示:

表 5-1　不同人群对各类活动的风险感知序次

活动或技术	妇女投票团体	大学生	活跃俱乐部成员	专家
核能	1	1	8	20
汽车	2	5	3	1
手枪	3	2	1	4
吸烟	4	3	4	2
摩托车	5	6	2	6
酒精饮料	6	7	5	3
通用航空	7	15	11	12
政治工作	8	8	7	17
杀虫剂	9	4	15	8
外科手术	10	11	9	5
灭火	11	10	6	18
大型建设	12	14	13	13
打猎	13	18	10	23
喷雾壶	14	13	23	26
爬山	15	22	12	29
骑自行车	16	24	14	15
商业活动	17	16	18	16
电能(非核)	18	19	19	9
游泳	19	30	17	10
避孕药具	20	9	22	11
滑雪	21	25	16	30
X 射线	22	17	24	7
大学足球赛	23	26	21	27
铁路	24	23	29	19
食品防腐	25	12	28	14

（续表）

活动或技术	妇女投票团体	大学生	活跃俱乐部成员	专家
食品染色	26	20	30	21
动力割草机	27	28	25	28
抗生素处方	28	21	26	24
家庭装置	29	27	27	22
疫苗	30	29	29	25

数据来自：Slovic et al.①(1980)。

由表 5-1 可见，与其他 29 类安全事件对比，妇女投票团体、大学生对核能技术的风险感知最高；活跃社团的核能风险感知居第 8 位，同样处于较高的位置，但是逊于手枪、摩托车、汽车、吸烟、酒精饮料、灭火，以及政治风险；而专家认为核能技术所带来的风险是非常低的，在 30 种技术或活动中排第 20 位，风险甚至比参加大学足球赛都要低。Barke 等人在美国做的一份调查也发现，公众、科学家、能源科学家和核能专家认为核电安全的人数比例，分别为 40%、60%、76% 和 99%，据此，时振刚等（2000）认为对核电越熟悉的人群，赞同核电安全的比例也越高[②]。

2. 社会公众的风险关注度

核能是高风险的，却未必是社会公众关注度最高的。法国是个核能大国，1998 年法国原子能委员会的一次风险事件关注度调查发现（见图5-1），核电站废料[③]处理得到了高度关注，受关注度为 61%，仅次于犯罪和大气污染；而核设施的受关注度为 31%，仅略高于转基因食物。法国公众关注的倒置，是有其特殊国情的。

法国不仅是第一批发展核能技术，核技术市场化水平居于世界前列的国家，也是少数掌握核废料处理技术的国家。法国建有专门的核废料处理厂，能够为其他国家处理核废料。法国拉阿格（La Hague）的核废料处理厂

---

① Slovic, P., Fischhoff, B., Lichtenstein, S. 1980: "Facts and Fears: Understanding Perceived Risks". in: Schwing R C, Albers W A. *Societal Risk Assessment*. General Motors Research Laboratories. Springer, Boston, MA, USA, pp.181—216.

② 这个观点受到了挑战，也许不是越熟悉、相关知识越多，而是所从事专业或行业越是趋近核能产业，对核能技术的接受水平也越高。

③ 严格讲叫"乏燃料"。按照目前人类掌握的核技术，对核燃料的利用程度还很低。"乏燃料"除含有一定数量的放射性废物外，还含有许多未裂变和新生成的裂变核素，以及可用作放射源的裂变产物同位素，这些核素均具有循环利用价值。

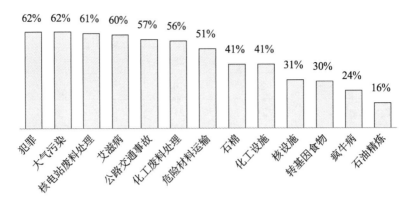

图 5-1　1998 年法国公众对不同风险的关注程度

数据来源：法国原子能委员会和时振刚等（2000）。

一直替德国处理高辐射核废料,这曾引起法国环保人士和社会公众的抗议,他们抗议"法国成为世界处理核废料的垃圾场"（袁原,2001）。当核废料经处理后,从法国运回德国,在德国又会引致抗议运动（沈姝华,2011）。此外,法国在核废料处理过程也曾经发生过核辐射事件。因此,较之核电站等设施的安全问题,法国公众更关注核废料的处理问题。

　　3. 巨灾之后的风险感知

　　Nakayach et.al.(2012)报道了在日本组织的一次调查,调查询问日本人对 51 类事故灾难的焦虑自评,题项答案采用从"绝对没有焦虑＝0"到"非常焦虑＝5"的六级李科特量表形式。供分析的灾难事件由于部分不具有明显的公共性,如个人冒犯、财产侵犯、住所失火、燃油耗尽、儿童虐待、化工食品上瘾、校园霸凌、药物副作用、食物添加剂、石棉、家用热水器引起意外中毒、酗酒、家庭不和、内分泌失调、食物窒息、室内化学污染、紫外线、电击、坠落、自杀;部分不属于突发公共事件范畴,如国家养老金危机、与生活方式相关的疾病、癌症、食物标签有误、失业、纳米技术、烟草。在以下的分析中,将剔除这些事件,只展示日本社会灾后民众对 26 类危机事件的焦虑分值。

　　如表 5-2 所示,福岛核事故以后,地震、核事故成为日本社会最主要的焦虑源,交通事故次之,新传染病(H1N1,即甲型流感病毒、手足口病等)也是社会焦虑的重要事由;全球变暖、环境污染和气候不正常等环境保护问题是日本社会的主要焦虑;此外,由于日本跟中国、俄罗斯、韩国的历史问题与领土问题纠纷,以及二战战争记忆的存在等,令日本社会对战争和军事打击也感到了焦虑。

表 5-2　2012 年日本社会的灾难事件心理焦虑状况

序次	种类	均值	方差
1	地震	4.24	−0.99
2	核事故	4.10	−1.25
3	交通事故	3.71	−1.17
4	新传染病	3.59	−1.25
5	全球变暖	3.58	−1.2
6	化学物环境污染	3.56	−1.23
7	气候不正常	3.46	−1.28
8	战争	3.43	−1.47
9	医疗事故	3.33	−1.34
10	台风	3.21	−1.25
11	二噁英	2.99	−1.38
12	军事打击	2.98	−1.5
13	农药	2.94	−1.39
14	恐怖袭击	2.91	−1.53
15	家庭火灾	2.86	−1.4
16	饮用水事件	2.76	−1.44
17	疯牛病	2.75	−1.51
18	铁路事故	2.75	−1.41
19	转基因	2.73	−1.4
20	艾滋病	2.63	−1.61
21	办公室火灾	2.60	−1.47
22	航空事故	2.40	−1.5

数据来源：Nakayach et.al.(2012)。

地震和核事故之所以居于焦虑的前两位，原因在于 2011 年日本遭遇了东日本大地震和福岛核电站核泄漏，共有 1.8 万人死亡或失踪，超过 33 万人长期撤离。比较 2008 年在日本进行的类似调查，可以看到在 2012 年的调查中日本人对地震和核事故的焦虑明显提高了，而对于其他灾害的焦虑则有所下降(Nakayach et.al.,2012)。这说明遭遇巨灾时以及随后，人们首先会对直接伤害自己的危险感到无助与焦虑。郭跃等(2012)认为在核事故发生时，人们更强调核能技术风险(对生活与健康的威胁)，而对核能技术的成熟度、有用性与易用性等特点却甚少考虑，这种情况导致社会对核能技术的信任度下降,增加了对抗倾向。正因如此,2012 年日本东京发生了大规模反核运动,超过 10 万人参与了社会抗争。可见,中国欲跻身核能大国行列,必须同时提升社会风险防御能力,防范重大核安全事件爆发造成严重的社会心理危机。

(二)国内公众的核能技术风险感知

Cunningham(1967)的风险双因素模型存在乘法模型和加法模型两种不同运用,究竟何者更为科学合理,已成为争论数十年的学术问题了。不过,从学术研究偏好看,乘法模型明显占据上风,国内多数研究采用也是乘法模型。从方便比较角度考虑,下面我们采用 Cunningham(1967)风险双因素乘法模型,进行核安全事件的风险感知分析。分析数据来自张金荣等(2013)。

如表 5-3,我们以有效问卷数量作为权重,计算研究中北京、长春和湘潭三市受访者的公共安全事件危害性感知的分值,并从大到小进行排序。13 类公共安全事件按危害性感知的强烈程度排列,依次为核泄漏、传染病、地震、环境污染、恐怖袭击、恶性犯罪、社会动乱、交通事故、食品安全、经济动荡、生产安全、能源短缺。

表 5-3　三市公众对各类安全事件的危害后果感知水平

风险事件	北京 ($N=987$)	长春 ($N=506$)	湘潭 ($N=660$)	总分值	序次
核泄漏	4.93	4.67	4.70	10 330.93	1
传染病	4.89	4.75	4.54	10 226.33	2
地震	4.89	4.57	4.66	10 214.45	3
环境污染	4.83	4.54	4.49	10 027.85	4
恐怖袭击	4.79	4.47	4.43	9 913.35	5
恶性犯罪	4.69	4.50	4.54	9 902.43	6
社会动乱	4.72	4.48	4.37	9 809.72	7
交通事故	4.70	4.45	4.34	9 755.00	8
食品安全	4.75	4.45	4.15	9 678.95	9
经济动荡	4.65	4.29	4.12	9 479.49	10
生产安全	4.63	4.36	3.96	9 389.57	13
能源短缺	4.65	4.28	3.87	9 309.43	14

数据来源:张金荣等(2013)。

　　操作方法同上,先计算 13 类公共安全事件可能性感知的分值,再按强烈程度对它们进行排列,可得序次为:交通事故、环境污染、食品安全、生产安全、恶性犯罪、经济动荡、能源短缺、传染病、社会动乱、恐怖袭击、核泄漏、地震。结果参见表 5-4。

表 5-4　公众对各类安全事件发生可能性的感知水平

风险事件	北京 ($N = 987$)	长春 ($N = 506$)	湘潭 ($N = 660$)	总分值	序次
交通事故	4.33	4.3	4.27	9 267.71	1
环境污染	4.03	3.93	4.13	8 691.99	2
食品安全	3.85	3.81	3.59	8 097.21	3
生产安全	3.62	3.74	3.44	7 735.78	4
恶性犯罪	3	3.82	3.56	7 243.52	5
经济动荡	2.89	3.09	2.67	6 178.17	6
能源短缺	2.93	2.85	2.44	5 944.41	7
传染病	2.64	2.88	2.12	5 462.16	8
社会动乱	2.31	2.37	1.93	4 752.99	9
恐怖袭击	1.99	2.22	1.63	4 163.25	10
核泄漏	1.49	1.7	1.27	3 169.03	11
地震	1.56	1.42	1.2	3 050.24	12

数据来源:张金荣等(2013)。

　　进一步将危害性感知的分值(由表 5-3 计算)与可能性感知的分值(由表 5-4 计算)相乘,获得风险感知的总分值,结果如表 5-5。对风险总分值的排序结果说明,三市民众对 13 类公共安全事件的风险感知强度依次为:交通事故、环境污染、食品安全、生产安全、恶性犯罪、经济动荡、传染病、能源短缺、社会动乱、恐怖袭击、核泄漏、地震。如果将危害性与可能性相加,序次确实会发生改变,三市民众的风险感知强度中第 3 至 7 的位次由"生产安全、恶性犯罪、经济动荡、传染病",变为"恶性犯罪、生产安全、传染病、经济动荡"。显然对双因素关系的不同认识,会影响直接影响到风险评估结果。

表 5-5　公众对各类安全事件的风险感知

风险事件	危害分值	可能分值	相乘分值	序次
交通事故	9 755	9 267.71	90 406 511.05	1
环境污染	10 027.85	8 691.99	87 161 971.92	2
食品安全	9 678.95	8 097.21	78 372 490.73	3
生产安全	9 389.57	7 735.78	72 635 647.81	4
恶性犯罪	9 902.43	7 243.52	71 728 449.75	5
经济动荡	9 479.49	6 178.17	58 565 900.73	6
传染病	10 226.33	5 462.16	55 857 850.67	7
能源短缺	9 309.43	5 944.41	55 339 068.79	8
社会动乱	9 809.72	4 752.99	46 625 501.06	9
恐怖袭击	9 913.35	4 163.25	41 271 754.39	10
核泄漏	10 330.93	3 169.03	32 739 027.1	11
地震	10 214.45	3 050.24	31 156 523.97	12

采用 Cunningham(1967)的双因素乘法模型计算风险感知值,结果如表 5-5 和表 5-2 所示,可能性感知的序次与风险感知的序次重合度非常高,除了传染病与能源短缺这两类公共危机事件的位置发生交换之外,其余序次均未发生改变。显然在计算模型中,事件发生的概率决定了评价结果。可以看到因为人们判断事件发生的概率差异较大,即人们所感知到的各类公共危机事件的发生可能性差异较大,这种情况直接导致人们的风险感知总量发生了变化。

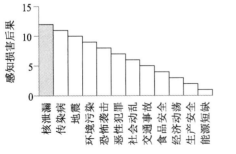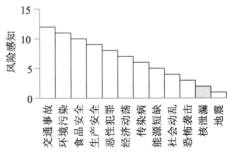

图 5-2　三市公众的公共安全事件风险感知分级

我们看到,人们并不因为风险总量大,而对产生该类公共安全事件的设施或管理因素,产生强烈的不接受态度,反而会因为事件发生的危害性后果,而产生强烈的排斥情绪。这种情况说明风险的双因素模型虽然描述了风险感知的结构,但是无法很好地用来解释对抗行为。在核能社会抗争的风险沟通中,对于危机事件发生可能性的沟通往往得不到民众的首肯,民众会反复地强调"不怕一万,就怕万一",即核事故的危害性后果令人难以接受。也许人们关于核能技术的风险感知,着重的不是风险的整体,而只是其中的关键部分。风险感知对核能公众接受度与社会抗争行为的影响具有这种特征,说明人们更关注核事故的危害后果,却严重忽视了事故的发生根本是小概率事件。在这种情况下使用双因素模型分析核能社会抗争行为容易产生误判。这种错误有时也会发生在我们研究者和管理者中间。

四　核电站周边居民的风险感知频谱

我们对 Q 核电站周边居民组织了心理测试,邀请每位测试对象写出听到"核能"这个词后,脑海中最先反应的两至三个词(无顺序要求)。然后,通过统计心理测试结果,判断核电站周边居民对于"核能"技术或项目的心理认知内容与结构。分析结果见表 5-6。

表 5-6　核电站周边居民对"核能"的心理认知频谱

大类	子类	词汇统计
风险感知 480	感知发生可能 139(风险 135 存在性 4)	高风险 7 + 危害 38 + 危险 40 + 不安全 4 + 风险 16 + 安全隐患 3 + 隐患 6 + 安全吗 1 + 安全 18 + 核安全 2
		无处不在 1 + 无法预防 2 + 不可知 1
	感知损害后果 66(死亡疾病与健康 56,后代 4,道德责任 10)	死亡 7 + 31 癌症(癌症 19 + 绝症 1 + 肺癌 2 + 甲亢 4 + 致癌 1 + 白血病 1 + 不可治疗的病症 1 + 生病 1 + 癌 1)+ 畸形 3 + 变异 2 + 影响身体健康 11 + 对身体健康的危害性 2
		影响后代 1 + 怪胎 1 + 影响子孙 1 + 给后代造成安全隐患 1
		灾难 1 + 次生灾害 1 + 有毒 4 + 会危害人类 1 + 坏处 1 + 破害力 1 + 影响 1
	风险感知源 272	核污染 39 + 核泄漏(或泄露①)44 + 核辐射 154 + 核爆炸(蘑菇云 1)23 + 核事故 10(切尔诺贝利 3\福岛 8)+ 核废料 2

---

①　"核泄露"是调查对象书写的词汇,实意为"核泄漏"。

（续表）

大类	子类	词汇统计
情绪 65	负面情绪 54	恐怖 1 + 恐惧 11 + 害怕 13 + 担心 6 + 紧张 1
		悲痛 1 + 悲伤 1 + 天 1 + 彷徨 1 + 无奈 2
		反对 3 + 不接受 1 + 不喜欢 1 + 不好 1 + 希望能安全 1 + 有顾虑 1
		严重 2 + 威胁 2
		远离 3 + 离得非常近 1
	中性情绪 3	又爱又恨 1 + 难以取舍 1 + 不了解 1
	正面情绪 8	喜讯 1 + 惊喜 2 + 积极 1 + 很好 1 + 没什么 1 + 可靠 1 + 有效 1
收益感知 196	经济效益 13	经济 5 + 效益 2 + 致富 1 + 自主 1 + 发展 3 + 资源 1
	电力供给 65	发电 25 + 用核能 1 + 光明 1 + 电灯 1 + 供电 1 + 核电 5 + 电力 3 + 电 3 + 能源 24 + 动力 1
	高效能 29	能量大 2 + 巨大能量 1 + 能量 9 + 能效高 1 + 能量巨大 4 + 高效能 12
	新能源科技 30	新技术 1 + 科技 3 + 科技发展 2 + 高科技 5 + 新能源 18 + 安全能源 1
	环境保护 50	环保 8 + 利用 1 + 绿色 2 + 大势所趋 2 + 节能 3 + 可再生能源 2 + 清洁能源 32
	利益纠葛 9	利益制衡 1 + 核电高薪 1 + 高福利 1 + 得不到实惠 1 + 高收入 1 + 国企 1 + 大头归中央 1 + 好处归中央 1 + 利益 1
核应对 5	核应对 5	危机处理 2 + 安全管理 1 + 自我保护意识 1 + 保护自己 1
核应用 36	核应用 36	核武器 6 + 核组织 1 + 战争 1 + 原子弹 3 + 核动力 1 + 炸弹 1 + 核电站 21 + 核剂量 1 + 核弹和原子 1 + 核潜艇 2 + 核弹 5 + 反应堆 2 + 核燃料棒 1 + 核潜能 1 + 核聚变 1 + 核 4 + 铀 1 + 原子裂变 1 + 原子核 1

注：表中的阿拉伯数字表示认知词汇出现的频次。

统计所有调查对象关于不同感知内容的反应频次，结果如图 5-3，可以看到，核电站周边居民对于核能的心理认知包括风险感知、收益感知、情绪表达，以及对于核安全应对与应用的认识。其中，风险感知是核电站周边居民最基本的心理认知（占直接认知反应的 62%），其次是收益感知（占 25%），再次是情绪表达（8%），对核应用（4%）与核应对（1%）的关注则非常少。

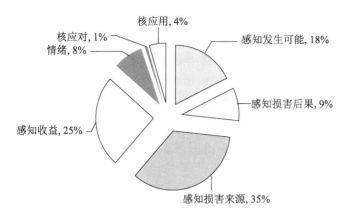

图 5-3　核电站周边居民对于核能的认知反应

　　调查对象的风险感知内容,包含了感知损害来源、感知发生可能,以及感知损害后果;不仅如此,风险感知调查还直接唤起了调查对象的情绪变化。分析风险感知及情绪反应的频谱特征,可以发现:

　　(1) 在发生可能性的感知中,否定性认知是主流,认知词汇主要有"危害""危险""不安全""高风险""安全隐患""隐患"等,肯定性认知的比例较低,且其边界不够清晰。

　　(2) 对损害后果的风险感知,表现为对健康、后代安全、道德责任的认知,其中对于疾病和死亡的感受最多,占 84.8%。癌症是居民最主要的感知损害后果。此外,感知损害后果存在两种分化,一者指向感受者作为父母或前辈对后代安全的责任;一者指向感受者作为社会成员对于社会安全的责任。

　　(3) 对损害风险源的风险感知,表现为对核辐射、核污染、核泄漏(或泄露)、核爆炸、核事故、核废料的感受。其中核辐射和核泄漏是居民最为担心的问题。在风险感知中,有 3 名被试直接联想到了切尔诺贝利核事故,8 名被试联想到了福岛核事故,显然国际重大核事故是中国公民心理阴影(核恐惧)形成的重要原因。在灾害风险源感知中,与法国的调查差异较大。在先前的分析中我们提到法国社会公众更关注核电站废料处理,而从我们的测试情况看,中国核电站周边的居民,关心核废料安全问题的比例相当低(仅有 0.7%),这种情况说明不同国家核能风险的社会关注度存在着分化。

　　(4) 在情绪反应中,负面情绪占了情绪表达的 83.07%。出现的负面情绪词汇主要有"恐惧""恐怖""害怕""担心""紧张"和"有顾虑",这种情况说明核恐惧是核电站周边居民最主要的情绪。有些被试直接表达了反对的态度,如"反对""不接受""不喜欢""不好"等;极个别还表达了"悲伤"和"无奈"的心情。

如图 5-3,调查对象的核能风险感知结构,感知损害来源方面的反应最多(占 35%)、感知发生可能次之(18%)、感知损害后果最少(9%)。这种统计结果很是令人意外,根据风险的双因素理论,感知危害或感知可能性本该是占比最高的,可结果却是感知损害来源占了最大的比例。或许核能风险感知在词汇表达上本身就存在着模糊地带。也可能是在实际应用中,风险双因子的边界有时难以明辨。

有人会认为感知损害来源的描述,或者已经重合了对风险双因素的感知——例如当出现的反应词是"核泄漏"时,被试可能既指向了对核泄漏危害后果的认知,也包含了对核泄漏发生可能性的认知。不过我们不认同上述观点,因为感知损害来源是在对"核能"的词语联想中被提出来的,而各类核事故的发生又都是小概率事件,被试书写感知损害来源不太可能是想强调这种损害很少发生,只能是要强调这种损害的危害很让人担心。所以我们认为被试书写感知损害来源,应当是在表达对感知损害来源危害后果的恐惧,即描述的是自己的"核恐慌"心理。如果这个结论是成立的,那么核能风险感知心理测试的结果,与先前核能风险感知排序分析的结果,就相当一致。这个结论或许解释了在近年来核电站选址兴建问题上,工作人员就核能风险和发生可能性与社区居民进行的沟通,为什么结果大多不尽如人意。

五 讨   论

以上利用多组调查数据,分析了不同国家、不同职业的受访对象的核能风险感知。结果说明:(1)不同群体的核能风险感知存在明显差异,妇女投票团体、大学生的核能风险感知非常强烈,而专家的风险感知并不高;(2)核能的风险感知受核安全事件刺激和影响,核事故发生之后,公众风险感知与心理焦虑会显著增高;(3)在核能的心理认知结构中,风险感知是最主要的,且核能的风险感知主要表现为核恐惧;(4)利用核能风险的双因素模型计算,发现常态下影响和决定核能接受度或抗争行为的,并不是风险感知的总量。核能风险感知双因素的地位是不均衡的,发生可能性感知居于弱势地位,公众对于核能的接受度与社会抗争主要受核事故危害性后果的影响。(5)对核能技术风险感知的频谱分析,向我们展示了一个核能风险感知的微观心理世界。对被试反应内容的统计和分析结果，印证了上面的研究结论，说明感知危害性后果是核能风险感知的强势因素。

Slovic et.al.(1991)认为之所以核技术具有高风险感知，主要原因在于核辐射不可见、影响具有长期性、人们关注核废料问题，以及历史上核武器事件的影响。而从已有研究看，信任、公平感、道德责任等心理因素，收入、知识、职业和空间距离等社会因素，甚至性别、年龄等人口因素，都曾经被发现同核能风险感知有关。因此，简单地从技术风险评估视角来判断和反馈技术风险，很难得到公众的认同，也不利于核安全问题的风险沟通。

人们对于核能的风险感知很大程度上体现了对自身不可控风险的厌恶。风险感知反映了一种心理偏好，人们对非自愿承受的风险(如食用过期食品)的容忍度，要比自愿承受的风险(如滑雪)低上千倍，虽然前后者的客观风险可能大致相等。已有研究表明，强烈的初始风险认知会塑造和影响人们对后续信息的解释(Slovic,1987)。普通公众无法近距离接触和熟悉核设施，因而对于核能的初始风险感知往往来自各方对于核事故的负面传闻和报道。当前互联网上关于核事故的负面信息真假莫辨，许多信息过分渲染核事故后果的严重性，这种情况不利于我们社会形成积极的核风险感知心理。

人们对核能技术的风险感知既包括了对于不可预知灾难事故的恐惧，也反映了普通公众对于核能技术的疏离与陌生。核能技术的风险并不是单纯意义上的技术风险。Slovic(1987)曾经指出，专家声称"在核电站周边生活每年承受的风险，仅相当于骑自动摩托车三里路的风险"，这是用风险总量来进行风险沟通，反映出沟通者对核事故和骑行这两类技术风险的本质差异，认识很不充分。社会对于核能技术的风险感知已经超过了核能技术术作为技术本身的风险。在江门鹤山龙湾工业园核燃料项目推进过程中，高校专家和官方提出了一个观点，"厂内工作一年辐射"相当于"照一次 X 光"，这一观点同样仅仅是从技术角度理解核安全问题，因而没有被人们接受，当地依然爆发了群体性事件。

中国在发展核能过程中，各级政府对公众的核能风险感知存在一定模糊认识，民众、专家与决策者之间存在较大的风险感知鸿沟。现实中，专家与决策者的风险感知走到了一起，倾向于核能可接受、核能是优势安全能源这一端；而民众的风险感知具有极大的不稳定性，在信任、公平感和核事故的影响下，倾向于核安全不可接受、"不要建在我家后院"的另一端。要提升核能的公众接受度，必须了解社会公众的核能风险感知，并消除专家、决策者与公众之间对于核能的巨大风险感知差异。先前的研究已经指出，风险感知是核能接受度、核能社会抗争的核心解释变量；而本章的研究进一步说明在风险的双因素结构中，感知的危害性后果是核能风险感知的强势因素，感知可能性属于弱势因素。因此，核能风险沟通需要抓住关键。而最终要大幅减少乃至消除反核社会抗争，根本还在于核能技术取得巨大进步，能够将核事故的危害性后果降到最低。

第六章　中国核能发展的议题对抗

中国是核能利用大国,人们围绕核能、核技术和核设施进行议题交流或对抗,形成了超级公共舆论场。本章在场域理论指导下,收集我国社会核能的议题资料,并将之置于支持和反对的二元对立语境,采用扎根理论编码方法进行质性研究,归纳当代中国核能公共舆论场的结构特征与公众心理。

一　引　言

1991 年中国第一座核电站秦山核电站投入商业运行,此时我国的年核能发电量仅有 17 亿千瓦时;而至 2019 年底,我国的核能发电量增至 1 368.01 亿千瓦时[①],居世界第三,已经变成仅次于美国和法国的世界核电大国。核能发展有与之相匹配的舆论场。使用核能的国家或地区,始终面临着"向左走,还是向右走"的核能选择困扰,因而无从回避因核能接受度不足而引发的社会舆情激荡。历史经验表明,在核能的公共舆论场域,存在着尖锐的议题对抗,一些议题参与者具有强烈的负面认知。根据斯梅尔塞的加值理论,这种心理与情绪经过磨合,极易形成集体共意,进而爆发群体性事件(甘泉,2014)。

事实表明,中国公众对于核电建设存在担忧和恐惧(雷润琴,2008),这已成为我国核能发展的一大阻力[②]。在我国,核事故或核项目的舆情搅动,曾经酿成群体性的"核恐慌"——如 2011 年福岛核事故的一些传闻,导致我国多省出现"抢盐潮"(陈紫涵等,2011;廖力等,2012);也带来过地方性反核事件——如 2013 年江门市和 2016 年连云港发生的群体性事件。有鉴于此,我国的政府部门、核电企业、学术界和传播媒体(雷润琴,2008;韩智

---

① 国家原子能机构.2014 年全国核电机组累计发电 1 305 亿千瓦时[EB/OL].(2015-02-10)[2020-10-01].http://www.caea.gov.cn/n16/n1100/n1298/669408.html。
② 核电重大专项"十三五"启动,体制、舆论成阻力[N/OL].经济之声.(2014-09-14)[2020-10-03].http://finance.cnr.cn/txcj/201409/t20140914_516431533.shtml。

文,2015;林宜道,2013)①,都将核能的社会舆情变化作为重要分析对象。但是,先前的研究和实践虽然指明了核能舆情管理的现实必要性,却未见对我国核能舆论场域的主体特征做过系统剖析。本研究将尝试站在二元对立语境,采集我国公众关于核能的争辩式对抗话语,探讨我国核能社会舆论场域的议题结构和心理特征。

二　文　献　回　顾

本研究将在场域理论、话语理论和议题网络理论指导下,探讨中国核能公共舆论场域内的核能议题对抗和公众心理感知。相关研究进展分述如下:

(一)场域理论与舆论场

法国社会学家皮埃尔·布迪厄(Pierre Bourdien)将各种位置之间存在的客观关系所编织的网络或构型,叫作"场域(Field)",并将之建构成为一类新的社会分析单位(布迪厄,2015)。每一类场域内部都充斥着资本交换、符号竞争和个体策略,既拥有自主性,又受到外来因素的影响和限制(李全生,2002)。场域是各方力量实施交流及活动的场所,因而场域的范围是可变的,就像佛教场域与宗教场域、高等教育场域与教育场域一样,分析对象的范围,决定了待分析场域的大小。本研究将在场域理论指导下,锁定中国核能的公共舆论场域,探讨该场域内各方力量的议题对抗和利益竞争关系。

德国心理学家库尔特·考夫卡(Kurt Koffka)认为世界是"物理场"和"心理场"的主客统一体,其中:物理场指由被观察的现实构成的物理世界,心理场指由观察者感知现实时的观念构成的经验世界(余秀才,2010;考夫卡,1997)。考夫卡作为格式塔心理学的代表人物,其理论充分重视主观经验对行为的影响。他提出场域包括人的心理、行为环境和地理环境,是经验与行为的统一(考夫卡,1997)。可见,揭示我国核能舆论场域的心理特征,对于解析我国核能发展中的公众行为非常有帮助。

先前不少中国学者在场域理论指导下研究了我国的公共舆论。研究者注意到在新媒体时代网络舆论场不断扩张,形成了官方与民间两个舆论场,二者之间存在激烈的话语权争夺(谭婵,2020)。当前,官方舆论对民间舆论不再占有压倒性优势(吴晓明,2010),互联网舆论的传播受众趋于多

---

① 中国核电需要舆论监督护航[N].环球时报社评,2011-03-18.

元化,主流话语被解构得非常厉害,主流价值的引导力开始不断弱化,很难继续占据统治地位(赵姗,2020)。舆论场域内的合理对峙和论战,可以优化利益诉求和民主生态,但持续分歧之下的舆论不利于社会稳定(肖洁,2017;向安玲、沈阳,2020)。因此,我们要基于投合的价值、利益和情感,促进舆论场域中的不同社群形成共同动机,促进彼此合作(向安玲、沈阳,2020)。

在核能的公共舆论场域,由于官方和民间舆论场存在不少分歧,各方资本和权力角力的现象也比较多,因而舆论撕裂现象非常突出,在互联网上出现了大量情绪化的话语。本质上网络舆论场是"新媒介场""心理场"和"社会场"的交汇(余秀才,2010),核能的公共舆论场域既是社会公众的心理场,也是核能发展的社会场,必得系统性分析才能观其全貌。核电作为高邻避性的能源,支持和反对的人群兼而有之,国内外核能舆情动态一贯不平静。我国社会部分民众对核电存在误解,上马核电项目要经历公众考验,已经成为"新常态"(左跃,2018)。在新媒体时代,核电企业要加强舆论引导(陈曦,2018)。由于人们对核电站建设存在担忧和恐惧心理,应当加强核电站建设的舆情分析,推动公共舆论由担忧向接受转型(雷润琴,2008)。

(二) 议题网络与后现代行政的话语模式

互联网时代趋于扁平化的社会结构,扩大了公民话语对政策制定的影响力。网络舆论中一部分影响大的社会问题,更可能被政府优先纳入政策过程(许阳,2014)。在开放的社会系统下,各方力量的信息和话语汇聚成了"公共能量场",通过交互参与议题建构,影响公共政策的制定与执行(Heclo,1978;谢治菊,2011)。这种通过议题交互结成的、影响政策进程的社会关系结构,被称为议题网络(Issue Network)(May,1991)。互联网时代的议题网络,参与者更加多元化,成员进出更加自由,人们的网络话语表达被更多地转化为政策议题(许阳,2014)。

议题网络的沟通质量与话语空间相关。根据话语理论,公共行政的运行有三类话语模式:一是少数人的对话——这是传统公共行政下官僚或精英的独白话语,具有单向话语的霸权特征,严重缺乏沟通;二是部分人的对话——这是后现代公共行政追求的话语形式,对话双方居于平等地位,通过对抗性争辩进行沟通;三是多数人的对话——这是无政府主义的闲聊话语,内容散乱、缺乏规则,会话结果往往不会产生实质性贡献(谢治菊,2011;福克斯和米勒,2013)。以上三者都是新媒体时代公共舆论的话语,但显然,只有议题对抗才是议题网络的主导形式。因为争辩性的对抗话语更有利于政策议题建构,更能推动公共政策的进程。美国公共行政学家查尔斯·福克斯(Charles Fox)和休·米勒(Hugh Miller)也认为第二类话语采取了开放式话语模式,能够推动公民参与,是解决后现代公共行政危机的重要方案和思路(福克斯、米勒,2013;刘春湘、姜耀辉,2011)。

(三) 核能心理感知与社会冲突

原子时代的缔造者、诺贝尔奖获得者恩利克·费米(Enrico Fermi)说过:"在将来,核能领域公众对核能的意识和接受度将成为最严重的问题。"已有研究表明,中国社会公众的核能接受度明显高于美法德日等主要核能国家(Wu et.al,2013;Kim et al.,2014),但是由于核邻避心理的影响,各地民众对在当地建设核能项目的接受性却明显偏低(肖慧娟等,2001;戴正等,2014;陈钊等,2009)。

那么,究竟哪些心理因素会影响核能接受性? Visschers et.al(2013)的研究发现,感知风险、感知收益和信任对核电站的公众接受水平有解释力。Visschers & Siegrist(2012)的研究证明公平感对核能接受性也存在影响。Steg & de Groot(2010)发现当人们将反核当作一种道德责任时,更可能从事抗议和反对核能的活动。Wu et. al.(2013)提出利益、运行风险、知识、信任是影响中国公民核能接受态度的指标。戴正等(2014)的调查发现,核电站周边居民对辐射和核电知识知晓率越低,对核电站建设正向态度也越低。显然,当人们存在"核恐惧"心理,对核风险存在过度感知,这种心理态度容易引发反核社会冲突事件(Fox-Cardamone et al.,2000;谭爽、胡象明,2013;王丽,2013)。我们必须了解当前中国社会的核能舆论表达,究竟反映了怎样的心理特征和接受性? 与先前研究结论是否契合?

三   分析资料与研究方法

(一) 经验资料

社交网络和在线反馈系统的扁平化特征,大幅削弱了个体的影响力,很难找到在核能公共舆论场占据绝对主导地位的力量。因此,本研究的采集源包括了官方舆论场和民间舆论场,采集对象涉及政府部门、核电企业、专家、传媒、社会组织、利益相关企业和个人,以及普通公众。具体监测了 2011 年福岛核事故发生以来中国的核能公共舆情变化,收集我国核能发展的抗辩式话语并建成资料库,然后进一步区分议题内容进行编码分析。

核能发展的公共舆论场域论战一般都有触发事件,主要见于核事故发生或核能项目新设两类。本文所收集研究资料的时间范围主要在2011—2018年,因为在此期间国内外核能发展的触发事件非常密集。这些事件有:2011年日本福岛核事故、2011年浙江等省抢盐事件、2013年广东江门核燃料项目事件、2009至2016年江苏连云港核循环项目事件、2013—2016年两会湖南代表团连续四年提议重启桃花江核电项目。在各类事件背景下,搜集分析资料,具体材料来源有两类(具体见表6-1):

表6-1 分析资料来源一览表

类型	主题或场景	出处
第一类: 大众话语	如果中国不发展核电	《腾讯评论:今日话题"日本地震策划系列之七"》,2011年第1597期
	中国接手西方核垃圾为何不靠谱	网易探索《发现者》2011年第78期
	湖南无核化,反对内陆兴建核电站	"天涯论坛",2014年3月22日
	核电是否应挺进中国内陆?双方研究专家激烈辩论	《中国科学报》2014年4月10日
第二类: 官员或 专家话语	核安全专家:核事故概率低,中国核安全纪录良好	新华社新闻,2011年3月20日
	建设冲动背后的核废料安全	《中国企业报》,2011年4月1日
	坚决反对在内陆建设核电站	《环球时报》,2012年2月10日
	中国核电史上最吊诡项目:江西彭泽核电	《中国经济和信息化》,2012年5月25日
	两会提案:湖南代表团望尽早启动内陆核电项目建设	北极星电力网,2014年3月4日
	准备重启内陆核电站,列入下个五年规划	《每日经济新闻》,2014年3月7日
	核电:不该被误解的清洁能源	《经济日报》,2014年12月24日
	社评:不建内陆核电站,中国恐无未来	《环球时报》,2015年9月29日
	涉核公众沟通意义重大,核电产业发展舆论场复杂	财联社"核电专题调研",2018年11月4日

其一是我国传媒召集的有针对性的核能大众辩论。由有社会影响力的传媒首先推出1篇核能言论文章建构辩论场景,感兴趣的网民针对文章

回帖讨论,而网民的发言像滚雪球一样又带起新的跟帖辩论。在这一类共收集到 4 个言论文章及其下 6 565 条网民评论观点。虽然传媒的言论立论有据,但对应的网民发言普遍缺乏理性思考,带有较强的情绪性,关注点非常松散,具有典型的"无政府主义话语"特征。其二是政府官员、核电企业及核能专家的"官僚型话语"。此类话语虽然是核能公共舆论的核心话语,但是带有"独白式话语"特征。即使行政官僚或技术官僚的宣教不带有双向沟通特征,也是我国核能发展公共舆论场域的有机构成,同样会主张或者驳斥了某种观点。

(二) 扎根理论分析方法

扎根理论(Grounded Theory)是在社会学研究中常用于分析实地观察和深度访谈资料的研究方法。该方法主要利用经验资料,采取编码方法,寻找问题本质、建构概念关系,并形成理论框架。本文将采用此方法分析收集的中国核电公共舆论材料。分析步骤如下。

第一步,区分议题对抗的阵营。为了更好地分析核能矛盾双方的竞争性观点,不考虑中立方的议题观点,按照核能支持方观点(S)和反对方观点(O)两类,归置所有议题语料。

第二步,议题类属编码。考虑到无法、也没有必要呈现所有争论观点,在编码时删除大量重复性论点材料,并筛选具有代表性的发言,将之归入不同的议题类属。具体编码如下。

a 核安全类,包括 a1 核风险概率,a2 核危害后果;

b 核能设施选址类,包括 b1 邻避性,b2 内陆核电;

c 核电发展战略类,包括 c1 核电发展速度,c2 是否清洁能源,c3 能源结构与气候变化;

d 上下游环节类,包括 d1 上下游项目设施,d2 上下游生产活动。

第三步,关联分析。从心理层面分析各议题观点的有机联系,抽象出不同类属下核能议题观点的心理特征。在分析中,将借助二模社会网络分析技术,归置和呈现我国核能公共舆论场域内嵌的公众心理特征。

第四步,理论建构。采取归纳法,在上述议题结构层次和心理因素分析的基础上,进一步归纳和建构我国核能公共舆论场域的议题结构和话语特征,形成核能接受性的公众心理认知框架。

对应扎根理论的编码操作化理论,以上第一、二步属于开放式登录操作(Open Coding),第三步属于关联式登录操作(Axial Coding),第四步属于核心式登录(Selective Coding)操作。

四　我国核能舆论场域的话语竞争

根据分析资料中议题内容所呈现的态度,将所有参与者分成中立者、支持者和反对者。排除持中间立场的人群,分议题梳理支持和反对阵营的议题观点。

(一) 核安全之辩

根据 Cunningham(1967)提出的风险双因素理论,风险包括风险概率和危害后果。核安全之辩,则主要是有关于核事故发生概率及影响后果的争论。由于涉及到了根本性问题,议题对抗双方在核安全上的争辩非常激烈。

1. 关于核事故发生概率的争论

支持的阵营。(1)支持者首先从技术层面立论,提出"目前出事的主要是一代核电站[①]"、"第三代核电站要比第二代核电站的安全系数更高"(Sa1-1)。"(堆芯熔化概率)二代技术是万分之一,也就是我们俗称的"万年一遇……(出现放射性大规模释放的概率)是十万分之一,而现在国际上的要求是百万分之一。AP1000(中国引进的美国西屋第三代核技术)则做到了 6×10 的负 8 次方堆每年,即亿万分之六"(Sa1-2)。(2)其次从应用层面立论,认为"核电站的安全是有保障的。飞机会掉下来,其实飞机是最安全交通工具"(Sa1-8)。"核电的规模化应用技术较为成熟"(Sa1-3),"中国的核电技术在世界是领先的,安全性有大幅度的提升!"(Sa1-4)"中国核安全纪录良好,中国未发生过一起辐射致死、辐射造成放射病的事例"(Sa1-5)。(3)最后从信任层面立论,提出"我们要相信科学,相信核能可以被安全利用"(Sa1-6)。"我认为用什么发电都会付出代价的,就让中国的专家和技术人员们来决定吧! 我们应该相信他们的决策"(Sa1-7)。

反对的阵营。(1)反对者计算出了不一样的核事故概率,如有人提出"自 400 多座核电站运行以来,世界先后共发生过 3 次重大核安全事故,概率约为 1%"(Oa1-1)。"核电事故不是可能而是已经发生,中国核事故的概率只会更大!"(Oa1-2)。"参照发达国家核电站运行规律,如果中国自 2020 年起将有 58 座核电站正常运行,有可能在未来 20 多年后面临一次发

[①] 中国核电站采用了第二代及以上技术。

生重大核事故的风险"(Oa1-3)。(2)也有反对者将视野放在了外部影响因素上,反问:"你能保证没有战争?你能保证没有洪水干旱天灾?你能保证中国核电技术和人员素质比欧美高确保无安全事故?你能确保没有恐怖事件?你能确保中国没有动乱……好吧,你能确保,那就建吧!"(Oa1-4)(3)还有反对者失去了基本理性,直接扬言"安全系数再高也有万一"(Oa1-5)。

2.关于核事故危害后果的争论

支持的阵营。(1)支持者从危害大小立论,如有人说"如果2001年起中国核电就能占到总发电比例的20%,那么光采矿一项(与火电相比)就可以少死6 000人左右"(Sa2-1)。(2)支持者从必要性上立论,提出"难道飞机会失事就禁止生产飞机?"(Sa2-2),"吃饭还会噎死人呢,那干脆连饭都不要吃了!"(Sa2-3),存在核事故危害也不能停下发展的脚步。(3)支持者从可行方案立论,提出"每个物质都有它的克星,核也一样。我们努力就能找到克制它的方法"(Sa2-4)。"有的人一听'核'就和辐射污染爆炸联系在一起,等他们真正深入了解核电核能就不会这么说了。"(Sa2-5)"等你进入核电这个行业就不会这么说了,核能是未来唯一比较靠谱可以解决能源危机的能源了。"(Sa2-6)

反对的阵营。(1)反对者历数了核危害的后果,主要是担忧和害怕核辐射对环境、对健康、对后代安全的伤害。如责问"少用电或得癌症,你选哪一个"(Oa2-1),"核电一出事要害多少人?环境破坏更大"(Oa2-2),"一座核电站垮了,就是全国几代人要受影响的事"(Oa2-3)。"产生大量畸形弱智儿,癌症频发,最后倒霉的是老百姓!"(Oa2-4)(2)反对者还担心外来伤害,如有人提出"核电站将会成为未来战争的靶子"(Oa2-5),"核电站如果建得太多,敌国只要打残你的核电站就可以灭了中国"(Oa2-6)。(3)一些反对者缺乏基本理性,话语带有"核恐惧"色彩,如呐喊"这种瞬间就能毁灭地球、毁灭60亿人的东西,和(煤矿矿难)几千个矿工的死,孰轻孰重!!"(Oa2-7)"一个核辐射可以毁灭一个国家甚至更多,怎么算这笔账的?"(Oa2-8)。

议题对抗双方对先前核事故危害的认识存在巨大分歧。关于1986年苏联切尔诺贝利核事故的破坏性影响,支持者采信2005年国际原子能总署、世界卫生组织对核事故的计算数据,认为这起核事故虽然使大约60万人暴露于高度辐射线物质之下,但仅直接导致50人死亡、可能有约4 000人额外死于癌症[①],由此断言"核事故的危害被夸大了"(Oa2-9)。而反对者

---

① Amano Y. Statement to International Conference on Chernobyl: Twenty-Five Years On-Safety for the Future[R/OL]. (2011-04-20)[2020-10-05]. http://www.iaea.org/newscenter/statements/2011/amsp2011n010.html.

采用绿色和平组织的数据,认定"(切尔诺贝利)核泄漏事故造成致癌死亡人数约为9.3万人"(Sa2-7)。来自国际权威机构相差悬殊的两套数据,说明我国的核能议题抗辩是在复杂的国际舆论环境中不断发酵的。

(二)核设施选址之辩

核能项目属于典型的邻避设施,在选址建设方面议题对抗比较激烈。另外,由于中国核电站先前在沿海地区选址,近年来尝试沿江发展,于是也引发了关于"内陆核电"的辩论。

1. 关于核能项目邻避性的争论

支持的阵营。(1)支持者以实例反驳了核邻避心理。提出"别一听到核就仿佛看到了污染,太悲观了!我在深圳生活8年了,这边的大亚湾也没把我怎么着吗?"(Sb1-1)"深圳的大亚湾核电站建好并使用很多年了,没有一点事!还有秦山核电站,也一样很多年了……"(Sb1-2)"连云港田湾核电站……要有事情我估计也活不到现在"(Sb1-3)。"现在浙江、江苏、辽宁、山东、福建、广东、广西、海南已建成和正在建的核电反应堆几十台都正常运行。大可不必惊慌"(Sb1-4)。(2)支持者认为经历和熟悉有助于克服邻避心理。提及"他们不会去看,他们只会吐槽。因噎废食者自古如是。话说我们这不远就有个核电站。"(Sb1-5)"去浙江三门的核电站看看,美国西屋公司的技术,安全系数极高!"(Sb1-6)(3)支持者用国家能源安全来反击核邻避行为。如"反水电,反火电,反核电——以后中国怎么发展?"(Sb1-7)"不发展核电怎么进步,怎么保护我们的国家资源,怎么给子孙后代交代?"(Sb1-8)"不建核电站难道'用爱发电'?"(Sb1-9)"为什么那些道德高尚的人就不知道自己天天在吃电!又不知道电是怎样来!"(Sb1-10)"发展核电(将来也许是核聚变发电)是人类能源发展的必然,这是毋庸置疑的。我们应该考虑的是怎么使它更安全。这是我们科技工作者的责任,也是我国科技工作者的机会。"(Sb1-11)。(4)还有支持者希望核能发展可为民众带来电价优惠。提及"说实话!!真无所谓!!我老家山区!!!空地多着呢!!这核泄露的几率比中头彩还低吧!!能给老百姓一些福利就行(比如每年半价用电多少多少度)"(Sb1-12)。"只是建了后,会取消该死的阶梯电价吗?电价会降吗?"(Sb1-13)。

反对的阵营。(1)反对者的邻避心理非常突出。提出"如果核电站修在你家乡,让你住核电站边上,你愿意吗?"(Ob1-1)"关键是核电站建哪里,建你家后院你赞成吗?"(Ob1-2)"我非常欣赏你们这些任何时候都以国家利益集体利益为重的人,请你们全体移居到可能有污染的企业边去……"
(Ob1-3)"反对! 非常反对! 我家上游有核危险!"(Ob1-4)(2)反对者强调
了对环境和后代的道德责任。提及"看看我们的很多选址,都是人口密集
处,内河边,人人都有健康权和生命权的啊"(Ob1-5)。"当核电产生危险时
对环境对后代的影响才是最关紧要的"(Ob1-6),"坚决反对发展核电,为了
我们的子孙后代!"(Ob1-7)利用核能技术是"偷工省力将责任推给后代子
孙"(Ob1-8),核泄露可能"影响到我们之后的几代甚至十几代人"(Ob1-
9)。"不靠水边核反应不能冷却,靠水边想想下游有多少城镇"(Ob1-10)。
(3)反对者表现出强烈的相对剥夺感。提出"怎么不建议北京建核电站,北
京是首都更需要资源。"(Ob1-11)"哪个地方用电数量大……就建在哪个地
方……最公平。"(Ob1-12)建设内地核电站"很不公平,政策给沿海,污染留
内地,国家资源不能这样调配。"(Ob1-13)"(既然要建)那就多建点,每个地
区都有,那就公平了啊"(Ob1-14)。"核电受益的是国家,是那些大资本家,
我们平常老百姓用风力电和水力电绝对足够。"(Ob1-15)反对者觉得存在
程序不公平,如反问:"我们就没有发言权和选择权了?"(Ob1-16)"中国核
电的最大弊端,不是安全性,不是技术,而是透明度——百姓既不知道哪儿
要建,也不知道建什么样的,对于其运行安全也缺乏手段监控,这是普通人
最大的担忧"(Ob1-17)。(4)反对者还表达了不信任的态度。提及"你还相
信政府说的吗?"(Ob1-18)"煤矿事故不断,怎么相信政府能在核电上做得更
好?"(Ob1-19)"现在的官员还不就是为了政绩,根本不管那些"(Ob1-20)。
"主事的官员都不是本地人,他们拿政绩,升官走人"(Ob1-21)。"我相信核
电站是安全的,但我不相信'康日新们'①管理的核电站是安全的"(Ob1-
22)。"核电目前最大的威胁不在技术。而政府最应该反思一下核电作为
国企为什么那么水!"(Ob1-23)"科技的发展和利益的驱动可以冲淡一切,
包括道德。"(Ob1-24)"就中国这点山寨技术还是省了吧,祸害子孙。"
(Ob1-25)不信任的对象涉及政府、官员、核电企业、专家、核电技术等。

　　2. 对内陆核电的争论

　　支持的阵营。支持者从多角度立论:(1)从环境保护视角,提出"从化
石能源逐步枯竭和昂贵的趋势以及气候与环境的承载力看",核电是"一种
清洁低碳的替代能源"(Sb2-1)。"发展内陆核电将成为中国华北、长江流
域以及中南地区改善大气环境质量和治理 PM2.5 等大气雾霾的必要措施"
(Sb2-2);(2)从区域经济视角,提出"伴随中国内陆经济的高速发展,内陆

---

① 2010 年,中国核工业集团原总经理、党组书记康日新因严重违纪违法被开除党籍和公职。

各省的能源危机日益凸显"(Sb2-3),发展核电成为解决内陆省份能源问题的首要选择;(3)从地理布局视角,提出内陆核电建设具有合理性,"适合建核电的沿海厂址是有限的"(Sb2-4);(4)从国际先例视角,提出西方国家的核电站"大部分都建在内陆河边"(Sb2-5),"美国和欧洲内陆核电占到总核电的60%以上,中国内陆面积广阔,发展内陆核电可极大拓宽核电发展空间"(Sb2-6);(5)从安全性视角,提出"在技术上内陆核电站和沿海核电站没什么不同"(Sb2-7)。"'洪水'和'干旱'不构成内陆核电厂的安全问题。内陆核电厂址对可能最大降雨导致的洪水以及由地震、洪水引起的上游溃坝等效应都作了保守考虑"(Sb2-8)。"近年来,中国核电企业及研究院所在废液处理技术方面取得了重大突破,并将在内陆核电厂实施废液处理系统改进,实现废液的'零排放'"(Sb2-9)。

反对的阵营。反对者的对抗态度十分鲜明:(1)从环境污染视角,提出"(内陆核电站)核电放射性污染物只能往附近的江河湖泊中排放,这关系着几亿人的饮水安全"(Ob2-1)。"内陆核电最大的风险是一旦出现事故,污染物就会留下来"(Ob2-2),"万一污染了内陆地区的水源以及地下水,那可是影响人类生存发展的大问题"(Ob2-3)。(2)从内外关系视角,提出"内陆地区选址虽然是少有人住的荒漠地区,但这些地区多是少数民族聚居地区,是和多个友好国家共建新'丝绸之路'的地区。所以一旦出现重大核事故,会对共建'丝绸之路'产生严重的影响。"(Ob2-4)(3)从国际先例视角,提出"一直被我们当作内陆核电'学习、效仿'对象的欧美国家,已经出现水资源难题,已经认识到气候变暖大趋势下内陆核电没有前景,我们不能重蹈覆辙"(Ob2-5);(4)从安全性视角,提出"在地震频发的中国内陆地区,核电站也将是同样的危险"(Ob2-6)。内陆省份"万一出现极度干旱,水源枯竭,这将产生'特大'核安全事故!"(Ob2-7)

(三)核能发展战略之辩

关于核能发展战略的争议,主要集中到发展速度、是否清洁能源、能源结构和气候变化等方面,议题参与人群及观点比较集中。

1. 对核能发展速度的争论

支持的阵营。(1)支持者认为有必要加快发展核电,提出"火电说雾霾,水电说破坏生态,风电太阳能效率比又太低,核聚变技术又搞不出来。面对日益增长的用电需求,中国又该建什么电站呢?"(Sc1-1)"事实上中国的核电实际发展得很缓慢"(Sc1-2)。(2)支持者反驳了有关发展速度过快的疑议,提出"(中国核电正在)安全高效的发展"(Sc1-3)。

反对的阵营。(1)在定性上,有反对者提出应"谨慎对待核电的风险"(Oc1-1)。(2)在态度上,认为"核电规划一定要慎重,地方一哄而起的现状令人堪忧"(Oc1-2)。(3)在后果上,认为"核电'大跃进'将会长期威胁核安全"(Oc1-4)。美苏日三国之所以相继出现重大核事故,原因之一就是在于争夺"谁是世界第一第二"(Oc1-6),各自发生重大核事故时都处于核电快速发展期,在运核电站都"超过50座"(Oc1-7)。

2. 对核能是否是清洁能源的争论

支持的阵营。(1)在定性上,认为"在现在的技术水平下没有比核能源更清洁更环保的能源了"(Sc2-1)。核能是"实现环保和低碳的有效途径"(Sc2-2)。"具有洁净、高效、稳定、高能量密度等特点的核电是绿色、低碳能源的战略选择"(Sc2-3)。"辐射加工后的食品对人体无害"(Sc2-4),"建核电厂不会影响环境与公众健康"(Sc2-5)。(2)在功能上,表示"坚决支持核电,以中国目前环境问题严峻的国情,不马上发展清洁能源是万万不行的"(Sc2-6)。"核电的好处是干净,不产生雾霾"(Sc2-7)。"核电是解决雾霾的一个相当有效因素!"(Sc2-8)。如若在京津冀、长三角、珠三角周边地区生产或配送1 000万核电,可以"将这三个地区的PM2.5年均浓度在目前基础上分别降低3%、2.5%和9%"(Sc2-9)。

反对的阵营。反对者也认为核电的排放低于火电,但不同意核能属于清洁能源或绿色能源的判断,因为"铀矿的采掘与冶炼也有污染物排放"(Oc2-1);核电设施"存在辐射污染,可能造成了健康危害"(Oc2-2)。更有人提及了核废料的问题,提及"煤电有二氧化碳和烟尘排放,请问核电就不产生废料吗? 废料对人体健康的危害有多大? 将如何处置废料? 运输和储存对环境没有影响吗?"(Oc-3)

3. 对能源结构与气候变化的争论

大气环境污染和全球气候变化对我国核能的社会接受性有深度影响,许多中立者因此转投入支持者阵营。在该类议题的对抗中反对者阵营劣势较为明显。

支持的阵营。(1)气候变化。随着全球气候温室效应的加剧,核能正在赢得更多支持者。支持者从化石能源的枯竭及污染物排放,指出核电作为清洁能源有利于改善气候和环境(参见Sb2-1、Sb2-2)。(2)核电煤电比较。支持者认为"事实上煤电对中国的危害远超过核电,你可以看看中国的酸雨面积,给人类和陆地上的动植物造成多大的危害,给庄稼造成多大的危害?"(Sc3-1)"我们应当以科学的态度对待中国核电发展,煤电发电为环境带来的负面影响是巨大的,气候问题、温室效应,这些也都是国际问题。况且国家煤矿资源有限,长时间进行煤矿开采不是最优的发展策略,我们要可持续发展"(Sc3-2),而"水电、风电、太阳能还难当大任"(Sc3-3)。(3)电能供应。在一些支持者眼中,"应该鼓励核电技术的开发,毕竟核技术能解决未来中国长期的资源紧张状况"(Sc3-4)。"中国社会未来对电能的旺盛需求,以及我们能够满足这种需求的选择极其有限"(Sc3-5),核电"将是被迫选择"的举措(Sc3-6)。"核电作为一种新型能源对我们国家能源安全有极大的帮助"(Sc3-7)。(4)核聚变前景。支持方对未来可控核聚变非常期许,声称"大力研究核聚变,安全,(核原料)取之不尽用之不竭!"(Sc3-8)。

反对的阵营。(1)核电煤电比较。反对者认为以核电代替煤电是"引狼入室"(Oc3-1),如有人反问"你敢说核电代替煤电就是进步?"(Oc3-2)提出应"调整产业结构,减少粗放型工业的比重,我们根本不需要这么多电"(Oc3-3)。(2)能源替代方案。反对者提出"可再生资源风力与太阳能发电才是未来的主流"(Oc3-4),应该"发展可再生能源、节省能源消耗"(Oc3-5)。"中国核能发展还是比较快的,但其他能源的发展很慢,政府应该加大其他能源的投入"(Oc3-6);"中国有这么长的海岸线,应该充分利用风能发电"(Oc3-7)。(3)核聚变前景。反对者提及"据说好些发达国家在欧洲投了50多个亿美元在研发,说是估计50年内不会有大的进展"(Oc3-8)。"也许再等上几十,百把年,煤用完前也许可以出现聚变这种核电站。"(Oc3-9)

(四) 上下游环节之辩

核燃料加工厂和核废料处理厂是核电开发的上下游设施,我国江门鹤山反核事件和连云港反核事件的爆发及其舆情,说明来自上游核燃料加工和下游核废料处置环节的议题对抗既尖锐又敏感。

1. 对上下游项目设施的争议

支持的阵营。(1)关于设立核燃料加工厂,支持者强调核燃料加工不同于其他环节,非常安全。如提出"核燃料放射性很低"(Sd1-1),"天然铀产生的照射占总剂量的份额小于千分之一,是不可能对健康有影响的"(Sd1-2)。"核反应是个链式反应。在没有开启之前,几乎没有放射性,可以直接手持。一旦链式反应开始,辐射便会加强"(Sd1-3)。"核燃料工厂是生产核电站所用的燃料,根本不涉及裂变反应,核燃料工业就相当于把煤制成了蜂窝煤"(Sd1-4)。(2)关于设立核废料处理厂,支持者提出"中国大力发展核电、乏燃料回收是大势所趋,国内铀矿石品位太低,优质铀矿石一直都是从澳大利亚、加拿大、哈萨克斯坦进口,几十年内就会用完,到时候再想办法,铀矿石不得涨到天价"(Sd1-5)。"核废料还留有巨大的资源,如果现在保存措施得当的话,当能处理的那一天,核乏燃料也许会变为我们的一笔财富"(Sd1-6)。因此"核燃料闭合处理是大势所趋"(Sd1-7),不能延续当前"国内核电发展头重脚轻"(Sd1-8)、"重视核电站建设、铀矿资源开发,对核电发展下游重视程度不够"(Sd1-9)的势头。"随着核电站的快速发展,核废料的处理配套跟不上进程"(Sd1-10)。"对于核电站而言,暂存库满容是致命打击。一旦没有足够的空间安置放射性废物,机组只能停运"(Sd1-11)。"生产了垃圾和核废料不处理怎么着?哪天多到没地方放,往你们家门口一倒你们就美了是吧?"(Sd1-12)

反对的阵营。反对者对核能产业上下游设施,同样抱有邻避、不信任和核辐射忧虑的心理。(1)关于设立核燃料加工厂,反对者提及"(核原料)浓缩到所需浓度,运输过程和生产过程中无可避免核污染(,)是否会危害周围空气、土壤等?"(Od1-1)"如果要建核燃料加工厂项目,我美丽的家乡就一去不再复返了!!!"(Od1-2)(2)关于设立核废料处理厂,反对者提出"中国核电站备有充足废料暂存池,核乏燃料处理并非紧迫问题"(Od1-3);"再处理得铀成本高于收购新鲜铀料,没有必要再处理核乏燃料"(Od1-4)。反对者怀疑"几乎是一切朝钱看的核电企业,真的愿意出这个钱吗?不会抛之脑后吗?"(Od1-5)"普通圆珠笔的滚珠都做不出,真不知道他们从哪来的底气?居然要山寨核废料处理厂"(Od1-6);反对者担忧"建核废料处理厂,是祸及多少代人的事"(Od1-7)"以后(港城)不再是一个绿水环绕,风光宜人的好地方了"(Od1-8)。

2. 对上下游生产活动的争议

支持的阵营。(1)关于核原料供应,支持者认为储量不足的问题可以解决,"一是加大国内的铀的开采,二是加快海外铀资源开发,三是利用好国际贸易,三条渠道共同构成了天然铀的保障体系"(Sd2-1)。"(中国的铀业公司)一是到国外投资,收购国外的铀矿,二是在国内勘探铀矿。经过这几年的发展,均有很大收获"(Sd2-2)。(2)关于核废料处置,支持者认为"越是技术落后的国家就越不能选择保守的做法"(Sd2-3),中国要积极推进核乏燃料处置研究与实践。关于承担核乏燃料处理跨国业务,支持者提出"如果中国掌握了核燃料处理技术,处理一些别国核废燃料未尝不可"

（Sd2-4）。

反对的阵营。（1）关于核原料供应，反对者信心不足，认为"中国是个贫铀国，仅依靠进口能维持多久？人家一卡脖子我们只好干瞪眼的份"（Od2-1）。"如果得不到足够的铀矿资源，不管建多少核电站，最终都将面临停产的困境。铀资源是制约核电发展的硬指标，不是靠热情能够解决的"（Od2-2）。"（已建及在建核电机组将使）中国核原料和铀的对外需求度高达85%，远超50%的国际警戒线"（Od2-3）。（2）关于核废料处置，反对者担忧核废料处置技术过于复杂，提出"高放射核废料的处置至今是个难题"（Od2-4），"世界各国核废料再处理事故频发"（Od2-5），"中国核废料在处理技术成熟度和安全性方面尚需论证"（Od2-6），"我们的后处理技术比印度还落后20年"（Od2-7）。反对者不同意额外承担他国的核废料处理，对"今后运往甘肃（金塔县核乏燃料处理基地）的核废料，不仅来自国内的核电站，还很有可能来自周边国家"（Od2-8）表示忧虑。

五　我国核能舆论场域的社会心理特征

以上通过对不同议题观点的编码、归纳和比较，辨识了当前核能公共舆论场域的议题结构，展示了我国核能发展面临的争议和压力。为进一步解析议题对抗的心理根源，下面还将采用二模社会网络分析技术，建立各议题观点与所反映心理因素之间的关系，由此分析议题参与者的意图和动机。结果见图6-1。

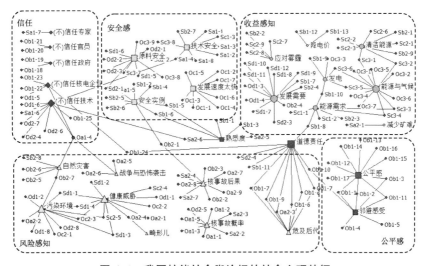

图6-1　我国核能社会舆论场的社会心理特征

在二元对立模式下,议题对抗双方的核能心理特征非常鲜明。由图6-1可以探测到,我国核能公共舆论场域的各类议题观点,表达了风险感知、收益感知、信任、安全感、公平感、熟悉度、道德责任七类心理要素。在总体场域内,我国公众复杂的核能心理感知,反映了整个社会的核能社会接受水平。对照议题内容和观点,可以进一步梳理各个心理因素的认知表达维度,结果见图6-2。据之,可以对核能公共舆论场域的各个心理要素进行概念化处理。

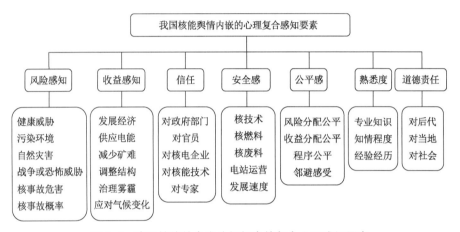

图6-2　我国核能社会舆论场析出的复合心理感知要素

各核能心理特征要素的认知表达维度具体如下:

(1)风险感知。表现为害怕健康受到威胁,害怕导致癌症、胎儿畸形等疾病;担心子孙后代受到安全威胁;担心环境受核辐射污染;担心自然灾害(地震或旱灾)、战争或恐怖袭击对核设施的破坏。对核事故发生可能性,及其危害性后果的感知。

(2)安全感。表现为对核技术安全性能、对核燃料拥有量与加工的安全状态、对核乏燃料存储与处理的安全状态、对核电站安全运营,以及对核电站建设和核能发展速度的安全感受。

(3)收益感知。表现为对核能在国家和地方的经济发展、供应电能、降低电价、改善能源结构、减少矿难死亡,以及作为清洁能源,有助于应对气候变化、治理雾霾、减少环境污染等方面的主观感受。

(4)信任。表现为对政府、官员、专家、核电站、核电技术的信任或不信任;

(5)公平感。主要表现为对风险分配或利益分配不平衡的感受,对程序不公平(如透明度)的感受,以及不愿核电设施建在"自家后院"的邻避感受。

（6）道德与责任。表现为对子孙后代、对下游城镇、对国内外社会的社会责任感和公德心。

（7）熟悉度。表现为对核电或核辐射知识的知晓情况，对核技术和核设施安全状态的了解程度，以至作为核设施周边居民的生活经验和经历。

六　结 论 与 讨 论

核能发展面临着巨大的争议。在国际上很少有这样一类公共舆论场——议题社群交互双方的态度如此鲜明对立、争论如此激烈、抗辩话语如此尖锐、竞争持续时间如此漫长、相关对抗议题的覆盖范围如此之宽。本研究将中国核能舆论场域的议题资料置于二元对立语境进行分析，揭示了我国核能公共舆论场域的议题结构，以及议题参与公众的心理特征。

研究发现，我国核能的公共舆论场域具有复杂的利益关系、话语类型和议题结构。在舆论场域内，核能的支持者和反对者形成了激烈的议题抗辩和利益竞争关系。舆论话语呈现多元化态势，这得益于互联网模糊的边界和扁平化的社会关系。在核能公共舆论场域并存着福克斯和米勒所归纳的三类公共行政话语——既有官僚型独白、也有无政府主义表达，还有对抗式的争辩，它们彼此之间形成竞争关系，持续争夺着话语权。如果分析各类议题关系，可以看到所有核能舆论议题构成了树形结构，在核能舆论的巨大树干上生长着核能安全性、核项目选址、核发展战略及上下游核产业链四大分枝，分枝之上挂着核事故概率、核危害后果、核邻避特征、内陆核电、核能发展速度、核电是否清洁能源、能源结构调整与气候变化、上下游设施、上下游生产活动九类叶片，每类叶片中包含着众多议题，而且每个议题都是"双子叶"的，都有支持者和反对者（未考虑中立者）。复杂的议题结构表明，我国核能舆论场域的竞争关系盘根错节，众多范畴和维度的平衡一旦被打破，都可能引发舆论激荡，甚至出现社会冲突。

研究结果还表明，我国核能的公共舆论场中存在着复杂的核能社会心理感知。我国社会公众的核能议题观点，反映了他们对核能风险感知、收益感知、信任、安全感、公平感、熟悉度，以及道德责任的心理感受。这些心理要素解析了我国社会公众的核能接受性，可以通过对应的社会心理调适来减少核能发展的社会抗议风险。研究分析得出的核能社会心理感知因素，与先前研究者在日本（Tanaka，2004）、韩国（Song et al.，2013）、英国

(Corner et al., 2011)、瑞士（Visschers & Siegrist，2012）、中国大陆（Wu et al.，2013）、中国台湾（Ho et al.，2013）等地的主要研究发现相一致。先前研究对公众熟悉度、公平感和道德责任的心理认知比较忽视，而本文的分析证明了相关心理感知的存在性。研究通过对核能议题内容的梳理，发现上述各类核能心理要素具有丰富的现实内涵；通过社会实践材料探究这些概念，有助于改进相应概念的测量方法。

综上，本章对中国核能的议题对抗做了质性分析，结果表明核能舆情波动和议题对抗的背后，潜藏着社会公众的微观心理认知机制，核能的对抗议题和议题观点反映了社会公众对于核能技术或项目的风险感知、收益感知、信任、公平感、安全感、知识和道德责任等心理认知。本章研究获得的结论，可与其他理论和实证研究的结果相印证。

第七章　西方反核运动的发展态势与特征

本章采用多案例统计法,对世界反核运动(包括反核武器运动和反核能运动)进行归纳和比较,析出西方国家反核运动的发展变迁、运动形式和社会特征,为后续中国核能的社会抗争研究提供参照系。

一　引　言

无论是作为能源还是作为战争工具,核能技术的运用都具有极大的争议性(Benford,1984)。根据《大英百科全书》(Encyclopeadia Britannica)的定义,反核运动是一类反对核武器生产和核电厂发电的社会运动①。本文收集了301起西方反核事件,通过对这些事件的分析和介绍,归纳国际反核运动的发展态势与特征。对西方反核运动的归纳和分析,目的在于帮助理解中国反核事件的态势和特征。

国际社会对于核问题非常敏感,反核武器、反核能利用的浪潮此起彼伏,不同阶段的核武器和核能的发展差异较大,反核运动也有很大的不同。西方反核运动有三个分支:一是反对核武器,包括反对核武器生产、试验、运输、部署,以及核军备竞赛等;二是反对核能或核能项目,既有在一般意义上反对核能商用的,也有不反对发展核能,但不同意在居住地附近建设核邻避设施的;三是反对核技术,也就是既反对核技术的军事应用,又反对核技术的民事应用。

反核运动研究是比较吸引眼球的。不过,我国国内的反核运动研究——如关于世界和平运动的研究,集中于反核武器运动领域,拘泥于史学视野,更多谈述典型事例,因而相关的研究结论,对于反核能抗争研究而

---

① Rothwell SL. Antinuclear movement. Encyclopeadia Britannica, Nov 05, 2014, https://www.britannica.com/topic/anti-nuclear-movement.

言,缺乏理论指导意义。不过其中关于运动组织和政策影响的分析,与反核能运动研究具有一定重合度,如杨春梅(2005)提出英国反核和平运动的基本构成是教会、工会及妇女,西方现代反核能运动也存在类似的组织形式。日本福岛核事故发生之后,德国等国发生的反核能运动直接导致"弃核"的结果,引起了国内对西方反核能事件的兴趣,但相关的研究几乎都是单一案例介绍,如:俞宙明(2011)、莫笛(2011)。在国际上,较多关于反核运动的综述性研究(如:Koopmans & Duyvendak,1995;Kits chelt,1986)。这些研究大多涉及多个案例,但所用案例的规模还不足以支持案例统计分析,因而要归纳反核运动的某些共性特征比较困难。据此,本研究首先将建成国际反核运动案例库,然后采用社会网络分析技术,来统计和分析西方反核运动。

二　西方反核运动的发展阶段和主要形式

(一) 反核武器运动

反对核武器运动从发展历程看,可以大致分为三个阶段。

1. 起始阶段(二战战后至反越战和平运动爆发)

1945 年,美国在日本广岛和长崎投下了两颗原子弹,展示了核武器恐怖的杀伤力。随着核武器的改进,单枚核弹威力可达到广岛核弹的几千倍[1]。历史上美苏两国拥有的核武器足以将我们栖身的地球毁灭上百次。1962 年古巴导弹危机爆发时,美苏在核武器部署方面发生摩擦,人类距离热核战争仅有一步之遥。核武器的杀伤力和核战争的毁灭性让各国人民十分反感和恐惧,反核武器理念开始形成和激化,各国民众组建了大量反核团体。世界各国民众通过广岛核爆周年纪念活动,表达反对核武器、反核战的心愿,一些活动转变成了反核冲突事件。1958 年起,英国出现了声势浩大的"核裁军运动"(Campaign for Nuclear Disarmament)并向其他欧美国家蔓延;20 世纪 60 年代,美国接二连三爆发大规模"反越南战争运动",美国和欧洲民众的注意力被吸引到了反"越战"上来,核裁军运动的规

---

① 1945 年美国投放于广岛的核弹名为"小男孩",爆炸当量约为 1.5 万吨 TNT;1976 年美国有 500 枚 B41 核弹开始服役,每枚的爆炸当量为 2 500 万吨 TNT,爆炸力比小男孩扩大了 1 666 倍。参见:盘点全球最具威慑力核武器,2014 年 10 月 13 日,新华网-军事频道,http://www.xinhuanet.com/photo/2014-10/13/c_127090451.htm。

模和影响力才减弱了下来①（Campaign for Nuclear Disarmament，2018②）。

2. 高潮阶段（越战战后至前苏联解体）

1975 年越战结束之前，苏联和北约国家在欧洲进行了核军备竞赛。在东欧，苏联部署了 SS-4 和 SS-5 导弹；在西欧，北约部署了美国的潘兴Ⅰ式导弹和长矛式导弹。当 1977 年苏联部署了 SS-20 新式中程导弹后，在欧洲的核力量配置占据了优势；于是北约决定从 1983 年开始在西欧（西德、英国、意大利、荷兰、比利时）部署 572 枚美国潘兴Ⅱ式导弹和陆基巡航导弹，以摆脱劣势局面③。在这一时期，西方反核武器运动进入了高潮，主要反对美苏核军备竞赛以及北约在欧洲部署核导弹。西欧的民众担心自己的国家变成核战争的战场，切身利益与良知唤醒他们通过运动对美苏施压，希望能够限制和防范核武器、避免核战争。随着美苏签订限制核导弹的《中导条约》和苏联的解体，美苏核军备竞赛最终消亡，先前导致反核武器运动频发的欧洲核武器部署减少，反核武器运动的重镇美国也减少了核武器的试验、生产和部署，世界反核武器运动明显缓和。

3. 降温阶段（苏联解体后至今）

核军备竞赛的一方苏联解体后，美国因没有了对手明显收敛。核战争的风险显著下降，因而反核武器运动也出现退潮现象，反核武器人士纷纷转向反对核能利用。但是人类亲手制造的核武器这个"魔鬼"仍飘荡在世界各地；法国核试验和朝鲜核试验等事件，仍然在局部区域引发了反核游行示威。世界人民已充分意识到限制、控制，乃至消除核武器的必要性。只要还有核武器、还有核试验、还有核恫吓，反核武器运动便不会消亡。

反核武器运动的形式按类型可以分成在反核武器试验、反核军备竞赛，以及禁止核武器三方面的抗争。

1. 反核武器试验

世界上现有 8 个成功试爆过原子弹或氢弹的国家，核试验次数及最后一

① 国内有一种观点认为核裁军运动的持续时间为 1958 年至 1964 年，可能不准确。该运动只是在 20 世纪 60 年代中期由于反越战运动的影响，处于一段低潮期；在 20 世纪 70 至 80 年代，由于美苏的军备竞赛和对峙，反核运动进入了高潮期，核裁军运动也继续发展；直到至苏联解体，由于欧洲民众的安全感增强，核裁军运动才再次陷入低潮。

② Campaign for Nuclear Disarmament. The history of CND. https://cnduk.org/who/the-history-of-cnd/, Accessed at: 23 July, 2018.

③ 零点方案，百度百科，2018 年 7 月 15 日，https://baike.baidu.com/item/%E9%9B%B6%E7%82%B9%E6%96%B9%E6%A1%88/7064270? fr=aladdin。

次时间如下①：美国 1 030 次（1992 年）、苏联 715 次（1990 年）、法国 210 次（1996 年）、英国 45 次（1991 年）、中国 45 次（1996 年）、印度 6 次（1998 年）、巴基斯坦 6 次（1998 年）、朝鲜 6 次（2017 年）。核试验引发了一系列反核事件：

① 美国核试验。1946 年至 1958 年，美国在太平洋马绍尔群岛进行了 67 次核爆炸试验，其中 23 次在比基尼岛进行②。1951 年度至 1992 年，美国在内华达州的试验场做过 928 次核爆炸试验③。核试验造成了巨大的环境和健康问题。1954 年美国在太平洋比基层岛进行一项氢弹试验，核尘埃侵害到日本两艘捕金枪鱼的渔船，23 名渔民头痛恶心、一名日本渔民在七个月后死亡，这起事件引发了世界反核武器试验运动（DV82XL，2018）。日本社会成立了"日本反对原子弹、氢弹理事会"发动抗议，约 3 500 万人签名要求禁止核武器试验（DV82XL，2018④）。

② 法国核试验。1975 年至 1996 年，法国在其所属的大洋洲波利尼西亚群岛的穆鲁罗阿环礁进行了至少 123 次核试验。几十年的核试验对岛上居民的健康造成了巨大危害，法国政府对此不予承认。1985 年 7 月 10 日，绿色和平组织的"彩虹勇士"号船到穆鲁罗阿环礁抗议法国核试验后，停留在奥克兰港进行补给，当晚发生两次爆炸，造成一人丧生，船体损坏严重沉入大海（Twinkle，2016⑤）。事后法国政府承认其情报机关策划了爆炸，两名情报人员被判入狱，法国国防部长引咎辞职，海外安全总局局长和三军参谋长也被时任法国总统密特朗罢免。不过法国依然不承认核试验所造成的危害，直到 2009 年 3 月 24 日，15 万名因法国核试验受害的居民才得到赔偿（Twinkle，2016⑥）。

③ 新时期的核试验。1996 年 9 月 10 日联合国大会通过了《全面禁止核试验条约》，但美国和朝鲜等 8 个国家未签署同意。2006 年至 2017 年，

---

① 核试验，百度百科，https://baike.baidu.com/item/%E6%A0%B8%E8%AF%95%E9%AA%8C/2465639? fr＝aladdin，2018-7-20。

② 美国上世纪搞了千余次核试验 这个太平洋小岛遭了殃，2017 年 12 月 25 日，新华国际头条，http://news.sina.com.cn/w/zx/2017-12-25/doc-ifypyuva8941432.shtml。

③ 世界上最恐怖的地方，三十年间进行了 928 次试验，2017 年 5 月 25 日，搜狐网，http://www.sohu.com/a/143511742_670526。

④ DV82XL. History of the Antinuclear Movement（Part 1）. Deregulate the Atom. http://deregulatetheatom. com/reference/history-of-the-antinuclear-movement-part-1/，Accessed at：24，July，2018.

⑤ Twinkle.关于新西兰反核的那些年、那些事，新西兰先驱报中文网，2016-10-22.http://www.chinesenzherald.co.nz/news/new-zealand/page-208/#GalleryModal-791。

⑥ Twinkle.关于新西兰反核的那些年、那些事，新西兰先驱报中文网，2016-10-22.http://www.chinesenzherald.co.nz/news/new-zealand/page-208/#GalleryModal-791。

朝鲜仍持续进行了六次核试验，韩国和日本深感恐慌，两国民众多次集会抗议，但并无明显成效。

2．反核军备竞赛

美苏核军备竞赛可分为三个阶段：①核武器研制竞赛（1945 年至 1957 年）。美苏 1945 年和 1949 年先后成功爆炸原子弹；1952 年和 1953 年又先后成功爆炸氢弹。两国在核武器的数量和杀伤力上加大研制投入，拥有上万枚核弹头。②新型核弹头及其运载工具竞赛（1957 年至 1983 年）。20 世纪 60 年代中期，美苏之间围绕发展洲际核弹道导弹，开始了新一轮军备竞赛。1980 年 10 月 26 日，英国劳动党组织约 5 万人游行示威，反对核军备竞赛。1981 年 11 月 21 日，荷兰"教会和平委员会（Inter church Peace Council）"等，在阿姆斯特丹组织聚会反对核军备竞赛，30 万人参加了聚会游行示威。③导弹与反导弹防御系统竞赛（1977 年至 1991 年）。1977 年苏联在东欧部署中程核导弹，西欧被纳入了攻击范围，为了反制，1979 年北约决定在欧洲各军事基地部署核弹头。因为欧洲各国民众担心家园变成核战争的战场，所以欧洲成了反核军备竞赛的急先锋。如 1983 年 4 月，在核裁军运动的组织下，英国伦敦伯克郡的格林汉区大约 7 万人形成 23 公里长的人链，反对当地建设中程导弹基地。1983 年 8 月，意大利的反对者到西西里岛科米索巡航导弹军事基地外游行示威，发生了警民冲突。

3．禁止核武器

严格来讲，反核试验、反核军备竞赛，都是禁止核武器的一部分内容。但是，在这两者之外，禁止核武器有更宽广的含义。20 世纪五六十年代，美国和日本作为首枚核弹爆炸的制造国和承受国，核爆惨烈的后果对两国民众的触动很深，因而两国社会的反核武器事件也比较多。如，1954 年日本反核团体联合成立反对原子弹和氢弹理事会，该理事会的宗旨在于要求彻底销毁所有核武器。欧洲是反核武器运动的中心，英国的"核裁军运动"和新西兰"无核区"诉求等亦应运而生。武器是中性的，关键是被掌握在谁手中，我们无法保证核武器永远被掌握在"不用核武器的人"手中。所以，只要核武器还存在，禁止核武器的努力便不会终止。2013 年苏格兰"废除三叉戟联盟（The Scrap Trident Coalition）"组织数千人集会，要求英国放弃核武器，将军事预算用到教育、卫生和福利上。① 在绝大多数情况下，反对核

---

① Thousands of anti-nuclear protesters attend Glasgow march against Trident，Daily Record，https://www.dailyrecord.co.uk/news/scottish-news/thousands-anti-nuclear-protesters-glasgow-march-1828754.

武器是极有必要的,人类为什么宁愿让同类饥饿,也坚持要造出那一颗颗毁灭地球家园的"魔鬼"?

世界各国人民在限制和禁止核试验、防范核武器扩散,以及禁止核武器等方面都做了不懈努力,其战果突出表现在一些重要条约的制定和执行上。但是由于已有核武器国家不愿放弃核优势,某些国家希望拥有核打击力量,在许多时候斗争的成果无法被巩固下来。如:1963年美苏英签署了《禁止大气层、外层空间和水下进行核试验条约》,禁止了除地下核试验外的其他核试验,但是法国不同意加入该条约;1970年《核不扩散条约》生效,该协议除了允许美国、俄罗斯、英国、法国和中国五个现拥有核武器的国家维持核装置外,规定签署条约的国家不得发展核武器。不过朝鲜先自行退出该条约去发展核武器;1972年美苏签订《限制反弹道导弹系统条约》,2001年美国又退出了这一条约;1996年《全面禁止核试验条约》通过,所有欧洲国家批准了这一条约,但美国不愿签署。

不过,反核武器运动的作用是巨大的。1959年的南极、1968年的拉丁美洲、1985年的南太平洋、1995年的东南亚、2009年的非洲,先后签署了无核区条约。2017年联合国开始组织《禁止核武器条约》的制定和谈判,从目前看仍然阻力重重。核武器问题产生至今已经过去70多年了,爱好和平的人们需要做更多的努力。

(二) 反核能运动

1. 发展阶段

国际反核能运动呈现出波浪状的发展形态,经历了以下变迁过程:(1)寂静期。20世纪50、60和70年代早期,是世界核能发展的春天,这一阶段反核武器思潮对核能利用的影响很小。(2)启动期。随着核能利用领域争议的增多,反对核能利用的民众不断增加。1975年,德国爆发了第一次大规模的反对核能运动,近三万人上街游行示威,反对在维尔地区建造核电站。这一反核斗争在很大程度上刺激了欧洲和北美社会,导致反核事件迅速增多。(3)高潮期。1979年三哩岛和1986年切尔诺贝利两起核事故的爆发,使世界反核能运动迎来了第一次高潮。可以说在20世纪70年代和80年代,核能变为了主要的抗议对象,国际反核能运动风起云涌。由于这一时期也是国际反核武器运动的高峰期,人们将两者结合了起来。因而常常可以看到,同一起反核事件既反核武器又反核能的现象。(4)收敛期。20世纪90年代和21世纪早期,美国和德国社会的核能接受度有所提升,反核能斗争有所缓和。温暖的大环境让人几乎怀疑世界已经进入了

"核子复兴时代",世界各国(包括日本)纷纷调整计划,期盼从发展核电中受益。(5)挫折期。2011年福岛核事故的发生,使得核能发展的国际社会环境迅速恶化。德国、日本、美国爆发了多起大规模反核能运动,局部地区核能发展的方向被改变了。

2. 运动形式

反核能运动进程中,全球各地爆发了多起抗争事件,斗争的形式也多种多样。非暴力反核是其中最为常见和重要的一种形式,它是参与反核能运动时,既拒绝被动接受核能,又不愿采取暴力对抗的一种斗争形式。非暴力原则在世界各国的反核能运动中得到了很好的贯彻,美国有个反核组织"蛤壳联盟"[①]在其声明中写道:"非暴力原则要始终贯穿于单独对话、公共祈祷、绝食、示威、场地占领等活动中,要始终将生命安全原则置于财产之前。"(冯娟、赵伟,2010)

国际反核能运动确实是将非暴力运动原则很好地贯彻于始终。但是,非暴力运动最大的问题是容易失控,1922年甘地在组织印度第一次"非暴力不合作运动"时,一个叫曹力曹拉的村庄就发生了村民杀死警察事件,只好强行停止本已蓬勃发展的运动;1931年他在组织印度第二次非暴力不合作运动时,也因为有民众发动了武装起义,不得不再次宣布停止迅猛发展的运动[②]。在反核能运动中,由于群情激愤,组织者对参与者的控制能力不足,非暴力反核也可能进一步演变成为破坏财物和暴力冲突。破坏财物包括破坏电力设施、铁路线或者运载船等公共设施,破坏建筑工地、核电站,以及附近公用事业公司等的财物等;暴力冲突包括投掷血包或石块、殴打、放火,甚至枪击等。如1982年法国里尔民众反对当地规划建设核电站,2012年印度古丹库兰民众反对当地启动核电站建设,都出现了警民暴力冲突,后者还导致了1人死亡。为了避免非暴力理念出现异化,"蛤壳联盟"事先对参与者进行了非暴力活动训练,并将反对者分为人数有限(10—20人)的小组,在行动时,组内成员既互相支持又相互监督,共同防范暴力行径,合力驱逐外来施暴者[③]。

---

① 蛤壳联盟(Clamshell Alliance)、鲱鱼联盟(Shad Alliance),以及鲍鱼联盟(Abalone Alliance)都是美国激进的反核组织,分别以反对西布鲁克核电站(Seabrook nuclear power plant)为中心,反对印度安角能源中心(Indian Point Energy Center)和肖勒姆(Shoreham)核电站,反对迪亚布洛峡谷核电站(Diablo Canyon Power Plant)为组织行动目标。

② 非暴力主义,百度百科,https://baike.baidu.com/item/%E9%9D%9E%E6%9A%B4%E5%8A%9B%E4%B8%BB%E4%B9%89/7201915,2018-7-31。

③ Daubert V L, Moran S E. Origins, goals, and tactics of the U.S. anti-nuclear protest movement. March 1985, N-2192-SL, The Sandia National Laboratories. Rand, CA. 1985:48—117. www.rand.org/content/dam/rand/pubs/notes/2005/N2192.pdf.

非暴力运动的形式具有多样性。常规的聚会、游行、散发传单、展示标识物、联合签名、罢工等,都属于这一范畴。由于非暴力的运动形式容易获得普通民众的认同,因而某些反核聚会和游行的规模声势很是浩大,如1979年8月23日,美国音乐界人士牵头组织了大规模反核集会,20万人聚集到曼哈顿边听着摇滚乐边反对核能;2011年"日本首都圈反核电联盟"征集了32万人的反核签名递交给东京都政府。在西方社会反核能运动中,比较特殊的、在中国少见或未见的非暴力斗争形式有:

一是占领。1975年,联邦德国2.8万名抗议者在莱茵湖畔的维尔村集会,然后占领了当地的核电站工地,持续超过一年,直接导致项目被取消(Downey,1979)。这一情形极大地鼓舞了美国的反核组织,1977年,反核团体"蛤壳同盟"同样以阻止核电站建设为目的,占领了美国新罕布什尔州的西布鲁克核电站厂址,导致1 414名成员被逮捕和监禁。1979年反核团体"鲱鱼联盟"组织了一场大约1.8万人参加的反对肖勒姆核电站的大型游行示威活动,500人翻越围墙并占领了工厂①(Brown & Brutoco,1997)。

二是阻挡。主要通过在核设施的进出通道设置障碍,或者堵住大门,妨碍正常通行。例如,1979年8月5日约4 000名抗议者在反对纽约印第安角核电站时,一些人将自己锁在电厂大门上。1982年10月30日,反对者采取阻塞默兹河桥面通行的方法,反对法国肖兹镇核电站的建设。1996年乌克兰驻美国大使发布了"切尔诺贝利核事故调查报告",事故真相在时隔10年之后被揭示,让德国人陷入了疯狂。德国绿党集合了数百名名反核人士到克鲁梅尔(Krummel)核电站前卧轨;反对者甚至采取破坏铁轨的方式,阻止该核电站的核乏燃料外运②。

三是宿营。"宿营(Camp)"表达了持久斗争的态度。2015年抗议者反对芬兰波海约基市新建核电站,在建筑工地设立营地,抗争了九个多月,最后被强行驱散。搭设帐篷宿营的反核形式在西方较为常见,非暴力框架下占领和阻挡核设施的斗争形式,有些也伴随着帐篷营的搭设。

四是演示。主要采取演情景剧的方法,模拟核事故到来时的惨状,以说明核能的不可接受。如1983年4 000名民众在苏格兰格拉斯哥采取"拟死示威"方式,反对发展核能。"人链"也是反核演示的一种,针对德国政府推出的弃核法案,2007年国际能源署警告德国放弃核电将会影响其能源安

---

① Shad Alliance, Wikipedia encyclopedia, https://en.wikipedia.org/wiki/Shad_Alliance, 28th, April, 2018.

② 国际核电那些事.为何德国一心要放弃核电? 2017-05-22 搜狐网, http://www.sohu.com/a/142644608_685250。

全,德国民众对此强烈不满,12万人手拉手组成"人链"进行了抗议。这条人链从汉堡市附近的克吕梅尔核电站一直延伸到了易北河河口附近的布伦斯比泰尔核电站,全长120公里(张乐,2010)。2014年日本东京的国会议事堂前出现了一队裸女反核示威,吸引了国际媒体的眼球。2021年,一群韩国大学生在日本驻韩大使馆前剃发,以反对日本政府关于将福岛核污染水排入太平洋的决策,这些是表达反对态度的一种演示。

五是翻越。通过翻越围墙,非法进入专属空间,甚至是核安全管控区域以示抗议。此类反对者经常会由于触犯了法律而被逮捕。如1979年8月5日反对纽约印第安角核电站事件中,102人因攀越或通过地道进入设施而被美国警方逮捕。

六是空中侵入。随着新技术的出现,一类新的非暴力斗争形式开始出现,其目的在于警告和反对核能设施。2001年美国"9·11"恐怖袭击事件中,基地组织成员控制四架民用航班飞机,采取自杀式袭击方法成功袭击了纽约世贸大厦等,造成3 000多人死亡或失踪。这起事件引起了人们对空中恐怖袭击的担心,这种忧虑也扩展到了核能领域。2011年日本福岛核事故爆发之后,世界各国核电站几乎全部进行了安全大检查。德国原子能安全委员会发布了对境内17座核电站的评估结果,认为德国核电站"应对来自空中恐怖袭击的能力不足"[①]。为了说明法国核电站同样存在防卫和反恐的安全漏洞,2012年5月2日上午,在法国东南部有人乘坐动力滑翔伞,飞到法国比热伊核电站上空扔下一颗烟幕弹,然后降落到核电站内,数分钟后警方赶到现场逮捕了肇事者;2017年11月28日清晨,22人闯入法国阿尔代什省的克吕阿斯—美斯核电站,抗议者兵分三路或燃放了烟花、或按油漆手印、或爬上了建筑,由于被核电站安保人员和宪兵小队制服,非法闯入者未能接近核设施区(张芸芸和聂亚佳,2017)。这种非法侵入的斗争模式,形象地展示了核电站存在的安全隐患,但这种方式也妨碍到了核应急管理秩序。

3. 反核废料"海抛"运动

在很长的时间里,核能利用国家是如何处理核废料的呢?最初,核废料是被直接倾倒到海里的。美国将大量核废料倾倒到太平洋,德国、法国、荷兰、西班牙将核废料倒进大西洋,其潜在危险引人侧目。一些国家设立了海上专属作业区域,如美国曾经在太平洋设置13个放射性废料海抛区。

---

① 宋亚芬.德国2022年将如期关闭所有核电站 延期计划破产,2011年5月30日,中国新闻网,http://www.chinanews.com/ny/2011/05-30/3077390.shtml。

更有甚者,有些国家还直接将核废料倾倒在近海港口,如 1959 年美国原子能委员会就计划将放射性废料倾倒在距波士顿 19 公里的海上①。根据国际原子能总署统计,从 1946 年到 1993 年间共有 13 个国家在北冰洋、大西洋、太平洋等处进行核废料海抛作业②。

由于核废料海抛的急功近利和巨大危害,反海抛也成为了反核能运动的重要一环。1980 年 6 月 4 日,联邦德国 2 500 名民众采取占领这种激烈的对抗方式,反对在戈莱本附近倾倒核废料。同年 6 月 5 日,荷兰约 6 000 名民众聚会,扣留了一艘满载博尔瑟勒(Borssele)和杜达沃德(DoudWaad)核电站废料的船只,该船拟于 6 月 14 日离开艾默伊登,到大西洋倾倒放射性废料。1982 年 8 月 30 日,荷兰民众又拦截了另一艘倾倒核废料的货船③。1982 年 6 月"绿色和平"组织决定采取行动,阻止英国、比利时和瑞士核废料倾倒到大西洋的行动;9 月 8 日,该组织成功阻止了瑞津伯格号(Rijnborg)试图在西班牙海岸倾倒 7 000 吨核废料④的行动。当前此类事件已较少被发现。但是特殊情况下仍可见到海洋被用作核污染物天然净化循环场的做法,例如:2021 年 4 月 13 日,日本内阁对外宣布正式决定两年后将福岛第一核电站百万吨核污染水排放进太平洋。

由于人类社会对放射性废弃物污染海洋环境的认识日益加深,1975 年 8 月 30 日《防止倾倒废弃物及其他物质污染海洋公约》生效,1993 年 11 月 12 日,上述条约的缔约国又在伦敦通过了停止向海洋倾倒一切放射性废物的决议。现在已经很少有核废料"海抛"事件发生了。但这并不意味着海抛行径已经完全消弭,除了日本计划向太平洋排放福岛第一核电站核废水外,还有资料显示近年国际上仍有不法分子通过违法海抛谋取私利⑤。

---

① DV82XL. History of the Antinuclear Movement (Part 1). Deregulate the Atom. http://deregulatetheatom. com/reference/history-of-the-antinuclear-movement-part-1/, Accessed at:24, July, 2018.

② 意大利 20 万桶核废料倾倒台湾海域? 台湾网友很愤怒也很无奈,2017-02-12 20:44 今日海峡 搜狐,http://www.sohu.com/a/126067520_612626。

③ Daubert V L, Moran S E. Origins, goals, and tactics of the U.S. anti-nuclear protest movement. March 1985, N-2192-SL, The Sandia National Laboratories. Rand, CA. 1985:48—117. www.rand.org/content/dam/rand/pubs/notes/2005/N2192.pdf.

④ Greenpeace International. Radioactive Waste Action Rijnborg Dumpship(Northe Atlantic: 1982), https://www.greenpeace.org/archive-international/en/multimedia/slideshows/Greenpeace-40-Years/ Radioactive-Waste-Action-Rijnborg-Dumpship-Northe-Atlantic-1982/, Accessed:20, June, 2018.

⑤ 意大利 20 万桶核废料倾倒台湾海域? 台湾网友很愤怒也很无奈,2017-02-12 20:44 今日海峡 搜狐,http://www.sohu.com/a/126067520_612626。

三　国际反核运动的特征

国际反核运动的形式比较复杂,呈现出了以下重要特征:

(一) 公共场所宣示与目标攻击并存

国际反核运动直接攻击或反对的目标,与活动的空间和事由紧密相关。一部分反核运动选择在公共场所,如广场、街道、公路、铁路、议会大厦等处进行聚众游行示威;另一部分反对者则选择抗议或攻击具体目标。通过对被攻击目标的分析,可以看到抗议者的基本诉求和反对立场,也可以直观地观察到不同核设施的社会抗争风险。

1. 反核武器运动

先前西方社会反对核武器运动的地点,以及反对的目标物,主要有:劳伦斯利弗莫尔国家实验室、洛斯阿拉莫斯国家实验室、内华达州核试验场、Y-12核武器厂、罗基弗位茨核武器厂、爱达荷国家实验室、尤卡山核废料基地、汉弗德核遗址、马布尔山遗址、布莱克福克斯遗址,以及"北约"组织的军事基地,美国的核舰艇、五角大楼和白宫。这些是核武器的研究、生产、运载、发射、装配或者指挥单位,因而成为了世界反核武器运动的标靶。

2. 反核能运动

核设施是高风险的邻避设施,核电站是反核事件最为清晰的攻击标靶。以美国为例,该国国内的西布鲁克核电站、恩里科·费米核电站、印第安角能源中心、牡蛎溪核电站、朝圣核电站、塞伦核电站、佛蒙特-扬基核电站、迪亚布洛峡谷核电站、麦奎尔核电站、圣奥诺弗雷核电站、斯兰肖勒姆核电站、圣沃林核电站等都遭遇过反核事件。核能产业链是比较长的,除了核设备生产较少遭遇反对之外,核原料开采或冶炼厂、核乏燃料处置厂、核废料掩埋基地,乃至运载核废料的火车或船只,都经常沦为被攻击的目标。如2011年11月28日,数千名德国民众占领了丹嫩贝格(Dannenberg)附近沿线铁路,通过静坐、卧轨,抗议德国先前外运处理的核废料再次进入德国境内。

在西方反核能运动中,存在大量的公共场所宣示事件,也存在大量的攻击或抗议具体目标的事件;前者说明反核能运动是西方的一种社会运动潮流,后者说明西方的反核能运动也带有典型的邻避对抗特征。

(二) 天然的政党与社团基因

由于多党政治和社团活动的繁荣,西方国家的许多反核事件是由奉行反核理念的非政府组织领导的,某些反核斗争甚至能够看到政党活动的身影。反过来,甚至有一些政党和社团是为了反核而创设的,某些政党和社团还在反核运动中发展壮大了起来。1979 年 8 月 23 日,美国曼哈顿约有 20 万民众聚会反对发展核能。会上,华盛顿大学的布雷尔·康芒纳(Barry Commoner)教授宣布成立反核公民党(Anti-nuclear Citizens' Party)[①],希望以此作为一面旗帜来聚集全国反核的科技与环保人士,此后才有了活跃在美国政坛的美国公民党。德国"绿党"在以反核为主要内容的环境保护运动中扩大了影响力,曾经在 1998 年大选中胜出,成为德国的联合执政政党。1984 年澳大利亚成立了"消除核武器党(The Nuclear Disarmament Party)",作为澳大利亚反核运动的政治武器,2009 年该党因多次选举不利自愿解散。除了政党之后,反核组织也不断得到创设和发展,如美国的"蛤壳联盟""鲍鱼同盟""鲱鱼联盟""妇女争取和平运动""生存动员运动"等。

政党和社团在国际反核运动中的作用巨大,规模较大的反核运动几乎都有它们的身影。如:1980 年的 6 月 24 日和 10 月 26 日,英国劳动党在伦敦海德公园分别组织 2 万人和 5 万人参加反核军备竞赛和反核武器游行示威;1981 年 11 月 15 日,西班牙社会工人党在马德里组织 10.1 万人游行示威,1983 年 6 月 13 日,西班牙共产党组织 15 万人集会,反对北约的核武器部署;1983 年 3 月 19 日,意大利共产党组织 1.5 万人反对在西西里部署导弹(Daubert & Moran,1985[②])。可以看到,在国际上核能反对力量的组织化程度极高,反核运动催生了一批反核政党和团体,当然也有一些政党或团体刻意以"反核"为政治话语。由于政党和非政府组织长期经营,有丰富的成员或选民基础,有组织运动的条件和资源,由之组织的反核事件往往规模较大,斗争的诉求和手段比较成熟,社会影响力和作用也更大。

---

① Daubert V L, Moran S E. Origins, goals, and tactics of the U. S. anti-nuclear protest movement. March 1985, N-2192-SL, The Sandia National Laboratories. Rand, CA. 1985: 48—117. www.rand.org/content/dam/rand/pubs/notes/2005/N2192.pdf

② Daubert V L, Moran S E. Origins, goals, and tactics of the U. S. anti-nuclear protest movement. March 1985, N-2192-SL, The Sandia National Laboratories. Rand, CA. 1985: 48—117. www.rand.org/content/dam/rand/pubs/notes/2005/N2192.pdf

（三）国际反核运动的专业化倾向

反核运动的专业化，集中体现在核物理科学家、医生、核武器研发人员等，也有一些参与了反核抗争，甚至结成了专门的团体。1939 年 8 月 2 日，爱因斯坦给罗斯福总统写了一封信，提醒他小心纳粹德国可能将核裂变反应原理用于制造炸弹。此后美国和德国之间开始了最早的核弹研发竞赛。美国陆军部组织大量科学家，共同推进一项名叫"曼哈顿计划（Manhattan Project）"的原子弹研究，并于 1945 年获得成功。慑于这种武器巨大的破坏力，参与研究的部分科学家在核弹试爆之后，又很矛盾地组建了"原子弹科学家联合会"，创办了《原子科学家公报》，反对将原子弹用于二战战场①。

大多数科学家旗帜鲜明地反对将科技用于战争，特别是核战争。科学家反核的斗争形式一般比较"高大上"，属于智力支持下的非暴力反核。例如：1955 年，罗素、爱因斯坦、鲍林、居里、玻恩等十位诺贝尔奖得主签署宣言，呼吁科学家共同反对发展毁灭性武器；1957 年鲍林起草了《科学家反对核实验宣言》，该宣言获得了全世界上万名科学家签名，并被提交给联合国。正是因为科学家们的智力支持和带头抵制，1963 年 7 月 25 日，美苏英三方签署《禁止大气层、外层空间和水下进行核试验条约》，停止了除地下核试验以外的其他核试验。1959 年《原子科学家公报》发表的一封公开信引燃了一场反核运动，成功阻止美国原子能委员会将放射性废料倾倒在距波士顿 19 公里的海上②。

科学家反核的斗争形式除办刊、联合签名、发公开信之外，还有举办教育讲座、写研究报告和组织纪念活动等。如：1981 年 11 月 11 日，"忧虑的科学家联盟（Union of Concerned Scientists）"在加利福尼亚大学、康奈尔大学等高校进行了关于反对核武器和核战争威胁的宣讲教育活动，约 3 700人参加了相关活动。"国际防止核战争医生组织"（International Plysicians for the Proventin of Nuclear War）于 1980 年成立，成员为来自 60 多个国家的医疗机构，致力于防止核战争和鼓励销毁核武器。2012 年 4 月该组织公布了一项研究报告，预测印度和巴勒斯坦发生核战争可能引发全球饥荒。1981 年 10 月，"利弗莫尔行动组"（Livermore Action Group）在以研制核武

---

① 这些科学家中包括了最初倡议研发核弹的爱因斯坦。

② DV82XL. History of the Antinuclear Movement (Part 1). Deregulate the Atom. http://deregulatetheatom. com/reference/history-of-the-antinuclear-movement-part-1/, Accessed at: 24, July, 2018.

器著称的美国利弗莫尔国家实验室(Livermore National Laboratory)成立，提出以非暴力直接行动的方式反对核武器，其目标和活动包括：①全球去核武器(终极目标)；②美国社会去军事化；③向经济优先的方向调整，在国内外对财富和资源进行更公平的分配。1983年6月20日，"利弗莫尔行动组"组织约2 000人示威游行，纪念"国际无核武器日"(Daubert & Moran，1985)①。

除科学家外，其他领域的知名人士也会组织和参与反核行动。如：日本诺贝尔文学奖获得者大江健三郎发起了"告别核电站一千万市民签名会"，2013年3月该签名会的组织者在东京明治公园聚集了1.5万人，反对日本发展核电。

(四) 反核运动与妇运的融合

二战以后，妇女争取自身权利和解放的运动进入了新的发展阶段，运动要求将妇女的权利纳入本国、本地区乃至国际社会的重要议程中去。随着妇女参与政治激情的释放，和平反战的主题吸引了她们的注意。作为母亲，她们不希望丈夫和儿子走向战场，女性的家庭角色决定了她们选择反对战争，特别是核战争(熊伟民，2004)。妇女运动和反核运动的结合使后者具有了女权主义色彩。因而在妇女运动研究中，20世纪80年代以英国妇女为代表的妇女反核和平运动，被视为妇女争取解放和独立的重要组成部分(查小丽，2008)。

妇女运动极大地增强了反核斗争的影响力。1961年在"妇女和平运动(Women's Strike for Peace)"的组织下，约5万名妇女在美国六十座城市游行反对核试验②，这项反核运动直接促成了1963年美国和苏联《禁止有限核试验条约》的签订③；20世纪80年代由于北约在欧洲部署核导弹，妇女运动与妇女反核运动的融合达到了高潮。1983年世界妇女节主题被定为"裁军(Disarmment)"，同年"妇女和平运动""妇女未来和平与正义营(Women's

---

① Daubert V L, Moran S E. Origins, goals, and tactics of the U.S. anti-nuclear protest movement. March 1985, N-2192-SL, The Sandia National Laboratories. Rand，CA. 1985：48—117. www.rand.org/content/dam/rand/pubs/notes/2005/N2192.pdf

② Women Strike for Peace, Wikipedia, https://en.wikipedia.org/wiki/Women_Strike_for_Peace(Accepted at June，21，2018)。

③ 出于对核武器的谨慎，以及维持核垄断的需要，美国和苏联签定了1963年的《禁止有限核试验条约》、1968年的《不扩散核武器条约》和1972年的《美苏限制战略核武器条约》。但是直到1991年，苏联签订了《阿拉木图宣言》和《独立国家联合体协议议定书》，苏联解体后，苏联的核试验宣告终止。美国也由于没有了核军备竞赛的对手，1992年之后几乎不再进行核试验。

Encampment for a Future of Peace and Justice）""格林汉康蒙妇女和平营
(Greenham Common Peace Women)"等妇女组织在美国、英国和比利时等
地组织反核军备竞赛。2012 年韩国也有 22 个妇女团体进行"未来无核化"
联合请愿。

1981 年至 2000 年英国的一场妇女持续抗议行动影响最为深远：1981
年 9 月，英国"妇女为了地球上的生命"（Women for Life on Earth）"的 36
名成员奔赴格林汉康蒙的英国皇家空军基地，在基地围栏外抗议要求拆除
部署在那里的美国巡航导弹；很快她们发现这样抗议效果不好，决定就地
扎营，于是就有了日后闻名于世的"格林汉康蒙妇女和平营"；1982 年 5 月，
250 名抗议的妇女中有 34 名被捕，9 月区议会对所有人下达了驱逐令，但
营地几天后就又在附近重建了起来；抗议者发现自身势单力薄，于是写"连
锁信"扩大社会影响；12 月在信件的号召下，有 3 万名妇女加入了"手拉手
拥抱基地"的行动；1983 年 4 月，有 7 万名妇女组成了一条 23 公里长的人
链，12 月，又有 5 万名妇女结成新的人链参加抗议。这些妇女在基地四周
扎了 9 个营地进行抗争，抗争持续了 19 年，直到 2000 年才最终结束①。

（五）反核运动的周年节点纪念魔咒

1945 年 8 月 6 日和 9 日，美国分别在日本广岛和长崎投下原子弹，在
造成大量日本军人伤亡的同时，也致死致伤十几万平民。这种武器恐怖的
杀伤力让各国人民感到反感和恐惧，人们意识到核武器一旦失控，后果不
堪设想。但是，偏偏从二战结束至苏联解体，美国和苏联都不遗余力地进
行核军备竞赛。因此，以广岛（含长崎）核爆周年纪念为由，美日两国社会
组织纪念活动（如传递蜡烛）或示威游行，进行反对核武器、反对核能技术，
甚至反对具体的核项目的社会活动。例如：1977 年 8 月 6 日，美国 47 个反
核团体组织纪念广岛核爆 32 周年，反对核武器、反对圣奥诺弗雷核电站；
1978 年 8 月 6 日，"鲍鱼联盟"等 3 个反核团体组织纪念广岛核爆 33 周年，
反对美国迪亚布洛峡谷核电站、奥兰郡海豹海滩的海军武器站；1979 年 8
月 5 日，美国南加州"为了生存联盟"组织纪念广岛核爆 34 周年，反对印地
第安角核电站……

如果说广岛和长崎原子弹爆炸的周年纪念活动兼有反核武器和反核
能运动的特点；那么，三哩岛核事故、切尔诺贝利核事故、福岛核事故的周
年纪念，就只是反核能运动的"周年魔咒"。举例说明：1981 年 3 月 28 日，

---

① Greenham Common Women's Peace Camp, From Wikipedia, 2018.

美国 11 个劳工联盟组织 7 000 人游行,纪念三哩岛核事故两周年。2010 年 4 月 24 日,为纪念切尔诺贝利核事故 24 周年,在德国北部克吕梅尔核电站和布伦斯比泰尔核电站之间,12 万德国民众组成了长达 120 公里的"人链",反对德国总理推迟实施关闭核电站法案(张乐,2010)。2014 年 3 月 11 日,3.2 万日本东京民众以纪念福岛核事故三周年为名,组织反核集会①。

(六) 核事故的跨域强烈刺激

对国际反核运动而言,严重的核事故是最为直接、影响力最为广泛的触发事件。1979 年美国三哩岛核事故发生之后,美国纽约爆发了 20 万人的游行示威;2011 年日本福岛核事故发生之后,日本全国掀起了反核能浪潮,2012 年 7 月 29 日,日本东京有 20 万人参加了反核游行示威。

核事故的触发作用是跨国界的,并不因为核事故发生在甲国,乙国便可置身事外。由于地理位置的关系,欧洲国家民众受 1986 年切尔诺贝利核事故影响极深。1986 年苏联切尔诺贝利核事故发生之后,意大利约 15 至 20 万人在罗马游行示威反对意大利核项目;2011 年日本福岛核事故发生之后,德国汉堡、美国纽约等市都爆发了十万人规模的大型反核聚会和游行。

---

① 大地震三周年 东京爆反核集会.2014-03-11,华商网——华商报,http://hsb.hsw.cn/2014-03/11/content_8529766.htm。

第八章 中国核电登峰之路的社会抗争

中国社会的反核事件,是世界反核运动的组成部分,但是有中国自己的特色。本章将从国际比较的视野,研究中国核能社会抗争的事件、状态与特征,并基于前瞻性视角,分析未来中国核能发展的抗争风险,探讨如何升级应急管理计划,以应对趋于复杂化的安全形势。

一 引 言

过去数年来,中国核电的消费变动曲线先后击穿了日本、德国、韩国、俄罗斯的标识线,坐稳了全球第三大核能利用国家的位置。按照国际能源署的估计,2030 年中国核能总量将超过美国,达到世界第一(法提赫·比罗尔,2018)。可见,中国正走在成为世界最大核能利用国家的登峰之路上,核能的体量正在迅速扩大。但是,核能项目具有潜在的社会冲突风险、非自愿承担性,以及灾难应对成本高等特征,易引发社会对抗(谭爽和胡象明,2013;Benford,1984)。虽然中国社会的核能接受度很高,但是地方民众对于在当地建设核能项目的接受水平却很低,一旦增加核能项目规划,就很容易激化地方社会矛盾。

中国社会已经出现了一批核能社会抗争事件。如:1986 年香港反对大亚湾核电站建设事件、1994 至 2004 年台湾龙门核电站(第四核电厂)事件、2002 年台湾兰屿岛居民反核废储存事件、2006 年至 2008 年山东浮山红石顶核电站事件、2012 年至 2013 年江西彭泽帽子山核电站事件、2013 年广东江门市龙湾核燃料项目事件、2014 年湖南益阳桃花江核电站事件、2016 年连云港中法合作核循环项目事件等核能社会抗争事件。特别是进入后福岛时代后,中国反核事件的发生频次明显提高。

国际社会反核运动有很长的发展历史,与之相比,中国社会的反核斗争几乎属于“新生代”。那么两者究竟有无重大差异呢? 换言之,中国的反核运动有怎样的本土特征？中国走向核能登峰之路是否意味着新的风险？又应当如何处置？先前的研究无法回答以上问题，本研究将在深入比较中外反核事件的基础上，分析中国反核抗争的发展态势与特征，并前瞻性地探讨如何建设和完善中国的核能社会安全应急预案。

二　中国的反核事件

中国台湾的社会经济文化条件，与中国大陆相比既有共性又有差异。以下对中国反核运动发展的归纳包括中国台湾，不过重点还是在于分析中国大陆的反核事件。由于中国社会并未出现过反对核武器的思潮或者运动，以下关于中国反核冲突的研究，将只限于探讨核能的社会抗争事件。

（一）香港反对大亚湾核电站事件

大亚湾核电站于 1982 年开始规划，选址在广东省深圳市龙岗区大鹏半岛，距离香港的直线距离为 52.5 公里、离深圳 45 公里，由广东电力公司和香港中华电力公司合资建设与运营，所生产电力主要供应香港。当核电站正在筹备之时，1986 年 4 月 26 日，切尔诺贝利核事故爆发了。核事故引起了香港市民对大亚湾核电站建设的猜疑和恐慌，认为大亚湾核电站是一颗"定时炸弹"，一旦出事香港人很难紧急撤离。1986 年 5 月，香港民众组织了大规模游行示威，并组建了"争取停建大亚湾核电厂联席会议"，发起了签名运动，据称有 104 万人签字。1986 年 8 月 13 日，香港市民代表向港督府递交了请愿信和签字副本，反对在大亚湾建设核电站（侯逸民，1991）。由于香港政府对大亚湾核电站建设采取了积极支持的态度，中国内地也给予了大力支持，最终核电站规划得以保全，并于 1987 年顺利开工建设。

香港民众对核电站的关注和抗议活动还针对大亚湾核电站的风险管理环节。2010 年 5 月 23 日，香港媒体报道大亚湾核电站出现"核泄漏"，实则为一只燃料棒包壳出现微小裂纹，一度引发恐慌，中广核、国家核安全局和广东环保厅及时说明了情况并辟谣。2010 年 10 月 23 日大亚湾核电站一号机组例行大修时，发现热核反应堆余热排出系统管道发生泄漏（根据国际核事故 1—7 级的划分标准，该事件为 1 级事故）。虽然这是一起完全可控的低等级事件，但在事发三周后才向公众通报，这种情况引起了香港立法会、香港民众和香港媒体的不满。香港民众认为有必要检讨核安全信息公开、核事件通报机制，应当及时说明缺陷处理办法和效果，增加信息透明度(刘卫,2010①)。虽然广东核电集团表示事件未达到"事故"的安全等级,按照国际惯例无需公布。但是2011年大亚湾核电站核安全咨询委员会,向中央政府建议设立非紧急运行事件通报机制,2012年该机制得以运行。2021年4月,广东台山核电站的核燃料棒微量包壳破裂,按照国际原子能机构的险情分级系统只达到"0"级。2021年6月14日,美国有线电视新闻网(Cable News Network)报道中国广东台山核电站发生核泄漏,引起香港特区政府及社会的强烈关注,一度出现负面舆情。

(二)台湾反核运动

2013年3月,中国台湾爆发了22万人参与的"全台废核大游行",矛头直接指向即将建造完成的龙门核电站(台湾第四核电厂,简称"核四");此后台湾"绿色公民行动联盟"、"环境保护联盟"、"主妇联合基金会"等数百个反核团体共同组成了"废核行动平台",集中力量推动废核。2014年3月,该平台发起了"公民不核作运动",13万人参加了游行示威;同年4月,该平台又组织了2万人游行示威,要求"停建核四,还权于民",并重申建设"非核家园"的主张,游行队伍一度占领了台北市忠孝西路,后被警察驱离。② 台湾国民党在重重压力之下,被迫宣布停工并封存第四核电厂。台湾第四核电厂1978年开始勘测厂址,1994年经历"核四公投"风波,2014年又经历了大游行,几十年间数经波折、命运多舛,最终不幸蒙尘(李旭丰、陈晓菊,2014;Ho, et al. 2013)。当前台湾的反核力量还在为实现"非核家园"而斗争,2017年、2018年在日本福岛核事故纪念日(3月11日),"全台废核行动平台"组织了大规模废核游行示威运动(燕子,2017)。

反核废料处置是台湾反核运动的重要一环。1982年至1996年间,台湾当局一直将兰屿岛作为核废料储存地点,遭到当地居民的强烈反对。2002年,兰屿岛核废储存合约到期,台湾当局又未能开辟新的储存地,因而兰屿岛的核废料无法运出,5月1日兰屿岛爆发反核游行(郑佳华、国篾,2002)。2006年台湾当局将澎湖东吉屿和台东达仁乡选作核废新选公投场址,但是由于民间强烈反对,新址选择至今未获通行(单玉丽,2013)。

台湾200多个反核团体组成了"非核家园大联盟""废核行动平台",反核声势非常浩大。不仅如此,台湾的反核运动还带有很强的政治性。2005

① 刘卫.核事件怎样透明:大亚湾核电事件,新世纪,财新网,2010年11月22日,http://business.sohu.com/20101122/n277805113.shtml。
② 台湾万人游行反核,致瘫痪交通警方洒水驱离.中国新闻网,2014年04月28日,http://www.xinhuanet.com/photo/2014-04/28/c_126443304_2.htm。

年台湾民进党提出了"非核家园推动法"草案,将反核作为同执政党竞争选票的策略。民进党还提出了"2025 年台湾无核化"的主张,表示将不支持第一、第二、第三核电站延期服役。但是从这个政党上台后对"台湾无核化"和"日本核废水排放入海"的表态和动作看,反核只是其在野时打击对手、网罗选票的一张"好牌"。台湾地处岛屿、地震多发,岛上民众深受日本社会有关核安全检讨和退核政策的影响,日本前首相菅直人甚至一度受邀到台湾进行无核化演讲。显然,随着反核运动的发展,台湾的核能利用道路已越走越窄。

(三) 抢盐事件

2011 年 3 月 11 日日本福岛核事故发生之后,中国社会出现了诸如"海水受到污染今后无法再生产盐""市场检测出受核污染的鱼""服用食盐可预防辐射"之类的谣言,不断地在人群中传播和扩散。到 3 月 17 日,浙江、福建、广东、江苏、北京、山西、四川、安徽等多个区域的超市出现了食盐脱销现象,食盐被恐慌的民众抢购一空;许多地方盐价暴涨了十几倍,在一些地方,酱油、醋、食用油、方便面及饮用水等也遭到疯抢,干扰和破坏了市场秩序。这次事件被称为"抢盐潮"或"抢盐风"。针对中国公众对核事故谣言的反应,大量研究提出中国社会存在核恐惧心理(如:汪雷,2011[①];陈紫涵等,2011;廖力等,2012)。

恐慌的民众只是因为担心核泄漏对人体有影响(需食用碘盐预防),或者担心海水遭受核污染没法晒盐而去抢购碘盐,导致食盐脱销。某些民众并不相信谣言,因为几则谣言的科学含量太低了,可是耐不住身边的人都在抢盐,于是也参与到躁动的人群之中。严格讲,"抢盐潮"是风险感知下的自我保护行为,并不是反对核能利用。

(四) 银滩反核事件

2002 年,山东银滩成为国家 4A 级旅游度假区,与此同时"银滩滨海新城"投入建设,并迎来了大批外地购房者。2006《国家核电发展中长期规划》出台,红石顶成为拟定的 13 个核电站厂址之一。银滩与红石顶隔海相对,直线距离约有 7 公里,由此,银滩外来的购房者与地方政府和项目方之间在利益上出现了尖锐的矛盾。银滩外来购房者作为红石顶核电站项目

---

① 汪雷.中国为何突发抢盐事件.经济观察网,2011-3-17,http://www.eeo.com.cn/observer/shelun/2011/03/17/196648.shtml.

的利益相关者,以"无核银滩"为行动口号,以网络论坛为聚点,聚集其他利益相关者、募集活动经费、组织社会抗争。采取的抗争活动包括[①]:

1. 开辟和利用了多个网络论坛,先后通过"山房网银滩"论坛、"大海环保公社"网站、"银滩之家"论坛、"家在银滩"网站,"天下第一滩"网站等进行抗争。

2. 发起网上宣传攻势,前往新华网、人民网、搜狐网、凤凰网、中国核电网、央视论坛等发帖发言,面对删帖问题,不断开出新帖进行反击。

3. 到"中国核电网"与核电专业人士辩论,在红石顶项目核电筹建处与项目方官员交流,与其他购房户和当地居民沟通。

4. 在线上和线下征集反对者签名。针对项目方的《环境影响评价公众参与信息二号公告》和《环境影响报告书》,征集了全国各地约 5 000 人的反对签名,并将之递交给相关部委,希望以此证明环评中公众参与的虚假性。

5. 组织专门聚会,使用带有抗争标识的旗帜和文化衫,制作宣传视频,散发宣传材料。

反对红石顶核电站事件,是以互联网社交媒体为工具,由外来利益相关者完全主导的反核事件。跟当前国内大多数核电站规划建设的情况相似,来自核电站周边居民的反对力量很难与地方政府和项目方有效沟通。在本次反核事件中,乳山当地居民的反对意见十分微弱,反倒是在银滩买房的外来客,作为有一定经济资源和社会背景的"精英"(章剑锋,2012),比当地民众有更强的话语能力。此外,互联网的传播能力和旅游区的环境要求,都为这起反核事件提供了抓手。这一项目至今仍处于搁置状态。

(五)望江反核事件

2008 年 2 月,国家发改委研究确定内陆核电建设对象,将江西省彭泽县帽子山核电站项目列入了首批内陆核电项目建设名单。江西省和中电投也开展了大量前期准备工作。但是彭泽县地处在江西、安徽、湖北交界处,安徽省安庆市望江县是其邻县,望江县的行政干部和普通民众对帽子山项目反对意愿强烈。2011 年 6 月,望江县的四位老人向安庆市委市政府、安徽省委省政府、江西省委省政府分别提交了《吁请停建江西彭泽核电厂的陈情书》,并通过望江县的"乡贤"——中国科学院院士何祚麻转呈给

---

① 津鸣.银滩红石顶核危机,银滩论坛.http://bbs.txdyt.com/thread-124189-1-1.html,2012-7-27/2018-7-25.

国务院领导。

这四位老人分别是望江县原县委副书记、原县政协主席汪进舟,原县法院院长方光文,原县人大副主任陶国祥,原县城乡建设局局长、华阳镇党委书记王念泽,均在当地政府担任过党政领导干部职务(周夫荣,2012);而何祚庥院士曾是反对内陆核电的旗帜性人物,2012 年 2 月他在《环球日报》发表《坚决反对在内陆建设核电站》一文,2015 年 3 月他更是直接提出"湘鄂赣核电站均地处敏感的长江流域,其安全风险不容低估!"(何祚庥、王亦楠,2015)换句话讲,望江县的反对力量并非来自乡野。2011 年 10 月,安徽望江县政府以《陈情书》为基础,形成《关于请求停止江西彭泽核电厂项目建设的报告》上报,再次强调帽子山核电站原有的论证材料所用人口数据失真、地震标准与现实不符、环评存在问题、选址地邻近工业集中区(周夫荣,2012)。这份报告被安徽省发改委呈报给了国家能源局。由于望江县的反对,也由于政策面上内陆核电站的停滞,此后彭泽项目一直处于搁置状态。

(六) 江门市反核事件

中广核集团的布局主要在南方,因此希望在东南沿海建立核燃料产业园,最终选址在广东省江门市鹤山市龙湾工业园。2013 年 3 月,鹤山市(县级市)召开新闻发布会,通报了这起项目。该项目在鹤山市的征地和拆迁工作也十分顺利。2013 年 7 月 3 日至 4 日,鹤山市发展和改革局在江门市政府网和《江门日报》发布了《中核集团龙湾工业园项目社会稳定风险评估公示》,公示期为 10 天。江门市公众得到信息后,许多人质疑该项目的安全性与环境影响,并在公示期满的前一天组织了集体抗议活动。7 月 13 日,江门市政府做出了撤销项目的决定。江门反核事件揭示了几个重要的问题:

① 核电项目遭受到了其他产业资本的敌视。据当地民众反映,诉求强烈的多数是企业家,特别是房地产商,担心项目建成后企业运转和发展受到影响[①];

② 非项目地的相关人群反应强烈。鹤山项目相关信息发布之后,出现反弹和抗议的并不是鹤山市的民众,抗议者反而来自其上一级的江门市。此外周边城市,如佛山、中山、广州、深圳等地也出现了抗议的声音,令管理

---

① 调查称江门反核者多非当地普通民众 周边城市企业家成急先锋.每日经济新闻,2013-07-22,http://www.guancha.cn/Industry/2013_07_22_160148.shtml

者措手不及[①]；

③ 当前的稳评制度及其执行存在缺陷。鹤山项目"社会稳定风险评估"的结论为"低风险，项目可行"，但是偏偏群体性事件就发生在《中核集团龙湾工业园项目社会稳定风险评估公示》发布之后，可见当前的稳评机制还不完善，在防操控、确保真实性和代表性等方面还有较大缺陷。

（七）内陆核电舆情事件

2008 年国家发改委召开了内陆地区核电发展工作会议，湖南桃花江、湖北大畈、江西彭泽三地被确定为临江核电站选址点。可是由于社会争议较大，2012 年国务院常务会议决定"'十二五'期间不安排内陆核电项目"，这三处核电站至今仍处于厂址保护状态，没有再开工建设。桃花江核电站由中国核能电力股份有限公司、华润电力控股有限公司、中国长江三峡工程开发总公司和湘投控股集团有限公司共同投资建设，位于湖南省益阳市桃江县沾溪乡荷叶山。2013 年 3 月全国"两会"期间，湖南代表团提交的"一号建议"，建议将桃花江核电站作为首个内陆示范核电站，尽快重启内陆核电建设。这种情况说明湖南省官方对项目开启的需求非常迫切。

2014 年 4 月 5 日，湖南一家媒体报道说，中国内陆首家核电站筹备开工（季苏平，2014[②]），不少网络媒体转发了这一消息，互联网论坛上也出现了大量讨论帖。从天涯论坛、百度贴吧、新浪微博、搜狐财经等处的网民评论看，当地网民的负面情绪比较激烈。

4 月 6 日，一项关于"首座内陆核电站将在湖南筹备开工"的网络调查显示，投票的近 2 700 名网民中，反对者超过 55%、支持者不到 36%、接近 9% 选择"不好说"（林春挺，2014）。为平息舆情事态，同日，《南方都市报》刊发了一篇报道，桃花江核电公司否认了桃花江核电站"即将开工"的消息，解释说相关活动只是在为早期开工做前期准备。类似的关于当地规划或开启核电站建设的舆情事件，在河南、陕西、四川等地也出现过。

（八）连云港市反对核循环项目事件

中国属于缺铀国，却没有核乏燃料处理工厂，核燃料一直得不到充分的利用。因而国家规划在江苏连云港开发一个中法合作的核燃料后期处

---

① 调查称江门反核者多非当地普通民众 周边城市企业家成急先锋.每日经济新闻，2013-07-22，http://www.guancha.cn/Industry/2013_07_22_160148.shtml.

② 季苏平.首座内陆核电站湖南筹备开工，南方日报，2014-04-06，http://news.163.com/14/0406/08/9P4QQU5M00014AED.html.

理项目。2016年7月26日,国防科工局副局长在中核集团领导的陪同下到连云港调研该项目的拟选厂址状况。该则新闻的出现传递给了连云港市民"中法合作核循环项目"将落户连云港的信息。在即时社交媒体作用下,相关信息迅速发酵。

8月6日深夜,上万名连云港市民走上街头,抗议"核废料项目",担心项目落地会给自身安全带来负面影响。8月7日下午,连云港市政府紧急召开新闻发布会,对该项目作了介绍,强调说明当前进行的是项目前期调研和厂址选择比较工作,项目尚未最终确定;当地政府在承诺将认真做好信息披露工作,依法做好公开公示的同时,呼吁民众不要轻信或传播谣言(周辰等,2006①)。2016年8月10日连云港市人民政府决定:暂停核循环项目选址前期工作。

三　与西方反核运动的差异性比较

通过与国际反核运动的比较,分析和认识中国反核运动的鲜明特征。虽然中国大陆和台湾具有同样的恐核心理,但是却具有不同的反核斗争形式。严格来讲,除了台湾反核运动外,其他区域发生的反核事件大多是孤立的、短暂的、非潮流性的。因为社会背景的差异,台湾的反核运动表现出了不同的一些特征,为了避免混淆,以下的比较将只在中国大陆和西方国家之间进行。

(一) 反核事件的碎片化现象

西方社会的反核事件彼此密切关联、同向而动,容易相互呼应,容易联结并发生变化;西方社会的反核斗争更加激烈、地理范围更加宽广、容易对核能产业产生长期影响,某些反核运动甚至左右了所在国家的核能发展方向(如德国的反核运动)。西方的许多反核运动还具有内部关联性。举例说明:1975年联邦德国的2.8万名抗议者采取占领厂址和搭设营地的方法,抗议德国维尔核电站的规划建设,持续占领厂址一年后最终达成了抗议的目的。美国"蛤壳联盟"在得到"德国经验"的激励之后,于1977年4月借鉴了德国"同行"的方式,组织1500人占领了西布鲁克核电站,后来参与者遭到了逮捕。1978年4月"蛤壳联盟"的700名成员聚集到当地的"国民

---

① 周辰,于达维,张唯:《中法核循环项目引争议,乏燃料究竟是什么?》2016年8月8日,财新网,http://china.caixin.com/2016-08-08/100975541.html。

警卫队军械库"进行占领西布鲁克核电站周年纪念,因为去年这个时候他们被逮捕并关在那里 12 天;同年 6 月,"蛤壳联盟"成员继续占领西布鲁克核电站厂址并搭设帐篷,吸引了上万人参加抗议活动。此后,该反核团体又多次组织了反对西布鲁克核电站的游行示威活动。可见,西方的反核运动在时空和人员上是有关联性或持续性的。

中国的反核事件对于反核运动而言是碎片化的,民众反对的几乎都是具体的核能项目,而且由此爆发的群体性反核事件几乎都是孤立的,不同反核事件彼此之间没有因果关系,没有发现各起反核事件之间存在相互学习和启发的现象,不同事件之间没有相同的组织机构,更不存在抗议者的多次参与和流动。除此之外,各反核事件都没有永久性反核团体的组织参与,抗争无长期延续性,抗议者没有政治性诉求,不是蓄意重建某类社会秩序。所以说中国的反核事件都是碎片化的,很难被视为带有思潮特征的"反核运动"。

从社会和社区核能接受度的断裂形态看,中国的抗议者强烈反对在自家的"后院"规划建设核能设施,但是大多数并不反对其他地区的核能发展,这是反核事件孤立发展的典型社会心理环境。

不过,作为核能利用广泛、占比不断放大的国家,中国必须警惕西方的反核模式在境内出现。也许有人会认为这是国际社会反核条件和反核团体的力量使然,我们国家不会出现这种情况,但是不要忘记,2007 年至 2016 年国内出现了一系列反 PX(对二甲苯)项目事件,彼时很罕见地出现了同类群体性事件连锁反应的特征。未来如果出现反对内陆核电事件以及核事故触发的反核事件,很难说不会产生连锁反应。

(二) 未见反核社团或反核政党出现

国际上活跃着大量反核社会团体,就像美国的"蛤壳联盟"和"鲍鱼联盟",英国的"核裁军组织",这些团体的使命就在于反核。此外,一些环保组织如"绿色和平组织",也积极投身到反核运动中。这些团体都比较激进,且并非都是草根组织。根据维基词典的介绍,在美国当前有 80 多个活跃的反核团体,其中的"美国科学家联合会(The Federation of American Scientists)""核责任委员会(The Committee for Nuclear Responsibility)"等都是科技精英荟萃的组织[1],这些组织的成员不乏诺贝尔奖获得者。

---

[1] Anti-nuclear groups in the United States,Wikipedia encyclopedia,https://en.wikipedia.org/wiki/Anti-nuclear_groups_in_the_United_States,28th,April,2018.

在西方的反核组织中,还存在政党主导和参与的情况。如德国的绿党(Die Grünen)就是一个有名的反核政党。该政党的前身是一个激进的环保组织,1980 年成立,1998 年变成了德国联邦议会第四大党,并同德国社会民主党结成过执政联盟。在绿党的撬动下,德国的反核运动具有很强的政治性,反对者的抗争高度关联政治活动。如:多城市联动实施反核示威游行、组织弃核全民公投、通过弃核法令、实施"核电逐步退出"行政计划等,无不说明了这一点。

在中国大陆的某些反核事件中虽然出现了一些松散的、临时性的互助团体,如"银滩反核事件"中外来购房户的团体化现象,但是还未见过有专门反核团体的创建与组织。一方面,在中国大陆成立社会团体必须经过民政部门注册,而以反核为宗旨的组织很难获得通过,因而反核组织在中国大陆没有合法身份、也缺乏活动空间。另一方面,西方的反核团体和党派经过长时间斗争的积淀,形成了反核斗争的理念和模式,而中国大陆的反核抗争针对的几乎都是具体的核目,反对动机产生的时间都很短暂,所争的都是地方性的利益和是非,很难得到更大层面的社会支援,也很难有团体组织的沉淀和延续。

(三) 不存在反核武器运动

在西方,社会反核武器运动和反核能运动是反核运动的两个子领域,两者存在比较明显的重合现象。大量反核团体和民众既反对核武器,也反对核能,甚至某些反核事件同时抗议核武器和核能。反核武器运动包括反对核武器、反对核试验、反对核军备竞赛等内容,大量科学家、医生、环保主义者、媒体工作者,以及妇运人士,参与到了这项运动之中。但是在中国大陆,我们可以看到反对核武器的一些言论,但是还未见过反武器的社会事件或运动。

在西方社会,越是拥有核武器的国家,国内反核武器运动越是蓬勃发展,如美国、英国和法国均是如此。中国同样是拥有核武器的国家,但是没有发现过反核武器的群体性事件。中国是一个爱好和平的国家,中国政府贯彻"和平共处五项原则",希望与他国和平共处,中国虽然拥有核武器,也进行过有节制的核试验,但是中国的核武器发展是在特定历史条件下的自保行为。对此中国社会有极强的认同感和信任感。也正因为如此,在中国至今未见反核武器运动。

一般情况下,当核武器的发展动向对本国或本区域的安全造成不利影响时,容易引发反核事件,20 世纪 80 年代初的欧洲便是如此。但是这种情况在中国大陆同样不明显,自 2006 年来,朝鲜多次进行核试验,2017 年,美国在韩国部署萨德导弹防御系统,这些都会直接影响中国的安全,但是中国社会同样没有反核武器事件发生。如果说中国社会的民众是麻木的,却又不准确,因为从各类媒体看,中国社会很关心这起事件,并且持坚决反对态度者居多。研究者没有在这方面做过深入的比较研究,因此这个问题还有待讨论。

(四) 不存在专业化及与妇运融合倾向

西方反核运动存在专业化倾向,科学家和环保人士结成了一些反核团体。在反核过程中,这些团体可以自我提供或向其他反核活动提供智力支持。而在中国大陆参与反对核能的人员,他们的核能知识相对比较贫乏。在一些反核事件的发展过程中,为了推动反核事件,参与者甚至需要向外界寻求智力援助。也正因为如此,在中国大陆的反核事件发生前后,来自研究机构的专家和学者往往处于被动活跃状态,或被支持方请去做"科普",或被反对方请去做智力"支持"。

另一方面,西方反核运动与妇运之间存在相互融合的现象,一些妇女组织直接就是反核团体。在国际反核舞台上,妇女作为一个性别群体发挥了重大影响作用。在中国,妇女运动同样有所发展,如妇女知识教育、政权机构性别结构安排等,中国大陆也有妇女运动的组织,但是并未见过反核事件与妇女运动的结合(中国台湾有)。

(五) 触发事件的差异

西方的反核运动中,存在着大量反对核武器,或者反对核能技术的事件,因而有大量宣示性的公共场所聚会游行或示威。中国民众即使出现市政府门前、广场或街道等公共场所聚会抗议,背后的行动逻辑仍然是在反对某一具体的核能项目(中国台湾不完全是这种情况)。从反核的触发事件看,西方的反核运动存在纪念广岛核爆炸周年节点魔咒,也存在(三哩岛、切尔诺贝利或福岛)核事故周年纪念魔咒。纪念活动本身就是反核意愿的表达,一些纪念活动还会演变成更大规模的反核活动。不过在这各个周年节点中国的核电公司和核应急管理机构与西方同行的心情大不相同,因为在中国并不存在反核周年纪念魔咒(在中国台湾部分存在)。

不过,在东西方社会,核事故的发生对反核社会抗争事件都有潜在的触发作用。核事故是强烈的刺激要素,且具有跨域煽动功能,易触发各类反核事件。不同的是,在核事故发生时究竟是要表达恐慌还是要表达愤怒,东西方社会存在较大差异。从福岛核事故的后果看,西方社会倾向于表达愤怒,而中国的民众倾向于表达恐慌。

四   中国反核事件的自有特征分析

(一) 社交媒体扮演重要角色

许多反核事件在酝酿的过程中,当地民众借助了社交媒体的交互作用。中国拥有发达的即时社交网络。借助微信、微博、QQ、BBS 论坛等社交媒体,抗议者的共意形成速度快、情绪的互动速度快、集体意志的磨合速度快,很容易酿成群体性事件。以"银滩反核事件"最为典型,在这起事件中,抗议者借助 BBS 论坛等互联网渠道,进行社会资源动员,组建抗争网络,形成社会压力集团。具体通过社交媒体,抗议者们实施了筹集活动经费、组织论坛发帖和辩论、组织签名活动、向项目方和国家管理部门表达反对意见,设计和传播宣示资料等抗议活动。

"江门反核事件"和"连云港反核事件"则是另外一种典型,触发事件的信息来源于传统媒体,但通过互联网渠道扩散,负面情绪也通过社交媒体平台磨合并形成群体共意。由于互联网媒体具有"一对无限多"的传播特征,普通信息变为焦点信息的条件很容易就可以得到满足。传统条件下,个体的反核情绪被磨合并上升为集体意志的过程是非常困难的,但是在社交媒体的参与下,这项工作变得不再困难。不仅如此,社交媒体还帮助抗议者创设临时虚拟组织、提供开展社会抗争活动的平台(如 QQ 群、微信群)。可见,在中国,社交媒体,特别是即时社交媒体在反核事件的酝酿和爆发中担当了重要角色。

(二) 单一的反核抗争诉求

中国的反核抗争诉求往往只是要求项目撤项或者停止建设,连国际上反核运动中常见的要求关闭运行,或者要求停止延期服役的情况都没有出现过。这种反核诉求不带有政治性、不带有经济性、没有附带赔偿要求,带有十分纯粹的地方性邻避事件的性质。

中国台湾的核能项目抗争与中国大陆不同。台湾民进党将"废核"当作与国民党抢夺话语权和选民支持的工具,提出阻止在运的一、二、三核电厂延期服役,以及第四核电厂停建不运的主张。可见,反"核四"成为了民进党的斗争工具,带有政治色彩,偏离了能源发展的科学与理性(李旭丰、陈晓菊,2014)。2016 年,民进党主席蔡英文当选为台湾地区领导人之后,似乎"2025 非核家园"已成为台湾无核政治的发展方向①,不过民进党还有"不涨电价"的政治主张②。台湾社会反核抗争中出现此类政治主张是很奇怪的,因为两个相互矛盾的目标,很难理解竟然在一个时期实现。

(三) 利益相关者的错位形态

利益相关者(Stakeholders),根据与主体合同关系的不同,可分为契约型和公众型利益相关者;根据经营活动中承担风险的种类不同,可分为自愿的和非自愿的利益相关者;根据对企业而言是否拥有合法的索取权、是否可引起企业管理层紧急关注,以及是否可对企业决策施加压力,分为确定型利益相关者、预期型利益相关者、潜在型利益相关者③(Mitchell et al.,1997)。从身份特征看,中国反核事件的利益相关者主要是公众型利益相关者、非自愿的利益相关者,以及潜在型利益相关者,对核能企业而言较难进行身份认定,以及风险沟通。实际上在已有的反核事件中,管理方对利益相关者的认定已经出现了较多的差位现象,例如:

① 帽子山核电站的利益相关者。江西省九江市彭泽县和安徽省安庆市望江县,两地隔长江比邻而居。彭泽县建设帽子山核电站,自然灾害分析、社会风险评估、征地拆迁补偿都在彭泽县开展;但是项目却遭到了望江县民众的激烈反对。

② 龙湾工业园核燃料项目的利益相关者。该项目选址于鹤山市(县级市)址山镇,但是鹤山县并未见什么反对的声音,反而是在更大辖域的江门市(地级市)爆发了群体性事件。

③ 大亚湾核电站的利益相关者。作为大陆与香港合办的企业,该项目座落于广东省深圳市龙岗区大鹏镇,按照 30 公里的直线距离算,深圳市坪山新区、龙岗区、盐田区,以及惠州市惠阳区在此地理半径范围之内,但是却在 50 公里之外的香港多次发生大规模抗议事件。

---

① 港媒:鱼与熊掌不可兼得 废"核四"还能不涨电费? 2016-03-18 中国台湾网,https://m.huanqiu.com/r/MV8wXzg3MzE3NTBfOTAzXzE0NTgyODA4NjA=.

② 新当局意见不同调,废核后电价到底涨不涨? 2016-05-03,华夏经纬网,http://www.huaxia.com/xw/twxw/2016/05/4824632.html.

③ 根据 Mitchell et al. (1997)的利益相关者理论,对企业是否拥有合法性、权力性和紧急性,分别指对企业而言拥有合法的索取权、能够紧急引起企业管理层关注,以及能够对企业决策施加压力。这三项同时符合的被称为确定型利益相关者,只有两项符合的被称为预期型利益相关者,只有一项符合的被称为潜在的利益相关者。

西方反核运动的抗议者存在泛社会化特征,与此不同,中国的反核力量仍然主要来自地方本土。照理讲,中国核能项目的利益相关者应该更容易确认才对,但是屡次发生的反核事件说明现实并非如此。由于核能项目的利益相关者广泛且难以锁定,因而欲消除项目的邻避风险和危机,当前过狭的经济补偿范围、风险评估、灾害分析范围,只能覆盖部分利益相关者,很难达到充分补偿和打消所有利益相关者反对意愿的目的。

(四) 简单直接的抗争形式

中国大陆的反核事件,较多是由居住地民众自发的、利益关联企业暗推的,以及社交媒体组群参与的。从冲突的形式看,以广场街道游行、市政府大门口聚众、号召联合签名较为常见,相当简单和直接;不像西方社会的反核运动,占领、翻越、阻碍通行、投掷血包和石块、拟死示威、周年纪念、建帐篷营等无所不用其极。总体来看,中国大陆的反核抗争较为简单和直接。但是随着中国成为核能发展大国,利益相关者增多,核能问题的出现和累积,中国的反核抗争有可能会趋于复杂化。

五　讨论与建议

以上比较了中外反核运动的差异,归纳了我国反核抗争的态势、特征和形式。我们将西方反核运动作为参照系,反观中国核能应急响应可能遇到的复杂局面,分析中国核能应急管理体系可能遭受的冲击。

(一) 反核形式是否会发生变异

与国际社会相比,很幸运的是中国大陆没有遭遇过那些破坏性极大的反核斗争,但是我们又不能保证在未来不会发生。如本章的研究所见,中国大陆还不存在反核武器运动,反核事件没有出现专业化的倾向,也没有同社会运动融合的迹象,各类反核事件的斗争形式简单直接,反核诉求单一,规模也都比较小,并且呈现出碎片化形态。这种形态的反核事件是风险可控的,但是随着时间的推移,如果中国大陆的反核运动表现出向国际反核运动学习和靠拢的倾向,那时核电企业和各级政府又将如何处置?

如果中国国内反核事件出现一些新的抗争形式,类似于,德国出现过的核废料外运时交通路线被阻拦或破坏;美国出现过的核设施被非暴力占领;法国出现过的采用无人机模拟"恐怖袭击"抗争;或者印度出现过的国际非政府组织支援国内反核抗争等。当前的应急预案又将如何防范？这些抗争形式虽然在中国大陆没有出现过，但是我们却不能不提早引起警惕，并做好严密的风险预警和应急预案准备。世界正在以"地球村"的模式运行，我们无法绝对保证本国的抗议者不会学习西方社会的做法，采取激烈的反核抗争，为此我们必须扎扎实实做好反核事件应急准备，从而减少反核行动对能源供应、社会稳定、改善全球气候变化等行动方面的妨碍。

某些抗争形式只是未出现，不等于不出现。如反对内陆核电机组运行的事件、反对延期服役的事件、反对核燃料运输的事故、因他国核事故而反对发展核能的事件等。由于国内未曾出现过类似事件，因而我们还没有应对的经验。以核电站延长服役为例，延长现有到期核电站的运营年限是各国常有的做法，但这种做法又极易发生激烈抗争。而中国首座核电站秦山核电站1991年12月进入商业运行，设计服役30年，至2021年就会涉及这一问题。

（二）如何升级现有应急预案

为了顺利从"核电大国"向"核电强国"过渡，我们必须正视中国核能项目社区接受度偏低的事实，以及可能变得更加复杂的核能安全形势。作为核能利用广泛、核能占比不断放大、同世界交流广泛的国家，中国政府必须警惕和禁止内部抗议者学习西方的反核运动模式。

当前中国大力发展核能，在不久的将来中国将成为世界上最大的核能利用国家，当这一天来临时，中国核能的社会抗争形式可能会变得十分复杂和激烈。但是我们国家还缺少应对相关问题的经验，现有应急预案计划还不完善，对各类冲突事件的破坏力还估计不足。例如，缺少有针对性的应急行动预案，缺少相应的冲突矛盾调解机制，缺少应对特定核安全危机的人才、技术和装备。为此，有必要开展前瞻性的研究，并对现有核能社会抗争应急体系进行升级。具体建议：

1.防范社会抗争碎片化现象发生改变，避免出现反核风险传导、联结并放大的局面；

2.防范反核抗争利益相关者的结社现象，避免出现类似于美国"蛤壳联盟"和德国绿党之类的反核社团或政党，避免"绿色和平组织"等国际非政府组织协助境内反核活动；

3.防范出现核事故周年纪念活动并向抗争转化；

4.警惕反核力量出现专业化倾向；

5.警惕反核集体行动与其他社会运动产生融合；

6. 对于国际上常见的,以及新出现的核能社会抗争形式(如"挑战"式抗争,应用新技术抗争等),境内核应急管理体系应当有针对性地形成应急响应能力;

7. 针对国际上对于核能设施遭遇恐怖袭击的担心,建议做好核设施反恐怖袭击准备,编制核设施反恐预案,确保反恐体系健全、力量配足、演练到位。

由于先前的核应急预案并未对上述问题做过进行过充分的思考和演练,我们还需要做大量的预案升级工作,提升中国核能的应急响应。

第九章　核能社会抗争机理辨析

本章在辨析中国反核事件冲突现状和发展特征的基础之上,初步辨析和思考中国反核社会抗争事件的形成机理,包括辨析解读中国社会反核抗争的指导性理论,建构中国核能社会抗争的分层解析框架。本书的研究主要在还原论指导下,将核能接受性与社会抗争视为不同部分的组合,然后连接理论、现实与研究发现,建构我国核能社会抗争的解析框架。

一　反核事件形成机理的理论辨析

因为中国推行扩张性核能发展政策,各地核能项目选址建设明显增多,导致 2012 年起中国涉核抗争事件趋于频繁。核能项目增多只是表象,核能抗争仍然是"因果律"作用的结果,那么究竟这些抗争背后的推动力是什么呢? 以下将采用理论诠释的方法,对反核事件的形成机制进行辨析。

(一)风险分配理论:冲突源于风险分配失当

邻避型项目的风险分配具有典型的不公平性,而不公平的风险分配恰恰是反核行为的基本逻辑。人们根据劳动力、资本、土地和技术等生产要素的投入份额参与收益分配,收益分配的逻辑受到法律的保护。但是自始至终工程项目外部性风险的承担者没有得到合意的补偿,索赔愿望也得不到法律的支持。邻避型项目"成本由少数人负担,但利益被社会大众享有"(陶鹏、童星,2010),这很糟糕,更糟糕的是这种风险分配的逻辑具有合法性。 由此,邻避项目风险的额外承担者在强烈的不公平感驱使下可能采取不合法的行为,来冲击邻避项目的利益分配基础——项目或设施。既然核能项目属于高邻避风险项目,中国又选择发展核能,那么我们就必然要承受由此带来的社会冲突风险。

核能风险的不公平分配会导致当地民众强烈的核风险感知。一方面,人们在感知到核风险分配的不均衡性之后,对核设施的到来就会产生不公平感,甚而产生相对剥夺感,出现激烈的负面情绪(如愤怒、憎恶、埋怨等)。激烈的负面情绪容易滋生冲突事件,如游行示威等。另一方面,核电项目是高风险的邻避项目,在自我感知的高风险面前,当地民众容易产生核恐慌心理。当以上心理被特定事件触发时,核恐慌心理容易引起负面反应,发生慌乱、逃避或拒绝事件,如搬迁或拒绝本地食品等。这种情况的长期存在,既会影响社会稳定,又会破坏社会的当下活力和长远潜力。

(二) 不确定性理论: 通过抗争消除不确定性

1. 认识不确定性

紧迫性和不确定性是危机事件的基本风险特征。不过,人们反对核能项目,焦虑和警惕的并不是核事故的紧迫性,而是核事故的不确定性。核能抗争(或反核运动)与其说是在反对核能项目,不如说是对核风险的不确定性感到恐惧。在社会公众眼中,核事故是不确定性极大的危机事件,其不确定性表现为: ①是否发生的不确定;②发生时空的不确定;③危害形式的不确定;④危害后果的不确定。虽然中国还没有遭遇严重核事故,但是世界上已经出现的核事故却提示"不确定性"是可能兑现的。正是这种"不确定性"为核能项目的议题对抗和集体冲突提供了前提条件。如果核安全技术能够将核能变成确定性的安全能源,那么核能社会抗争就会失去赖以生存的土壤。

2. 应对不确定性

在核电议题对抗中,争辩的双方都希望消除核能的不确定性,但是双方往往所持论点迥异。支持方大都采用概率性思维——如提出核能项目依照核事故发生的小概率标准建设,希望由此将核事故的不确定性,转化为风险已无限低的"小概率"问题[①];而反对方往往采用对比思维——如列举自身技术特性和表现,同历史上已发生核事故的对象进行比较,试图将核事故发生的不确定性,转化为与核事故发生条件相近或相同的"名义变量"问题。也正因为核能抗争的相对方往往站在不同的轨道上,不停地争论核能的各种"不确定性"议题,很少能够看到一方可以成功说服另一方的情景。

在常态下,政府、核能企业,以及其他利益相关者,同样需要针对不确

---

　　① 如第三代核电机组建设的安全标准是: 堆熔概率小于十万年一次(10^{-5}堆年)、释放概率小于百万年一次(10^{-6}堆年)。

定性进行决策。常态下,核能选址地民众会主动采取措施排除不确定性:最直接的是采取社会抗争,通过集体行动来阻挠核能项目落地;最绝决的方式是选择搬迁,直接拉开与核电项目的空间距离;而最常见的妥协方式是就地回避或者不再追加风险,前者如不购买或少购买当地生产的食品,后者如不在当地进行重大项目投资,或者鼓励后代在大学毕业后到外地就业等。这些应对不确定性的措施根据邻避理论都属于"邻避行为"。而政府与核能企业可以通过调适认知、风险沟通和制度变革来减少不确定性,我们将在对策研究部分具体探讨应对操作。

危机是严重威胁社会系统基本价值和既定利益架构的事件;在时间压力极大、不确定性极高的情境之下,管理者必须通过关键决策来应对紧急事态(罗森塔尔,2014)。如何科学实施应对不确定性的关键决策,是危机管理的一个核心问题。2011年日本福岛核事故发生之后,日本国内社会进行了追责,反核团体和灾民将包括日本前首相菅直人在内的40余名政府官员和东京电力高层告上了法庭,指控他们在核事故发生的紧急事态下没有立即采取有效应急措施,造成了严重的伤害性后果(高珮君,2012)。由这一案例可见,社会认为政府和核电企业负有安全管理责任;在紧急状态下,有义务高质量高效率地输出消除不确定性的关键决策。2015年俄罗斯列宁格勒核电站因蒸汽管道破裂发生放射性物质泄漏,核电站方称放射性物质浓度很低、没有危险但是没有得到社会信任。由于缺乏消除不确定性的有效举措,这起事故不仅导致核电站所在地碘销售量激增,离事发地约80公里的一些彼得堡居民也自发驾车外逃,造成了严重的交通堵塞[①]。

总之,当相对立的双方对于核危机不确定状态的应对方法存在巨大偏差,这种情况在无形中放大了核能项目的社会稳定风险。

(三) 认知理论: 规范、收获与目标享受动机

规范、收获与目标享受动机框架(Normative, Gain and Hedonic Goal Frames),从规范动机、收获动机和目标享受动机三方面解释环境行为的目标或者动机(Lindenberg & Steg, 2007)。其中:"规范动机"指个体在道德评价的基础上作出选择(追求公平、遵守道德标准);"收获动机"指个体在衡量成本、风险和利益的基础上作出选择(追求高收益、低成本和低风险);"享受动机"指个体基于最好的感觉进行决策。

---

① 俄罗斯一核电站放射性物质泄漏引发恐慌,2015-12-22,国际在线,http://news.cri.cn/gb/42071/2015/12/22/6651s5205509.html.

　　该框架综合应用三门心理学理论,来解释三种行为动机:第一条路径基于"规范行为理论",提出人们在道德责任和行为规范下采取行动,赋予行为选择相应的社会价值,由此解释行为的规范动机目标;第二条路径基于"计划行为理论",提出人们在风险感知和收益评价的基础上做出理性选择,由此解释行为的收获动机目标;第三条路径基于"影响理论",提出情绪或情感影响着个体的行为,由此解释行为的心理感受动机目标。上述理论总结了社会运动的动机,我们按图索骥就可以对照发现:环境正义运动的旗帜是规范动机,邻避冲突决策的基本依据是收获动机,而集体行动发展的推手则是感受动机。

　　结合核能公众接受度影响因素的研究结论,可以进一步拓展该理论模型,运用这一框架解释核能的公众接受度与抗争行为。如图 9-1,依据该框架核能的公众接受度与社会抗争具有如下要素关系:(1)公众会对核能技术或项目进行权衡和选择,对其成本、收益和风险进行综合评估;(2)公众会分析核能技术或项目对环境和社会的正负面影响,进行道德评价和公平分析;(3)公众存在同核能技术相关的积极或消极感受,如信任、情绪(满意、快乐、害怕或愤怒)和心理福利等。该框架反映了收益感知、风险感知、信任、公平感、道德责任等心理因素,对于核能抗争的影响。

图 9-1　规范、收获与目标享受动机框架

　　在对核能的发展态度上,中国社会公众十分支持国家发展核能,但对在当地发展核能的支持率却十分低,民众对核能项目在收益、责任、公平方面不好的心理感受,变成了滋生邻避心理的认知障碍。Groot & Steg(2010)的研究已经发现,人们将反核当作一种道德责任,因而更愿意去抗议和反对核能。当人们认为核能风险大、成本高而利益小时,个体的道德责任意识就会被进一步强化。反过来,可以通过努力,使公众意识到和平促进核能利用与应对全球气候变化的道德责任紧密相关,强化人们关于核能发展有助于雾霾治理和环境保护等作用的认识,从而有效减少反核社会抗争。总之,核能项目项目的建设和运行,必须不断证明和展示自己的"清

白",证明规划是科学的、环评是过关的、排放是清洁的、能源是高效的、安全技术与安全管理是达标的,并能恰当通过风险沟通调整人们因项目而出现的道德责任感与不公平感,积极建构核电信任,否则核能很难赢得长久和平发展。

二 核能社会抗争的分层解析框架

反核运动是一类特殊的社会冲突,既有社会运动的一般特点,又有作为风险技术反对活动独特的内涵与特征。以下根据对先前核恐慌行为和核抗争行为的研究,将中国历史上已发生的反核事件发生的基本逻辑绘制成关系图(如图9-2)。这是分层解析中国反核事件的框架,它描述了中国反核运动的基本结构和社会关系,包括空间、项目、事由和冲突四个层级,图中箭头表示每一层内部以及各层级之间的因果关系,虚线表示要素之间的相关关系。

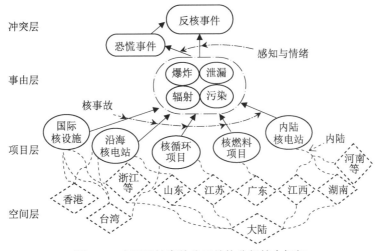

图 9-2 中国反核事件分层结构分析综合框架

(一) 空间层

中国规划、建设和运营中的核能项目在各地广泛分布。由于核能项目是高风险的邻避型项目,人们不喜欢它们建在自己的居住地附近,因而核能项目的空间分布,会造成反核事件在空间分布上的差异。换言之,项目分布的空间点即是反核冲突易发位置。中国大陆由于核电站历史规划布局和建设的邻海特征,新的选址希望沿江扩散时遇到了巨大的阻力,出现了以反对内陆核电站建设为理由的反核事件。这是体现在空间分布上的矛盾。在国际研究中,居住地与核设施之间距离的大小,是衡量接受度与对抗倾向的重要指标。核设施的利益相关者究竟应当是来自距离核设施半径为 20 公里、30 公里、50 公里,100 公里的居民,还是来自不特定区域的民众,都需要在空间层寻找答案。在中国,核对抗风险与空间距离的具体数量关系,还未得到科学测定和揭示。

(二) 项目层

在反核运动中矛盾冲突必有所指向。在国际反核运动中,核电站、核燃料处理厂、核导弹部署项目、军事基地、核动力战舰、核试验国家的政要等,都曾经"担任"过人们反核的标靶,成为人们宣泄怒火的对象。但在中国,我们只看到了各类核能利用项目受到批评或攻击。从项目层成员看,中国反核事件针对的项目有:①核燃料项目,如江门反核事件;②沿海核电站项目,如香港反对大亚湾核电站、台湾反对第四核电厂、银滩反对红石顶核电站等事件;③核乏燃料(核废料)项目,如台湾兰屿岛反对核废料储存点、连云港反对核循环项目事件;④内陆核电站项目,如望江反对帽子山核电站事件、湖南桃花江核电站舆情事件。当前在中国大陆,核能产业链更上游的铀矿开采项目、核设备制造项目,以及更下游的核废料储存项目还未遭遇过社会抗争。

(三) 事由层

事由层包括抗争理由和触发事件两个构成要件。每一起反核事件的抗争理由或许并不单纯,但是核心事由往往比较单一。从抗争的核心事由看,争议选址科学性的最多,如中国台湾的"非核家园"运动、山东银滩反核事件、安徽望江反核事件,以及各类内陆核电站舆情事件等;争议项目危害性的也不少,如广东江门反核事件、江苏连云港反核事件;此外,还有争议应急机制恰当性的,如 2010 年大亚湾核电站安全信息披露事件。

反核运动的触发事件多种多样,先前下列事件曾触发反核集体行动:项目稳评报告公示(江门事件)、领导视察选址地的新闻报道(连云港反核事件)、即将开工建设的新闻报道(桃花江核电站舆情事件)、外来购房户的利益受损(银滩反核事件)、核废料储存合约到期(兰屿岛反核事件)、其他国家发生严重核事故(香港反对大亚湾核电站事件的起因是切尔诺贝利核事故、中国台湾"非核家园"运动的导火索是福岛核事故)。日本福岛核事故的发生不仅触发了台湾和香港的反核游行示威,还促使中国大陆浙江、福建、广东、江苏、北京、山西、四川和安徽等地的部分民众产生核恐慌心理,以至于爆发"抢盐潮"。"抢盐潮"空间分布的广泛性,说明了中国社会民众核风险感知的情绪化表达非常强烈(陈紫涵等,2011;廖力等,2012)。这些情况说明,核恐慌心理是中华文化圈民众的普遍心态。我们必须警惕国内外核事故对国内反核运动的触发作用。

在国际范围上,一旦爆发严重核事故,即使远离本土,也可能引发大规模反核示威游行,如福岛核事故触发下的德国和瑞士[①]。历史经验表明,严重的核事故可能伴随着大规模反核运动。如:1979 年美国三哩岛发生 5 级核事故,同年美国纽约爆发 10 万人以上超大规模游行示威活动。1986 年苏联切尔诺贝利发生 7 级核事故,同年意大利罗马爆发 10 万人以上超大规模游行示威活动。2011 年日本福岛发生 7 级核事故,同年东京爆发 20 万人以上超大规模游行示威活动;世界各地遥相呼应,德国的柏林、慕尼黑等多座城市也爆发了大规模反核游行,数十万人参与示威,要求永久关闭德国核电站。可以看到,核事故所引发的超大规模社会抗争不在核能项目地,而在人口、消息以及决策力量集中的大都市。

与西方社会不同,虽然日本福岛核事故对中国社会也构成了很大的冲击,但是中国大陆没有因之发生过大型反核游行示威,没有发生针对具体核电站运营的反核事件。虽然也有研究者认为日本福岛核事故发生之后,在事故的催化作用下,中国大陆的反核力量更为清晰地浮现了出来(章剑锋,2012),不过我们不同意这种观点。2011 年以后中国社会发生反核抗争事件的频率大幅提升并不是由核事故引致的,而是由 2012 年起规划、筹建或建设的核能项目引起的,包括核电站项目、核燃料项目、核乏燃料处理项目。只有中国台湾的反核运动受到福岛核事故的影响较多。不过核电站还是那个核电站,不是它们的安全性能降低了,而是人心变了。可能是核事故让台湾的人心变了,也可能是政治斗争让台湾的人心变了,个中的复杂一时无法说清,但是从"核四"封存之日起,台湾核电已经前途黯淡。

(四)冲突层

冲突层是反核事件的具体呈现。先前我们归纳和比较中外反核事件态势和特征,描述和解析的就是中国反核事件的冲突层特征,具体涉及中

---

① 德国、瑞士十几万人参加大规模反核游行,2011-04-26,环球网,http://world.huanqiu.com/roll/2011-04/1654377.html.

国核能社会抗争的发展态势、组织者、利益相关者(抗议者)、抗争形式、抗争诉求等。图 9-1 还指出,"感知和情绪"调节着反核事由和反核冲突之间的关系。本书的后续章节将对这层理论关系做比较深入的分析和论证。解析个体反核行为产生的微观心理机制,探讨风险感知和接受度对反核行为倾向的影响。探讨核认知心理如何进一步转化为情绪,借助现代社会发达的互联网络和社交媒体,经过议题对抗和共意动员,再经抗议者的磨合形成集体反核情绪,最终爆发社会抗争事件。

三　讨　　论

　　本章在归纳中国反核态势与特征的基础上,对中国的反核事件及其形成机理做了理论辨析,并对如何完善核能应急管理计划进行初步思考。

　　研究在风险分配理论、不确定性理论和心理认知理论的指导下,初步探析了中国核能社会抗争的形成机理。核能冲突的行动逻辑是风险分配不均衡,"成本由少数人负担,但利益被社会大众享有",不公平的风险分配可能引致反核社会抗争。人们之所以具有核恐怖心理,原因在于核事故的发生具有较大的不确定性。反核抗争的目的就在于消除项目带来的不确定性;应急管理就是应对不确定性的关键决策。项目选址地的居民为消除或减少不确定性,可能采择抗争、搬迁、不追加投资、不购买当地食品等行为,这些都属于"邻避行为"。人们对于核能的态度源自规范、收获和目标享受的动机,人们将通过道德评价、公平分析,成本、收益和风险综合评估,选择是否接受核能。上述理论可以为优化核能发展环境所用。

　　针对中国反核事件的基本构成要素与冲突特征,研究建构了中国核能社会抗争的综合分层解析框架,提出中国各类反核事件存在空间层、项目层、事由层和冲突层的系统特征与要素关系。这项工作在尝试为中国反核研究提出一个逻辑分析框架。

第四部分

核能接受度与社会抗争的影响机制

第十章　核电站公众信任机制的探索性研究

本章探讨核能公众信任的基本结构、形成机制,以及提升方法。研究从能力信任和情感信任两个维度,发展公众信任影响接受度的双路径模型;然后基于调查数据,探索信任对核电站公众接受度的影响机制,并提出强化核能双维信任的建议。

一　背景与问题

国内研究者和实践者都意识到要促进核能接受性应当增强公众信任,但是对于信任什么、如何促进信任的认识依然模糊;在国际核能接受度研究中,信任被作为一维变量进行研究。但事实上信任是一个多维度的复合概念,在心理学研究中,信任被分为认知型信任与情感型信任两类,前者表现为对被信任对象能力的信心,以及由之产生的依赖态度和积极期待,后者指对被信任对象诚实、善良和可靠品质的信念,以及由之产生的认同或依赖心理与态度。这两者的理论差异比较大,前者属于对被信任对象的工具认知与认同,后者属于对被信任对象的品性认知与认同。有鉴于此,本章的研究将对核电信任做进一步的拆分,再探索核电选址地民众的信任对核电站接受度的影响机制。

核电项目被人们贴上了"NIMBY(Not In My Backyard,不要建在我家后院)","LULU"(Locally Unwanted Land Use,当地排斥的土地利用方式)之类的标签。多数人不喜欢自己工作和生活的一定空间范围内存在核电站。许多人认为核能是一种不受信任的技术,他们不仅仅不信任技术本身,不信任整个核产业、不信任支持核能专业领域的科学家、更不信任那些断言核能安全的政府(Falk,1982)。从世界各国的核电发展情况看,公众信任度不足已经严重影响到了人们对核电站的接受水平,阻碍了核能的利用和发展。

获得充足的公众信任是核能利用和核电站建设的必要条件。已有研究表明,信任影响着公众对核电站的风险感知或收益感知,增强信任有助于提升公众对核电站的接受度(Vikund,2003;Flynn,et al.,1992;Visschers,et al.,2011,2013)。不过相关研究都将信任作为单一变量,没有考虑信任作为心理认知活动的复杂性,未能揭示不同维度的信任对核电站公众接受度的影响差异,这种情况不利于科学安排促进核电信任的措施。

(一)信任的概念维度

Larson(1997)认为心理学意义上的信任包含可预测性(Predictability)、可信性(Credibility)或者善意(Good intentions),是同伴之间达成合作状态的必要非充分条件。Blomqvist(1997)归纳了社会心理学、哲学、经济学、法学(经济法学)和营销学研究领域关于信任的研究,发现在语义上信任可被替换为可靠(Credible)、诚实(Sincerity)、期待(Hope)和能力(Competence)(Blomqvist,1997),这很好地说明了信任既是情感上对同伴的认同,也是能力上对同伴的肯定。可见,信任是一种在风险环境下对他人积极期待的心理,广泛存在于个体与组织之间。

大量研究将信任分为"认知信任(Cognitive Trust)"和"情感信任(Affective Trust)"两个因子(如:Erdem & Ozen,2003;Johnson & Graysonb,2005;Dowella,2015)。其中,认知信任指个体在理性认知的基础上找到信任对方的理由(Erdem & Ozen,2003),如分析对方利益与自身利益是否一致(Kramer,1999;Lieberman,1964),判断对方的资源和能力是否足以管理风险(Fine & Holyfield,1996)。而情感信任指在双方感情投资的基础上找到信任对方的理由(Erdem & Ozen,2003),如判断对方是否诚实可靠(Blomqvist,1997;Mcknight,et al.,1998),值不值得信赖和期待(Johnson & Graysonb,2005)。Lewis & Weigert(1985)将信任分为认知信任、情感信任和行为信任,但由于行为信任实际上是情感信任和认知信任的后果(Johnson & Graysonb,2005),因而接受这种分法的比较少。

由于情感和认知的概念比较宽泛,为了让信任的概念边界变得更加清晰,还有研究将信任分成"善意信任(Goodwill trust)"和"能力信任(Competence trust)"两个维度(如:Das & Teng,2001;Nooteboom,1996),其中善意信任与情感信任相对应,能力信任与认知信任相对应。Sako(1998)甚至将信任分为契约信任、能力信任和善意信任三类,其中,善意信任描述相对方是否愿意遵守没有限制的承诺,采取措施保证互利共赢,能力信任描述相对方是否有能力完成赋予的任务,契约信任则描述相对方是否会履行缔结的协议。由于善意信任(或情感信任)体现了对相对方可靠与诚实品格的心理认知(Fine & Holyfield,1996;Erdem & Ozen,2003;Johnson & Graysonb,2005;Dowella,2015;Das & Teng,2001;Green,2003),以及相对方的承诺行为可以被预测的状态(Lewis & Weigert,1985),实则已经具有心理契约的内涵。除非双方签订有协议或合同,否则并无必要新增契约信任这一维度,也就是说这种划分更适用于分析商业心理行为。

能力信任指预期他人可以胜任自身角色的心理状态(Larson,1997)。这是一种对他人有信心的情况(Luhmann,1988)。信任要足以引发欲交付职责和任务的心理变化,当事人必须认可相对方的知识、能力和资源(Fine & Holyfield,1996;Das & Teng,2001),因而认知信任可被替换成能力信任。在以往的研究中,研究者用才能信任(Ability Trust)(如:Mayer,Davis,& Schoorman,1995)、技术信任(Technical Trust)(Poortinga & Pidgeon,2003)和专家信任(Expertise Trust)(如 Maathuis,Rodenburg,& Sikkel,2004)来表示能力信任。尹继武(2008)、张书维等(2014)将认知信任中的非情感认知因素剖离出来,称为"工具信任(Tool Trust)",用以反映信任主体对相对方能力与可靠性的评价,实际上指的也是"能力信任"。

在本文的研究中,将把公众的核电信任分成善意信任和能力信任两个维度。

(二)核电站的公众信任

在核能技术或核能项目的社会心理选择机制中,信任扮演着举足轻重的角色。如图 10-1 所示,Visschers et al.(2013)对瑞士核电站的研究发现,信任可以提升收益感知、降低风险感知;收益感知可以降低风险感知;收益感知可以提升核电站接受度、风险感知会降低核电站接受度。Viklund(2003)对西欧国家的研究也证明,核技术信任与风险感知存在负相关关

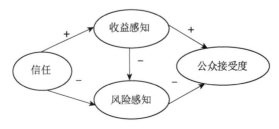

图 10-1　核电站公众接受度解释模型

系;Flynn et al.(1992)在美国内华达州的研究证明,信任有助于抵消人们对高辐射废料仓库的风险感知和反抗。从上述研究看,信任对核技术应用和核电站建设具有积极的推动作用。

不过,上述研究均将信任视为单维变量,这种情况可能掩盖了信任不同维度的影响差异,并会导致新的问题:

一种情况是在信任之外设置的变量,与"善意信任"或"能力信任"存在交叉。例如,Visschers et al.(2011)用信任、情感、风险感知、气候变化收益感知、能源供给收益感知,解释核电站的公众接受度,证明情感和信任除了彼此间存在交互影响外,二者还直接影响风险感知、气候变化收益感知和能源供给收益感知,并经上述途径间接影响公众接受度。Huijts et al.(2012)采取理论综述的方法,建构了可再生能源技术的公众接受度解释模型,认为"信任"因素直接影响情感、感知成本、收益感知与风险感知。Molin(2005)、Dorgelo & Midde(2008)在化氢公众接受度的研究中,提出信任通过情感影响风险感知和收益感知。但是从信任概念的双维结构特征看,信任中的"善意信任"本身包含了情感因素,将"信任"与"情感"置于同一理论模型,无法避免核心变量概念内涵的重叠,容易造成理论上的困扰。另外,Ross et al.(2014)在可饮废水回收利用项目的研究中,采用资源可靠性(Source credibility)、程序公平性和群体成员认同感,来解释核电站的公众信任,在这项研究中资源可靠性与能力信任的内涵也存在重叠。

另一种情况是将信任等同于情感信任或能力信任,存在以偏概全的问题。例如,Poortinga & Pidgeon(2003)、Wynne(1992)的研究认为公众的核能接受度不高,表现在不信任政府机构、不相信核电企业会负责任地提供可靠信息,对他们能否重视核电站风险管理也表现出怀疑。Bella et al.(1988)的研究认为当前核废料储存缺乏技术解决方案(能力不足),在项目选址过程中,需要利用公众对核能机构的信任。以上言及的信任指的都只是善意信任。Ho(2013)在研究中提出,信任对台湾民众反对台湾第四核电厂的行为有解释力,反对者认为台湾政府的核安全管理能力比日本更差,既然连日本都防范不了核事故,台湾的核电站应急计划也不足信。显然,这里的信任指的只是能力信任。

(三) 理论假设

当人们对某项技术所知甚少时,是否接受这项技术在很大程度上取决于对负责技术的人的信任,而信任作为一种启发精神或替代背景,有助于个体形成自己的意见（Midden & Huijts，2009；Siegrist & Cvetkovich，2000）。善意信任和能力信任反映了公众是否能够容忍核事故风险（不确定状态），以及对核电站管理者（政府、专家和企业）是否有信心的心理状态，因而可以预期它们对公众能否接受核电站起关键作用。本文将从这两个信任维度，探索公众信任对核电站公众接受度的影响机制。

如图 10-2 所示，研究将以 Visschers et al.(2013)构建的瑞士核电站公众接受度解释模型为原型（模型见图 10-1、测量量表见附录 B），把其中的公众信任进一步分解为"善意信任"与"能力信任"两个潜变量。在变量关系上，由于原模型认为公众信任有利于增强收益感知以及降低风险感知，因而初始模型同样假设"善意信任"与"能力信任"具有增强收益感知和降低风险感知的作用。

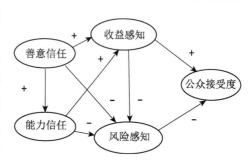

图 10-2　核电站信任机制的双维模型

由此形成一组假设：

H_1：公众对核电管理者的善意信任越高，对他们的能力信任也越高；

H_2：提升公众对核电管理者的善意信任，有助于增加公众对核电站的收益感知，降低公众对核电站的风险感知；

H_3：提升公众对核电管理者的能力信任，有助于增加公众对核电站的收益感知，降低公众对核电站的风险感知。

二　数据与方法

（一）调查数据

本文采用 2014 年对中国 Q 核电站公众接受度的调查数据，该核电站归属中国核工业集团有限公司。在本研究调查实施期间，中国大陆仅有 7 座核电站 18 个核反应堆处于商业运营状态。这些核电站具有趋同性，都是沿海核电站并属于国有（控股）企业。在 7 座核电站中，Q 核电站是中国第一座进入商业运行的核电站，拥有的在运核反应堆最多（7 个），且周边人口密集。因而对于中国核电站周边生活的居民来讲,本研究所选样本具有较好的代表性。

由于核电站是邻避设施,空间距离会影响公众的认知与感受,因而国内外相关调查的抽样范围大多限于距离核电站 30 公里以内(如:戴正等,2014;杨广泽等,2006;Ho et al.,2013),本研究同样选择在核电站 30 公里范围内工作和生活的民众(包括核电站职工)进行调查。不算核电站职工的话,Q 核电站所在的乡镇有 9 117 户家庭,共计约 3 万人,符合这一空间标准。在 Q 镇居委会和 Q 核电站运营方的帮助下,采用简单随机抽样方法,选出 400 户家庭、120 名核电站职工作为调查对象。选择在居民家中或核电站对站内职工进行问卷调查,要求每个家庭户参加调查人员需满 16 岁。最后一共获得 491 份有效问卷。

表 10-1　调查样本描述

变量	分类	数值(百分比)
性别	男性	243(49.5%)
	女性	248(50.5%)
年龄	21—40	291(59.3%)
	41—60	138(28.1%)
	其他	62(12.6%)
教育程度	初中及以上	101(20.6%)
	高中	90(18.3%)
	大学(含大专)	283(57.6%)
	硕士及以上	17(3.5%)
年均家庭收入	0—50 000(RMB)	233(47.5%)
	50 001—100 000	130(26.5%)
	100 000 以上	128(26.0%)
职业	公务员或事业单位人员	53(10.8%)
	其他职工或个体户	242(49.3%)
	核电站职工	117(23.8%)
	退休人员、家庭主妇、学生或无业人员	79(16.1%)

如表 10-1 所示,调查对象的男女比例大致平衡(男性占 49.5%);样本以家庭劳动力为主(21—40 岁占 59.3%、41—60 岁占 28.1%、其他占 12.6%),具有较好的教育文化(57.6%大学文化、18.3%高中文化、20.6%初中及以上文化)。但是在 Z 省这个经济发达省份他们的年均家庭收入相对较低(10 万以上占 26.0%、5 万至 10 万元占 26.5%、5 万元以下占47.5%)。因而有些当地居民认为核电站对当地经济发展存在负面影响。然而,核电站职工的收入明显高于当地居民。所在调查对象中,政府机关和事业单位人员占 10.8%,其他性质雇佣工人和个体户占 49.3%、核电站职工占 23.8%。

(二) 研究方法

本文采用描述性统计和结构方程模型方法,分析核电站的公众信任水平及其影响机制。首先根据问卷调查结果,分析公众对于采用核能发电方式,以及对在当地建设核电站的接受度;比较公众对政府主管部门、研究机构和专家,以及核电企业的信任度。其次,采用结构方程模型分析技术,对核电站的公众信任机制进行探索性研究。操作时,先计算初始模型中各组变量的关系参数,采取模型限制(Model Trimming)方法,根据临界比率(Critical Ratio)值删除和限制部分路径,获得信任机制的修正模型。然后比较原始模型与修正模型的拟合优度指标,分析修正模型的拟合情况。最后对照模型,分析"善意信任"与"能力信任"双因子对核电站公众接受度的影响机制。

以上结构方程分析采用 AMOS 17.0 软件,调查量表的信度和效度检验采用 SPSS19.0 软件。

(三) 变量测量

参考国际同类研究,根据对 Q 核电站职工和周边居民的访谈资料,筛选核电站接受度信任机制的测量题项,编制应用于中国社会文化环境的测量量表。

1. 对接受度的测量

Venables et al.(2012)通过询问调查对象对于在当地建设一座新核电站的态度(支持或反对),来测量核电站的公众接受度;本研究除了询问被调查对象对于在当地建设核电站的态度之外,将增加一个题项,同时询问被调查对象对核能的接受态度。这两个题项分别测量了被调查对象作为

"当地的人"和"社会的人",对核电站建设的接受水平。

2. 对信任的测量

国际研究对核电信任的测量,主要有两类:一是针对被信任对象发问,如询问是否信任核电站运行商、信任政府职能部门、信任核电专家(Visschers, et al., 2013);询问是否信任核电站检查权威(Visschers, et al., 2011);询问是否信任政府,信任核电产业和当地运营商(Venables, et al., 2012)等。二是针对信任内容发问,如 Ho et al.(2013)在研究中,询问台湾的调查对象是否信任核电站安全管理(与日本对比),是否信任核事故应急响应计划。本文参考 Visschers et al.(2013)的研究,也将核电站运行商、政府职能部门、核电专家作为被认知对象,来测量公众的核电信任。不过特别从善意信任和能力信任两个维度对核电信任做了分解,其中善意信任测量公众对以上三者的诚实信念和信赖态度,能力信任测量公众对以上三者风险控制能力的认知。

3. 对收益感知的测量

已有研究主要分析核电站在提供电力(Visschers, et al., 2013)、降低电价(Visschers, et al., 2013, 2011; Song, et al., 2013),以及作为清洁能源减少污染、调节气候(Visschers, et al., 2011; Yeo, et al., 2014)方面的贡献。由于中国的经济发展速度较快,电力供应持续紧张,为了保障工业用电和社会用电,部分区域甚至采取了分区停电的措施。中国的火电占比过大,能源结构不合理,核电对煤电的替代作用受到了人们的关注;中国煤、石油等化石能源的应用,使城市空气遭受污染,境内持续出现雾霾污染。据此,本文通过询问公众认知中核电对地方电力短缺的作用,核电作为清洁能源对环境的保护作用,以及核电增长对能源消费结构的调节作用,来测度公众对核电站的收益感知。

4. 对风险感知的测量

Ho et al.(2013)通过核事故发生可能性(同日本相比)、30 公里内患癌症风险、核电站安全距离、不建设核电站的电力短缺四个维度测度风险感知。Sjöberg & Sjöberg(2001)的调查发现,人们担心核电项目会伤害孩子并危及后世子孙。考虑到空间距离只是风险感知条件、电力供应属于收益感知的范畴,我们通过询问核电站是否存在健康威胁、子孙后代隐患,以及核事故严重后果三方面,测量公众对核电站的风险感知。

综合上述分析结论,形成核电站公众接受度测量量表如表 10-2。

表 10-2　核电站公众接受度量表

题项	标准因子载荷	Cronbach's Alpha
社区接受度		
1. 我接受核能作为发电方式	0.62	
2. 我愿意接受在当地建立核电站	0.79	0.72
3. 我生活在核电站附近是自愿的	0.64	
善意信任		
4. 政府提供的核能方面的信息客观可靠	0.72	
5. 研究机构和专家所发布的核能方面的信息客观、可靠	0.77	0.73
6. 核电公司会遵从政府的命令应对核事故	0.59	
能力信任		
7. 核能专家能够有效监督和指导核电站的建设,使其不存在风险	0.70	
8. 核电公司能够有效控制核电厂风险	0.78	0.78
9. 当前的科技可以准确评估核能风险	0.74	
收益感知		
10. 核能属于清洁能源,使用它有利于环境保护	0.74	
11. 中国应该更多地使用核能,以逐步改变能源消费结构	0.73	0.79
12. 如果居住的地方电力短缺,我会同意在当地建立核电站	0.76	
风险感知		
13. 核电站会对我的生命健康等造成严重危害	0.69	
14. 核电站的风险是致命的	0.68	0.76
15. 核电站建设将给我的子孙后代留下安全隐患	0.78	

表 10-2 各题项的答案选项共分五级,分别为 5-非常同意、4-同意、3-一般、2-不同意、1-非常不同意。Cronbach α 系数被用于分析量表信度。如表 8-2 所示,总量表、各分量表的 Cronbach α 系数均大于 0.70,说明问卷的信度可接受,具有良好的内部一致性。因子分析显示,善意信任、能力信任、风险感知、收益感知和接受度测量题项的标准化因子载荷,以及 KMO 值均大于 0.5、Bartlett 球形检验也达到了显著水平($P < 0.01$),说明量表具有较好的结构效度。

三 结 果

(一) 公众核电信任与接受度水平

如图 10-3 所示,公众支持(选择"非常同意"和"同意"的)以及拒绝(选择"不同意"和"非常不同意"的)在当地建设核电站的分别占 24.1% 和 68.6%,反对数量明显占优;恰恰相反,支持和反对利用核能发电的分别占 56.6% 和 28.1%,支持数量明显占优。这种情况说明中国社会公众具有典型的核邻避心理——"我们接受和欢迎利用核能,但是别在我们家门口建设核电站"。

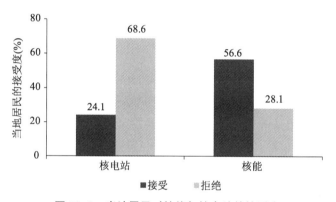

图 10-3 当地居民对核能与核电站的接受度

如图 10-4 所示,在善意信任方面,选择信任政府、研究机构和专家,以及核电公司的比例分别是 34.9%、38.8% 和 18.6%;在能力信任方面,选择

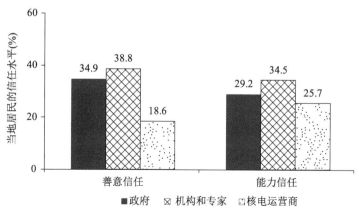

图 10-4 当地居民对核电站管理者信任水平

信任政府、研究机构和专家,以及核电公司的比例分别是 29.2%、34.5% 和
25.7%。比较而言,公众对研究机构和专家,乃至政府的信任水平,都明显
高于对核电公司的信任。但这些数值都不高,这种情况说明项目周边居民
对核电站管理者仍然欠缺信任。

(二) 核电站接受度的信任机制

针对图 10-2,采用最大似然估计法(ML),拟合信任对核电站社区接受
度的影响机制模型。RMSEA 是广泛用于评价结构方程的拟合指标,其
值大于 0.05 且小于 0.08($RMSEA = 0.055$),说明可以接受但不理想(Hoe,
2008)。进一步观察 $X^2/df = 2.457$,介于 1.00 和 3.00 之间,仍落于可接受
范畴(Carmines & McIver,1981)。正如 Hu & Bentler(1999)所给予的评价
标准,TLI,$BL89$(或 NFI),CFI 大于 0.95;$SRMR$ 小于 0.08,同样说明初
始模型可以接受但不理想($BL89 = 0.938$,$CFI = 0.962$,$TLI = 0.951$,
$PNFI = 0.732$,$SRMR = 0.035$)。

修正指标(MIs)说明,通过增加测量题项的残差相关,可以增强模型的
拟合效果。可以看到题项 6 和 8 的 MIs 明显高于其他题项。题项 6 测评的
是"核电公司会遵从政府的命令应对核事故",题项 8 测量的是"核电公司
能够有效控制核电厂风险"。考虑到对履行应急管理责任的感受,有可能
与对风险控制能力的感受存在相关,因而,设定题项 6 和 8 存在残差相关。

初始模型各路径的 $C.R.$ 值如表 10-3 所示,其中"善意信任→收益感
知""善意信任→风险感知""能力信任→收益感知"和"能力信任→风险感
知"四条路径不显著。

表 10-3　核电信任机制初始模型的路径参数

路径	标准化路径系数	S.E.	C.R.	P
善意信任→收益感知	−0.21	0.96	−0.22	0.83
善意信任→风险感知	1.92	2.00	0.96	0.34
能力信任→善意信任	0.99	0.07	14.36	***
能力信任→收益感知	0.92	0.98	0.94	0.35
能力信任→风险感知	−2.27	2.09	−1.09	0.28
收益感知→风险感知	−0.34	0.12	−2.75	**
收益感知→社区接受度	0.67	0.07	9.96	***
风险感知→社区接受度	−0.61	0.08	−8.21	***

注: ** $P<0.01$, *** $P<0.001$。

Visschers et al.(2013)、Huijts et al.(2012)的研究结论,说明信任对核

电站的收益感知和风险感知具有解释力。而在初始模型(图 10-2)中,信任和收益感知、信任和风险感知的关系得不到确认,这与先前的研究结论不一致。这种不一致说明善意信任、能力信任这两个变量,同收益感知和风险感知的理论关系是不同的。因此,我们修正初始模型,删去了"善意信任→收益感知"和"能力信任→风险感知"这两条路径,因为它们的 $C.R.$ 值都不显著,且 P 值最大(都大于0.05)。修改后的模型见图 10-5。

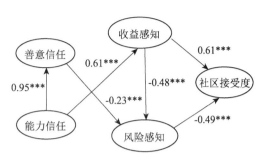

图 10-5 核电站公众接受度的信任双因子模型
注:* $P<0.05$,** $P<0.01$,** $P<0.001$。

最终模型的拟合度明显得到了改善($X^2/df = 2.058$,$BL89 = 0.947$,$CFI = 0.972$,$TLI = 0.964$,$PNFI = 0.738$,$SRMR = 0.035$,$RMSEA = 0.046$)。不仅如此,最终模型所有的路径都在 0.001 置信水平表现显著(见图 10-5),每个题项的标准因子载荷都大于 0.50(见表 10-2)。显然,最终模型更为理想。

如图 10-5 所示,在最终模型中,收益感知和风险感知对社区接受度存在影响,但是前者的影响是正向的,后者的影响是负向的。收益感知和风险感知之间存在负相关,善意信任和能力信任之间存在正相关。对核电管理者的能力信任,可以显著提升当地民众对核电站的收益感知;对核电管理者的善意信任,可以明显削弱当地民众对核电站的风险感知。此外,还发现善意信任与收益感知、能力信任和风险感知之间没有统计意义。

四 讨 论

以往的研究将核电信任视为单维度的概念,认为改善公众的核电信任,可以提升公众对核电站的收益感知、抑制公众对核电站的风险感知,从而提升核电站接受度。本文将核电信任中分成"善意信任"和"能力信任"两个维度,探索核电信任对项目选址地民众核电站接受度的影响机制。结果发现善意信任与能力信任的影响差异较大。研究表明:当地民众对核电管理者的能力信任越高,越有助于预期核电站的安全管理者能够保障核电站收益的兑现,故而能够增强当地民众对核电站的收益感知;同时更高的善意信任,将让当地民众预期核电站可以得到安全管理,从而降低了他们对核电站的风险感知。但是,当地民众对核电管理者善意信任的提高,并不能提升他们对核电站的收益感知;当地民众对核电管理者能力信任提高之后,并不能明显降低他们对核电站的风险感知。

能力信任反映了公众是否认可政府、专家和企业的核电安全管理资源和能力。当地民众的对核电管理者的能力信任越高,说明他们越是确信从核电项目中获得的收益可以得到保障。善意信任反映了公众对核电管理品行和责任心的预期。当地民众越是认为核电站管理者诚信可靠,对由之实施的安全管理将越有信心,越有助于降低他们对核电站的风险感知,因为更高的善意信任可以让公众相信不会遭遇额外的风险。还有一个可能的解释是:信任是风险状态下对他人的积极期待,由于自身无法应对风险,只好依赖有资源、有能力的同伴。核电站是一类高技术壁垒、高风险的邻避设施,公众无法参与核电站风险管理,只好依靠核电管理者提供安全保证。因此,公众对核电站管理者的善意信任水平,会同他们对核电站的风险感知,表现出了反方向联动的特征。总之,无论是善意信任还是能力信任,都对核电站接受度具有积极的综合影响效应。

中国的核反应堆开工数与筹建数分别占到了全球总数的 38.9% 和52%(根据 2017 年 IAEA 的统计数据),增速为全球第一。这是否意味着中国社会足够信任核电技术与核电站呢? 本文的调查结果显示,中国政府的扩张性核能发展战略,并未基于充足的核电公众信任。Falk(1982)认为在多数人眼里,核能是一种不受信任的技术,人们不仅仅不信任技术本身,不信任整个核产业、不信任支持核能发展的科学家、更不信任那些断言核能安全的政府。中国核电要长远和平发展,在争取信任之路上依然任重道远。从公众信任的双因子结构及其作用看,建议从以下几方面强化中国公众的核能信任:

一是如实宣传核能项目和技术。在后福岛时代,必须致力于化解由于核事故引发的情感信任和能力信任危机。核能项目立项之前,专家的评估和政府的保证往往都围绕着"绝对安全可靠"来展开,但是事故的发生摧毁了这种不可靠的保证,公众会怀疑政府和专业机构的监管能力(时振刚等,2002),公众对于核能的情感信任也会产生动摇,将核能专家、核电站运营商和地方政府置于不可信任的位置。福岛核事故之后的日本社会就出现了这种状况。信任是公众的心理认知,主体的知识、经历与感受是形成信任的内在影响因素。应当实事求是的进行知识的普及,理性地评价中国核电站的建设质量、核安全技术的应用状况,以及核能项目的社会影响,理性地分析国际或国内发生核事故之后的危害性影响。要把调整核能危机中的公众反应,改善核事故对社会心理的影响效应,作为后福岛时代的一项重要工作。在国内外核安全事件发生时,及时加强对自身安全状况的监测与检测,帮助公众分析问题,避免出现巨大的恐慌情绪。

二是重视能力信任的价值。我们政府和研究者在核能的信任机制建设中,往往更为关注善意(情感)信任的因素,却忽视能力信任的影响。能力信任与核能管理机制和运营商的核应急管理能力有密切的联系,但它是一种主观的信念和认知,是心理活动的产物,同客观的能力与技术仍然存在巨大差异。将能力信任从理论与实践中独立出来进行强调,或许有助于改善当前核能项目选址地公众接受度偏低的现象。比如,当前的核事故应急预案演练往往只是政府部门与核电站小范围参与,忽视了增强核电站周边民众能力信任的需要;如果能够同时重视善意信任与能力信任,那么核能应急管理计划绩效将更好地落到实处。核电能力信任的条件是核应急管理能力的提高,对此,潘自强院士有过较好的总结,他建议在保障核设施安全性、推进核安全管理规范化、落实核事故安全监管、强化核应急能力建设等方面发力(齐慧,2012)。

三是不能辜负公众的情感信任。我们一直强调要调整和提升公众的信任度,但是却忽视了信任的情感承载对象。从已有研究看,核电站运行商、政府职能部门、核电专家(Visschers et al., 2013)、核电站检查权威(Visschers et al., 2011)、核电产业(Venables et al., 2012)、媒体(Kasperson, 2012;袁丰鑫、邹树梁,2014)等,都属于被公众信任的对象。显然,在信任关系建构中,治官、治商、治学、治媒体应当多路并进。Ramana(2011)认为脆弱的核能公众信任,常常会被核安全事件、核能管理机构的无效和腐败行为所破坏。长远地维护廉洁高效的核能管理与运行机构,是公众情感信念产生的重要心理认知条件。

四是健全双向互动机制。信任不足是核能项目推动的障碍,地方政府和核电运营商在推动核项目时,应当及早深入沟通,而不应隐秘无声地开展各项工作。政府部门与核电企业应当设立安全信息通报机制,充分满足民众的知情权;应当完善参与机制,让"风险相关者"可以参与核电站的风险监督和管理;应当发展风险沟通机制,在沟通中及时防范和化解潜在的社会矛盾与问题,才能获得民众的理解与支持。

第十一章　核电站公众接受度的
公平机制探索

　　本章探索公平感对核能接受度的影响机制。研究将在 Visschers et.al (2013)核电站公众接受度理论解释模型的基础上,引入公平感知的因素,分析"分配公平感"和"程序公平感"对核能社区接受度及其他影响因素的影响机制,并对如何干预和提升民众公平感提出建议。

一　背　景　与　问　题

(一) 国内外研究进展

　　在中国,核能发展的高社会公众认可度与涉核项目选址建设的低社区居民接受度并存。发展核能存在两类成本,一为经济成本,一为社会成本,公众接受水平不足将导致核电应用的社会成本升高(Slovic et al.,1991;Bell et al.,2005;yunna et.al,2013)。核能项目的社区接受度偏低,易激化当地民众的负面情绪,并引发群体性事件。

　　中国公众对在居住地附近建设核能项目的社区接受度偏低。核能项目选址地各种社会矛盾依然比较尖锐——山东乳山核电项目因环评流产、江西彭泽核电项目陷入邻域风波、广东鹤山龙湾工业园项目爆发反核事件、湖南益阳桃花江核电项目建设遭遇"内陆核电"漩涡等便是例证。

　　显然,中国核电发展必须提升选址地居民的接受水平。而要解决这一问题,必须实施多路径干预。Wüstenhage et al.(2007)认为信任、程序正义和分配正义调节着可再生能源的社区接受度,显然,公平是影响公众接受水平的关键因素。核电项目存在邻避效应,研究者利用潜在价值评估法(Contingent Valuation Method,CVM),计算公众为了避免核电站成为邻避设施愿意支付的价格(Willing to Pay，WTP)[①](Sun & Zhu，2014)。此处，WTP所计量的实际上是一种心理认知状态，即对收益与风险不对等的心理感受，或者记录了因为核电站建设而产生的不公平感。来自韩国的研究也发现，通过风险沟通减少在核电站决策程序方面的不公平感，可以提升公众对核电站建设的接受水平(Song et al.，2013)。

总体看，国内外对于核电站社区接受度影响因素的研究不少，但很少见对核电公平的研究。虽然多数研究者已经意识到公平感可以提升信任水平、促进公众接受度，但相关论点缺乏实证证据的支持。Visschers & Siegrist(2012)曾建构包含公平变量的核电站接受度模型，不过他们的相关研究虽然证明了公平感对核能接受水平的影响，但研究结论与先前研究成果存在不一致。目前公平感知影响核电站公众接受度的整体机制依然不明。本研究将探索民众公平感对核能接受度的影响路径，为推动核能技术应用提供理论支持。

(二) 概念模型

国际研究者从不同的理论视角提出各类核能公众接受度的解释模型，但公平感较少被纳入验证模型。以下将对如何引入公平感变量进行讨论。

1. 经典解释模型

国际研究表明公众的心理感知问题对核电的接受水平存在重要影响，风险感知(Song et al.，2013；Whitfield et al.，2009；谭爽、胡象明，2013)、收益感知(Visschers et al.，2011；Pidgeon，2008；Adam et al.，2011；Shu et al.，2010)，以及信任(Ho et al.，2013；Visschers et al.，2013；Song et al.，2013)是核电站公众接受度的关键性影响因素。人们在复杂的心理关系之上，通过对核电项目的收益评估和风险评估，选择自己的支持态度。研究显示，信任被作为重要的甚至唯一的前因变量，通过收益感知和风险感知影响核电的公众接受度(Ho et al.，2013；Visschers et al.，2013；Song et al.，2013)。从已有研究看，核电的收益感知和风险感知分别从正向和负向影响接受度，收益感知对风险感知存在负作用，信任通过收益感知与风险感知作用于接受度，信任水平越高，收益感知就越高，有助于提升接受度；信任水平越高、风险感知就越低，风险感知对接受度的负面影响也

[①]　根据 Sun & Zhu(2014)的研究估算，中国每户居民每年愿意额外支付 80.106—116.60 美元，以避免在当地建设核电站。

就越小(Visschers et al.，2013；Huijts，et al.，2012)。具体理论关系如图
11-1。

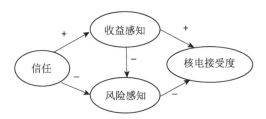

图 11-1　核电站公众接受度解释模型

2. 包含感知公平的理论解释模型

研究者已注意到公平是调节核电公众接受度的重要因素(如 Sjöberg &
Sjöberg，2001；袁丰鑫等，2014；Visschers & Siegrist，2012)。但是，汇总国
内外有关核电公众接受度的实证研究，我们很遗憾地发现相关提法以描述
判断为主，实证支持明显不足。国内核电接受度相关调查研究未见关于公
平或正义的调查分析，国际上相关研究也很少涉及这一议题。Visschers &
Siegrist(2012)曾分析认为"产出公平"与"程序公平"显著影响公众对在当
地重建核电站的接受度，但是解释模型中未考虑"信任"这一重要影响因
素，验证结果还显示"风险感知"与"感知气候变化收益"，对公众接受度没
有解释意义(Visschers & Siegrist，2012)；结论与大量研究成果相悖，理论可
靠性不足。公平感知相关调查的缺失，以及理论不一致情况的出现，说明
核电站接受度的公平机制依然不明。缺乏公平和正义视角的理论诠释，不
足以解释核电站建设与核废料设施选址争端。

3. 公平的概念与理论边界

公平是反映社会正义与系统合理性的平衡状态。亚里士多德将分配
的对等性视为正义条件，提出分配的公平在于合乎比例。Adams(1965)在
报酬理论研究中发现，工作动机不仅受到报酬绝对量的影响，还受到报酬
相对值[①]的调节，这种对于分配结果公平性的感受就是"分配正义"。人们
的公平感不仅来自对结果公正的认知，还来自对"过程正义"的感受。1971
年约翰·罗尔斯(John Rawls)出版《正义论》一书，提出正义不仅要求结果
的公平，而且要看结果的形成过程是否符合正当性和合理性标准(Thibaut
et al.，1972)；Thibaut & Walker(1975)从司法角度探讨了程序公平问题，提

---

① 　个人劳动所得同他人进行比较；或者个人劳动所得同以往进行比较。

出过程正义可以促进人们的公平感。综上，我们可以确定公平的理论边界：公平是包含结果正义与过程正义的状态，其中结果正义也可表述为分配公平，过程正义也可表述为程序公平。起点公平、机会公平和过程公平的问题都属于程序公平的范畴。

我们在调查访谈中发现，核电站周边某些居民存在明显的风险与收益不对等感，这是典型的分配公平感问题。在以往核能的社会抗争中，望江县反对其邻居彭泽县开展核电站项目，江门市民众反对龙湾工业园核燃料项目，部分抗争理由都指向了核电的过程正义问题，可见程序的缺陷也会造成公众的不公平感。由此，结合 Visschers & Siegrist（2012）关于公平研究的前导性工作，本章拟从结果正义与过程正义两个理论维度，研究公平感知对核电站建设的影响机制。具体将在 Visschers et.al（2013）核电公众接受度理论解释模型（见图 11-1）的基础上，引入"分配公平感"与"程序公平感"两个评价指标作为前因变量，探讨公平感知对核电站公众接受度的影响与作用。新的核电公众接受度理论概念模型与理论假设如图 11-2：

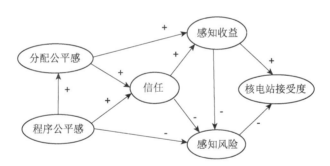

图 11-2 核电站接受度的公平感知机制模型

研究具体在 Visschers et al.（2013）模型之上，添加了以下 3 组理论假设：

假设 1：程序公平感对分配公平感具有正向促进作用；

假设 2：程序公平感提高，将增进公众对核电站的信任，降低风险感知，从而对公众接受度产生正面影响；

假设 3：分配公平感对信任具有正向的影响，并同信任一起，共同提升公众对核电站的收益感知，从而促进核电的公众接受度。

二　数据与方法

(一) 数据

研究组织了两次调查：

一是拦访调查，采集数据探测核电站周边居民有无存在公平感问题。调查安排在 F 省 F 核电站选址地。F 核电站 2013 年才建成发电，是一个正在发展中的核电站。2015 年调查时选择了核电站附近三个镇的街道进行随机拦访。询问"在当地发展核能，您认为对当地民众是不是公平的？"以及"本地发展核能，您最直接的感受是？"共有 97 名当地居民接受了访谈调查。样本对象中男性占 54.6%、20—60 岁占 94.8%、高中及以下文化占 78.4%，居住地均距离核电站在 30 公里范围以内。

二是入户调查，采集数据探索影响核电站社区接受度的公平机制。具体调查地背景和组织信息参见前一章。本研究只使用了居民调查数据。正式调查共发放问卷 400 份，回收有效问卷 374 份（有效率 93.5%）。居民样本特征分析见表 11-1：

表 11-1　周边居民样本的基本特征

变量	变量取值	人数（百分比）
性别	男	147(39.5%)
	女	217(58.3%)
年龄	21—40 岁	190(50.8%)
	41—60 岁	122(32.6%)
	60 以上	43(11.5%)
	20 岁以下	13(3.5%)
	缺失	3(0.8%)
教育程度	初中及以下	77(20.6%)
	高中文化	86(23%)
	大学（含大专）	201(53.7%)
	硕士及以上	8(2.1%)
	缺失	1(0.3%)

（续表）

变量	变量取值	人数（百分比）
家庭月收入	5 万元以下	200（49.7%）
	5 万—10 万元	128（34.2%）
	10 万—15 万元	128（34.2%）
	15 万以上	17（4.5%）
	缺失	4（1.1%）
职业	公务员、教师或事业单位人员	86（23%）
	职员或工人	176（47.1%）
	退休人员或学生	64（17.1%）
	个体户、家庭主妇或无业者	48（12.8%）

（二）方法

参考 Visschers et al.(2013)、Visschers & MichaelSiegrist(2012)的核电站公众接受量表，对照中国的社情和文化特点编制量表。其中，对公众接受度、分配公平感和程序公平感三个变量采用指标法，具体对核电站接受度的测量，使用题项"我愿意接受在当地建立核电站"；对分配公平感的测量，使用题项"我从核电站建设运营中获得的收益和承担的风险是对等的"；对程序公平感指标的测量，使用题项"我接受核电站风险是非自愿的"。而对收益感知、风险感知、信任三个潜变量的测量采用分量表（即多评价指标方法），其中，对于潜变量风险感知的测量使用健康伤害、核事故风险、贻患后代三个维度；对收益感知的测量包括缺电支持、环境保护和能源结构调整三个维度；对信任的测量包括信任政府效能、信任企业技术效能和信任专家机构三个维度。量表的问题选项统一采用李科特指数法表示，从"1 -完全不同意"至"5 -完全同意"，按强弱程度变化分为五级。

建模及验证采用解释结构模型方法，依托 SPSS 16.0 和 AMOS 17.0 进行。

三 结 果

（一）调查对象的公平感分布

被拦访对象关于发展核电对当地民众是否公平的回答如图 11-3，可以看到感觉不公平的占 40.2%、觉得公平的占 14.4%。显然,核电站周边居民存在明显的公平感问题。但是中间层次的人群有 45.4%、占最大比例,说明可争取的人群比重很大,有必要通过采取心理建设等措施,启发和提升核电站周边居民的核电公平感。

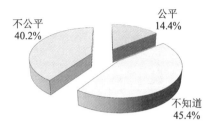

图 11-3　核电站周边居民的公平感

进一步分析被拦访对象对于当地发展核电的情绪表达,结果如图 11-4。态度平淡的居民最多,占 44.3%;表示担忧的占 30.9%、表示难过的占 5.2%、表示愤怒的占 4.1%;持正面情绪的对象占比较小,表示赞同的有 8.2%、表示高兴的有 6.2%。不好的公平感与负面情绪往往紧密联系在一起的,较大比重人群出现负面情绪,说明核电公平的问题不容忽视。

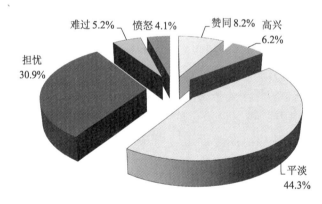

图 11-4　核电站周边居民对于当地发展核电的情绪

(二) 量表的信效度检验

分析量表信度。量表总体的 Cronbachcs'a 系数为 0.851,其中分量表风险感知、收益感知、信任分量表的 Cronbachcs'a 系数分别为 0.736、0.720、0.838。量表的折半信度 Spearman-Brow 系数为 0.758,内部一致性系数均达到 0.7 以上,表明量表的可靠性较高(Nunnally,1978),量表的信度得到了检验。

分析量表效度。研究根据国际已有核电接受度量表安排题项,并由专题小组讨论研究修订量表,使之具有较好的内容效度。采用 AMOS 软件进行验证性因子分析,获得各潜变量观测变量的标准化因子荷载,其中风险感知的观测变量健康伤害(0.59)、核事故风险(0.70)、贻患后代(0.81);收益感知的观测变量缺电支持(0.64)、环境保护(0.68)和能源结构(0.70);信任的观测变量信任政府效能(0.83)、信任企业技术效能(0.77)、信任专家(0.79),荷载均在 0.5 以上(临界标准:>0.35)(武瑞娟、李东进,2009),且达到显著水平($P<0.05$)。Fornell & Larker(1981)利用因子载荷、组合信度和变异抽取量评价收敛效度,采用同一组合指标法分析收敛效度。风险感知、收益感知和信任的因子标准化载荷均大于 0.5($P<0.05$);这三个潜变量的组合信度(CR 值)分别为 0.749、0.764 5、0.839,均大于 0.7;变异抽取量(AVE)分别为0.503、0.521、0.636,均大于 0.5,三项指标说明量表具有较好的收敛效度。对照表 11-2 可见,各因子的 AVE 值平方根均大于其自身同其他因子或变量之间的相关系数,说明量表具有较好的区分效度。

表 11-2　各因子或指标的相关系数

	公众接受度	风险感知	收益感知	信任	分配公平感
风险感知	−0.31				
收益感知	0.41	−0.21			
信任	0.40	−0.17	0.39		
分配公平感	0.29	−0.10	0.38	0.37	
程序公平感	0.29	−0.22	0.24	0.30	0.29

(三) 公平机制模型的检验

验证性模型的变量关系与路径参数如图 11-5;模型的常用拟合度指标如表 11-3。除相对拟合度指标 $RFI=0.93$,处于可接受标准以外,整体模型的绝对拟合度指标、相对拟合度指标,以节约拟合度指标表现都非常好,理论模型及假设成立。

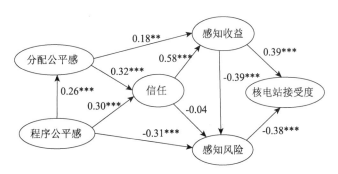

图 11-5　理论假设的检验结果

表 11-3　模型拟合度的分析指标与判别标准

判别指标		绝对拟合度				相对拟合度					节约拟合度		交叉效度
	X^2	X^2/df	RMSEA	GFI	AGFI	NFI	CFI	RFI	IFI	TLI	PNFI	PCFI	ECVI
指标值	78.16	1.66	0.04	0.97	0.94	0.95	0.98	0.93	0.98	0.97	0.68	0.70	0.38
判别标准 非常好	不显著	<2	<0.05	>0.95	>0.95	>0.95	>0.95	>0.95	>0.95	>0.95	>0.5 越大越好	>0.5 越大越好	越小越好
可接受		2.0—5.0	<0.1	>0.9	>0.9	>0.9	>0.9	>0.9	>0.9	>0.9			
出处	Carmines & McIver (1981)		Steiger (1990)			Bentler & Bonett(1980)；Hu & Bentler(1999)							

研究表明,分配公平感与程序公平感对核电站的公众接受度意义重大。程序公平感对分配公平感有促进作用。程序公平感直接促进信任、削弱风险感知,并通过风险感知间接影响核电站接受度;分配公平直接促进信任和收益感知,并通过二者间接提升核电站接受度。由此可见,公平感知是同信任一样重要的前因变量,它可以通过对信任、风险感知和收益感知的调节作用,间接影响公众接受度。但是引入公平感知的双维因子之后,Visschers et al.(2013)假设的理论解释模型并未得到全部验证,其中信任对风险感知的影响虽然作用方向符合预期,但是不具有统计意义。由于先前未引入公平因素的模型大量证明信任与风险感知具有负面相关性,因此暂且保留这一路径。从图 11-5 看,新引入的"程序公平感"因子替代了原模型中的"信任",对风险风险感知发挥反向调节作用。这种表现也说明,信任水平对风险感知的作用比程序公平弱,反而程序公平对风险感知的影响作用非常突出。

四　讨　论

本文研究明确了核电站公平感知的基本概念边界,将核电公平分解为程序公平与分配公平两个维度,并采用结构方程模型方法,揭示了程序公平感与分配公平感对核电站公众接受度的影响机制与路径。研究发现,核电站周边居民存在公平感不足的问题,分配正义与程序正义是公众对于核电站公平感知的基本概念维度,它们对于公众接受度的影响是整体的而不是孤立的,且这种影响效应具有双路径特征。机制分析的结果说明:分配公平感通过提升收益感知促进公众接受度;而程序公平感通过抑制风险感知来影响公众接受度;并发现程序公平感对分配公平感具有正向促进作用。

Visschers & Siegrist(2012)的研究说明产出公平(感)与程序公平(感)是核电站公众接受度的影响因素,但是未揭示信任、风险感知、收益感知的中介作用,我们的研究弥补了这一缺陷。Song et al.(2013)的研究发现沟通质量调节着风险感知对核电站社会接受度的影响,由于充分沟通是保障程序公平的措施之一,因此其研究结论可同本研究相互印证。不过风险沟通只是进行公平感调整的一种手段,核电公平感的提升还有赖于有关收益分配制度和公众参与机制的完善。

在核电公平感知的两个理论维度里,程序公平感来自公众对正义保障措施的认知,分配公平感来自公众对收益风险分配结果的认知。在公平的塑造过程中,各类程序性措施对分配结果具有客观影响,这种影响在心理认知领域,表现为程序公平感对分配公平感的正向影响。这种结果恰恰反映了过程正义的价值之一在于保障实体正义。而整体公平感知的提升,有助于核电站选址地公众塑造相对方(政府、专家及企业)善良、诚实、公正的认知,有助于增强对相对方的依赖或期待心理。此中反映的信念、态度或意图,对照 Ajzen(2002)对于信任概念的解析,正是塑造信任心理的核心要素。这也就能解释为何信任是公平感知作用于核电公众接受度的关键中介因素。但是公平感知的影响效应是多维的,它不仅影响了公众对于核电相关政府、专家及企业的信任,还对收益感知与风险感知存在正向和负面的调节作用,具体而言,有关分配正义公平感的提升有利于增加收益感知,程序正义的公平感的提升有利于降低风险感知。

建议在核电项目的规划、建设和运营中,重视过程正义政策的制定和落实。如果在决策过程中没有公众或利益群体的声音,那么决策的程序便会被认为是缺乏公正的(Terwel et al.,2010)。当程序公平感不足时,公众可能会推测核电方隐藏了重要真相,由此对核辐射、核事故潜在风险的恐慌心理会增加。为了缓解和消除程序正义问题,应当确立过程主义中心性原则,合理满足项目选址地民众关于获得知情权、参与过程监督、参与决策程序的要求,强化信息透明制度、完善信息披露机制,满足公众知情需要;同时加强公众沟通,吸引公众参与核电相关议题讨论,将提升沟通质量作为增进程序公平感知的重要抓手;此外,还应当让公众的利益表达渠道畅通,重视对利益与风险的平衡,如果分配公平感下降,周边居民对核电关联方的信念可能变迁,对其安全管理能力的信任态度和期望也会弱化。WTP价格的存在,说明在国际上(包括中国)核电站选址地居民对于发展核电的收益感知与风险感知是不平衡的。当前中国还缺乏一个选址地居民、社会与核电企业,共享核电利益的机制,相关利益补偿的激励效能不足也是核电发展的障碍性因素。

公平与信任是推动各方合作的条件,分配正义与程序正义是保障公平的根基。提升核电站公众接受度,应将公平感知与信任作为关键政策调节变量,其中满足核电站选址地民众的公平感受,应当同时从程序与结果两方面展开。现有国内大型项目规划建设推行的"社会稳定风险评估制度",属于程序公平的范畴。从图 11-5 所示理论模型看,关于程序不公平的感知,对信任具有抑制作用,会反向提升风险感知。当评估的代表性不足时,程序不公平反而会放大民众的风险感知,增加了不信任。这也就能解释为什么在某些地方"稳评"报告出来之后,社会冲突风险反而更加尖锐。我们国家在核电发展过程中,政府与核电企业十分关注核电风险,却忽视了对项目选址地居民的利益分配;根据上述研究,我们看到利益与风险的不对等,将弱化信任、抑制收益感知,进而减少对核电站的公众接受度,因此应当注意保障和维持项目选址地周边居民的分配公平感。

第十二章 核能技术应用的社会抗争模型与测量量表

本章探讨开发核能项目邻避抗争的理论解析模型和测量工具。首先基于文献研究,建构风险感知、收益感知和公众接受度,影响核电项目邻避行为倾向的理论解析模型;然后在该模型指导下,采用调查数据和结构方程模型方法,从探索性因子分析和验证性因子分析两个层次,开发核电站周边居民邻避效应测量量表。

一 提 出 问 题

2011 年福岛核事故发生以后,由于核事故与反核运动的影响,世界各国的核能发展走进了放弃、观望或持续的"三岔口",德国、意大利、瑞士、瑞典等国家宣布逐步退出或放弃核电,而中国却选择了继续快速发展核电。但是,1986 年香港发生的反对大亚湾核电站建设事件、2013 年广东鹤山发生的反对龙湾工业园核燃料项目事件,以及 2014 年台湾第四核电厂事件等,都说明中国同样存在核电项目建设引发的社会冲突。

地方民众因为担心建设核能项目会对身体健康、环境质量和资产价值等造成不利后果,可能采取激烈的高度情绪化的集体反对行为(汤汇浩,2007)。这种民众排斥项目建在当地的现象,在西方被称作 LULU(Locally-Unwanted-Land-Use)现象或邻避(Not-In-My-Back-Yard,NIMBY)效应;人们对于不喜欢的建设项目,表现出嫌恶、避让或反对的心理特征,叫作邻避情结;与之相关的对抗活动,则是邻避行为。核电站、核废料基地,以及核燃料厂选址地的居民,普遍存在邻避行为倾向。为了维护社会稳定,在发展核电的过程中,应当将邻避行为倾向作为重要的社会冲突风险监测对象,但是目前还未见有该方面的量表开发。以下将建构核能应用社会抗争的理论解释模型,编制核电项目周边居民邻避效应测量量表。

二 研究综述

Downey(1986)总结国际反核运动发现,外部社会控制机制失灵,内部利益分配、风险分配失衡,以及公众信念变化等,共同导致了对核能政策以及对核能技术应用的社会抗争。可见由核电项目引发的社会冲突,具有潜在的心理发生机制。国内外研究者已经在核电站的公众接受度与对抗行为研究方面做了大量的工作。不少研究使用了测量量表,但是只有少数研究者,如 Visschers et al.(2011,2013)Ho et al.(2013)Yeo et al.(2014)等对相关测量工具做过介绍。

国内研究者同样组织了多次核能的公众接受度调查,如谭爽、胡象明(2013),余宁乐(2010),杨广泽(2006),戴正(2013),陈钊(2009)宣志强(2012),胡蓉(2009),曾志伟(2014),梁绵英(2009)的研究。但是,从研究报道看,相关量表设计及使用,缺乏对量表信效度的分析,也不够重视对公众接受度整体影响机制的分析和检验。表 12-1 汇总了国内外研究者关于核能接受度(或对抗行为)测量量表的分析结果:

表 12-1 对核能接受度或对抗行为的测量与发现

研究者	文化背景	概念与操作指标	信度与效度检验
Visschers et.al (2013)	瑞士	用信任、收益感知、风险感知解释核电站的公众接受度	三个维度的综合信度系数分别是 0.78、0.89 和 0.88;采用主成分分析检验了单维性,基于结构方程模型进行了效度检验
Ho et al. (2013)	中国台湾	性别、信任、风险感知、协会与核电站在地理上的联系,对计划建设新核电站有解释力	风险感知分量表的信度为 0.82;采用 Logistic 模型进行效度检验
Yeo et al. (2014)	美国	在核事故发生前后,人口学变量(年龄、性别、教育、收入)、收益感知、媒体关注(报纸、电视、网络新闻)对风险感知存在显著影响	分量表风险感知信度 0.92、收益感知 0.90—0.93、媒体关注(报纸、电视、网媒)0.89—0.93;……
谭爽、胡象明 (2013)	中国大陆	传播行为倾向、自保行为倾向与风险认知不相关,但对抗行为倾向与风险认知存在强正相关性	总体问卷信度 0.88,风险认知,行为倾向、影响因素分问卷的信度分别为 0.86、0.80 和 0.88;未见效度报道

　　如表 12-1 所示,已有研究发现收益感知、风险感知与信任,共同影响核能接受度(Visschers et al.,2011、2013；Venables et al.,2012；Ho et al.,2013；Shi et al.,2002);信任通过成本感知、风险感知和收益感知,间接影响接受度或接受意图,信任越高,收益感知越好,成本感知与风险感知也越低,导致人们产生更高的接受度或接受意图(Huijts,et al.,2012)。不过,也有例外的情况,当公众信任的团体反对相关技术时,那么这种信任将会对该技术的接受度产生负面影响(Huijts,et al.,2012)。风险感知与收益感知作为核电站接受度预测的一对重要影响因素,彼此属于负相关的关系,它们对接受度的作用力也是一正一负(Tanaka,2004)。不过先前的研究对此也有不同的认识,如 Nick et al.(2008)认为核能作为调节气候变化的有益措施,对技术接受度虽有提升作用,但是影响很小。Kraft & Clary (1991)认为公众强烈反对当地建设放射性废物项目的认知根源在于:公众对政府和项目方不信任,对成本、风险和问题持片面狭隘的观点,对项目设施产生了对抗性情绪,具有风险规避倾向,以及对问题或风险的知识信息不足。

　　一方面,量表如果包含过于复杂的内部理论关系,往往会挫伤实用价值,我们希望编制简洁实用的量表;另一方面,我们的研究数据规模还不够大,因而量表分析只准备延伸到接受度的直接因素层次,因此虽然本书先前的研究发现当地民众的信任度与公平感对核电站接受度存在间接的影响,但也不参与本章量表的理论建构。下面将结合 Visschers & Siegrist (2013)、Yeo et al.(2014)、Venables et al.(2012)、Park & Ohm(2014)关于核电公众接受度量表开发与应用的相关研究成果,面向中国社会文化背景修订和开发核电项目社会抗争行为倾向量表。

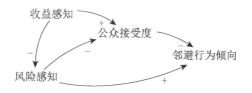

图 12-1　核能技术应用社会抗争的理论解释模型

　　如图 12-1 所示,拟开发量表将包含收益感知、风险感知、公众接受度和邻避行为倾向四个影响因子。从各因子的理论关系假设看,核电项目收益感知的提升有助于抑制风险感知、提升项目的公众接受度;风险感知的增长会降低核电项目的公众接受度,并提升项目选址地居民的对抗行为倾向;公众接受度的提升则有助于减少项目选址地居民的对抗行为倾向。本研究希望可以开发和利用该量表,检测选址地居民对抗核电项目的认知心理与潜在风险。

三　数据与方法

(一)数据

由于核电项目属于邻避型项目,调查对象居住地与项目的地理距离,可能影响其接受态度,已有研究绝大多数在距离核电项目 30 公里范围内选择调查对象(如:戴正,2014;杨广泽,2006)。本研究所用数据 2014 年在 Z 省 Q 核电站及周边采集。Q 核电站所在的镇距离核电站在 30 公里范围之内,全镇辖有 11 个行政村、3 个居委会,常住人口 9 117 户,共 3 万余人。为了解 Q 核电站所在地的社会稳定情况,我们邀请 Q 核电站安全工作人员、县政府领导干部,以及镇政府信访工作干部,组织了 3 个组共 15 人次访谈。在基层干部协助下,随机抽取 3 个村 1 个居委会作为调查点,并采取入户方式进行问卷调查。具体受调查家庭根据便利原则确定,每户邀请 1 名 16 岁以上家庭成员填写问卷。原计划调查 400 户家庭,实际完成问卷 387 份,有效问卷 374 份。调查对象中男性占 40.6%、女性占 59.4%;调查对象初中及以下占 20.9%、高中文化占 23.1%、大学(含大专)以上占 56%;调查覆盖 16 岁以上各年龄段人群,并以 20—40 岁(占 50.8%)和 41—60 岁(占 32.6%)年龄段的对象为主。

本文使用 SPSS19.0 进行探索性因素分析,使用 AMOS17.0 进行验证性因素分析。为了量表开发的需要,采用 SPSS 软件自带的随机分半程序,将调查数据随机拆分成等比例的 A 和 B 两部分,A 部分供探索性因素分析使用,B 部分供验证性因素分析使用。对拆分后的数据进行关于性别、年龄、教育程度和家庭收入四个变量的独立样本 T 检验,结果 $t = -0.436$ ($P < 0.10$)、$t = 0.101$($P < 0.10$)、$t = -1.499$($P < 0.10$)、$t = -1.499$ ($P < 0.10$),均证明数据 A 和 B 不存在差异。

(二)测量题项

为保证测量量表的内容效度,采取文献研究方法,按照相关性原则和社会文化习惯收集和调整各核心概念的测量题项,形成测量指标库;并组织了对核电站安全管理人员和当地政府维稳干部的深度访谈。然后在先前研究的基础上,参考访谈资料,进行测量题项的甄选,剔除重复测度指标或非核心测量指标,形成核电项目周边居民邻避效应测量量表。

1. 风险感知

已有研究主要通过询问核事故发生可能性、核电站是否危险、以及是否相信核电站是安全的(Visschers, Keller, & Siegrist, 2011; Visschers & Siegrist, 2013);从是否导致核污染及环境危害、导致供水污染、导致人类健康问题,以及增加核事故风险(Yeo, et al., 2014);通过核事故发生可能性(同日本相比)、核电站安全距离、30公里内患癌症风险、不建设核电站的电力短缺(Ho, et al., 2013),来测度核电项目的风险感知。显然,核电站的危险性,以及核事故的破坏性后果,是风险感知测量需要重点关注的。但是与核电站的地理距离,只是风险感知强弱的条件,不是风险感知的构成内容;建设核电站对电力短缺的缓解作用,反映的更像是核电站建设的贡献(收益)而非危害,都不应被纳为核电站风险感知的测量因素。Sjöberg & Drottz-Sjöberg(2001)的调查还显示人们担心核电项目伤害孩子或者危及后世子孙。在访谈中我们同样发现某些调查对象存在这方面的担忧。据此,本研究通过人们感受到的核电站风险、核事故严重后果,以及子孙后代安全隐患,来测量风险感知。

2. 收益感知

先前研究从电力能源的充足度、电价的高低、对环境的影响(Visschers, Keller, Siegrist, 2011),从提供更清洁的能源、帮助解决能源(不足)问题、减少在能源上对他国的依赖、减少温室气体排放(Yeo, et al., 2014),测量核电站的收益感知。可以看到在已有研究中,核电站对于电力供应、电力价位、环境保护(提供更清洁的能源、减少温室气体排放)的作用,被作为重要的收益感知因素。但是,在访谈中有一些居民报怨说,Q核电站建设后"当地电费该怎么收还怎么收,电价丝毫没有降下来"。对此,我们向Q核电站管理方了解,发现Q核电站所发的电直接并入华东电网,再由电力部门根据国家政策收取电费,核电站建设对当地电价确实不存在直接影响;可见,核电站建设能够降低电价这一因素与中国的实际情况并不对应。此外,由于我们测量的是普通民众的心理认知,"核电站建设有助于减少在能源上对他国的依赖"也不太适合作为个体收益感知的测量题项。2013年雾霾污染问题得到了社会广泛关注,因而正如访谈资料显示的,在中国,人们十分关注发展核电在减少温室气体排放,降低煤电能源消费的能源结构调节功能,以及缓解能源不足问题上的好处。据此,选择从核电站作为清洁能源有利于保护环境、改善能源消费结构,以及增加电力供应三方面测量民众对核电站的收益感知。

3. 公众接受度

关于核能公众接受度的测量分歧较大,没有统一的结论。Visschers & Siegrist(2013)在瑞士做的核电站接受度调查中采取三个题项来测量,这三个题项分别为:(1)瑞士需要大量的电力,因而人们应该接受核电站;(2)瑞士放弃核电站毫无问题;(3)我们需要核电站因为只靠可再生能源无法生产足够的电力。题项设计主要考虑了发展核能的必要性,不过,测量题项与收益感知的测量维度重叠,供应电力更多见用于测量核能的收益感知因子。Venables et al.(2012)对公众接受度的测量,直接询问被试"在何种程度上支持(或反对)在当地建设一座新的核电站?"这种测量方法避开了对概念维度的分析,测量的是核能应用或核电站建设的可接受性。研究认为,如果不让公众理解核电作为国家综合能源战略的重要组成部分的重要性,公众的接受态度便会处于不稳定的状态(Siegrist & Visschers,2013)。本文选择从能源、安全和设施的可接受性和必要性角度,询问选址地民众对核能发展的支持态度。

4. 邻避行为倾向

谭爽和胡象明(2013)认为核电项目的公众对抗行为主要表现为两类:一是搬迁或逃离,即采取"用脚投票"的方法;二是抵制与反对,如表达反对性意见,参加或号召他人加入反对项目建设的组织,或者参与游行示威行动等。不过,如 Huijts et al.(2012)所揭示的那样,人们的邻避行为,不仅仅表现为参加反抗项目的行动,也可能表现为不愿购买或应用相关技术。从访谈资料看,当人们担心核泄漏风险时,也可能选择不购买当地生产的食品。由此,本研究选择从搬迁自保、不愿购买当地食品、选择对抗三方面测量核电站邻避行为倾向。

综上,可以获得 12 个测量题项(见表 12-1)。各题项的答案选项共有五级,分别是"5—完全同意"、"4—同意"、"3—不清楚"、"2—不同意"、"1—完全不同意"。

表 12-1   核电项目周边居民邻避效应测量量表的题项设计

理论维度	测量题项
风险感知	X1:核电站存在致命的风险
	X2:核电站建设将给我的子孙后代留下安全隐患
	X3:核电站一旦发生事故,将会产生毁灭性的后果

（续表）

理论维度	测量题项
收益感知	X4：如果你居住的地方电力短缺，你会同意在当地建立核电站
	X5：核能属于清洁能源，使用它有利于环境保护
	X6：中国应该更多地使用核能，以逐步改变中国的能源消费结构
公众接受度	X7：您对核电这一发电方式的接受程度
	X8：核电站的建设可以给当地带来好处
	X9：对于国家安全来说，发展核能是必要的
邻避行为倾向	X10：因为对核电站风险的担忧，您会采取反对行为阻碍核电站的建设和运营
	X11：您会不购买当地生产的食物，以免受到核辐射危害
	X12：您会因为担心核辐射危险而搬离此地

四　结　果

（一）探索性因素分析

分析所有题项的降维条件，可知 $KMO=0.77$，Bartlett 球形检验 $X^2=767.30(p<0.01)$，适合抽取公因子。采用主成分分析和最大正交旋转法，萃取特征根大于 1 的公因子。如表 12-1 所示，12 个题项可萃取"风险感知"、"收益感知"、"公众接受度"和"邻避行为倾向"四个公因子，它们可以解释总方差的 63.80%。各题项的因子载荷值均大于 0.50 的临界标准，且各题项所属因子与图 12-1、表 12-1 相吻合，说明各因子的题项内涵高度一致。

量表的总体 Cronbachcs'a 系数为 0.78，风险感知、收益感知、公众接受度、邻避行为倾向分量表的 Cronbachcs'a 系数分别为 0.79、0.70、0.60、0.69。Nunnally（1978）认为量表题项较多时，内部一致性系数必须达到 0.70，但是题项在 6 个以下时，内部一致性达到 0.60 以上就适宜保留。显然，本量表的内在一致性在可接受水平之上。

表 12-2　量表题项的旋转成分矩阵和因子解释方差

名称	题项	因子 1	因子 2	因子 3	因子 4
风险感知	X1	0.64			
	X2	0.84			
	X3	0.87			
收益感知	X4				0.81
	X5				0.82
	X6				0.58
公众接受度	X7		0.54		
	X8		0.78		
	X9		0.77		
邻避行为倾向	X10			0.80	
	X11			0.76	
	X12			0.71	
特征根		3.72	1.67	1.24	1.03
累积方差解释量		17.73%	33.39%	48.83%	63.80%

(二) 验证性因素分析

1. 一致性检验

利用数据 B 进行验证性因子分析。量表的总体 Cronbachcs'a 系数为 0.79,风险感知、收益感知、公众接受度、邻避行为倾向分量表的 Cronbachcs'a 系数分别为 0.83、0.73、0.77、0.70,同样都大于 0.60。同样说明量表具有较好的内在一致性。

2. 收敛效度检验

当模型的标准化因素负荷量大于 0.50,且达到显著水平;组合信度 (CR)的取值大于 0.6;平均抽取方差(AVE)的取值大于 0.50,表明模型具有高收敛效度。在本模型中,风险感知、收益感知、公众接受度和邻避行为倾向的因子标准载荷均大于 0.50($p<0.01$)。它们的 CR 取值分别为0.84、0.74、0.78 和 0.70,均大于 0.60,意味着模型的内在质量达到了理想水平(吴明隆,2011)。经计算,风险感知、收益感知、公众接受度、邻避行为倾向内部维度的 AVE 值分别为 0.63、0.49、0.54 和 0.45,其中,收益感知和邻避

行为倾向的 AVE 取值小于 0.50。我们知道只有所有测量变量的平均因子载荷达到 0.70 以上,才能达到这一标准,这与测量变量因子载荷只需大于0.50(此时 $AVE>0.25$)的要求相矛盾。从国内外已发表论文看,AVE 达到 0.45 及以上(平均因子载荷大于 0.67)即在可接受范围。综上,该模型具有足够的收敛效度。

3. 区分效度检验

根据 Bertea & Zait(2011)关于区分效度检验方法的综述文章,区分效度检验的可选方法主要有 Q-sorting、卡方差异性检验、AVE 分析三种方法,本文选用最后一种方法检验量表的区分效度。Fornell & Larcker(1981)提出模型所有潜变量的 AVE 值都大于 0.50,并且所有潜变量的 AVE 平方根都大于同它相连的任一路径的标准化系数,说明该潜变量的测量题项具有高区分效度。经计算,风险感知、收益感知、公众接受度、邻避行为倾向内部维度的 AVE 的平方根值分别为 0.79、0.70、0.73 和 0.67,都明显大于对应的标准化系数(对照图 12-2)。基于先前解释的理由,四个因子的 AVE 取值,同样在可接受水平。可见,量表各因子题项具有足够区分效度。

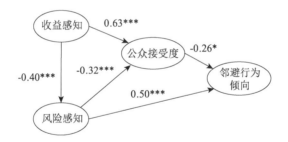

图 12-2 核电项目邻避效应测量模型
注: $*\ p<0.05$, $**\ p<0.01$, $***\ p<0.001$

4. 模型整体拟合状况

模型拟合指标 $RMSEA=0.04$(小于临界值 0.05),$X^2/df=1.32$($X^2=64.50$,$df=49$,小于临界值 2),二者都达到良好的拟合标准。拟合指标 $GFI=0.95$、$CFI=0.98$、$IFI=0.98$、$TLI=0.97$、$AGFI=0.91$,大于临界值 0.90;$PNFI=0.69$、$PCFI=0.73$,大于临界值 0.50。拟合情况表明,假设模型与观察数据之间具有很好的适配度。验证性因子分析结果说明,本量表的理论建构科学,信度与效度检验通过,适用于测评核电项目周边居民的邻避风险。

从图 12-2 看,量表具有清晰的内在理论逻辑关系,收益感知、风险感知与公众接受度,是选址地民众选择抗争行为的重要解释变量。核电项目的收益感知有助于抑制核电项目的风险感知;风险感知对公众接受度存在负面的影响,但是收益感知对公众接受度存在正向的影响;风险感知越高、公众接受度越低,核电项目引发社会对抗的风险就越大。因此,提高收益感知、抑制风险感知,有助于改善核电项目的公众接受度,从而间接减少核电项目抗争事件的爆发。风险感知是决定邻避行为倾向的核心变量,其作用要大于公众接受度。在核电项目周边居民中引导形成积极的风险感知,可以极大地减少核电设施邻避效应,降低爆发群体性事件的风险。

五　讨　论

本研究利用 Q 核电站周边居民调查数据,采用结构方程模型技术与方法,开发了核电项目邻避效应测量量表。分析结果表明,新量表具有较好的单维性、内敛性、信度与效度,适用于解释核电项目社会抗争行为及影响机制。开发核电项目周边居民邻避效应测量量表,弥补了现有反核运动研究测量工具短缺的问题,兼具政策价值和科学意义。通过测量项目选址地民众的认知心理,实施有针对性的风险沟通和矛盾化解,有助于提升项目选址地民众的心理福利,也有利于中国核电事业的平稳发展。国际上有关核电站接受度的心理认知是热点研究,绝大多数研究只用接受度解释为什么世界各地频发核电项目社会抗争。但是本章的研究表明,公众接受度和邻避行为倾向之间有联系也有区别,接受度只能部分解释对抗,核电项目邻避行为具有更复杂的心理发生机制。

根据研究结论,中国在核能政策推进过程中,应当重视调节核电项目选址地民众对项目风险分配与收益分配的心理认知。金通(2007)认为解决邻避冲突最有效的办法是构建合理的回馈和补偿机制,消除民众边际成本与社会边际收益之间的差异。这一观点有些绝对,实际上在核电项目选址建设过程中,创造积极的风险感知更加重要。风险感知变大,不仅会降低公众接受度,还可能直接激化矛盾、引起社会冲突;而收益感知的提升,只能通过影响风险感知与公众接受度,间接抑制邻避效应。也正因为如此,中国的核电项目决策者与项目方更加关注核电项目的风险分配。不过,忽视与项目选址地民众分享核电开发利益的做法,将挫伤人们的分配公平感,对于减少核电社会冲突也是不利的。

本研究存在两点不足,需要在未来的研究中进一步改进。一是调查数据的样本量还不够大,特别是随机分半操作后数据量更小了,无法用以研究复杂的变量关系,可能影响分析结果的稳定性;这种情况还可能影响到对模型拟合情况的判别,因为某些拟合度指标对样本量大小较为敏感。二是在公众接受度测量中,没有直接测度核电项目选址地民众对于在当地建设核电站的态度,对一部分人支持利用核电、却不愿意与项目比邻而居的心理反映得不够充分,公众接受度的测量题项还可以继续调整和改进。人们在复杂的心理关系基础上,选择自己对于核能邻避设施的支持态度或抗争行为。有研究表明,因当地建设核电站而产生的不公平感(Sjöberg & Drottz-Sjöberg,2001;Visschers & Siegrist,2012),以及对核电站权威或核能技术的信任感(Visschers & Siegrist,2013;Song,Kimb,Han,2013;Ho,et al.,2013),会影响居民对核电站接受态度,但是否也会影响到群体社会抗争还未见揭示。下一步或许可以将居民的公平感和信任感作为新的理论因子,尝试拓展本文开发的新量表,完善核电项目邻避行为的心理解释机制。

第十三章　邻避项目抗争的社会动员机制

本章综合运用典型案例分析和社会调查方法,从社会动员的视角,探讨邻避项目在选址时遭受社会抗争的风险与后果。研究集中辨析和回答了为什么同类项目、甚至同一项目,在不同地区会面临不同的对抗风险;以及遭遇对抗后为什么有些可以顺利落地,有些却折戟沉沙?

一　提　出　问　题

邻避心理与社会抗争是动态变化的,邻避型项目在不同地区经常会有不同的遭遇。在一些地区,核能项目从规划选址、建设落地,到商业运行,各个环节都得到了当地民众的支持;而在另外一些地区,核能项目却遭遇到了强有力的拒绝与对抗。有些失败了,有些却成功了,这就像是一个谜局,答案在哪里?为什么邻避型项目在不同地区会面临不同命运?研究者需要给出一个解释,项目方需要一个指引,各级政府也需对应的解决方案。

近年来,已有研究关注到了这种同类邻避型项目在不同地方不同遭遇的现象。Zheng & Liu(2018)从邻避理论视野比较了同类项目——在北京市朝阳区六里屯和昌平区阿苏卫村城市固体垃圾焚烧项目的不同遭遇和命运,同类的项目在六里屯被放弃,在阿苏卫村却存活了下来。本章的研究将从西方社会运动理论视野,比较同一邻避项目——"腾龙芳烃对二甲苯(P-Xylene)化工项目(俗称'PX项目')",在厦门和漳州两市选址建设过程中的不同遭遇和命运。该项目在厦门漳州两地都遭遇到了社会抗争,但是冲突的形式和强度存在巨大差异,最终,项目在厦门失败后,转移到漳州却选址成功。

本研究将在西方社会运动理论指导下,采用典型案例分析、比较研究和社会调查方法,从社会运动的资源动员视角,分析中国邻避型工程项目社会抗争的差异。由此从社会风险控制视角探讨像核电站之类的邻避型项目,应该如何更加科学地选址,从而降低社会对抗风险,提高项目落地的成功率。

二 案 情 介 绍

"腾龙芳烃对二甲苯(P-Xylene)化工项目"(简称"腾龙芳烃项目"),投资方是台资企业翔鹭腾龙集团。早期规划建在福建省厦门市海沧工业区,由于遭到当地民众的反对没有成功,最后迁建到福建省漳州市霞浦县古雷半岛。同一个项目,潜在风险没有变化、安全管理能力没有变化、经济效益没有变化,当地都有部分民众持反对意见,都引发了群体性事件。但是项目在两地的命运完全不同,厦门市拒之门外,漳州市却迎入了"后院"! 由之,我们希望辨析邻避型项目的选址规划,为什么在各地会面临不同的抗争阻力?

(一)厦门市民众的抗争与博弈

海沧 PX 项目规划投资 108 亿人民币,年产 80 万吨对二甲苯(PX),这是厦门有史以来最大的工业项目。该项目 2004 年获得了国务院批准立项,2005 年国家环保总局通过了项目环评,2006 年国家发改委核准通过了项目申请报告,一应手续完备、程序合法。可是在 2006 年 11 月项目开工建设后,却遭受了激烈的社会对抗。

1. 工业区附近居民的抗争

厦门市海沧区南部"未来海岸"小区的一群业主,强烈反对在海沧南部工业区投资建设 PX 项目。他们通过找环保局、打市长热线、拉横幅、征集业主签名等方式,四处活动阻止新项目兴建。为了让维权行动更加名正言顺,他们打出了"保护厦门市生态环境"的旗帜,组建了"厦门 611 环保志愿者联盟"。在后来发生的反对 PX"散步"游行中,这些业主大多变成了骨干分子。但是海沧区南部业主的反对并未能引起政府和市民的广泛关注。原因在于厦门市包括岛内和岛外两部分,仅有思明区和湖里区在岛内,海沧区属于岛外,在市民的意识里这里就是工业区。直到后继事态扩大,这岛外一隅的对抗,才演变成岛内和岛外民众共同参与的行动。

2. 持否定意见的全国政协一号提案

2007 年 3 月全国两会召开,由中科院院士、厦门大学教授赵玉芬牵头,

105 名全国政协委员联名提出了政协一号提案——《关于建议厦门海沧 PX 项目迁址的议案》。该提案有两个观点非常尖锐：一是提出腾龙芳烃 PX 项目的危险性极高，PX 就是对二甲苯，属危险化学品和高致癌物，对胎儿有极高的致畸率；二是认定海沧 PX 项目的规划地理位置不当，安全距离不够。3 月 15 日，《中国青年报》报道了这个提案的内容（郑燕峰，2007）。提案言论的科学性有待商榷，但是向全国政协提案的做法和内容，让海沧 PX 项目布局的合理性问题一下子占据了厦门市公众的视野，关于 PX 项目的种种安全和环保危害的揣测不断蔓延。

3. 厦门市民的"散步"游行

2007 年 5 月 28 日，厦门市环保局传出支持项目建设的声音，29 日和 30 日，一些民众通过手机短信和互联网等渠道获知上街"散步"的消息。"还我厦门碧水蓝天"QQ 群的网友也互相沟通了"散步"事宜。6 月 1 日上午 8 时起，部分市民开始向海沧 PX 项目工地，以及厦门市政府所在地湖滨北路集中，举行反对海沧 PX 项目的"散步"游行。厦门市民集结了约 1 万人，散步一共持续了两天。在"散步"过程中，市民和政府都保持了充分的理性，没有发生激烈的肢体冲突。一些民众特意缠上黄丝带、戴上口罩，也有人戴着防毒面具，表达了拒绝项目污染和排放的意愿。这起事件给当地政府和翔鹭腾龙集团带来了巨大的压力。

4. 争夺生存空间的房地产企业

海沧区南部建设有一些高端房地产。由于邻避设施是房价的杀手，受到 PX 谣言和市民恐慌情绪的波及，当地楼盘价格遭受重挫，一些购房者要求退房，二手房的价格也应声下落。在 PX 项目的阴影下，厦门市的房地产商使尽浑身解数争夺生存空间。厦门轻工业集团董事长杨景成曾公开指责某些开发商，"为了自身的利益，煽动、组织不明真相的善良市民参加非法集会、游行。更为恶劣的是，有的甚至提供经费，雇用外来人员参与非法集会、游行，每次每人发给 100 元"（杨景成，2007）。厦门市有关部门查询了各家房地产商在"散步"事发当日的出勤记录，发现有两家存在问题。某石化企业的处长也点评道"厦门 PX 事件在很大程度上是房地产商和石化企业的利益博弈。可以说，当时民意的胜利就是房地产商的胜利。"（石杏茹和于洋，2014）事实上，海沧 PX 项目迁建消息一出，海沧南部的房地产价格每平方当月即上调 2 000 多元。不过，虽然说 PX 事件有房地产开发商的影子，但对抗 PX 项目、出钱雇用人员参加集会"散步"的并不仅仅限于房地产商，还有其他产业资本的身影（石杏茹和于洋，2014）。

5. 社会精英的参与和意见领袖的作用

厦门大学的教师在抗争过程中起了重要的"智库"支持作用。2006 年 11 月,厦门大学药学系的赵玉芬院士,联合田中群、田昭武、唐崇悌、黄本立、徐洵等 5 位院士联名写信给厦门市领导,力陈海沧 PX 项目的弊端,此后还当面进行了劝告。2007 年 3 月,她又牵头联合 105 位全国政协委员提出"关于厦门海沧 PX 项目迁址建议的提案"。海洋与环境学院的袁东星教授与地方政府官员讨论了关于兴建 PX 项目的事宜,参与了 2007 年 12 月 14 日的座谈会,提供了大量资料为民众参与讨论提供支持;法学院的徐国栋教授于 2007 年 6 月 11 日发表了一篇题为《一位奔着厦门环境来的厦门移民的环境恶化经历》的文章,尖锐地批评厦门的环境急剧恶化问题,表示"随时准备投下否决 PX 的神圣的一票"(徐国栋,2007),该文受到广泛关注;法学院的曾华群教授参加了两轮公众座谈会,是第一个举手发言反对在海沧建设 PX 项目的人大代表;化学系的王光国教授受绿十字邀请为座谈会代表解读环评报告,2007 年 12 月 18 日还给厦门市政府写信,建议尽快处理 PX 项目事件(曾繁旭和蒋志高,2008)。除此之外,在厦门 PX 事件中,公共知识分子(提供公共事务讯息的非专家公众)也发挥了重要作用。如情感问答专栏作家连岳是一名网络"大 V",他的博客"连岳的第八大洲"被点击了上千万次。连岳从第一篇海沧 PX 项目抗争博文《厦门人民这么办!》开始,连续发表抗争言论,受到大量阅读和关注,是对抗 PX 的社会意见领袖之一。

6. 翔鹭腾龙集团的危机公关

面对 PX 项目被厦门市市民污名化、妖魔化的现象,投资方翔鹭集团紧急推动危机公关。2007 年 12 月 13 日在《南方周末》发表"翔鹭腾龙集团致厦门市民公开信",公开信声明:翔鹭腾龙集团是一家守法诚信、重环保、负责任的企业;翔鹭石化 PTA 一期项目环保验收合乎程序要求,并且顺利通过验收。腾龙芳烃 PX 项目合法合规,原地复建合理合法。腾龙芳烃 PX 项目环保先进,安全可靠,采用世界先进的工艺专利技术,环保投资巨大,安全稳定和可靠性更有保障。由于人类能闻到醋酸的嗅觉最低值远低于国家法定允许的排放标准值,居民偶尔会闻到酸味,但并不表示翔鹭石化超标排放。PX(对二甲苯)低毒,不会致癌致畸,也不是原子弹,海沧 PX 项目与居民区完全可以和谐共处。为了让市民不轻信谣言,公司专门在新浪上开辟了博客,用于发布环保成绩和慈善记录,博客上出现了"在海沧区慰问老人""欢迎学生参观""饮用工厂处理过的水"等图文。此外,公司还以名誉侵害为由,将厦门大学赵玉芬、袁东星教授等一些主要的反对者告至北京某法院,并提出诉讼赔偿要求。

7. 厦门市政府的维稳努力

2007年5月28日,《厦门晚报》对市环保局负责人做了一个专访,以"海沧PX项目已按国家法定程序批准在建"的标题,采用问答形式,解释强调了海沧PX项目的合法性和安全性。这则宣传报道被市民解读为厦门市政府力挺PX项目在原址建设,因而群情激奋。2007年6月1日和2日,厦门市爆发大规模"散步"游行,市政府出动公安干警维持治安,协调"散步"队伍顺利通行。事后"散步"游行的组织者、发起者或骨干分子受到了刑事拘留。不过对于被审讯和拘留的民众,公安机关也给予了一定的尊重和安全保护(刘向晖和周丽娜,2007)。针对恶化的事态,2007年5月30日,厦门市政府宣布缓建海沧PX项目,并决定委托中国环境科学研究院实施"厦门市城市总体规划环境影响评价"。12月5日,《厦门市重点区域(海沧南部地区)功能定位与空间布局环境影响评价(简本)》公布,报告认为关于海沧南部"石化工业区"和"城市次中心"的定位存在矛盾,需要抑制和弱化其中一者的功能。"城市规划环评"的专题报告公布后,厦门市政府启动了"公众参与"程序,允许公众查阅环评文本,并通过专线电话、电子邮箱、信函等方式,接受收集民众反映的意见建议。2007年12月8日,厦门市委在厦门网上组织市民投票,统计结果显示,反对PX项目的有5.5万张票,支持的有0.3万票。2007年12月13日和14日,市政府组织了两场"厦门市重点区域(海沧南部地区)功能定位与空间布局"公众参与座谈会。会上反对项目建设的占绝大多数。在第一场市民座谈会上,57名出席的市民代表、政协委员和人大代表中,反对上马PX项目的48人(约占84.2%);在第二场市民座谈会上,62名发言的市民代表、人大代表和政协委员中,反对项目建设的52人(约占83.9%)。无论是投票还是座谈的结果,都一边倒地要求海沧PX项目迁址。据此,当年12月16日,福建省政府和厦门市政府做出海沧PX项目停建并迁离的决定,并由厦门市赔偿投资方由此造成的损失。

(二) 漳州市民众的抗争与博弈

2007年12月16日,福建省政府和厦门市政府决定,将腾龙芳烃PX项目迁往漳州市漳浦县古雷半岛。古雷PX项目规划投资188亿,将是漳州市有史以来最大的投资项目。项目的迁建过程虽有波澜,但最终成功落地。

1. 努力摆脱困局的翔鹭腾龙集团

海沧 PX 项目的失败对于翔鹭集团是一个打击,"为了进一步实现清洁生产及更加完善前述环保验收作业,公司投入大量资金",项目的缓建和停建,给集团带来了巨大的财务压力。厦门"散步"风波过后,翔鹭腾龙集团被银行冻结贷款,被供应商索赔。为此,原 PX 项目不得不裁员,甚至主管PX 项目的总裁俞新昌也于 2008 年 10 月去职。集团虽然得到了厦门市政府的善后补偿,但是公司遭受的不仅仅是经济损失,还有机会成本损失,以及巨大的商誉损失。为了给项目寻找腾挪的空间,早在厦门市政府正式宣布海沧 PX 项目缓建之前,翔鹭腾龙集团就考察了漳州(古雷半岛)、宁德、青岛等地。作为上百亿元的巨额投资项目,福建省内省外的许多沿海城市都渴望借助"厦门风波"抢到手。最终在福建省委省政府的大力协调下,集团与漳州市政府签订了协议。在古雷 PX 项目上,公司保持了足够的警惕,将项目搬迁、建设和投产的速度放到重要的位置。集团实控人亲自到现场抓办。在漳州市和福建省政府的全力配合下,国家发改委的核准评估、古雷 PX 项目的项目环评等整个审批工作,仅仅历时 4 个月就完成了。2009年 1 月 20 日,国家环保部正式批复了古雷半岛的"腾龙芳烃(漳州)有限公司 80 万吨/年对二甲苯工程及整体公用配套工程原料调整项目"和"翔鹭石化(漳州)有限公司年产 150 万吨精对苯二甲酸(PTA)技术改造项目"两个项目,各项手续齐全。2009 年 5 月漳州古雷 PX 项目开始动工建设。

2. 举全市之力抓办的漳州市政府

2013 年,厦门、成都、大连、宁波、昆明等多个城市爆发了"PX 事件",在妖魔化 PX 的氛围越来越浓的情况下,古雷 PX 项目却能顺利推进,中共中央办公厅觉得漳州经验值得总结和推广。2013 年初,中共中央办公厅通知漳州市政府总结和介绍 PX 项目落地建设的成功经验。2013 年 5 月 6 日,漳州市政府归纳项目经验上报,凝练出"公众广泛参与环评、石化专家做报告、干部进村入户、包机实地考察国内外石化项目、正面宣传"等要点。具体在古雷 PX 项目的操作上,漳州市政府贯彻了"统一思想、统一口径、统一行动,形成合力"的思路:

一是在思想上,漳州市将党政机关工作人员和学生作为最直接的环保教育对象,组织收看了宣传录像,以端正大家的态度。为提升民众对项目的接受度,政府与企业大力开展 PX 公关,通过媒体正面宣传、邀请专家科普讲座、组织民众到国内外石化基地参观,努力消除选址地民众的抵触情绪。如果说厦门海沧 PX 项目殒于区域功能规划不当,那么漳州古雷 PX

项目也有同样的问题。2004 年,漳州市的规划拟将古雷半岛笔架山至莱屿列岛的旅游景区发展成国家 4A 级旅游区(苏永通,2015ª)。《漳州古雷石化基地发展规划》发布后,将古雷半岛的核心功能定位成继湄洲湾之后福建的第二个化工基地。漳州市政府对古雷半岛规划区分主次,避免了类似厦门海沧的问题。

二是在口径上,官方强调只做不说、保持低调、政由上出,禁止官员在媒体上随意发表信息或言论。除了必须的项目环评公示外,在网络上几乎找不到官方提供的相关信息,与项目有关的负面信息也清理得比较干净。为了回避敏感问题,漳州官方场合或官方文件不再使用"PX"这一敏感词,代之以"古雷重大石化项目"(苏永通,2015ᵇ)。漳州市党政机关改变了厦门市高调宣传的做法,对外非常谨慎,希望采取这种方式,促成古雷 PX 项目顺利平稳落地。

三是在行动上,漳州市政府表现出极高的执行力。2007 年 8 月漳州市政府就召开专题会议,形成了"跟踪落实翔鹭化工重特大项目,促进项目尽快签约报批"的共识。当年漳州市即委托清华大学环评中心与福建省环科院,完成对古雷港区的规划环评(避免重蹈海沧覆辙)。终于在 2008 年 5 月 25 日,漳州市与腾龙芳烃(厦门)有限公司正式签订投资协议书。为了"举全市之力"加快古雷的征地拆迁工作,漳州市政府将检察院、法院,甚至纪委等各种力量都动员起来,此外,还从漳浦、云霄、诏安、东山、平和、南靖、长泰等七县以及市直相关部门,抽调 1 000 多名干部进驻古雷半岛开展征迁说服工作(林垫,2015)。对于东山县铜陵镇、霞浦县古雷镇发生的群体性事件,政府采取了较为强硬和快速的处置办法,严格新闻管控,并逮捕了一批闹事者。

3. 愤怒的邻域水产养殖户

石化项目问题的症结在于污染。古雷项目的废水在处理之后主要是通过排海释放。按照《福建漳州古雷区域发展规划》和《漳州市海洋功能区划》,当地浮头湾的"下蔡排污预留区"和"古雷排污预留区"均有排污口和排污管线通达。这直接触及了在古雷海域对面从事海洋养殖业的东山渔民利益。古雷 PX 项目的补偿只覆盖了选址地,但是风险是跨区域分配的。东山岛与古雷半岛隔海相望,以渔业和旅游业闻名,尤其是东山铜陵镇距离 PX 工地只有 12 公里。铜陵镇的居民感觉自身承担了风险,赖以生存的渔场受到了影响,但是却不能像古雷镇的居民那样获得补偿,因而产生了强烈的不公平感。感觉反正都要这样了,还"不如把 PX 搬到东山来"(邱鸿峰,熊慧,2015)。许多铜陵镇居民并不熟悉PX,但听闻了来自厦门的一些院士和教授的分析,认为PX有毒,担心项目影响到自身的健康和子孙后代(邱鸿峰,熊慧,2015)。最重要的是,东山渔民特别是养殖户靠讨海生活,担心古雷PX项目的排污口会给当地鲍鱼养殖业造成致命的打击。于是以养殖户为首,决定通过集体行动给政府和项目方施加压力。2008年2月29日,由东山湾海洋养殖户牵头,古雷半岛对岸的东山县铜陵镇村民爆发群体性事件,发生了群集、堵路、警民冲突等行为。

吴江(化名)是一家水产养殖企业的老板,他派出员工动员当地居民,煽动说PX项目是有害的、关系到大家的身家性命,作为铜陵人要表达意见,通知到当地黄道周公园集会。实际参与集会的人出发点比较多,有抱着看热闹心态的,有为争取自身利益考虑的,也有想保护东山环境的,其规模和声势超出了组织者的预料(邱鸿峰,熊慧,2015)。铜陵镇有四所中学,这些中学学生的家长基本都从事海洋养殖业,闻说PX项目会破坏东山的环境,就很愤怒,觉得有责任保护自己的家园和家人的安全,因此彼此间约好一起去参加集会(邱鸿峰,熊慧,2015)。学校对学生采取了严管严控,但是也有一些教师采取了纵容的态度。群体性事件发生之后,东山县教育局下派工作组到学校驻点,每周编发《维稳工作简报》,并于2008年暑假组织了"地毯式家访"(苏永通,2015)。

面对这起群体性事件,东山县政府很是心累。当地县级电视台有一档电视栏目《东山新闻》的节目,之前反复播放市上安排的一些关于PX项目的专家讲座和宣传资料,并没有缓解东山铜陵民众的不公平感和风险感。面向闹事的民众,东山县委书记王毅群于晚八点做了电视讲话:一是表示无奈,项目不建在东山县,建在隔壁,作为县委书记他也无能为力;二是发出感慨,表明他本人其实也不希望是这样子,项目不在本县却要承担项目风险,但是没有办法,还是要尽量自己发展自己的经济;三是承诺会向上级反映民意。参与集体行动的民众感觉县委书记的话发自肺腑,说到了心坎上,这番话起了一定作用,当天晚上节目播出后民众就散了(邱鸿峰,熊慧,2015)。

4. 不满补偿标准的古雷半岛民众

根据《古雷港经济开发区总体规划》,古雷石化基地需拆迁安置杜浔镇、古雷镇、沙西镇三镇20个居民点及1个镇区所在地人口,其中古雷镇的征迁工作最重,拆迁安置人口总数初估约14 432户、58 251人。征地拆迁的工作推进难度很大,古雷的一些民众对每亩地以2万左右的价格被征走、每座房屋只得100万左右的补偿标准并不满意。他们表示自己还必须拿着这笔钱到新港城去买新房子,而且之前他们并不穷。古雷半岛的居民依靠养殖鲍鱼和海蛎、种殖萝卜,年收入在漳州名列前茅,PX 项目投产后,一些养殖户认为项目废水的排海已经损害了他们的养殖效益。有一部分古雷镇居民希望获赔更多,因而拒绝配合政府的拆迁,变成了"钉子户"。古雷镇半湖村共有 400 多户人口,均处于规划搬迁范围,从 2012 年以后陆续有 300 多户搬迁到了 15 公里之外新建的新港城,但至 2015 年仍有 100 多户继续留守(长江商报,2015)。当地有不少人违建抢建建筑物,变成了"无赖户"。如古雷镇杏仔、油沃等多个村庄有不少村民大盖新房、违建抢建。项目建设与当地居民之间的利益冲突,加大了政府拆迁民房的难度,也加剧了社会稳定风险。2014 年 6 月 29 日,当地爆发群体性事件。

三　为何如此不同:两市市民如是说

　　落户漳州古雷半岛后,腾龙芳烃项目在安全管理上出现了一些问题。2013 年 6 月,腾龙芳烃(漳州)有限公司 80 万吨/年 PX 项目开始试生产。7 月 30 日凌晨 4 时许,一条加氢裂化管线在充入氢气测试压力的过程中发生了焊缝开裂闪燃,据一位前中石化技术高管判断"这就是施工质量问题"(彭利国,2013)。2015 年 4 月 6 日下午 18 时许,古雷 PX 项目的常压渣油储罐发生漏油着火,又出现了爆炸事故。据统计,事故共造成 19 人受伤,无人员死亡,共 29 096 人被迫转移,多艘船舶被疏散。4 月 22 日,国新办召开新闻发布会公布的事故调查结果,认定这起事故属于责任事故。投产两年发生两起爆炸,确实容易使得人们感到担忧,厦漳两地民众议论纷纷。

　　为什么腾龙芳烃项目无法在厦门落户,却在漳州古雷半岛建成了呢?要知道厦门与漳州均地处福建省闽南三角洲,都属于人口比较稠密、经济相对发达的东南沿海区域;两地民众均讲闽南语方言,社会发展观念、文化风俗和起居习惯十分相似。既然有这么多的相似条件,为什么厦门和漳州对同一项目却做出了不同的选择? 这不仅仅属于公平性问题,需要理性地加以分析和思考。

　　时隔十年之后,当事人都冷静了下来,事件也不再那么敏感了,为了获得有力的论据,我们组织对厦门市和漳州市的民众做了专题访谈。通过询问两地市民"您觉得为什么 PX 项目厦门建不了,漳州却建成了?"了解当地民众的看法。如表 13-1 所示,利用扎根理论对访谈资料进行开放式编码方法,归纳当地民众的观点。

表 13-1 厦漳两地民众对 PX 项目"出厦门、进漳州"的看法

访谈资料	开放式编码	
	一级编码	二级编码
厦门自身环境的短板,厦门面积只有 1 699.39 km²。(a11) 漳州地大。(a1) PX 能够顺利落地漳州得益于古雷镇位于漳浦县南端的古雷半岛上,三面临海。古雷有其独特的地理环境的优势,排除因生产而产生的废水,废气排放的担忧。(a11)	环境容量的不同	地理人口环境不同
厦门特殊的地理位置,PX 项目把厂址设在厦门市海沧投资区的南部工业园区。(a11) 古雷就像一爪子,延伸到海里,即使炸了,也就在那个角落。(a12)	影响范围的差异	
古雷镇常住人口 3.3 万人,相比于厦门 200 万(基数小)。(a11) 如果建在厦门(人多),民生怨愤(多)。(a6)	影响人口的差异	
由城市特质决定:厦门定位为旅游城市,环境是旅游命脉,如果被破坏就是致命的。(a1) 众所周知,PX 项目污染严重,厦门又是旅游城市,站在政府角度也影响旅游收入。(a6) 厦门政府以环保的花园城市作为主打。(a10)	城市定位的差异	
漳州当地政府欣然接受这个项目,不仅是上级政府的安排,也与它自身的经济发展需求有关。(b5) 漳州以农业起家,以中小企业为主,没有大企业,而 PX 对城市发展经济很重要。(a1) 800 亿 GDP 对漳州的诱惑够大,漳州本来经济体量小,又不像厦门是福建省副省级城市,优惠政策多。(a12) 2007 年时,漳州市 GDP 为 850 亿元、泉州市 GDP 达 2 276 亿元、厦门市达到 1 387 亿元。在厦漳泉鼎力的闽南地区,漳州位次靠后。(b4)	经济发展需求的差异	发展驱动不同
厦门政府不是那么差 GDP,不是那么差钱。漳州 GDP 太少,GDP 对官员的政绩很有用,这个项目贡献很多。(a10) 主要还是满足当地政府巨额的财政收入,也是福建漳州古雷半岛石化项目顺利落地的另外一个重要的原因。(a11) 2007 年时,漳州市地方财政预算总收入 42.48 亿元;泉州市财政收入达 225 亿元;厦门财政收入突破 300 亿元。而 PX 项目的引入,也确实让地方政府尝到了"大项目"带来的甜头。(b4)	财政贡献度的差异	

（续表）

访谈资料	开放式编码	
	一级编码	二级编码
漳州当地政府欣然接受这个项目,不仅来自上级政府的安排……(b5) 转迁到漳州,主要是政治原因。(a9)	上级的统筹安排	对抗双方力量不同
就是政府主导建设,虽然民众都不支持,但是漳州政府更为强势一些。(a8) 政府强势是关键。对于听闻的漳州政府当初为引进PX项目所进行野蛮的征地以及打压老百姓的暴力事件,人少好解决,包括网络的控制、拘留等等。(a11) 我们这边(漳州铜陵镇)没有权威,最后政府想怎样就怎样。(b1)	政府强势度的差异	
厦门大城市,大家一响应,媒介(舆论)压力大(漳州古雷媒体和舆论的压力小)。(b3)	舆论压力的差异	
厦大老师最早反对,所以有良知的知识分子很重要。(a12) 厦门没成,化学院士出面做这个事情(b2)。	精英分子作用的差异	
厦门举足轻重,东山只是一个小岛,力量太小,只有一个镇在反对。(b4)	对抗力量的差异	
厦门市民能够对PX项目提出质疑并发展到后期的抗议,首先是对事件本身有了解,并敢于参与其中。但漳州信息闭塞,使得市民仅能通过媒体了解到情况,无法了解到事件本身,更无法参与其中。(a2)	信息公开度的差异	信息管理手段不同
厦门,危害性宣传理解比较到位;漳州,危害性宣传不到位。(a7) 古雷镇居民少,普遍受教育的程度较低,做起科普工作相对轻松。(a11)	正面宣传力度的差异	
由于当地房地产发展程度和价格决定,房地产越发达,政府和民众维护的决心越高,抵制大幅度破坏这一环境的决心就越大。(a4) 主要是损害了房地产商的利益,传言厦门有房地产商讲每一个去参加"散步"的人,能得到100块钱。(a12) 厦门市反对的主要是地产商,雷州半岛反对的主要是养殖户,不是一个重量级的。(a3)	利益集团作用的差异	博弈利益不同
漳州地多,可以规划工业项目;厦门空地不够,工业和人居混杂,市民当然不乐意。(a5) 建在漳州的某个镇,涉及的范围比较大,给村民些补偿就好了,比较好搞定。(a6)	占用资源价值差异	
厦门重视污染问题,不愿意。(a1) 当地老百姓的自我保护意识。PX项目会增加废水和废气排放,环保措施相应配套是否可以保证到位,并持续有效运行,是民众对PX项目最大的担心。(a11)	环保意识差异	市民环保意识不同

或许所选两市民众的观点并不全面,但相关资料对于我们研究邻避项目社会抗争极有参考价值,从中仍然可以清晰地看到邻避项目的社会抗争动力,把握到项目规划和选址成败的重要影响因素。从一级编码情况看,两市民众认为,之所以最终 PX 项目从厦门被赶走却能在漳州成功落地,是因为两地的环境容量(纳污能力)、影响范围、影响人口、城市定位、经济发展需求、财政贡献度、上级统筹安排、政府强势程度、舆论压力、精英分子作用、对抗力量大小、信息公开度、正面宣传力度、利益集团作用、占用资源价值、环保意识等方面存在巨大差异。进一步实施二级编码,可以将这种差异归结为地理人口环境、发展驱动、对抗双方力量、信息管理手段、博弈利益、市民环保意识六个方面。显然,因为诸多原因共同造成了 PX 项目迁离厦门海沧、落地漳州古雷。

四　社会抗争的资源动员比较

(一) 两地的利益相关者和利益集团

根据是否存在交易性合同关系,查克汉姆(Charkham)将利益相关者分为契约型和公众型两类;根据是否自愿承担企业经营活动的风险,克拉森(Clarkson)将利益相关者分为自愿型和非自愿型两类(贾生华和陈宏辉,2002)。显然,参与 PX 项目社会抗争的利益相关者,属于公众型和非自愿型利益相关者,包括了本地居民、本地社区、本地企业、媒体、环保主义者等压力集团,以及自然环境资源、后代等受到影响的对象。这些利益相关者并不直接分享项目所属企业成长的利润,但是却因为企业的生产活动付出了代价,因此对企业进行监督和制约的动机非常强烈。利益相关者为了获得更大的话语权和执行力,有些可能形成松散的共同利益团体,有些本身就是内部联系紧密的企业组织或社会组织,这些利益相关者的组合被称为利益集团。利益集团是现代社会民主的构成要素,也是观察世界的立足点。无论是在厦门市还是漳州市,围绕 PX 项目产生的联系,我们都可以将之看成各类利益集团的关系。

1. 对厦门海沧 PX 项目的利益相关者分析

海沧 PX 项目社会抗争过程中的利益集团关系如图 13-1,这是一组复杂的社会关系。房地产、旅游、餐饮、食品企业,同翔鹭腾龙集团是对立的资本竞争关系,一则生存空间的扩张,需以另一则的生存空间挤压为代价。而海沧南部业主、厦大师生、普通市民等一些利益集团,为什么会反对海沧PX项目? 因为作为利益相关者,他们在社会上存在一些实物资本(房地产)、人力资本(健康)、财务资本(经济)、社会资本(关系),或其他一些有价值的东西(如生态环境、发展机会),由于海沧PX项目的建设而承受某些形式的风险。因而向厦门市政府或翔鹭腾龙集团做了一系列抗争,如政协一号提案、"散步"事件、参与座谈会表决等。而翔鹭腾龙集团作为利益相对方也进行了危机公关,希望削弱对手方的力量。以上几个利益集团在利益竞争上都扮演了"运动员"的角色。厦门市政府决定启动"城市总体规划环境评价",以及决定缓建和停建PX项目,实际上履行了"裁判员"的角色。之所以事后厦门市政府需要承担赔偿责任,因为曾经担当了利益集团竞争中的"运动员",同翔鹭腾龙集团存在契约型利益相关者关系。

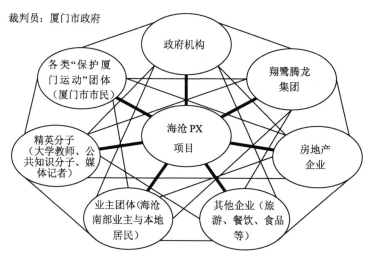

图 13-1　海沧 PX 项目中的利益集团关系

2. 对漳州市古雷 PX 项目的利益相关者分析

在理想的状态下,政府主要通过扮演"裁判员"角色、通过监督手段,使各利益集团在法规和制度之下通过正当竞争寻找到平衡点,以此来追求利益相关者的整体利益。但是,在"威权政府"运行模式下,地方政府在利益集团竞争中往往无法当好"裁判员"。从分析材料看,厦门市政府是更为成熟的政府,后期较好地扮演了"裁判员"角色;而漳州市政府在从事"裁判员"活动的同时,从未放弃过扮演"运动员"角色。在政府也是"运动员"的情况下,利益集团之间就不再是平等的竞争关系了。我们虽然可以找出古雷 PX 项目的利益相关者,却无法采用经典的利益集团理论来解释各方的行为。创新型政府改革要求政府在利益集团竞争之中担当"缓冲器",控制和消除利益集团竞争存在的弊端,但是漳州市政府在这方面并未发挥作用,实则是以政府的公信力在为古雷 PX 项目的安全性背书。由此,2013和 2015 年古雷 PX 项目投产后两年发生两起爆炸事故,当地政府很难做出合理的解释,这种情况容易挫伤政府的形象。

古雷 PX 项目中的利益相关者主要有漳州市各级政府,翔鹭腾龙集团,东山县铜陵镇的养殖户和渔民,以及霞浦县古雷半岛的拆迁户、养殖户和渔民。古雷半岛的征地拆迁居民与翔鹭腾龙集团、漳州市政府之间属于首要的利益相关者关系,因为 PX 项目产生了物资资本(房产、土地)损失,所以可以获得赔偿。由于海洋养殖收益与 PX 项目排海之间存在直接矛盾,故而铜陵镇居民与翔鹭腾龙集团、漳州市政府之间,也属于首要的利益相关者关系,可是无法获得赔偿。项目风险和利益分配的不公平使铜陵镇居民产生了强烈的对抗情绪。位于漳州市霞浦县等地的居民,虽然也不在拆迁范围内,但是他们的从事的渔业生计也因 PX 项目或多或少有所影响,因而他们同投资方和当地政府的关系属于次要的利益相关者关系。

(二) 两地的资源动员情况

梯利(Thilly)采用案例法,找到了决定集体行动产生和发展的几个充分必要条件,并分析了它们相互之间的逻辑关系,然后以此为基础,构造出了一个用以解释任何集体行动的指导性解释模型,具体参见图 13-2。梯利认为,一次成功的集体行动由六项因素决定:参与者的利益驱动、参与者的组织能力、集体行动的动员能力、个体加入集体行动的阻碍或推动因素、政

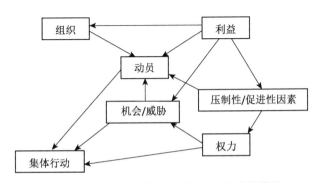

图 13-2　梯利的集体行动(社会运动)动员模型

治机会或威胁、行动群体所具有的力量①(赵鼎新,2014)。这些因素的特定组合会对集体行动形成或发展的进程产生影响(赵鼎新,2014)。

为何最终厦门市将项目拒之门外,而漳州市却能顺利揽入怀中? 对照图13-2,可以看到厦门市和漳州市政府对两地市民和腾龙芳烃项目的管理模式和管控力度是不同的。厦门市政府推动或容许了城市规划重评、媒体公开听证,以及社会力量的参政议政活动,政治过程为集体行动提供了大量"促进性因素";而漳州市政府采取了带有管控和威权特征的"利维坦模式",政府依靠管控力和权威强力推动项目,对社会抗争输出的是"压制性因素"。除此之外,两市集体行动的动员状况存在显著差异,直接导致了不同的结果。以下将比较厦门与漳州两地参与集体行动的社会资源存量、资源动员广度,以及资源动员力度三方面的差异:

1. 可动员资源存量比较

厦门市和漳州市对抗腾龙芳烃 PX 项目的社会资源存量如表13-2所示。显然,这两组社会资源差异极大,因而在利益集团竞争中竞争力强弱完全不同。由之可以看出在保护环境的集体行动方面,这两座城市具有完全不同的执行力。也正因为如此,厦门市"6·1"散步事件,同东山铜陵镇"2·29"群体性事件的社会影响力完全不同,给两地政府和腾龙芳烃 PX 项目带来的压力前大后小,并且产生了不同的社会后果。

表 13-2　两市参与对抗腾龙芳烃 PX 项目的社会资源存量比较

资源类型	厦门	漳州
产业资本	厦门市房地产、旅游、餐饮、食品制定等方面的企业	东山县和霞浦县水产养殖企业、养殖户
精英分子	赵玉芬、田中群、田昭武、唐崇惕、黄本立、徐洵等院士; 袁东星、徐国栋、曾华群、王光国等大学教授; 连岳等网络大 V; 李义强等热心环保人士; 吴玉梅等海沧南部业主。	无(或不知道)
政治组织	联名推出 2007 年政协 1 号提案的 105 位全国政协委员; 公开反对海沧 PX 项目的人大代表。	无

① 注:考虑到厦门和漳州 PX 项目社会抗争均不带政治目的,因而将原著图中的"社会运动"改为"集体行动"。

资源类型	厦门	漳州
临时团体	厦门611环保志愿者联盟； 还我厦门碧水蓝天； 绿十字。	无（或不知道）
媒体	南方周末、中国青年报等媒体	南方周末
潜在受影响学校	以厦门大学为首的约14所高校	6所中学
潜在受影响居民	常住人口243万	常住人口3.3万（古雷镇）、5.4万（铜陵镇）

2. 资源动员广度比较

无论是铜陵镇还是古雷半岛的社会抗争，都聚焦于自身的经济利益，社会型利益相关者特点并不明显。漳州市民众对于古雷PX项目可能造成的环境负面影响并未表达出很强的负面情绪，因而东山和霞浦县的环境抗争未能动员较多民众参与。厦门的情况与此截然相反，在2007年政协1号提案公开之前，主要还是海沧南部的业主在抗争；提案公开之后，PX项目的污染问题受到了社会的强烈关注，人们对海沧PX项目非常担忧。2007年政协1号提案具有很大的权威性和专业性，厦门"散步"事件爆发具有很强的媒体影响力，二者交互作用，使得厦门市反PX项目的主题和旗帜彻底转向了环境保护，进而呼吁解决海沧南部城市规划矛盾，非常具有号召力，因而社会资源动员具有很大的广度。可以看到厦门市民中反对PX项目的参与面非常宽，业主联盟、产业资本、环保主义者、大学师生、网络大V、政协委员、人大代表等形形色色的人群或团体都受到了影响。

3. 资源动员力度比较

在漳州市政府、翔鹭腾龙集团面前，无论是东山县铜陵镇的养殖企业与养殖户，还是古雷半岛的拆迁户都明显处于弱势；而在厦门这座旅游城市，各类企业集团由于得到了市民的支持，其竞争力并不弱于翔鹭腾龙集团。比如，漳州养殖企业和养殖户的竞争力远远不能与厦门市的房地产企业相提并论。厦门的一些商人通过发钱鼓励民众参加游行，充分反映了产业资本在生存空间竞争上的不择手段，但也可以让我们管窥当时社会资源动员的力度。厦门市的资源动员力度还表现在多位院士、教授、政协委员、网络大V等精英分子，都参与到对PX项目的社会抗争中来。值得一提的是，全国政协提案和城市规划环评也为集体行动提供了支持。

　　综上,厦门市反 PX 项目集体行动,是私利和公益、参政议政权和行政权、产业资本和社会团体、高校教师和社会公共知识分子,传统媒体与新媒体运用的多重争执和磨合。在多重合力之下,海沧 PX 项目被拒之门外实属无奈。分析厦门和漳州市民的访谈资料,可以看到,在客观方面,两地的环境容量(纳污能力)、城市功能定位、经济发展需求,项目的影响范围、影响人口、财政贡献度,确实存在较大差异,PX 项目更适合在漳州古雷半岛建设;在主观方面,上级统筹安排、舆论压力、民众的环保意识、精英分子的作用、对抗力量的分布与质量,政府的强势特征和信息管控模式等方面,也确实不利于 PX 项目在厦门市安家。

　　通过以上分析,可以清晰地观察到邻避项目社会抗争的利益集团及其社会动员情况。相关运行机理具有极强的本土特征,核电项目、火电项目、垃圾焚烧项目、矿石冶炼项目等邻避型工程所遭遇的选址地民众对抗,与此十分接近。虽然,邻避项目抗争的“厦门模式”是不是值得提倡,邻避项目推行的“漳州模式”是不是可以借鉴,还需要进一步分析和思考。但是,邻避设施在规划选址之初,各级政府和项目方就应当预见、定位、评估当地的社会动员力量,做好前期的风险沟通和化解工作。

五　讨　论

　　核能项目作为高风险邻避型项目,为什么有些可以成功落地,给社会也给选址地带来各种福祉;有些却遭遇被搁置或放弃的命运,坏地、伤财、丢机会、还伤感情。因此,在核能项目规划选址之初,有必要认真地综合衡量上述各类因素,制定科学的选址建设和风险沟通方案,把握节奏、挽回民心、减少对抗,争取项目一次性顺利落地。在先前的核能项目社会对抗研究中,我们已经得到了邻避心理是火苗、利益相关者是主力的判断。通过本章的研究,我们进一步得到两点判断:①资源动员是“风力”。核能项目社会抗争的深入程度、影响范围和持续时间,受社会资源动员状况的影响,斗争的激烈程度也取决于各方力量的资源动员质量。动员程度越弱,项目遭遇的对抗越小,项目的生存概率就越高。②政治过程是“添加剂”。地方政府扮演了“添加剂”的关键角色,这种“添加剂”可能是“灭火剂”、也可能是“助燃剂”,也可能是两者兼而有之。在中国的政治文化之下权力机关、参政议政机关的成员也可以作为“添加剂”发挥作用。

第五部分

低接受度与社会抗争风险的
防范和化解

第十四章　利用大数据监测核能项目的"民意"

为了防范核能项目社会抗争风险累积,需要提前监测、预警和化解群体性事件风险。本章采用大数据技术手段,开发基于社交媒体表情图片的网民情绪监测模型,用以评估项目选址地民众的核恐慌心理与负面情绪,在项目选址时帮助评估"民意",预警选址地民众的不接受心理与对抗情绪。

一　研　究　背　景

在互联网时代,网络表达与对抗行为存在协同关系,互联网社会的舆论较之传统渠道的利益诉求及表达,往往显得更为清晰、集中和激烈。国际研究者利用推特上的数据分析日本台风和地震灾害的发生(Sakaki et al.,2010),用谷歌搜索查询数据预测美国流感的疫情(Ginsberg et al.,2009),证明互联网大数据可被用于评估社会安全风险。较之传统的社会调查,互联网大数据具有一个突出的优越性,那就是评估或监测使用的"不是随机样本,而是全体数据"(迈尔·舍恩伯格等,2013),因此可以通过大数据预测技术监测民意。

根据 2018 年中国互联网络信息中心(CNNIC)发布的《第 42 次中国互联网络发展状况统计报告》,2017 年中国大陆的网民共有 8.02 亿、互联网普及率为 57.7%。[①] 可见全国网民数量占总人口的比例业已过半。特别是,绝大多数重大工程项目选址在人口密集、邻水、且交通便利区域,当地民众经济普遍较好,网民比例正常要高于全国平均水平。因此,采取大数

据在线评估方法相当于将一半以上民众(网民)作为评估对象,能弥补民众意见反映困难的缺陷,也可以解决传统的走访调查对象代表性不足,防范反馈意见失真或被人为操纵的问题。

　　社会事件的发展态势同社交网络或搜索引擎的动态数据存在显著相关关系。如图 14-1 所示,虚线框中为一组典型的因果关系路径——由于出现社会风险与矛盾,利益相关者与社会公众会产生主观上的感受,进而出现冲突意愿,最终选择集体对抗行为——这是传统社会学的分析方法,大量研究(如:Whitfield, et al., 2009;谭爽和胡象明,2013)已经证实了这条理论路径。

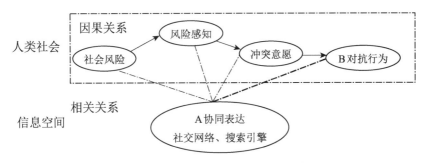

图 14-1　网上、网下社会抗争风险的协同表达机理

　　进入互联网时代,人们的网络活动增多,物理世界的社会矛盾、风险感知、冲突意愿和冲突行为,在互联网信息空间存在映射与反应。已有研究发现,互联网为集体运动提供了社会动员渠道、话语权机会,以及线上活动空间(Fenton,2008;蔡前,2009;童志锋,2013),在线信息是线下行动的转录、强化和延伸,互联网舆情信息属于物理世界社会冲突的一部分。这种线上线下信息的协同表达关系,使得利用互联网大数据监测和预警社会风险成为可能(迈尔·舍恩伯格、库克耶,2013),其行动逻辑是:当 A 与 B 相关,知 A 则 B。据此我们提出如下问题——是否可以利用人类社会与信息空间对突发事件的协同表达原理,通过评估和监测在线公众反应系统,在非干预条件下达成"稳评"目标?

二　理论解释模型

　　开发重大工程项目社会稳定风险非干预在线评估模型,首先应当解决在线评估评什么、怎么评的问题。当务之急是我们需要解释在线稳评监测指标的选择问题,因此需要分析社会抗争的内在动因。

Tarrow(2011)归纳发现,已有社会抗争理论主要从怨恨心理、资源动员、抗争文化,以及政治过程四方面,分析集体行动产生的根源和路径,社会心理历来是集体行动产生和维持的重要变量。Fischer & Leach(2004),Smith et al.(2008)研究发现,负面情绪(愤怒、怨恨等)是预测集体行动的重要指标;Murphy & Tyler(2008)的研究还表明,负面的心理和情绪是公平感知影响抗争行为的中介变量。可见网民情绪,特别是负面情绪应当作为重要的在线稳评监测指标。国际研究(Visschers et al.,2011;Vis schers & Siegrist,2013;Yeo et al.,2014;Ho et al.,2013)反复证实风险感知显著影响邻避型项目的公众接受度。胡象明和谭爽(2013)在中国社会文化背景下,用项目风险感知作为民众社会抗争行为倾向的唯一解释变量,发现风险感知具有较好的解释能力。由此可见,风险感知也可被选为项目稳评的在线监测指标。

核能项目由于社会抗争事件频发,相关成因研究一直备受关注。Kraft & Clary(1991)认为公众强烈反对当地建设放射性废物项目,根源在于对成本、风险和问题持有片面狭隘的观点,对项目设施具有对抗性情绪,对问题或风险的信息不足,以及个人的风险规避倾向等。Downey(1986)发现民众反对核电站建设的集会,事实上就是要宣泄挫折感,表达愤怒或怨恨的情绪。来自不同国家的实证研究证明,核能知识、对政府与专家的信任(Ho, et al.,2013;Vivianne, et al.,2013)、对项目的收益感知(Nick et al.,2008;Adam et al.,2011;Liao et al.,2010)和风险感知(Whitfield et al.,2009;Vivianne et al.,2013),显著影响涉核项目的公众接受度或抗争行为。人们刷微博及搜索查询等行为,清晰地反映出网民的正负面情绪及风险感知状况(张晶等,2014;张兵和张金华,2010;Cheong & Lee,2011),却较难据之评估民众对于项目的知识、公平感、信任、收益感知;从先前的研究看,知识、公平、信任、收益感知等变量更多地通过风险感知和负面情绪影响抗争行为(Vivianne, et al.,2013;Murphy & Tyler,2008),风险感知与负面情绪是公众不接纳态度及对抗意图的直接前因变量,因此通过对此二者的评估监测,可衡量重大工程项目的社会抗争风险。

考虑到现实中存在某些重大项目社会抗争事件,事发之前项目选址地网民并无太大反应(如2012年7月山东什邡钼铜项目事件)。当项目的网民关注不足时,显然无法通过社交网络分析“民意”,因此,网民关注度是通过网民风险感知与负面情绪解释对抗行为倾向的前提条件;反之,后者的解释关系如果可以成立,则说明网民关注度有足够的代表性。换句话讲,它们之间是充要条件关系。综上,可以建构网络环境下风险感知与负面情绪对核能项目群体抗争行为的解释模型(如图 14-2),并形成一组研究假设:

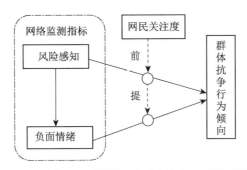

图 14-2　核电项目群体抗争行为倾向的在线解释模型

H1:网民的风险感知与负面情绪是群体抗争行为倾向的重要前因变量;

H2:网民关注度是社会公众的在线风险感知与负面情绪反映群体抗争行为倾向的前提条件;

H3:网民的风险感知影响着网民的负面情绪。

在之前关于核能技术风险感知的研究中,利用被试遇到外部刺激时会自然产生应激反应和心理变化的原理,我们做了一个心理测试,要求被试用三个或少于三个词汇,描述自己看到"核能"一词的反应。词频统计显示,362 名被试提交的 782 个反应词中,表达风险感知的 480 个(占61.4%)、表达情绪的 65 个(占 8.3%)、表达收益感知的 196 个(占 25.1%)、有关核应用的 36 个(占 4.6%)、有关核安全应对的 5 个(占 0.6%)。不仅如此,表达情绪的词汇中 83.1%为负面情绪词汇。可见,此中能够解释和预测对抗行为倾向的是"风险感知"和"负面情绪",二者分别占了反应词总量的 61.4%和 6.9%[①]。可见,上述理论模型用风险感知与负面情绪解释抗争行为倾向是合理的。

三　变量操作化

对图 14-2 所示的概念模型,进行变量操作化。

---

① 这是常态下的反应测试,相对而言,较多核电风险感知(占 61.3%),较少直接表达情绪(占8.3%)。而在矛盾激化状态下,负面情绪表达将显著增加。

（一）群体抗争行为倾向

芬克(1986)采用医学术语描述危机事件的生命周期，提出依次突发公共事件存在征兆期（Prodromal）、发作期（Breakout or Acute）、延续期（Chronic）和痊愈期（Resolution），征兆期是潜在风险通过心理认知和负面情绪不断外显和积蓄的过程，风险超过临界水平爆发出来，便进入了发作期。因此，本研究采用征兆期的风险征兆代表被解释变量"群体抗争行为倾向"，记为"有＝1"或"无＝0"。

（二）网民关注度

重大项目的网民关注度反应项目选址地网民公众对重大项目的知情满足及关注程度。媒介依赖理论认为，人们对媒介的依赖，是由媒介传递信息的数质量，以及社会冲突的程度共同决定的（龚新琼，2011）。这一结论在关于负面倾向新闻关注度（李强，苏慧丽，2014），以及微博谣言关注度（张自立等，2014）的研究中业已得到证实。实践分析表明，如果项目信息不够公开、兴趣人群偏少、参与讨论困难，公众对项目的反响冷淡，则项目的网民关注度将会处于低位，此时网民负面情绪与风险感知对社会抗争行为倾向的预测能力就会受到抑制。与此相反，项目的网民关注度越高，公众参与"网络议政"的社会动员也就越彻底，群情激奋以至于爆发群体抗争行为的风险也越高。据此，我们将网民关注度视为在线社会抗争模型得以应用的前提条件。在测量上以项目简称为关键字，分析网民对重大项目的关注情况；对于核能项目，以"核"为关键字，统计分析项目选址地民众在项目信息公开前后的互联网搜索引擎查询记录，以及微博记录（去除无关记录），评估网民关注度。

（三）风险感知

Cuningham(1967)提出风险的双因素模型，认为风险由不确定性因素和结果因素共同组成，前者指不利后果发生的可能性，后者指损失的大小。已有研究对核能风险感知的评估，也主要从这两方面进行；不过，风险感知实际上包括了对风险来源、对发生可能性，以及对损害后果的心理认知。在以往的研究中，Visschers & Siegrist(2013)仅从可能性认知角度，测量风险感知；Yeo et al. (2014)、Ho et al.(2013)、Sjöberg & Sjöberg(2001)则主要从危害后果认知角度测量风险感知,且几位研究者选择的测量题项很不一致[①]。显见,对照风险的双因素结构特征,进行核能的风险感知评估,指标选择的主观随意性过大。建议从项目风险的来源角度,对风险感知进行测量。就核能项目而言,公众对风险来源的认知主要表现为公众对核事故、核泄漏、核危机、核辐射、核爆炸、核污染的担忧和恐惧。以下对搜索引擎查询记录,以及微博内容记录中的上述关键词进行统计,评估公众对项目的风险感知水平。

(四) 负面情绪

情绪是人们内心需要满足程度的心理反映,具有冲动性和情境性特征。Watson & Tellegen(1985)的情绪两因素模型,将人的自陈情绪结构分为正面情绪和负面情绪两个相对的心理维度,后来又在此基础之上发展了包含 10 项负面情绪、10 项正面情绪测量的 PANAS 量表,在国际上得到了广泛的应用。罗素(Russell,1980)建构了情绪环状模型,从愉快度和强度两方面进行情绪归类,将情绪分为高等强度的愉快、中等强度的愉快;以及高等强度的不愉快、中等强度的不愉快四类[②],不同情绪词可以被归入相应的类别。研究者已经认识到微博表达具有很强的情绪色彩,微博上的个体表达可能引发社会场域围观,并演化为集体的情绪共振(周云倩,杨娜,2013)。重大工程项目的建设,由于社会影响深刻、利益相关者居住集中,极易在社交网络平台上形成集体负面情绪共鸣。

微博的情绪信息载体主要有情绪词、情绪句式,以及表情图形符号三类。其中情绪词与情绪句式灵活度高,相关分析算法的错警比率还比较高;表情图形作为互联网交际的情绪符号,是"一种显式的、固定的表达情绪方式"(张晶等,2014)。在本研究中,我们选择表情图形符号作为监测微博情绪的网络指标。具体通过分析微博表情图片所反映的情绪类型,以及各种类型情绪的共振幅度,来评估网民的负面情绪。由于微博中的"删帖"

---

① 风险感知的测量题项差异较大:Visschers & Siegrist(2013)所用的量表题项为:(1)我非常关注瑞士核电站的危险;(2)正在建设中的或未来将建的核电站是安全的;(3)新核电站发生灾难的风险非常小。Yeo et.al.(2014)从核电可能导致核污染及环境危害、导致供水污染、导致人类健康问题,以及增加核事故风险四个维度进行测量。Ho et al.(2013)通过核事故发生可能性(同日本相比)、核电站安全距离、30 公里内患癌症风险、不建设核电站的电力短缺四个维度进行测度。甚至,Sjöberg & Sjöberg(2001)的调查还发现,公众担心核电项目会伤害孩子并危及后世子孙。

② Russell(1980)的四类环状情绪有以下具体种类:第一类,惊恐、害怕、愤怒、紧张、失望、苦恼、悲痛;第二类,悲惨、伤心、沮丧、悲观、厌烦、颓废;第三类,安心的、满足的、安逸、稍息、宁静、轻松、疲乏、欲睡;第四类,惊奇、兴奋、激活、快乐、高兴、欣喜、愉快。

行为，往往源于网络内容提供商（ICP）对不合宜内容的管理，因此我们在统计过程中，凡是遇到"抱歉，此微博已被作者删除"的记录条，均作为强烈负面情绪（NA＋）进行统计。

许多网民在写微博时，习惯用表情图片符号表达个体情绪。表 14-1 是在 Russell（1980）和 Waston et.al.(1988)的情绪分析理论指导下，设计出的表情图片情绪类型与激烈程度一览表。①

表 14-1　表情图片情绪类型与激烈程度一览表

情绪类型	正面情绪		负面情绪		中性
	PA＋	PA－	NA＋	NA－	MA
激烈程度	［赞］［赞啊］［给力］［给劲］［酷］［good］［好棒］［ok］［鼓掌］［威武］［握手］［奋斗］［干杯］［帅］［太开心］［礼花］［顶］［胜利］［拍手］［噢耶］［得意地笑］	［笑哈哈］［哈哈］［嘻嘻］［呵呵］［喜］［偷乐］［偷笑］［囧］［hold 住］［不好意思］［害羞］［抱拳］［礼物］［鲜花］［摇摆］［思考］［想一想］	删帖 ［怒］［愤怒］［怒骂］［拳头］［抓狂］［震惊］［吐血］［喷血］［哼］［发怒］［不要］［崩溃］［心碎］［悲催］［崩溃］［悲伤］［泪］［泪流满面］［伤心］［失望］［吃惊］	［委屈］［生病］［可怜］［弱］［晕］［懒得理你］［汗］［石化］［巴掌］［猪头］［右哼哼］［左哼哼］［打哈欠］［被电］［困］［疑问］［推撞］［浮云］［投诉］［压力］［有鸭梨］［霹雳］［花心］	［蜡烛］［熊猫］［兔子］［奥特曼］［钟］［雪］［太阳］［钱］［蛋糕］［绿丝带］［玫瑰］［书呆子］［围观］［群体围观］［耶］［嘘］［话筒］［拜拜］［睡觉］
	［许愿］［爱你］［心］［爱心传递］［可爱］［好爱哦］［好喜欢］［抱抱］［亲亲］		［挖鼻屎］［鄙视］［吐］［衰］［阴险］［黑线］［草泥马］［别烦我］［闭嘴］［最差］［巨汗］		

如果将表情图片视作网民的表态，那么，代表正面情绪的表情图片表达了微博发言者的支持态度，负面情绪表达了反对态度。但这是相对的，在许多反语的情况下，正面表情图片反而表达了强烈的负面情绪。如有网友发言说"刚刚我用一根掉了的眼睫毛许愿，希望鹤山的核燃料加工链议

---

① 表 14-1 系不同表情图片符号的文本表达。在编译时，"［］"内的汉字可能出现繁体字或简体字，如［泪］与［淚］，［崩溃］与［崩潰］等，此处统一用简体字表示。

案被否决,建不起来。[许愿]"——显然,在这里,作为正面情绪的表情图片[许愿]被用于反对项目的情境。这类情况虽然给情绪分类造成了一些困扰,但毕竟是少数,上述表情图片情绪的群体分析模型,具有较好的容错率,不会影响对整体微博情绪的辨识。

如表 14-1 所示,我们在正负情绪经典模型之外,又设一个中性情绪集合。因为微博上还存在[围观]、[群体围观]、[拜拜]、[睡觉]之类表示动作的表情图片,反映的情绪倾向不够清晰;还有些表示物体的表情图片,如[熊猫]、[兔子]、[奥特曼]、[钟]、[雪]、[蜡烛]、[话筒]等,这些符号虽然在应用中会被赋予某种特定语义,但所要表达的情绪却具有较大的不确定性。以图片[雪]为例,"项目这样搞,真是寒[雪]心啊!"——表达的是反对项目的负面情绪;"为了清凉世界[雪],支持发展核电、减少燃煤"——表达的是支持项目的正面情绪。

四 检 验

(一) 方法与数据

以鹤山龙湾工业园核燃料项目群体抗争事件为例,利用互联网数据检验研究假设。具体通过"百度指数"与"新浪微博"收集与鹤反核事件相关的公众网络行为数据。鹤山反核事件的起因是中核集团计划在江门鹤山市址山镇建设大型核燃料加工厂。2013 年 7 月 3 日至 4 日,鹤山市发展和改革局在江门市政府网和《江门日报》发布了《中核集团龙湾工业园项目社会稳定风险评估公示》,公示期为 10 天(7 月 4 日至 13 日)。江门市民众质疑该项目的安全性与环保影响,7 月 12 日组织示威游行。7 月 13 日,江门市政府决定龙湾工业园区项目不予立项。

由于鹤山反核事件是以江门市(地级市)市民为主体实施的社会抗争,因而将江门市网民作为总体。对网民关注与风险感知水平的评估时段为群体抗争事件发生前后的一个月内。以"核"为关键词,评估网民的网络关注度;采用"核事故""核泄漏""核危机""核辐射""核爆炸""核污染"6 个关键词,评估网民的风险感知状况。由于百度指数直接呈现的是指数值,无法看到查询数量,但是同样可用于指示和说明网民的风险感知和网络关注度。以"核"为关键词进行定位,抗争事件爆发前后一个月,江门市网民共在新浪微博平台发表了 35.68 万条相关微博记录,其中"稳评"报告公示期间,共发表了 30.49 万条包含"核"这一关键词的微博记录,借助新浪的减免重复算法,进一步从中抽取 7 218 条微博用于评估网民情绪。事发前后各一个月,共有 6 437 条微博记录包含"核事故"等 6 个关键词。

(二) 模型检验

1. 风险感知与群体对抗行为倾向的关系

江门市网民的风险感知分布如图 14-3,在"稳评"报告公示期间,当地民众对项目风险的感知凸显,说明该项目具有高风险性。核能项目的风险感知表达与一般网络群体性事件不同,并未出现先围观、再参与、最后引爆事件的发酵过程。从一开始项目选址地网民就积极通过网络发声,根据自身的心理感受表达意见和情绪。这种情况说明鹤山项目的稳评对象范围限于址山镇(项目征地拆迁地)是不够准确的,江门市民众前期的知情权前期没有得到很好落实。在整个公示期风险感知的指标值都处于高位,分布曲线的两个波峰分别出现在公示早期(7 月 5 日)及冲突爆发时刻(7 月 13日)。这种情况说明风险感知对群体抗争具有推动作用和解释能力,假设一部分得证。

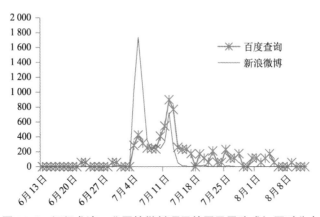

图 14-3　江门龙湾工业园核燃料项目的网民风险感知历时分布

搜索查询与微博文本对风险感知的反映存在一定差异,人们进行搜索查询的目的大多在于求知与定位,微博发言的目的大多在于发表见解与议论,因此微博记录是风险感知分析的重点。从微博的分类统计结果看,由于"江门核危机"被一些网民当作了行动的口号,因而核危机(40%)在微博中出现的频数最高。从占比看,核辐射(35%)是公众最担忧的项目焦点问题;核污染(15%)、核泄漏(6%)也是比较严重的风险感知,另有小部分人担心核事故(3%),不过认为会发生核爆炸(1%)的很少。

2. 负面情绪与群体对抗行向倾向的关系

项目"稳评"报告公示期间，江门市网民发微博使用的表情图片、反映的网民情绪如表 14-2 所示：

表 14-2　项目"稳评"期间微博表情图片的情绪类型及激烈程度

记录数 ＼ 情绪类型	正面情绪		负面情绪		中性
	PA＋	PA－	NA＋	NA－	MA
441 条 （7月4日）	［给力3］ ［许愿1］	［哈哈5］ ［嘻嘻1］ ［思考1］	［删帖26］［怒171］ ［愤怒9］［怒骂10］ ［拳头9］［抓狂21］ ［震惊1］［哼6］［不 要4］［挖鼻屎3］ ［鄙视5］［衰8］［崩 溃3］［悲伤1］［泪 23］［泪3］［伤心3］ ［黑线2］［闭嘴3］ ［吃惊40］	［生病9］［可 怜5］［弱4］ ［晕7］［汗 6］［石化1］ ［神马2］［投 诉4］［压力 1］	［奥特曼2］ ［围观21］ ［话筒4］［钱 1］［馋嘴1］
939 条 （7月5日）	［给力2］ ［good8］	［哈哈4］ ［haha6］ ［嘻嘻1］ ［偷乐1］ ［思考1］	［删帖73］［怒254］ ［愤怒5］［怒骂10］ ［拳头12］［抓狂 12］［抓狂1］［震惊 8］［震惊1］［喷血 4］［哼12］［不要1］ ［挖鼻屎6］［鄙视 7］［衰6］［阴险1］ ［崩溃6］［悲催1］ ［悲伤1］［失望1］ ［泪66］［泪4］［伤 心2］［吃惊7］［压 力1］［最差5］［滚 粗3］	［生病4］［可 怜2］［弱17］ ［晕1］［汗 13］［猪头 1］［疑问 1］［浮云2］	［蜡烛4］［熊 猫1］［奥特 曼25］［围观 23］［话筒 14］［馋嘴1］ ［拜拜1］［书 呆子1］［钟 1］
818 条 （7月6日）	［爱你1］ ［给力2］ ［给劲1］ ［酷2］ ［good1］ ［鼓掌2］ ［可爱1］ ［抱抱1］ ［太开心 1］［礼花 2］	［笑哈哈 2］［哈哈 4］［嘻嘻 1］［偷乐 10］［偷笑 9］［hold 住2］［害 羞1］	［删除82］［怒119］ ［愤怒37］［怒骂4］ ［拳头5］［抓狂23］ ［哼18］［不要1］ ［挖鼻屎14］［鄙视 15］［吐2］［衰9］ ［阴险1］［崩溃4］ ［悲伤5］［泪25］ ［黑线2］［闭嘴3］ ［吃惊6］［压力1］ ［骷髅2］	［生病8］［可 怜7］［弱 11］［晕1］ ［汗20］［巴 掌1］［右哼 哼1］［霹雳 1］［打哈欠 2］［被电1］ ［神马3］［花 心1］	［蜡烛14］ ［熊猫1］［奥 特曼8］［围 观11］［话筒 15］［钱1］ ［钟1］

（续表）

情绪类型 / 记录数	正面情绪		负面情绪		中性
	PA＋	PA－	NA＋	NA－	MA
427 条 (7 月 7 日)	[爱你2][给力1][good4][鼓掌2]	[哈哈1][嘻嘻2][偷乐3]	[删除36][怒88][愤怒5][怒骂1][抓狂12][哼2][发怒1][挖鼻屎14][鄙视4][吐1][衰4][阴险1][崩溃3][泪8][伤心1][吃惊4][骷髅1]	[生病6][可怜5][弱4][晕4][汗10][巴掌1][打哈欠1]	[蜡烛2][兔子1][围观22][话筒12][馋嘴1][钟1]
367 条 (7 月 8 日)	[爱你3][good5][鼓掌3][威武6][亲亲3][微风3]	[哈哈3][嘻嘻2][偷笑2][抱拳1][思考2]	[删除26][怒33][愤怒1][抓狂15][挖鼻屎2][鄙视1][吐1][衰16][泪19][伤心2][黑线2][闭嘴1][吃惊9]	[生病25][弱1][巴掌1][打哈欠1][疑问1][花心3][浮云3][有鸭梨3]	[蜡烛1][奥特曼1][围观3][睡觉2]
533 条 (7 月 9 日)	[爱你6][赞2][给力2][good9][鼓掌2][威武2][亲亲1][太开心2][顶1]	[笑哈哈1][哈哈4][嘻嘻4][呵呵13][偷笑2][思考2]	[删除43][怒136][愤怒2][怒骂2][拳头5][抓狂4][哼5][挖鼻屎9][鄙视15][吐1][衰11][失望1][泪11][悲伤1][黑线1][吃惊2][草泥马1]	[委屈1][弱16][晕2][汗3][困1][睡觉1][花心1]	[蜡烛8][熊猫1][兔子3][奥特曼1][绿丝带3][玫瑰1][围观18][耶4][话筒87]
1 301 条 (7 月 10 日)	[爱你4][心6][赞2][给力2][给劲4][酷2][good9][鼓掌17][威武6][握手1]	[笑哈哈7][哈哈16][嘻嘻1][呵呵2][偷乐1][偷笑7][囧5][hold住22][害羞3][思考4]	[删除71][怒338][愤怒23][怒骂4][拳头2][抓狂13][震惊2][哼14][发怒5][挖鼻屎51][抠鼻屎2][鄙视11][吐63][衰18][阴险5][崩溃4][心碎1][悲催3][悲催1][悲伤1][失望1][泪56][黑线2][吃惊5]	[委屈5][生病14][可怜12][弱14][晕3][睡觉3][懒得理你1][汗11][右哼哼1][疑问1][推撞2][浮云1][压力2]	[蜡烛7][熊猫1][兔子6][奥特曼5][围观7][群体围观1][耶6][话筒2][馋嘴5]

（续表）

记录数 \ 情绪类型	正面情绪		负面情绪		中性
	PA+	PA−	NA+	NA−	MA
717条（7月11日）	[爱你1][心5][给力1][酷2][good3][鼓掌11][威武6][握手1]	[笑哈哈5][哈哈11][嘻嘻1][呵呵2][偷笑2][囧2][hold住10][思考2]	[删除58][怒222][愤怒16][怒骂1][拳头2][抓狂11][震惊2][哼5][发怒2][挖鼻屎37][抠鼻屎2][鄙视11][吐4][衰14][阴险4][崩溃3][心碎1][悲伤1][泪30][吃惊2]	[委屈2][生病8][可怜4][弱6][晕3][睡觉6][汗6][疑问1][浮云1]	[蜡烛6][熊猫1][兔子6][奥特曼3][围观5][群体围观1][耶6][话筒22]
783条（7月12日）	[爱你3][赞14][给力10][酷3][good10][鼓掌11][威武4][可爱3][抱抱1][太开心1][胜利5][拍手1][得意地笑5]	[哈哈12][嘻嘻2][偷乐5][偷笑2][囧2][hold住1][害羞2][思考2]	[删除96][怒407][愤怒8][怒骂10][抓狂7][拳头18][哼8][挖鼻屎14][抠鼻屎1][鄙视10][吐8][衰8][阴险3][崩溃1][悲伤1][失望4][泪4][泪流满面7][大哭1][伤心5][黑线2][闭嘴4][吃惊7][草泥马1][骷髅1]	[生病4][可怜1][弱54][晕2][懒得理你1][汗22][困1][疑问1][推撞1][浮云9]	[蜡烛8][奥特曼4][围观55][耶1][嘘1][话筒36][馋嘴3][书呆子1]
892条（7月13日）	[爱你15][心4][爱心传递5][赞24][给力57][给劲1][酷3][good32][鼓掌150][威武26][许愿1][好棒2][可爱4][好爱哦1][好喜欢15][抱抱2][太开心6][赞啊12][噢耶1][奋斗2][干杯2][帅2]	[笑哈哈6][哈哈28][haha3][嘻嘻9][呵呵1][喜3][偷乐2][偷笑7][囧6][hold住2][不好意思5][害羞5][礼物2][鲜花1][c摇摆1][思考20][想一想1]	[删除28][怒124][愤怒3][怒骂1][抓狂7][拳头29][震惊2][哼17][发怒1][挖鼻屎22][抠鼻屎1][鄙视28][吐2][衰11][阴险2][崩溃14][悲伤7][失望2][泪27][伤心1][别烦我6][黑线2][闭嘴3][吃惊9][草泥马1][最差1]	[生病5][可怜10][弱12][晕12][懒得理你1][汗12][右哼哼1][左哼哼1][推撞4][浮云8][花心1][压力10][疑问2]	[蜡烛4][兔子2][奥特曼9][围观43][群体围观3][耶42][话筒80][书呆子2][雪1][嘘5][吃东西1][太阳4][蛋糕6]
7 218	613	319	3 895	496	723

如图 14-4 所示,监测结果说明,激烈的负面情绪(占 65%)是民众对龙湾项目的主导情绪,负面情绪是正面情绪的 4.87 倍,显然,围绕龙湾项目存在的相关社会矛盾比较突出。当正、负面情绪持平时,代表社会公众的项目情绪处于中位线。如果温和型负面情绪占较大比重,则项目纠纷协商解决的余地较大,不易发生社会抗争事件;反之则指示了不好的风向标。从图14-4可知该项目具有高风险,反核事件的爆发也印证了这一点。据此,可以判断负面情绪对群体对抗行为倾向有解释力,假设一成立。

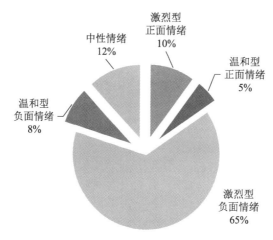

图 14-4　"稳评"报告公示期间江门市网民的微博情绪类型

进一步分析项目选址地民众正负面情绪的历时变化,以微博的抽样规模为分母,以这些微博记录的正负面情绪词的数量为分子,表示稳评公示期间江门市网民的情绪变化。如图 14-5 所示,稳评报告刚刚公示,网民对龙湾工业园项目就表现出较强的负面情绪;群体性事件爆发当天,负面情

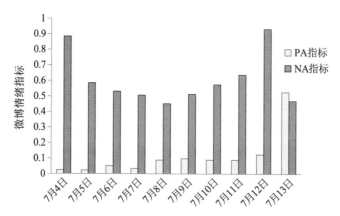

图 14-5　7 月 4 日至 13 日江门市网民在微博上表达的情绪的变化

绪达到最高值。但是,7月13日当地政府宣布延长公示期,随后又宣布放弃项目,网民的情绪快速逆转,网民进入了抗争"胜利"后的狂欢,因而情绪词发生了部分逆转,正面情绪表情图片迅速增加。不过,一些表示正面情绪的表情表达的仍然是反对项目的情绪,举例说明,"这是否说明反核成功了?[好喜欢]","终于胜利了[好爱哦]","核基地人民发来贺电!生快![蛋糕][蛋糕]","[鼓掌]五邑人的努力没有白费啊,终于把这核工程给终结了"。显然此时网民的正面情绪主要表达的还是不接受态度。

从图14-5看,网民的对抗情绪表达是短暂而激烈的,并且切换的速度非常快。首先,负面情绪的爆发十分突然,公示首日便形成了一种反对项目的基调,并未出现一般网络群体性事件常有的网民"围观期";其次,负面情绪向正面情绪的转化也非常快速,地方政府宣布撤销立项当天(7月13日),网民的正面情绪便超过负面情绪。互联网塑造了全新的抗争形态。龙湾项目由于知情满足过程不够长,前期民众参与状况不够好,项目的公示短时间带来了激烈的社会负面情绪冲击。因此,在重大项目决策上,寄希望于减少项目知情范围以促成项目通过是不足取的,重大项目稳评应当及早满足民众的项目知情权,给民众更充分的网络议政时间,出现矛盾则不断进行沟通和化解,才能有效降低社会稳定风险。

3. 网民关注度是大数据预测的前提条件

事件发生前后各1个月(2013年6月12日至8月12日),江门市网民的百度搜索查询指数,以及新浪微博发帖量的分布情况如图12-6。从百度指数的分布看,稳评公示期搜索查询量明显增强,不过此前也存在一些查询量,说明早期有小部分人接触到项目的信息并表达了关注。而新浪微博

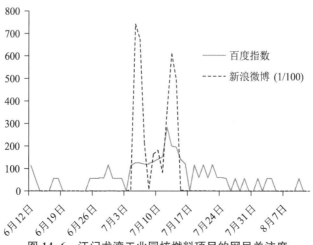

图14-6 江门龙湾工业园核燃料项目的网民关注度

的变化更清晰,项目"稳评"报告公示前一周每天含"核"字的微博记录平均约有 23 条;公示第一天网民的"在线议政"过程开启,风险感知与负面情绪的重点监测时段也到来了,当天微博文本记录增加到 664 条①;第二天迎来网民关注高峰,微博文本记录超过 7.42 万个,"稳评"报告公示的十天(7 月4 日至 13 日)每天约有 3.05 万条记录;7 月 14 日因为政府公布取消项目,当天微博关注集中出现 4.94 万条。总体上,这 11 天江门市相关微博量共有35.43 万条,占此时段前后 60 天相关微博总量的 99.27%。

　　总体来看,龙湾工业园项目在公示期得到了江门市网络社会的巨大关注,网民风险感知与负面情绪的堆积,使得项目的立项问题变成社会焦点问题。"稳评"报告公示之前该项目极度缺乏关注,这种情况抑制了风险感知和负面情绪对群体抗争行为的预测能力。可见在网民知情满足状况下,对其风险感知与负面情绪的分析才真正代表网民的意见;当网民不知情或小部分知情时,线上的态度代表不了民众的意见。而当市民广泛获得项目信息后,互联网络的关注点也出现了明显异动,网民具备了通过互联网"知情→议政"的条件。公示期内,江门市网民的风险感知与负面情绪的规模与强度,表达出了当地民众的对抗倾向,结果于公示的最后一天(7 月 13日),当地果真爆发了群体抗争事件。可见,网民关注度是分析项目选址地网民的感知与情绪,与当地民众抗争行为倾向关系的前提条件。换句话讲,只有互联网社会足够关注项目时,才能用网民的风险感知与负面情绪预测群体抗争行为倾向。所以,我们说网民关注是工程项目"民意"大数据监测的前提条件。要实施工程项目邻避冲突风险的大数据监测,必须以工程项目被当地网民知晓为前提:一方面网民对于当地民众而言必须有代表性,网民比例要足够大;另一方面工程项目必须为当地民众所周知,地方民众的知情权需要得到满足。

　　4. 风险感知与负面情绪的关系

　　图 14-7 为江门市网民在反核事件发生前后,对于核问题的风险感知与情绪表达,据之可见风险感知越高,情绪也越激烈。结合表 14-1 和图14-5分析,易知此中展现的主要是负面情绪。因此可以证明风险感知对负面情绪有解释力,即假设三得证。综上,利用大数据预测技术,对核目项目选址地民众风险感知和负面情绪的随时监测和评估,是可以及时精确地监测到具体核电项目的"民意"的。

---

① 显然此时项目选址地民众的知情满足环节才启动,随即吸引了社会公众的关注度。但是在稳评公示的时点才公开项目信息,明显不利于风险的防范与化解。

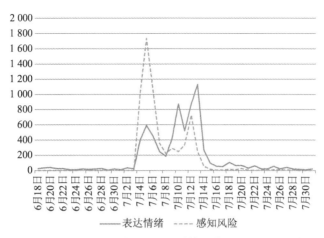

图 14-7　江门市网民对于核问题的情绪表达与风险感知变化

(三) 小结

本研究在协同表达、风险感知和情绪理论指导下,采用案例检验法,分析线上线下核电项目社会抗争的协同关系。研究发现,项目选址地网民的负面情绪和风险感知,对项目所面临的社会抗争风险有解释力,而网民关注度是上述解释关系可信的前提条件。研究结果说明,在网民关注度充分的情况下,可以通过我们开发的表情图片情绪模型,监控核能项目选址地居民的社交媒体表情图片,评价当地民众对于项目的反对情绪的大小,通过网民"民意"评价项目发现潜在的社会抗争风险。

Slovic et al.(2004)将风险感知分为感觉型风险(risk as feeling)与分析型风险(risk as analysis)两类,前者指的是人们对风险的感性认知,与之直接相关的是察觉风险后产生的各种负面情绪,如焦虑、恐惧、愤怒等;后者指的是人们对风险的理性选择与判断,如风险因素衡量、风险量计算等。在其他研究中,这一风险认知方法,业已得到了证实和应用(如:Evans, 2002;陆绍凯,2011)。本文的研究实际上探讨了,"是否可以"和"如何使用"网民对于重大项目的感觉型风险("负面情绪"指标)和分析型风险("风险感知"指标),来解释项目的群体抗争行为倾向。

五　核能项目在线"稳评"模式设计

为寻找一种重大项目线下线上综合评估的"稳评模式",弥补当前"稳评"活动民众参与不足的问题,下面针对国家发改委《重大固定资产投资项目社会稳定风险分析篇章编制大纲及说明》(试行)未考虑网民在线活动与互联网舆情的缺陷,设计一种核能项目在线稳评模式。

(一) 提出问题

2012 年 8 月,国家发改委出台《重大固定资产投资项目社会稳定风险评估暂行办法》(发改投资〔2012〕2492 号文件,以下简称《暂行办法》),规定社会稳定风险评估是重大项目立项必经的法定程序。可是近两年"稳评"面临着窘迫的困境,一些工程项目(如鹤山龙湾核燃料项目)出台的"稳评"报告几乎成为群体性事件爆发的导火索,报告一公示,社会对抗接踵而至,原意在于防范、预警和化解项目风险的一项制度,几乎成了"灭火式管理"的助燃剂。这种情况说明当前重大工程项目"稳评"制度评估对象的代表性、评估内容的科学性方面,仍有较大改进空间。

已有工程项目稳评研究,如朱正威等(2014)、胡象明等(2014)、徐成彬等(2014)、韦晨等(2013)的研究,均针对民众在真实世界的风险态度或行为,还未见利用大数据的"稳评"研究。但是线下面向少数样本的社会稳定风险评估结果容易被操纵,存在评估失真的风险。为了避免出现虚假评估,防止发生核电项目社会冲突,有必要大胆地将大数据预测技术引入核电项目社会稳定风险评估,从而弥补当前"稳评"活动民众参与不足,以及国家发改委《重大固定资产投资项目社会稳定风险分析篇章编制大纲及说明》(试行)未考虑网民在线活动与互联网舆情的缺陷。

利用大数据技术实施"稳评",有许多问题需要解决,比如什么情况代表民众存在意见? 如何得知有意见民众的比例? 以何判断反应的强烈程度? 如何得知会不会发生群体性事件? 这些问题未得到很好解决,即使实施在线评估,"稳评"失灵的状况仍将继续发生。本研究先前开发并检验了基于大数据监测核电项目"民意"的理论和技术模型,业已部分回答了"什么情况代表民众存在意见? 如何得知有意见民众的比例? 以何判断反应的强烈程度? 如何得知会不会发生群体性事件?"等问题。在这里,更重要的工作在于思考,如何科学地将大数据"民意"监测纳入到核电项目"稳评"中来?

(二) 模式设计

根据《国家发展改革委重大固定资产投资项目社会稳定风险评估暂行办法》(发改投资〔2012〕2492 号),重大工程项目稳评的主要内容包括项目建设实施的合法性、合理性、可行性、可控性评估。引入非干预在线评估模型之后,重大工程社会稳定风险评估的核心思想并未变化,但是能够更清晰地融入了民意政府的思想。即将公众议政的内容清晰地独立出来,避免稳评制度中的民众参与环节含糊不清。具体操作流程见图 14-8。

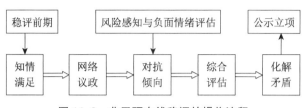

图 14-8　非干预在线稳评的操作流程

1. 知情满足

《国家发展改革委重大固定资产投资项目社会稳定风险评估暂行办法》第三条规定"项目单位在组织开展重大项目前期工作时,应当对社会稳定风险进行调查分析,征询相关民众意见……"但问题是没有规定应当征询多少名利益相关者的意见。一般线下稳评征询对象与调查样本的规模十分有限,一个影响人群规模可能达到 30 万的重大项目"稳评"报告制作时,调查或访谈样本一般不会超过 1 000 名(即抽样比不超过 0.33%),"被代表"的情况十分突出。格斯顿在讨论政策问题时曾经警告,如果实质性问题被作为象征性问题提出时,结果会产生大量的不满(格斯顿,2001)。此外,"相关民众"的范围较难把握,以鹤山龙湾工业园项目为例,项目的征地范围仅涉及鹤山市(县级市)址山镇,但是江门市(地级市)的民众却产生了强烈的风险感知。由此,建议重大项目的知情范围能够扩大到项目选址地所属的地级市,组织稳评活动之时应当公开必要项目信息,要重视对即时社交媒体(如 QQ、微信、微博)的利用[1]。

2. 网络议政

"重大项目社会稳定风险评估制度"可以被视作民众参与项目决策的风险评估活动。大型社交网络的存在,为项目选址地民众行使参与权"议政"和"投票"提供了不具排他性的平台。只是,来自这一渠道的"议政"主张及"投票"结果,还没有得到各级政府的充分重视。实际上,在互联网时代,技术的进步虽然增加了社会稳定风险,但同样也开辟了风险解决之道,缘何只苦恼于风险的增加,却不对网络技术加以利用呢? 当前政府活动与

---

① 当前,地方政府主要通过传统媒体公布项目信息,但在项目遭遇社会抗争时,却转而通过微博等新媒体同民众交流,重大项目信息管理和服务出现了较为明显的脱节。

网络舆论之间存在互动关系,这种互动关系的持久发展将极大地改善政府与社会的关系,因此应当积极开辟网络议政的渠道。重大项目决策由于事关民生,更有必要借助网络议政,了解并提升公众对于项目的接受水平,解决存在的矛盾与争议。

3. 对抗倾向

通过对网民在线活动的分析,可以评估项目选址地民众的关注度、风险感知与负面情绪,进而判断公众对重大项目的接受度与对抗倾向。具体评价方法可以采用我们开发的基于社交媒体表情图片的"民意"监测技术模型。

4. 综合评估

重大项目稳评并不是只有听取公众意见一个环节,事实上,主要的评估工作还是必须在线下完成。《国家发展改革委重大固定资产投资项目社会稳定风险评估暂行办法》,要求从合法性(Legality)、合理性(Rationality)、接受度(Acceptability),以及可控性(Controllability)四方面实施重大项目评估。不过在纳入非干预在线评估模型之后,在先前的"稳评"评估架构。为此,我们设计了新的重大项目社会稳定风险评估模型,如下式:

$$D = V_L \text{ or } V_R \text{ or } V_A \text{ or } V_C$$

式中,D 代表重大项目的社会稳定风险,V_L、V_R、V_A、V_C 分别表示重大项目的合法性风险、合理性风险、接受度风险,以及可控性风险。参考《国家发展改革委重大固定资产投资项目社会稳定风险评估暂行办法》,四个子项风险及项目的整体性风险均设高风险、中风险与低风险三个等级。式中符号"or"系"逻辑或"运算符,使用该符号表示四类子项评估在"稳评"中的地位是平等的,几者之中有一项评估通过不了,重大项目的"稳评"便不能通过。简要评价体系见表 14-3。

表 14-3 重大工程项目社会稳定风险评估体系

风险分级评估内容	高	中	低
L 合法性	公众知情不足且无议政环节,或者同法律程序或规范相抵触	遵守法律程序与规范,但知情不足或未引入议政环节	满足知情与议政环节,遵守法律程序与规范
R 合理性	技术不够成熟,项目对社会、资源与环境的负面影响令人无法接纳	技术比较成熟,项目对社会、资源与环境的负面影响仍有待化解	技术成熟,项目对社会、资源与环境的影响是良性的

（续表）

风险分级 评估内容	高	中	低
A 接受度	大部分民众对项目有意见、反应特别强烈	部分民众对项目有意见、反应强烈	多数民众理解支持但少部分人对项目有意见
C 可控性	可能引发大规模群体性事件	可能引发矛盾冲突	通过有效工作可防范和化解矛盾
D 风险	上述四项至少一项为高风险	上述四项都不属于高风险，但至少有一项为中风险	上述四项都处于低风险

在表 14-3 中，非干预在线评估只是重大项目综合稳评模式的一部分。从评估主体与评估内容看，项目各部分评估是有机联系在一起的，包括了由项目主管机构执行的项目程序与规范性审查（合法性评估）；利用非干预在线评估模型，评估项目选址地民众（网民）的风险感知与负面情绪（接受度评估）；聘请专家或研究机构，进行项目的技术风险分析（合理性评估）；由相关政府管理部门与项目方联合论证，提出项目所面临矛盾的化解措施，分析项目风险的可控性（可控性评估）。

5. 化解矛盾

《暂行办法》根据有意见民众的比例、反应的强烈程度，以及引发群体性事件的可能性，将项目的社会稳定风险等级分为高、中、低三级。新的重大工程项目稳评制度，应当要求合法性、合理性、接受度和可控性风险评估的结论都是"低风险"，方可批准发布稳评报告并予以立项。当项目的某类风险较大，一时无法通过稳评，允许通过制度调整和风险沟通，先期防范和化解社会矛盾。我们希望在重大项目立确过程中，利用好社会矛盾的预防与化解机制，在发现问题之后，能够综合应用宣传机制、补偿机制和风险消除机制，化解重大工程项目立项和实施中的矛盾。非干预在线评估只是为预测和监测重大项目的社会风险变动，提供了一套重要的方法。

（三）应用价值

2013 年 7 月 4 日国家发展改革委颁布《重大固定资产投资项目社会稳定风险评估暂行办法》，并下发《重大固定资产投资项目社会稳定风险分析篇章和评估报告编制大纲（试行）》，对社会稳定风险的评估分析活动做了比较全面的规范。这项制度实则是一项线下社会稳定风险评估与应用机制,在风险评估环节存在明显不足。

线下社会稳定风险评估一般采取问卷调查、听证会、座谈会、重点走访等多种形式和渠道,收集利益相关群体的意见和建议;然后根据收集的信息和数据,进行系统的定性和定量评估,从而确定风险等级。当项目的风险沟通渠道不够畅通,样本代表性不足时,原意用于发现隐患、消除矛盾、促进发展的"稳评"活动,可能做出不准确的社会稳定风险评价结论,反而掩盖掉了某些尖锐的社会矛盾,导致政府的项目决策依据不足或失真。在重大项目"稳评"过程中,项目单位和地方政府都倾向于自我肯定(徐成彬,2014),因此难以避免黑箱或灰箱操作。如此一来,按制度要求必经的"稳评"程序,在民众眼里反而可能变为虚伪的环节,易挫伤民众的信任度和公平感。

已有的稳评制度联系互联网时代和大数据时代特征不足,缺少基于在线模式的民意探测与评估。本研究的工作探讨和弥补了这一方面的不足。研究提出的在线非干预"稳评"模式,对于收集公众意见具有得天独厚的优势,能够减少线下调查者选择评估对象的偏向性,以及操纵评估活动的问题,可以更真实地监测民意、评估风险;并且,这种社会评估活动可以被复制和检验,有助于提升评估结论的权威性、提高政府决策的合法性,有助于及时地、动态地发现影响社会稳定的风险因素,准确防范和化解社会风险。社会稳定风险评估制度的运行,应当立足于实现强政府与强社会的结合,促进民主建设与经济发展(朱德米,2014),引入在线"稳评"模式,同样符合民众参与决策的需要。

十八届三中全会提出"完善和发展中国特色社会主义制度,推进国家治理体系和治理能力现代化",基于互联网大数据的重大项目"稳评"模式,反映这一新的社会风险治理理念,主动在制度设计中加入了重视民众意见、强化社会参与、推动网络议政的元素。目前在有些地区,项目选址地民众缺乏接近决策中心或参与政策过程的机会、能力或资源(朱德米,2014),因而对重大工程项目决策的参与明显不足,风险感知与负面情绪得不到缓解与消除,如果不正视、不利用、不引导网络舆论,网络舆论暴力将会扩大,怨恨舆情将主导网络,变成社会抗争的导火索。非干预在线评估"稳评"模式的实施,依然保持了重大项目坚持党委政府统筹决策、尊重专家智力支持、重视公众接受水平的特色,但通过在线非干预评估强化了公众议事和参与决策的相关环节,更符合国家治理体系建设的潮流与方向。

第十五章　核能的心理认知调适

核能接受性不足需要社会心理干预,包括常态下的心理认知调适,以及应急状态下的社会风险沟通。本章在心理调适理论指导下,利用先前关于社会冲突机理的分析结论,研究如何通过心理调适,在常态下提升核能的公众接受度,推动核能利用由非合作向合作均衡转变。

一　撬动心理认知障碍

心理调适(Mental Adjustment),也被称为"心理调节",指使用心理科学的方法,对认知、情绪、意志、意向等心理活动进行调整,以调节心理活动绝对强度,以及保持或恢复正常心理状态的实践活动(李凌,2014)。心理调适,从实施主体看包含自我心理调适(自我调适)和帮助他人调适(他人调适)两类;从实施客体看包含对心理活动的强度调节(如激烈或温和)和性质调节(如积极和消极)两类。此处只涉及对他人核能心理认知的调适。欲撬动社会公众的核能心理认知障碍,必须彰显核能技术的"优乐美"特征,更充分地展示核能技术的经济性能、减排优势和供电能力等。

(一) 强化环境与能源责任认知

在先前的研究中,我们采用二分法分析了核能在弥补中国能源需求缺口、减少温室气体排放,应对能源结构不合理、治理雾霾污染方面的重要价值;也分析了中国核能发展的政治接受度、社会接受度与社区接受度,分析了核能利用的风险感知状况。显然,两类道德责任意识左右着人们对核能发展利用的观感:一类是抱有环境责任意识的人,认为核能是清洁能源的愿意拥抱它,而认为核能是污染能源的却倾向于拒绝它;一类是抱有安全责任意识的人,认为核安全问题极大的不愿意接受它,而认为核能利用非常安全的却倾向于接受它。不过,社会公众对核能的态度并不都是非黑即白,调查表明相当一部分人的态度是中立甚至模糊的。

因此,为了提升核能的公众接受度,必须强化社会公众的道德责任意识,一方面需要增强人们关于核能发展有利于生态环境保护的环境道德责任意识,另一方面需要降低人们有关核能利用危险性的安全道德责任意识,达到此消彼长的效果。建议积极宣传和呈现核电企业的环境道德责任履行情况;通过倡导教育和议题讨论,让社会公众认识到当前发展核能,以核电代替煤电的必然性与必要性。为了满足人们关于核安全的道德责任意识,建议展示核安全运行和核安全管理的良好记录,满足公众参与、促进信任。

中国正在经历一场严重的雾霾污染(潘小川等,2012;Chen, et al.,2013),而造成雾霾污染的根本性原因是,火电、水泥、钢铁等工业燃煤,居民与商业机构采暖燃煤,以及从事露天烧烤等小生产经营,燃煤排放烟尘。显然雾霾污染的根源在于能源结构不良。在这种情况下,国家《大气污染防治行动计划》提出 2017 年将煤炭占能源消费总量比重由 70%降至 65%以下;在《联合国气候变化框架公约》缔约方第 15 次会议上提出,2020 年非化石能源占一次性能源消费比重增至 20%左右。虽然这两个目标已经达成,但还远未能调整转变化石能源消耗过多的状况。煤炭是温室气体和污染物单位排放最大的化石燃料。在生态环境保护、煤炭能源替代和城市雾霾治理上,发展核电能够较好地满足人们的环境道德责任需求,因而核电的“清洁能源”特性应当得到着重关注。

如果不让公众理解核电作为国家综合能源战略组成部分的重要性,公众的接受态度便会处于不稳定的状态(Siegrist, Visschers,2013)。中国是一个能源需求强烈、但能源效率不高、能源自供困难的国家,应当促使民众产生能源责任意识。强调核电利用的能源供应角色,特别是其在解决中国能源困境方面的作用,有助于满足人们的能源责任意识。例如,假定中国煤炭能源的消费量与美国持平,那么煤炭能源消费比例最终应当降到 15%以下。这意味着中国的年均煤炭消费量应当由约 19.3 亿吨油当量降至 4.4 亿吨油当量,留下的能源真空非常庞大。而从其他替代性能源看,核能作为主力替代能源是一种最适宜的选择方案。帮助了解这一点,可以更好地强化人们的能源责任意识。

(二)倡导积极的风险感知

艾尔伯特·艾里斯(Albert Ellis)的“ABC 模型”认为,情绪作为认知和行为的后果(Consequences),不是由生活事件(Activating events)决定的,还需经过理性或不理性信念(Beliefs)的评估和处理,才能发挥作用(Oltean et al.,2017;Joaquín,2018)。可见,积极的核能风险感知应当来自正面的触发事件以及正向的信念。核能管理者希望倡导和塑造积极的核能风险感知,前提也是必须"出色地完成所做的事情",展示卓越的核能风控能力和安保业绩,发展和应用安全可靠的核能科技,建构敏捷高效的核应急管理体系。其次,在当地居民与核电站之间、当地居民与地方政府之间必须形成快速良性的信息互动机制,应当使"提问—回答"式被动性信息沟通渠道,以及"事项—通报"式主动性信息反馈机制,以及"监督—参与"贴近式信息交流模式运行起来,并发挥作用。

同样的,正向的信念会产生正面情绪和合作行为,反之,负面的信念会产生负面情绪和社会抗争。为此,有必要在民众中培养正向的核能安全信念,倡导积极的核能技术风险感知。那么,如何帮助个体建构正向的核安全信念呢?人的意识可以分为潜意识和意识,其中潜意识存在于意识深处,是心理行为的内在驱动力。一些消极认知和对抗行为,往往源于消极的核能风险潜意识。暗示和宣泄都是调节负面潜意识的有效方法。一方面可以通过居住安排、风险分担、标识物设置等方法,给当地居民好的经历和体验,形成一种暗示,暗示核能设施具有高度安全性;另一方面,对于出现了核风险或核事故焦虑症或恐惧症的民众,应当采用系统脱敏方法,邀请他们到曾经引起核恐惧的情境中放松地参观或生活,使其能够对照真实世界的信息,改变想像中的核电(俞国良,2013)。此外,还可以组织核恐慌事件的交流和剖析活动,为民众表达恐慌情绪创造机会,并通过对话和引导,降低他们对核能的潜意识恐慌。

二　发展反馈当地的显性制度

核能社区接受态度的影响机制研究表明,收益感知和风险感知对核能接受态度存在直接影响。其中,风险感知是最关键的影响因素,风险感知越高,核能的社区接受度越低;收益感知水平对公众接受度具有直接促进作用,并且通过抑制风险感知,间接影响公众的接受水平。收益与风险的不对等,还影响了公众的分配公平感,研究还证明分配公平感对于核电信任具有正向的影响。据此,为提升公众接受度,应当提升收益感知、降低风险感知,避免利益与风险感知失衡的长期影响。社区居民之所以对核电站或核燃料项目产生巨大的对抗情绪,很重要的原因在于感受到的利益与风险不对等,产生了公平感失衡。

核能的社会收益感知是比较清晰的,核能可以提供电力供应、可以拉动地方经济发展、可以保护生态环境,这是地方政府与核能专家经常宣传的,但是居民个体或家庭的利益体现在哪里呢? 社区和家庭的收益过于模糊,这是中国核能收益分配的一大缺陷。Sun & Zhu(2014)采用潜在价值评估法,计算中国每户居民为了避免核电站成为邻避设施,每年愿意额外支付 80.106—116.60 美元,先前我们已经介绍过,这是国际上邻避项目的 WTP 价格(Sun & Zhu, 2014)。假设这个中国核电站的 WTP 成本是精确的,那么如果核能项目不能给每户居民带来居于 WTP 价格之上的利润,即使将核能项目的经济价值描述得天花乱坠,也很难有效增进当地居民的接受水平。由于商用核设施的主要产品是电力,建议采取计费近减远增的方法,合理降低核能设施半径 10 公里、20 公里、30 公里、50 公里范围内居民用电的电价。

当我们在呼吁强化核能项目收益反馈的时候,事实上,这些项目早已在反馈当地,例如支持当地教育发展、建设基础设施、拉动当地需求、提供就业岗位等,但是相关的反馈活动大多是悄无声息地进行,没有将反馈当地的情况实实在在计算出来。例如,建设核电站职工子女学校、建设或拓宽道路(含核应急大道)、招工用工等。建议健全显性反馈当地的收益二次分配制度,如定时公布接纳和使用当地劳动力的方案,以及实际达成的数量与岗位;按时公布学校接纳当地学生的计划及其实施情况;定时公布服务地方的项目及其开支,既要做又要做得实实在在,而非每年由总公司出一份"企业社会责任报告",将对当地的具体贡献湮没在抽象的文字之中。

此外,可以进一步论证是否可以缓解核能项目建设对食品、房地产和文化旅游产业发展的冲击,是否可以推行项目收益与地方财政及居民家庭共享的模式,是否可以帮助当地发展涉核经济(如核文化项目),由此消除可能出现的经济相对剥夺感和政策相对剥夺感的负面影响。

三　从双路径提升公平与信任

先前的机制研究揭示了核电信任和核电公平的双维结构,证明了核电信任包括能力信任和善意信任,核电公平感包括程序公平感和分配公平感。研究发现,增强核电信任,可以直接影响收益感知或风险感知,间接调整核能公众接受度和对抗行为倾向;促进核能项目立项与管理的程序公平感和分配公平感,有助于提升当地居民对于核电站的接受水平。根据上述研究结论,建议从两个方向、四个维度,同时提升核能的社区接受度,减少社会抗争。

从核电信任角度考虑,一方面,为了增强地方民众对核能项目、核能技术,以及政府主管部门、运营商和机构专家的能力信任,需要大力发展核安全科技,提供更值得依赖的核能技术;需要加强应急能力建设,形成行动效能更强的应急管理体系;需要研究机构和专家发挥正向引导作用,热心地为民众参与风险管理提供智力支持。当地民众可以邀请和委托核能技术或公共安全方面的机构或专家,参与组建风险监测小组或委员会,参与核能项目的风险控制和管理。这也许是未来可以尝试探索的一条道路。另一方面,为了增强地方民众对政府、运营商和机构专家的情感信任,这三类主体需要通过情感建设让人们感受到诚信、可靠、值得托付。首先,核电企业与当地居民不是对立的,应当多安排社会交流活动,在情感上消除彼此的陌生感。企业在安全信息透明化和关键信息披露上,应当主动塑造诚实和可靠的形象。政府机关和领导干部需要加强廉政建设,在社会管理中自觉维护自身行为的合法性,从而与民众建立可靠可信的情感联系;研究机构和专家不仅需要专业知识精深,还需凭调查和事实发言,慎重而务实地发挥自身作用,以赢取民众信赖。

从核电公平调节角度考虑,一是要了解核电站选址地居民的利益反馈需求,通过协商调整分配方案,增强民众的分配公平感,调整民众的利益自评;二是要保障社区参与核安全管理的权利,满足民众对于核能设施运营全过程的知情权和风险监督权,由此增强民众的程序公平感,缓解因政策剥夺感而产生的负面情绪,降低集体抗争风险。无论是要建构和发展核电信任还是核电公平,都必须借助风险沟通的手段与方法。需要将程序公平、分配公平、情感信任、能力信任的精神,渗透到核能风险沟通的指导原则、政策制度、行动方案,以及实践活动之中,助长有利于核能发展、有利于社会稳定的心理因素。

四 让技术与社会一起成长

为提升公众接受度,在核能技术的发展过程中,应当让技术与社会公众一起成长。一些新技术或项目的发展,可能会因为超出了公众的理解或接受范围而遭受大面积的抵触,如转基因技术、核能技术、对二甲苯(PX)项目等。中国积极稳步地扩大核电规模,同核能社区接受度偏低发生矛盾,主要是因为核能技术及其应用超出了部分居民的理解和接受范围。因此,无论是中国还是世界,核能技术的发展与应用都应当提升同社会的磨合度。让核能技术在给人类社会带来财富的同时,调整和改善公众的接受态度,促进技术与社会的共生与发展。当然,这种共生与发展实质上是要提高核能技术与项目同社会公众、同管理者(运营商)、同各级政府的磨合程度,由此提升核能技术的政治接受度、市场接受度、社会接受度、社区接受度。

(一) 社会公众响应系统

核能技术是存在安全缺陷的能源技术,核反应堆的运行、核燃料加工与循环利用、核废物的管理、核燃料或放射性废物的运输和贮存、核电站的退役,都还存在着安全风险。但是,核能安全科技的进步与管理科学的发展,为预防和应对各类核安全问题,为防止出现重大核事故提供了有力保障。

2005 年和 2006 年,日本政府曾经努力推动一个技术与社会联合发展项目——"支撑世界可持续发展的创新核能系统"(Innovative Nuclear Energy Systems for Sustainable Development of the World, COE — INES),其目的在于提高社会公众的核能认知。为了促进核能的公众接受度,设计了当地公民论坛,邀请来自东京科技大学的博士生与社会上的利益相关者进行对话 Yamano et. al.(2008)。论坛的运作框架如图 15-1 所示。

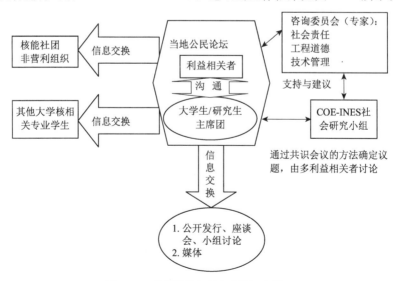

图 15-1 "当地公民论坛"的概念模型

这个论坛类似于利益相关者会议或共识磋商交流会议，但是核能专家没有直接参与讨论，而是在背后积极支持博士生的活动。主题由学生自行从现有核能问题中选定，论坛的参与者再对选定的主题进行讨论，试图发现与核能公众接受度相关的问题或隐患。论坛创设了三条社会信息交换渠道：一是通过公开刊物及媒体报道同社会交流信息；二是与核能社团组织进行沟通交流；三是与其他大学核能专业的学生交换观点。研究者在2005—2006年间一共做了7次实验，中途根据论坛参与者的意见对论坛的管理做了一些调整。研究发现，进行了这种方式的交流与沟通之后，一般公众对核能的态度都会有正向变化。这既给技术与社会共同成长的双重演化路径提供了依据，同时培养了能够同公众分享和讨论的年轻研究者（Yamano et.al.，2008）。

田愉，胡志强（2012）认为核电的风险沟通存在"技术专家模型——抉择主义模型——协同演化模型"的转移路径。采用技术专家模型（Technocratic model），要由技术专家根据客观数据和科学原理对风险进行评价，这一模型对社会、经济、文化等其他因素对环境影响的关注也不够，而且科学家与公众对于核安全的认识存在差异。采取抉择主义模型（Decisionist Model），主要在专业人员之间进行信息沟通，参与者包括了风险管理者与评估者、自然科学与社会科学专家、法律与技术专家等，这种沟通考虑到了专业与非专业对象之间的信息鸿沟，也考虑到了经济、社会、文化、政策等的影响，但是这种风险沟通将公众置于受纠正、受教育的地位，是单向的沟通，在多元文化背景下沟通的效果并不理想。据此，国际研究和实践中又出现了协同演化模型（Co-evolutionary Model），要求风险沟通应当涉及到所有利益相关者，应当将决策者、科学家与公众之间的双向沟通，变成相互学习、相互交流信息的过程，促进管理者与专家了解和解决公众的关心和担忧的问题（Bennett & Calman，1999；田愉和胡志强，2012）。日本的"当地公民论坛"模型，实际上就是引入了协同演化的理念。

（二）政府与运营商的响应

其实，核能项目出现事故的概率非常小，但是由于核事故社会后果的严重性，社会公众、运营商和政府都容易陷入"100－1＝0"的残酷逻辑之中。要避免像日本社会这样，因一次核事故核能发展就陷入停滞。可见与技术同成长的对象，不应只限定于社会公众，各级政府、核电运营商也应不断进步，在核能技术的应用和发展的过程中变得成熟起来，除了建立更为安全的风险管理与应急管理体系，还应当建立更为稳健的危机公关与反应系统。从政府及核电运营商在核事故中的反应看,面对核能技术与项目,双方都需要有较大的进步。

1. 核电运营商

公众一般认为核电运营商倾向于对外掩盖事实;个别情况下运营商为了避开政府的责任追究,甚至对政府管理部门都会隐瞒实情。以日本为例,1999 年 9 月 30 日,日本关东地区茨城县东海村核燃料加工厂由于违规操作发生重大核泄漏,2003 年才被查出;1999 年日本志贺核电站发生重大"临界事故",但运营商隐瞒了 8 年,直到 2006 年 3 月地方法院才裁定该核电站不合安全标准予以关闭(赵洲,2011);2010 年 8 月 2 日,日本青森县的核废料再处理工厂发生微量高放射性废液泄漏事故,运营商在事发 3 天后才发布相关信息(赵洲,2011)。2010 年 5 月 23 日中国大亚湾发生堆内轻微核泄漏事件,由于未及时公布信息,引起了香港社会的担忧。为了建设国与国之间核事故信息的及时通报机制,1986 年国际原子能机构特别大会通过了《及早通报核事故公约》,但是各国国内核能运营商面向社会公众的及时核事故信息披露却非常差,这种情况很难让运营商给人留下忠诚、善良和可依赖的形象。

2. 各级政府

从政府的核能接受态度看,由于发展核能有助于解决经济发展不足与能源短缺问题,多数政府对发展核能抱着积极的态度。但是面对核安全问题,各国政府不得不在核能技术应用的经济性与安全性之间推行平衡政策,此外核电经济与核安全都与政治问题密切关联,很难仅持一端。当出现核安全问题时,政治性风险就会变大,相比之下经济的砝码就会显得分量不足。所以,面对核事故许多直选制国家的领导人首先会考虑政治需要,很难恰当、专业地处理核能的发展问题。日本在福岛核事故发生之后,菅直人内阁关闭了日本的核电站,而野田内阁上台后对于重启核电又跃跃欲试;德国在福岛核事故之前曾经准备延长一座核电站的运行寿命,但是日本福岛核事故之后,再一次明确了逐步退出核电的时间表。无论是哪一种方案,当事国及社会都付出了沉重的代价。

核能事故属于小概率事件,也就是不确定性事件,如果选择大力发展核能、那么政府与社会就必须做好勇敢面对核风险的准备。当遭遇重大核事故时,如果效法日本和德国——暂停或放弃先前运行的核反应堆,这将发生多重危害。毕竟不能用"爱"发电,政府必须提供足够的替代能源;预料之中的群体抗争事件,能源结构的再调整、核废料处置,以及核电站退役等,都将给政府和社会带来巨大困扰。可见,政府的核能应急准备,预案的制定与演练,决策者对核能技术的认知与态度,同样必须与技术一同成长。

五 讨 论

在心理调适理论指导下,以上分析了核能道德责任、风险感知、收益感知、信任、公平角度的心理认知调节,探讨了"公众—运营商—政府"心理认知沟通平台的建设和发展。本研究依据先前的研究结论,提出了培养道德责任意识、提升程序正义感、提升分配正义感、提升能力信任、提升善意信任、增强收益感知、强化积极的风险感知这七条路径,据此调节核能项目选址地民众的心理认知。

心理调适包括了自我调适和他人调适两方面,以上我们讨论了如何帮助核能项目当地民众调节心理认知,但所谓"孤掌难鸣",心理上的调适无法只靠外部调适实现。作为核能设施周边居民,在与核能项目的长期安全共处中,也应当转变自我观念、学会情绪调节,保持良好的自我信念,形成积极的风险感知,学会与核能项目管理者积极互动,学会参与创造一个更安全的共生生态。

核能技术应用属于风险活动,调适社区公众的核安全道德责任、公平感、信任,增进核能的社区接受度,需要大量借助风险沟通的手段。核能风险沟通存在"技术专家模型——抉择主义模型——协同演化模型"的发展变化路径(田愉,胡志强,2012)。技术专家模型和抉择主义模型都属于单向的沟通,将公众置于受纠正、受教育的地位,沟通效果不太理想;而协同演化模型将风险沟通变成了普通公众、利益相关者、决策者和专业技术人员之间的双向沟通、相互学习,相互交流的过程,因而沟通效果也更为显著(Bennett & Calman,1999)。既然核能项目作为高风险的项目影响到了地方民众,政府和运营商就不应该默不作声地发展核能,而应当通过风险沟通、通过吸引民众参与、通过能力展示、通过收益反馈,提升社会公众对核能的认可水平,努力夯实多方合作的信任基础。当前,中国的核电站运营缺乏协商机制的建设,应当将建构"公众——政府——运营商"的风险交流平台作为重点发展方向。

第十六章　核能应急风险沟通

本章探讨紧急状态下如何进行核事故社会风险沟通。研究将在WSR方法论指导下,借鉴美国核能管理委员会的经验做法,开发核事故中社会风险沟通框架;并针对核事故发生时社会公众的认知、态度和行为变化,从"通物理"、"说事理"和"讲人理"的视角,设计应急风险沟通方案。

一　实施应急风险沟通的必要性

核能的社会风险沟通指政府部门、核电运营商与媒体、公众、利益相关者之间交换信息和意见的互动过程。一旦缺乏有效的风险沟通,不仅反核事件应急行动、核事故应急处置可能遭遇更多阻碍;而且特殊时期产生的伤害与误解也可能变成个人的认知与经历沉淀下来,成为今后核电发展的风险因素。

已有大量研究涉及常态下的核能风险沟通(如:雷翠萍等,2011;范育茂,2011;杨波等,2013;张露溪等,2016);上一章关于核能心理认知调适的研究,实则已经涉及到了常态下核能的风险沟通问题。但是,当前紧急状态下的核能风险沟通研究还未得到充分的重视,本章将聚焦探讨在这一状态下如何实施核能风险沟通。中国不仅缺乏应对核事故的经验,而且同样缺乏应对反核运动的经验。假若有一天像苏联、美国、日本那样发生严重的核事故,我们应当如何面对?欲成为核能强国,我们必须做好应对核事故的各种准备,包括研究核事故发生时的风险沟通。在反核事件爆发过程中,社会矛盾往往比较尖锐,利益相关者的情绪处于强烈的负面状态,进行沟通会比较困难。下面以国际上严重的核事故发生后的社会变化为例,说明应急行动阶段风险沟通面临的压力和障碍。

(一) 认知变化——心理焦虑、情绪负面

当核事故发生时,人们会对直接伤害或威胁自己的危机感到无助与焦虑,进而产生激烈的负面情绪,出现风险感知增强、核电接受度削弱的严重后果(郭跃等,2012;Visschers et al.,2013)。如 1986 年切尔诺贝利核事故的发生影响到了欧洲的德国、意大利、瑞典等国家,这些国家的公众对核电站产生了激烈的负面情绪(Eiser et al.,1990),以至于民间反核运动此起彼伏。我国公众也存在"核恐惧"心理,2011 年日本爆发福岛核事故发生时,中国闽浙一带就发生了"抢盐潮"(廖力等,2012;陈紫涵等,2011),一些旅日归国人员心理上出现了比较严重的核焦虑特征(陈晓文等,2013)。人们对核事故的认知局限与恐惧,无法及时掌握社会信息,以及担心利益集团与政府一起为了经济利益而隐瞒实情、牺牲环境与普通民众的健康等,因而往往十分忧虑(杨海霞,2011)。

已有研究表明,科学家与公众面对核事故时的态度存在分化,公众会忽略核能技术的成熟度、有用性和易用性,更关注核能技术风险对生活、健康的威胁(时振刚等,2002)。这也就是传播学理论所讲的选择性理解的结果。在当前技术条件下,严重核泄漏事故的危害性后果是不可逆的,核事故对人们的心理冲击远大于实际危害后果。不仅如此,人们往往将历史上已发生的重大核事故——切尔诺贝利核事故作为核事故危害后果的参照系,由此形成对核泄漏的发生概率与危害后果的刻板印象。实际上,截止 2013 年年底,全球核电发展至今共运行了约 1.5 万堆年[①],而像切尔诺贝利核事故这类被反核者反复提及的高伤害的核事故仅仅发生了一起。核电的安全性是远高于发展煤电、化工和建筑生产的。

(二) 态度变化——核电接受度下降

核事故会直接大幅挫伤核电的公众接受度。图 16-1 是 2011 年日本福岛核事故前后,一些国家核电公众接受度的调查数据。易见,在事故发生之前各国的公众接受度均在 60% 以上,特别是中国和日本,接受水平都大于 80%,但是事故发生之后,各国公众的核电接受度都发生显著下降,不过,不同国家的接受度下降幅度并不相同。日本作为事故发生国家,公众

---

① IAEA PRIS. Power Reactor Information System. "Operational & Long-Term Shutdown Reactors",23,June,2014,http://www.iaea.org/PRIS/WorldStatistics/OperationalReactors ByCountry.aspx.

接受度折损过半；采取"去核"战略的德国和澳大利亚接受度巨幅滑落，前者由72.6%下落到27%，后者由69.8%下落到9%；坚持核战略的美国接受度也有明显下挫，由76%（盖普洛的调查为62%）下降到44%；中国、法国和俄罗斯的社会接受度虽然也下滑了，但是幅度比较小，在事故发生之后仍能维持在相对较高的水平（＞50%），其中又以中国公众的核电接受度最为理想，仅从83.9%滑到70%。

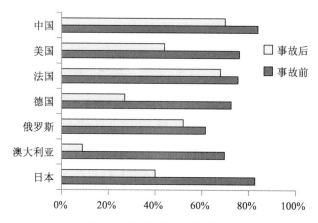

图 16-1　福岛核事故前后各国核能社会接受度变化

数据来源：Kim et.al.(2014)，Wu et.al.（2013），GlobeScan①，Jones(2011②)。

已有研究表明，风险感知、收益感知、信任，以及公平感，是核电公众接受度的重要影响因素（谭爽和胡象明，2013；Ho et. al.，2013；李哲等，2009；Huijts et. al.，2012；Sjöberg，Britt. Marie Drottz. Sjöberg，2001；袁丰鑫，邹树梁，2014）。Visschers et.al.（2013）选风险感知、收益感知和信任作为解释变量，比较分析了瑞士公众在日本福岛核事故前后的核电接受度变化。结果如图 16-2 所示，无论是事故前还是事故后，接受度的影响路径都一样，证明这一影响机制是稳定的。但是核事故发生以后，公众的信任变得十分消极，信任对感知收益的促进作用由 0.78 下降到 0.46，对感知风险的抑制作用由 0.52 下降到 0.41；感知收益对接受度的影响被弱化了，解释力由 0.8 下降到 0.66；感知风险对核电接受度的影响被进一步放大了，解释力由 0.19 增加到 0.32。可见，核事故对公众态度的打击是一种综合影响，收

①　GlobeScan. Global Public Opinion on Nuclear Issues and the IAEA Final Report from 18 Countries，2005，http://www.iaea.org/Publications/Reports/gponi_report2005.pdf.

②　Jones, J.M. "Disaster in Japan raises nuclear concerns in US"，Politics，Gallup，March 16，2011，http://www.gallup.com/poll/146660/disaster-japan-raises-nuclear-concerns.aspx.

益感知、风险感知、信任、公平感等因素都朝着不利的方向发展。

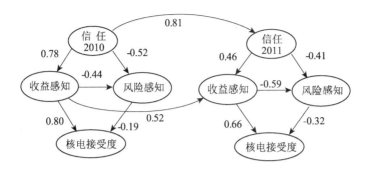

图 16-2　福岛核事故发生前后核能公民接受度变化

注：数据来自 Visschers et al.(2013)，图中所有标准化系数 $P<0.001$。

(三) 行为变化——反核集体行动多发

Fox. Cardamone et al.(2000)发现态度对反核行为意图有解释力。谭爽和胡象明(2013)的分析说明，感知风险是对抗行为倾向的重要预测指标。由于核事故的发生，公众的风险感知骤然提升、对核能的认可水平极速下降，导致社会冲突风险剧增，甚至爆发反核集体行动。核事故的发生地自然成为反核风暴的中心。1979 年美国三哩岛核事故发生之后，美国纽约爆发了十几万人参加的大规模示威游行；2011 年日本福岛核事故后，日本国内反核行动此起彼伏，东京发生了 17 万人以上超大规模游行示威活动。

不过，有一点必须警惕，不光本国发生核事故会引发社会冲突，其他国家或地区的核事故也可能影响本地公众的反核行为。如 1986 年苏联发生切尔诺贝利核事故之时，欧洲社会对核安全问题十分恐慌，意大利罗马爆发了 20 万人以上超大规模游行示威活动；2011 年福岛核事故发生之后，中国台湾掀起数十万人参与的反对本岛建设"核四"项目的行动，最终该项目遭到放弃。

显然，核事故影响下的公众认知、态度与行为变化，恰恰反映了核电风险管理体系存在的功能障碍、逻辑障碍，以及人文障碍，应当通过风险沟通理顺此中制度、社会及技术方面的各种关系，以防范和化解社会冲突风险。

二　核能风险沟通的规范和依据

风险沟通是风险管理的核心环节，虽然只有极少数专门针对风险沟通的规范性文件与条款,但是我们可以将风险管理的制度与规范直接适用于风险沟通。了解核能风险管理的规范制度,有助于明确核能风险沟通的原则,呈现风险管理工作是否安全规范,是否具有合法性,同时,为防范和化解各类矛盾提供准绳。

(一) 公约

鉴于核能社会风险管理的重要性,国际上以规范或指导手册形式确立了一系列核能社会风险管理准则。如《不扩散核武器条约》、《核安全公约》、《乏燃料管理安全和放射性废物管理安全联合公约》、《放射性物质安全运输条例》、《核事故或辐射紧急情况援助公约》、《及早通报核事故公约》,以及《防止倾倒废物及其他物质造成海洋污染公约 1996 年议定书》。在这些公约的规范之下,世界各国之间形成了一定的合作协调关系。这些规范充分说明核能利用需要提高风险管理质量、促进社会风险沟通。但是,国与国之间正在努力发展这些合作协调关系,而核能项目选址地与项目运营商之间这类契约关系却被忽视,造成了程序公平感与情感信任的不足,直接影响了核能的公众接受度。

(二) 规范性文件

为了保障对核能的安全管理,中国政府相关管理部门专门制定了《民用核安全设备监督管理条例及其实施细则》、《核材料管制条例及其实施细则》、《核电厂核事故应急管理条例及其实施细则》、《核电厂核事故应急演习管理规定》、《核电厂消防安全监督管理规定》、《放射性同位素与射线装置安全与防护条例》、《核电厂放射性废物管理安全规定》、《核电厂厂址选择安全规定》、《核电厂的地震分析及试验》、《核电厂厂址选择及评价的人口分布问题》等 200 多份规范文件。这许多文件共同建构了我国核风险管理、应急管理的体系和制度,虽然这项制度尚未能完全化解运营商与利益相关者、地方政府与当地民众在核安全问题沟通上的障碍,中国的核电发展依然需要面对社区接受度偏低的客观事实。但是,规范文件是核能项目参与各方协调与合作的社会规范和道德责任依据,有关核能的社会风险沟通应当严格遵循规范性文件的要求。

(三) 标准

在国际公约与国家法规之外,风险管理和核安全领域还有一系列的安全标准。国际标准化组织技术管理局组建了风险管理组(ISO/TMB/

RMWG），出台了 ISO/IEC GUIDE 73《风险管理/术语/标准用词指南》和 ISO/CD31000《风险管理/风险管理原则与关施指南》等文件。一些国家也制定了本国的风险管理标准，如美国的"COSO 全面风险管理标准"、日本的"JISQ 风险管理标准"、新西兰和澳大利亚的"AS/NZS 4360 风险管理标准"等较有影响力的风险管理标准（李宁等，2009）。中国风险管理标准化技术委员会也参与了相关标准的制定工作。

由于行业的高风险性，核能行业的安全管理标准相对比较健全。国际原子能机构是核能安全标准的主要制定者，制定了基础安全、核安全、辐射安全、放射性废物安全、放射性物质运输安全等领域的安全标准①。其中核安全领域的标准涉及核电站、核燃料循环设施、研究堆、放射性废料处理设施、采矿和冶炼、放射性资源的应用、放射性材料的运输七个方面，从技术上确保对核能的安全利用。中国也出台了《中华人民共和国核行业标准》、《核安全有关的操纵员动作时间响应设计准则》、《核电厂安全级电力系统及设备》、《电离辐射工作场所监测的一般规定》等技术标准。这些技术标准主要应用于运营企业的安全内控，但是对于核能的社会风险管理与沟通同样具有指导意义。

三　风险沟通的阶段与框架

风险管理的规范化过程，包括将有关风险认知及应对的措施根据时序和重要性纳入管理的框架。风险沟通是风险管理的重要构成环节，也需要被纳入相应的风险管理制度和交流机制。

（一）沟通的阶段

风险沟通可分为常态下的风险沟通和紧急状态下的风险沟通，对于两类风险沟通应当采取差异型策略。而危机事件具有危机前、危机中、危机后的基本生命周期，核能的风险沟通还应科学地反映这一动态特征。O'Neill（2004）参考 Arnstein（1969）关于公众梯级结构参与的研究结论，将风险沟通分成四个阶段：

一是公众参与阶段。此时主要的沟通对象是参与者，沟通的目标在于吸引社会公众深度参与到应急准备之中。这一阶段更多的是进行问题应

---

① 参见：http://www-ns.iaea.org/standards/。

对的社区宣传与教育,包括橱窗或展馆的示范展示,组织小部分群体面对面的学习和训练,小型公共事务会议(如食品安全会议)等。同时为了吸引公众参与风险管理事务,需要赋予参与者权利与责任,让参与者共同决策和管理当地社区发展必须依赖的资源和设施,如消防安全等。为了保障公众深度参与核能风险管理,必须科学辨识具体核能项目的利益相关者,并为参与合作提供制度基础。而事实上,从国内已投入建设的各类核能项目看,保障公众参与还有许多方面需要完善。

二是面对面沟通阶段。该阶段沟通的对象是早期响应者,沟通的目标在于保证应急行动的有效性、知情权、能力和质量。在事故灾后恢复重建时,同样需要通过面对面的沟通,让社区民众参与进来。该阶段要求在社区层面解决问题,因此应当视情况建立沟通协调小组、建设(或重建)咨询委员会、灾难救援合作计划等。

三是社会营销阶段。该阶段沟通的对象是早期未关注风险的大多数人,沟通目标在于促使社会公众觉察到存在的风险,认识到采取最小保障行动的收益,并采纳保护性社会规范。这一阶段沟通主体应当实施宣传战略,可以通过互联网、宣传手册、电视媒体等,让公众认识到具体安全性能与风险。通过公共会议、专题讨论会、组织训练、综合演练等,向公众提供咨询意见或项目信息,调整公众的风险认知。

四是应急行动展开时的强制引导阶段。该阶段沟通的对象为事发后的大多数反对者,包括不接受者、态度犹疑者,以及持反对意见的人,沟通的目标是要求遵守应急管理规范。这一阶段可能需要发出撤退公告,发出警告信号,明确哪些事情可以做、哪些不能做。

在核能社区认可水平普遍不高的当下,社会风险沟通的质量会直接影响到核能的发展和利用。不良的风险沟通可能引致负面情绪、减少程序公平感、破坏情感信任和工具信任,降低核能的公众接受度;而良好的风险沟通可以建构公平和信任,争取到公众的支持、平复公众的负面情绪,实现"社会—政府—运营商"的良性互动与合作,从而为核能的和平利用与发展创造条件。此中最难的是第四阶段,此时正是反核运动或者核事故发生之时和之后,核能应急管理力量必须通过风险沟通辅助应急行动。

(二) ISO 的风险沟通框架

国际标准组织(International Organization for Standardization,ISO)制定的 ISO/CD 31000《风险管理/风险管理原则与实施指南(草案)》,规定了一套风险管理框架(李宁等,2009)。该框架并不是专门指导核能风险沟通

的,但是它很好地体现了一种权责分配的风险沟通思想,因而我们对它做重点介绍。该框架的内容包括:

(1) 确定任务与承诺(明确风险管理目标);

(2) 设计风险管理方案;

(3) 明确组织与环境;

(4) 风险管理政策;

(5) 组织程序的整合;

(6) 赋予责任;

(7) 配置资源;

(8) 建立组织内部沟通和报告机制;

(9) 建立组织外部沟通和报告的机制。

这个风险管理框架包括了风险管理的计划设计、组织实施、审查监督,以及调整完善的过程。从框架设计内容看,涉及到了预案(管理方案)、体制(组织、程序、责任、资源)、机制(沟通和报告机制)和规范(任务与承诺、风险管理政策)等内容,实现上描述了一个"一案三制"的危机管理体系。

该框架提出了社会风险管理(沟通)需要明确的关键内容,如计划方案、政策制度、责任主体、资源分配方案、组织程序、信息管理机制等。核能风险沟通时,同样必须首先明确上述制度与体系的要素,否则沟通就会变得有名无实,最终产生不良的沟通效果。比如,我们在访谈中了解到因为Q核电站发电后,电能直接并入华东电网,核电站周边居民感觉到当地该停电还是停电,电费没有比其他地区便宜,因而收益感知受到了损伤。运营商同样了解到当地民众的这种抱怨,但表示由于是国企,相关管理权限不在核电站,无法做出相应调整。可见,要实现成功的有效的风险沟通,风险沟通必须得到计划、政策、责任、资源的配合,才能在情感交流与矛盾化解的过程中,提升公平感与信任度,间接促进核能的公众接受度。

(三) 美国 NRC"外部风险沟通框架"

美国是世界上最早开发民用核电的国家之一,也较早面对核能项目的社会抗争。1956 年美国密歇根州发生了世界上第一起反对核电站项目事件。1961 年美国博迪加角居民抗议位于圣安德烈亚斯断层线的核电站,认为它破坏了当地独一无二的自然海岸环境,并且可能存在安全风险,导致1964 年该核电站的建设计划被取消(Kasperson,et. al.,1980)。1979 年美国发生三哩岛核事故,三哩岛居民与纽约市市民发动了超大规模游行示威。在长期应对反核运动的工作中,NRC 提出的核能外部风险沟通框架,有很强的针对性和实用性。

　　为了提升核能风险沟通的质量,2004 年 3 月美国核能管理委员会 (Nuclear Regulatory Commission,NRC)制定了《核能管理委员会外部风险沟通指南》,提出了核能外部风险沟通框架。该框架依次规定了如何设置风险沟通的团队、目标、计划,以及准备和实施风险沟通,具体如图 16-3 所示。

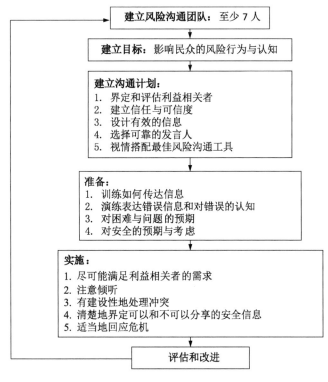

图 16-3　核能风险沟通的操作流程

资料来源:陈建源(2004)。

　　该框架强调了沟通团队的建设。核能风险沟通是一项需要团队合作的工作,应当取得法律、公共管理、核能技术、安全监督、安全检测等部门的配合,并形成一个由多种专业人员组成的风险沟通团队。团队需要负责策略层面和人际关系层面的沟通工作。策略层面的沟通工作,目的在于保障长远的核电和平发展计划,通过协调沟通建立策略性伙伴关系,共同努力确立一些风险管理制度;人际层面的沟通工作,目的在于倾听并使他人感觉到管理方对当地居民健康和安全问题的关心,努力同民众分享关于核电安全的专业见解和看法,以及了解民众诉求、了解受灾情况、回应民众关切的各类安全问题(陈建源,2004)。

该框架明确了沟通目标。NRC 提出核能外部风险沟通的目标是要"影响民众的风险行为与认知"(陈建源,2004)。此处的"民众"需要区分是普通公众还是利益相关者,是全部还是局部的利益相关者,因为这将决定沟通的范围和形式。为了实现有效沟通,需要准确界定和评估利益相关者,并同他们建立正面、积极的关系。此处"影响"的内容和对象也有很宽广的内涵,如何认定取决于管理者具体希望调整的核能认知和行为。

该框架提出了风险沟通的计划要点,包括利益相关者、可信信息、有效信息、发言人和沟通工具;又提出了风险沟通的准备方案和实施方案。风险沟通需要流程的安排、需要沟通的技巧,需要预先调查和准备,有些甚至需要沟通工具的支持。沟通有时需要采取非正式沟通方式,有时则必须邀请特定身份人群参与。由于核能风险沟通的效果很难保证,容易流于形式,因此该框架在最后还要求对风险沟通的有效性进行评估。在沟通方案设计中,NRC 提出为了增强公众对沟通行为的信任,沟通主体应当坦诚、尽早沟通、经常沟通,适时承认错误、如实传播坏消息、分享讯息。建议学者专家、环保组织、当地团体等能够合作,建立顺畅的互动渠道,以提高风险沟通的可信性。

四 基于 WSR 方法论的核能应急风险沟通方案设计

以下将在 WSR 方法论指导下,借鉴美国核管理委员会的经验做法,提出应急行动风险沟通框架。

(一) WSR 方法论的理论观点

1994 年,著名系统科学专家顾基发教授和朱志昌博士,采用中国式的传统哲学思辨,提出了 WSR 理论。国际系统科学学会将该理论与美国学者 Mitroff 和 Linston 提出的 TOP(技术—组织—个人)理论,英国学者 Flood 和 Jackson 提出的 TSI(全面系统干预)理论,瑞典学者 de Raadt 提出的 MMD(多模态系统设计)理论,同列为"整合系统方法论"(顾基发等,2007)。WSR 是"物理(Wuli)—事理(Shili)—人理(Renli)方法论"的简称,其准则是要求系统分析中做到"懂物理、明事理、通人理"(顾基发等,2007)。WSR 方法论的基本内容如表 16-1 所示。

表 16-1　WSR 方法论的基本内容

	物理	事理	人理
对象与内容	客观物质世界的法则、规则	组织、系统管理和做事的道理	为人处事的道理、群体间的合作、融洽的关系
焦点	是什么？ 功能分析	怎么做？ 逻辑分析	最好怎么做？可能是什么？ 人际分析
原则	诚实；追求真理	协调；追求效率	讲人性、求和谐；追求成效
所需知识	核物理、信息科学	管理科学、系统科学、危机管理学	公共关系、行为科学、心理学

资料来源：顾基发等（2007）。

　　WSR 方法论从物理、事理和人理三个维度和层次，进行系统的综合集成分析。如表 16-1 所示，物理指客观物质世界的法则、规则，它是一种客观实在；事理指组织、系统管理和做事的道理，它是"人—物"交互的桥梁；人理指对于个体、群体和社会而言为人处事的道理。显见，WSR 方法论是对系统关系的综合与思辨。它在系统分析上集成了功能分析、逻辑分析与人文分析，将组织系统的体制与结构、物理世界的原理，以及人与社会的关系整合到了一起。

　　社会风险从累积到爆发危机事件，不是单一因素作用的结果，多层次因素的综合影响，造成了社会冲突风险反复激荡。WSR 理论作为整合系统方法论，对系统的运行与评估做了精炼而又准确的概括，根据该理论，影响区域风险的"物""事""人"是系统的核心要素和分析对象，"物理""事理"与"人理"是管理活动应当遵循的标准或尺度。核事故发生时的社会风险化解，也应以物理、事理与人理为准则，可以通过物理层次的功能分析、事理层次的逻辑分析、人理层次的人际分析，来建构风险沟通的行动框架。

（二）WSR 风险沟通框架的提出

　　在 WSR 方法论指导下，借鉴 2004 年美国《核能管理委员会外部风险沟通指南》，以物理、事理和人理三个视角为经线，以核事故风险沟通的基本步骤为纬线，建构具有东方文化特征的核能应急风险沟通框架。具体如图 16-4，该风险沟通框架由六部分构成：

　　第一步，健全沟通组织。具体指成立风险沟通项目团队或责任机构，明确沟通的领导责任与执行责任主体。风险沟通是一个团队合作的事，应

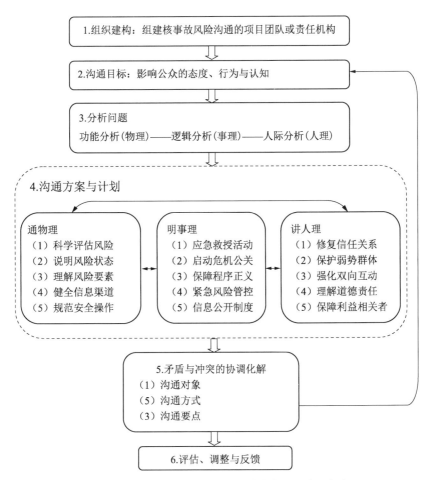

图 16-4 基于 WSR 方法论的核能应急风险沟通框架

当取得法律、核能技术、危机公关、安全检测等部门的配合,并形成一个由
各种专业人员组成的风险沟通团队(陈建源,2004)。

第二步,明确沟通目标。风险沟通的目的在于通过影响公众的风险认
知、行为和态度,防范公众接受水平过度下挫,以至于影响社会安全稳定。
对于不同区域的具体人群,风险沟通所能达到的水平会有所差异。为了达
成目标,政府与项目方应当采取柔性政策,必要时应当主动调整与现实相
脱节的制度或机制。

第三步,风险系统分析。风险评估是风险沟通的前置条件,必须在现
状评估的基础上深入分析社会信息系统和公众反应系统存在的问题,以辨
识达成沟通目标的任务与障碍。

根据 WSR 方法论,系统分析的内容包括:(1)功能分析(物理),主要分

析核事故突显出的技术问题与争议；分析信息传播的途径，包括信源、渠道与反馈的质量；分析人、核设施、环境所处的风险状态。（2）逻辑分析（事理），主要分析风险管理与应急管理的组织、制度、机制和活动，包括信息公开、参与管理、应急救援、程序与分配等内容。（3）人文分析（人理），主要分析公众风险感知的扩张或扭曲程度；分析公众对政府、对项目方的情感信任和工具（能力）信任的下降幅度；分析公众风险分配与收益分配上的不公平感；分析公众的程序正义诉求；理解公众对子孙后代、环境与社会的责任意识。

第四步，沟通方案与计划。根据风险评估结果，对应系统功能分析、逻辑分析与人际分析的结论，从"通物理""明事理"和"讲人理"三条主线制定核应急风险沟通方案（或计划）。具体方案内容将在下一小节专门讨论。

第五步，协调化解矛盾冲突。在沟通过程中应当科学锁定风险沟通对象，采取恰当的沟通方式，注意不同环节的沟通要点。具体沟通方式建议见后续讨论。

第六步，评估、调整与反馈。从公众的认知、态度和行为变化三方面评估风险沟通的绩效。根据沟通发现的问题进一步调整沟通方案。

（三）WSR 沟通方案与计划

沟通方案的制定和实施是风险沟通的关键，也是应用框架的核心内容。为有效实施风险沟通，负责沟通的小组需要同相关社会团体、当地官员、预先介入者进行前期沟通，拟制定沟通计划与方案，然后依据指导规则，系统而又有条理地从"明物理、通事理、讲人理"诸方面实施风险沟通，调整沟通相对方的认知、态度和行为。在这一过程中也允许发现和不断改进己方的不足，推动双向沟通顺利进行。沟通方案要点进一步解释如下：

1. 物理层面的沟通

物理层面的风险沟通，指基于功能视角对核能技术和核能风险信息和规律的讨论。人们采取行动支持或反对新技术，起因可能是技术应用本身的安全风险，可能因为核能知识的缺乏无法参与风险管理，可能因为认为核能利用成本太高或收益率太低，也可能因为认为应当用更高效的方法使用资源（Huijts et. al., 2012）。人们对物理规律的认识和把握，对核能技术的应用，对核设施的部署，由于自身知识和经历而有不同理解，因之也更容易产生分歧。而能否平息争端，不仅要看态度，还要看事实以及基于事实的沟通。

物理层面的风险沟通,极可能涉及到建设标准、技术指标、操作流程等规则性和技术性较强的内容,如对核电站运营安全标准及建设选址科学性的沟通和讨论便是如此。在交流中对于专业性话题讨论应恰如其分,除了善于分享专业的见解和看法之外,还要能够将技术信息转换为一般人可以理解的语言表达,即能够用沟通对象听得懂的语言、术语或概念进行交流(陈建源,2004)。为了促进有效沟通,沟通双方应当选择可靠的信源、构建快捷的信息传播通道,并重视信息反馈的工作。

物理层面的核能风险沟通,需要对客观调查数据加以利用。如对核事故的发生概率的讨论、对已有核事故危害的讨论、对核电站实际服役寿命的讨论、对居住安全距离的讨论,以及是否对当地养殖业或居民健康造成影响的讨论等,都应当采用调查数据来支撑论点。物理层面的风险沟通,涉及客观现象和客观规律的讨论。在核能的知识和熟悉度上,居民一方处于绝对劣势;第三方的机构和专家的加入,有助于打破双方知识拥有量上的悬殊差距。第三方专家以非利益相关者参与,可以从专业角度、中立立场进行讨论和发言,从而提升风险沟通的效果。

无论是常态还是紧急状态下的风险沟通,民众都很关注核能设施和事件的相关数据。Baruch Fischhoff(1995)曾经对美国近 20 年公众风险沟通的经验进行归纳,提出风险沟通可分为七个步骤,前三个步骤分别是取得尽可能正确的数据、告诉公众正确的数据、向公众解读数字代表的意思——实际上他强调的是风险评估和信息传播的环节。而风险沟通所需的技术资料,核安全系统的运行记录,以及核安全风险的客观变化。常态下的风险沟通的推进,必须以事前的风险评估和历史记录为基础;而紧急状态下的风险沟通,要求科学评估紧急态势、辨识民众面临的风险,及时准确地告知公众自己所经受的风险。

2. 事理层面的沟通

风险沟通事属危机公关,危机公关中的信息管理倡导"5S"和"3T"原则,可供事理层面核能风险沟通参考和借鉴。具体,"5S"原则指:承担责任原则(shoulder)、真诚沟通原则(Sincerity)、速度第一原则(Speed)、系统运行原则(System)、权威证实原则(Standard)(程宵,2018)。"3T"原则指:一是以我为主提供情况(Tell Your Own Tale),把握好信息发布的主动权,由此避免谣言四处传播;二是尽快提供情况(Tell It Fast),保证危情信息发布的时效性,减少拖延现象的发生;三是提供全部的情况(Tell It All),避免出现隐瞒现象发生(Liu,2017)。

根据以上 5S 原则和 3T 原则,核事故发生时对危情应当做出即时反应,上报危情信息应当及时迅速施行,公布警情信息应当及时快速,掌控核安全信息的主动权,以免滋生谣言。一项在欧洲的调查表明认为自己被告知核安全性的人,倾向于比认为未被告知的人感受更低的风险(DV82XL,2010)。在风险沟通中向民众公开信息必须实事求是,对于核安全形势和事态发展的通报不能隐瞒实情;未弄清情况不能凭空猜测而造成社会无谓恐慌,也不可信口开河或编造信息。沟通人员内部必须加强内部信息管理,统一口径,以免自乱阵脚。当核事故发生时,往往社会上充塞着各种各样的看法与消息,可能影响到紧急状态下风险沟通的有效性,必须以权威信息排除干扰信息,才能避免沟通时信息交互陷入死结。

良好的安全管理成绩,对于风险沟通非常有利。如美国 104 座核反应堆优良的运行实绩,安全地生产出大量廉价的电力,并满足了环境低排放的需要,远比说服和沟通策略来得有效(Kidd,2008)。而及时严密的核事故应急救援行动,对于提高风险沟通的成功率也是一大助力。这是事理的本质。但是很难绝对避免不会出现核能安全问题,发生核事故或者反核事件时,决策者首先必须作出应急关键决策,并宣诸于众。当由于人为失误出现安全问题,必须在风险沟通中进行诚挚道歉和补救措施说明。

在风险沟通过程中,原有的核应急管理制度、机制和活动也可能受到强有力的挑战。当事人可能会质疑现行的信息披露和风险沟通形式,此时往往需要进行策略紧急改进,必须确保决策层反应快速,确保决策机制敏捷通畅。发生核事故会造成地方民众的收益感知减少、风险感知增加、公平感下降,可能需要各方重新拟制风险与收益的分配原则,原有的分配制度将受到挑战。核事故的发生将使公众对于参与核设施安全监督管理的兴趣提高,有必要通过主动沟通扩大民众参与核电的范围,由此来减少程序上的不公平感。

3. 人理层面的沟通

人际关系层面的沟通工作十分重要,其目的在于表达诚意,使沟通对象知道他们的健康和安全非常重要,并备受关切;目的在于说明应急管理部门采取了有效的措施,希望获得沟通对象的配合;目的在于让民众理解核能风险监督人人有责,民众的智慧也很重要,应当合力共度难关。

许多核电项目在出事之前,专家的评估和政府都反复保证"绝对安全可靠",当核事故摧毁这种"不可靠"的可靠性保证之后,公众除了怀疑政府和专业机构的监管能力,还将对政府、运营商、核能专家产生信任危机(时振刚等,2008)。核事故和反核抗争所引发的信任问题,是无法在短期内迅速得到修复的。为了增强公众对沟通行为的信任,沟通主体应当坦诚,尽早沟通、密切沟通,适时承认错误、如实传播消息、分享信息;可以考虑同学者专家、环保团体、当地团体等合作,建立策略联盟以提高可信度;对于不认同的观点,也必须表达已经接收到对方的意见,并协商沟通解决,对已做过的承诺应当挂账消账,不能不了了之。

为了实现有效沟通,沟通之前必须科学地界定利益相关者,评估他们的需求,并同他们建立正面、积极的关系。要选择利益相关者较能接受的沟通方式,鼓励公众提出诉求或说出感兴趣的议题(陈建源,2004),要根据利益关系人的损失,提供尽可能周到的情感慰藉和赔偿服务。沟通双方应当致力于形成紧密的伙伴关系,共同关心了解应急措施的适用性、核项目信息的变化、应急救援存在的问题等。核污染的不可逆性导致一些人产生了对子孙后代、对生态环境和对社会安全的道德责任感,由此选择了反对核电的立场。对这类人应当予以理解,注意倾听他们的诉求,同他们交流探讨减少负面影响的措施的同时,将对弱势群体的保障切实提上工作日程。

(四)紧急事态 WSR 风险沟通方式

常态下的风险沟通需要面对的是不喜欢但处于相对平静状态的民众,其目的在于扩大参与面,进行公众心理认知调适,增强公众、政府和运营商之间的互信和理解。而紧急状态下的沟通需要面对的是复杂化的事态、信任度下跌的犹疑者、情绪激动的反对者,其目的在于努力消除误解、承担责任、引导过渡,保障核能应急行动顺利实施,为事后核能继续稳健发展、为重建社会秩序打好心理基础。因此,紧急事态下的风险沟通更为艰难,也更考验风险沟通人员的能力和素养。下面在 WSR 物理、事理、人理沟通方案和逻辑的指导下,参考《美国核能管制委员会对外风险沟通之导则》,从六个角度对核能应急风险沟通进行初步思考。

1. 沟通对象的锁定

NRC 介绍了利益相关者确定方法,通过对一组问题,来辨识究竟需要对谁进行风险沟通。这些问题有:"公众关心的议题是什么、焦点是什么?何人受问题或议题影响最大?谁在关切、关切什么、为什么关切?可能涉及到哪些人、哪些人必然涉及并需被告知?哪些热门话题是沟通时必须表达的?居住地距离核电站有多远?从事养殖和生产的数量与价值是多少?

族群社会背景和家庭人口特征有哪些?"(陈建源,2004)根据中国的情况,可以询问在地方产业生态里核能项目与谁有潜在利益冲突? 由此,当地的房地产开发商、旅游服务企业,以及食品生产商,极可能成为首要的风险沟通对象。在冲突事件或生产事故发生前后,QQ群、微信群和BBS论坛,形成了哪些具有明显反核倾向的虚拟组织? 其主要成员也应成为沟通对象。潜在沟通对象的某些信息,往往事先应急管理部门并不掌握,负责沟通的团队和人员需要快速收集分析。

2. 信息有效性的保证

应当努力确保核能安全信息准确无误,即使未能弄清全部情况,也应及时迅速地将情况部分汇总并上传下达,如果情况不够明朗,可先行发布简短信息。鉴于核事故危害性后果的敏感性,为避免破坏人们对核电的善意信任,应当及时准确地传递警情信息。一项在欧洲的调查表明,认为自己被告知核安全性的人,倾向于比感觉未被告知的人感受更低的风险(DV82XL,2010)。当形势复杂严峻时不能隐瞒实情,发布信息的同时应当同时公布应急举措;不能发布不实消息,以免造成社会无谓恐慌。沟通单位内部对于危情做出的反应,必须统一口径,个体不能以猜想增加分歧。在核能技术与核能项目的安全方面,充塞着各种各样的看法与消息,可能影响应急状态下的风险沟通效果。可以采取以权威信息排除干扰信息的方式,避免风险沟通在信息交互时陷入死结。为了进行良好的沟通,沟通主体应当为沟通制作准备一些专门的资讯,相关信息要力求简短、精确、浅显、易理解,有预见性,既要避免采用绝对的命令式的语气,也要避免言过其实,或者对核安全风险的估计过于保守(陈建源,2004)。

3. 紧急状态下的合理答复

要事先有所准备,事前应当明确紧急事态处置的政策范围和尺度;事前应与相关社会团体、当地官员、预先介入者进行前期沟通,预拟应对方案,在面对诘问或诉求时尽可能提供结论性信息;答复必须以事实为依据,要反复重述结论,好让受协助的利益相关者充分了解重要信息;可向沟通对象提出长期承诺,并估计达成目标的时间节点。要尽量通过事实和实例来强化观点,要采取沟通主体认为可信的方式回应问题,以影响沟通对象对核能技术与项目的心理认知与信任(陈建源,2004)。在风险沟通中,对于一些问题不能直接正面回答,如问"你能保证这个核电站安全吗?"应避免说"我无法保证……"或"无所谓的,保证……"。因为这种说词只会加深民众的无助感(陈建源,2004)。不过,可以从个人的角度给予答复,如"我承诺保证所有居住在本乡镇内居民的健康和安全,并站在民众这边督促核电站采取安全措施。"也可以用党政领导干部,以及核电企业主要领导的承诺和行为作示范,说明主要应急管理力量正在一线组织应急行动,会尽全力保障民众生命财产安全。

4. 紧急状态下的耐心倾听

在紧急状态下当事人会比平时具有更激奋的情绪,当公众发泄情绪时,不能打断或进行打击和反诘,而应让其发泄;要倾听和解读诉求背后的真正目的,避免随意交流,对重要的意见应当记录在案;在适当的时候,应表达个人对于一些问题的同感,以降低敌意(陈建源,2004)。在会议会见时,参与者可能会在口头上攻击主持人或企业代表,可能由此爆发争执。并非所有的冲突都是有害的,只要积极地建设性地处理冲突,仍有可能化危机为转机,关键在于了解对方情绪化的原因,可能是因为害怕、自身或家庭受威胁、挫折感、无力感、无人理会、感到不受尊重等;处理冲突时要注意容许对方的情绪宣泄,了解自己能做什么,保持冷静,不要被激怒而做情绪性反击;展示出倾听、关切和不抱怨的态度;会前或会后主动与对方联络(陈建源,2004)。

5. 对危害状况与风险状态的沟通

沟通对象希望从沟通主体处获得有关突发公共事件的详细准确信息,因此告知风险状态是必不可少的,此时要做到实事求是和尽可能诚恳地表达,不要使用不够人性化的口吻表达自身观点;要用直白的语言摘述风险评估的信息;要用易于理解的方式说明数据;要用耳熟能详的术语说明关键;可使用图表或影像辅助资料说明状态与真相;对复杂的信息要从容、简要地予以说明;要诚恳地表达事态进展变化将继续深入沟通的意愿与态度(陈建源,2004)。要求能够站在公众的视角看待公众关心的议题、意见和观点,要有礼貌、耐心、诚实和公正地对待公众,做到言之有理、动之以情;要与公众持续互动,及时地将公众关心的信息反馈回来(陈建源,2004)。在沟通过程中,应当重视公众的诉求和建议,要避免隐匿信息不公布,对做出的承诺不予兑现,或者采取自我防卫的态度。在沟通中应当对乱作为或不作为负起责任、在适当的时机为过错道歉、说明正在采取的行动,并对未来做出承诺(陈建源,2004)。

五　讨　论

本研究在 WSR 方法论指导下,从物理、事理和人理三个维度形成了紧急状态下的核能风险沟通框架,提出应急行动风险沟通应当遵循"通物理""明事理"和"讲人理"的路径,制定和落实风险沟通方案,培训和运用沟通技巧,防范和化解风险激荡过程中的冲突和矛盾。

当突发公共事件发生时,心理、社会、制度和文化等方面的因素会与风险事件相互作用,加强或减弱人们对风险的感知,促使其进一步调整做出新的风险行为,而这种行为反应会造成新的社会后果,这些后果将远远超过事件本身对人类健康或环境的直接伤害(克里姆斯基等,2005;Kaserson, et. al.,1988)。有效的核能风险沟通将会在磋商、反馈和合作中找到问题并解决问题,将会平复个体的负面情绪和对抗意图,切断对抗风险传播的路径,避免产生更大的危害。

在紧急状态下沟通人员将会面对各类情绪激动的抗议者、满腹疑虑的不合作者,因而有关风险沟通活动也更为复杂和迫切。从负面情绪出现到爆发集体行动,公众的情绪与对抗意图经历了危情信号过滤、信息加工、社会价值判断、群体内部互动和诠释、个体反应、爆发集体行动等过程(Kasperson & Kasperson,1996),由于信息处理系统和公众反应系统的不同响应,社会风险会被放大或缩小(Kaserson et al.,1988)。日本福岛核事故的影响可以检验上述风险的放大路径。一件并不实际破坏日本以外其他国家核能安全的事故,依然使许多国家国内的核能社会接受度受到严重挫折,甚至导致某些国家核能发展的历史进程从此改写。可见,紧急状态下实施有效风险沟通,可以改善公众反应系统和信息系统的质量,减少直接的对抗,降低社会公众的非理性和情绪化对社会秩序和核能安全的破坏作用。

第六部分

总结与建议

该部分负责总结整体研究,并提出对策建议。具体从研究工作、研究结论、创新与突破、对策建议四方面,梳理和归纳课题研究的成果。中国核能的量与质正在不断攀升,但是不少核安全问题在中国仍属未遇,故而文后又对几类极端情境做了发散性思考。

一　主要研究工作

本研究在心理认知理论、风险管理理论和社会运动理论的指导下,基于国际和历史的视野,采取比较研究、社会调查、统计分析、质性研究、典型案例分析、大数据预测等方法,沿着"形势介绍→现状分析→机制探索→对策研究"的逻辑思路,系统地研究中国核能项目的公众接受度与社会抗争问题。下面对研究工作做进一步的总结与思考。在研究设计和研究总结以外,本书的研究内容共含四个部分,分别是形势研究、现状研究、机制研究和对策研究,具体由 16 章内容组成,图 1 中的数字代表着各部分研究所属的章次。

第一部分,形势研究。这部分研究分析了中国核能的发展形势与内外部环境,目的在于交代中国核能公众接受度和社会抗争形成的国内外形势及核能产业环境。这一部分的研究共有三个层次:一是对中国核能发展总体形势的分析,采取国际比较方法,分析了中国的能源结构及其优化方向,探讨了后福岛时代国际核能发展的变局及对中国核能发展的启示,预测了世界与中国未来的核能发展走向。二是对中国核能发展可行性的分析,采用描述统计和 SWOT 分析法,分析了中国核能发展的社会功能、内部性能,以及备择战略。三是对中国核能发展现状的分析,采用描述统计方法,介绍了中国核能发展的阶段划分、空间分布,以及生产消费情况。

第二部分,现状研究。这部分研究包含接受度(核能接受度和风险感

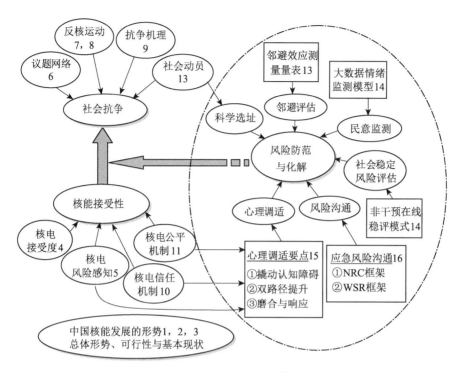

图 1　研究工作总结①

知)和社会抗争(核能议题对抗和社会抗争)两个研究模块,目的在于呈现中国公众对核能接受和抗争的现状和特征。研究内容包括四项:一是对核能接受度的分析。探讨了核能接受度的基本内涵,辨析了当前中国核能接受度的水平,归纳了核能接受度的影响因素;二是对核能技术风险感知的分析,采取国际比较法,分析了核能技术的风险感知的内涵与序次,探析了核电站周边居民的风险感知频谱;三是对核能议题对抗的研究,采用议题网络研究和质性研究方法,梳理了中国社会关于核能的对抗议题及其观点,据此形成了中国核能发展的公众心理认知框架;四是基于国际比较方法,分析了国际反核运动和中国反核事件的基本态势与特征,形成了中国核能社会抗争的综合分层解析框架,并基于风险分配理论、不确定性理论和心理认知理论,初步探析了中国核能社会抗争的形成机理。

　　第三部分,机制研究。通过社会调查和解释性统计分析方法,探讨核能接受度和社会抗争的影响机制,目的在于揭示核能接受度和社会抗争形成的微观心理机制。研究内容共有四个层次:一是探索善意信任和能力信

---

　　① 椭圆形表示研究要点,图中数字表示研究内容在书中的对应章次,虚线框内部为政策产出。

任对核能接受度的影响机制；二是探索分配公平感和程序公平感对核能接受度的影响机制；三是探索核能项目社会抗争的形成机制，并开发核电站周边居民邻避效应测量量表；四是探讨同一项目在不同地区的不同命运和遭遇，探索选址地民众对抗邻避项目的社会资源动员机制。

第四部分是对策研究。这部分研究集中探讨如何评估、缓解乃至切断核能项目的社会对抗风险，目的在于探析低接受度、高社会抗争风险的防范和化解策略，并形成一组分析应用的工具。研究内容包括四部分：基于罗素环状情绪模型，开发利用大数据监测核能项目选址地"民意"的技术模型；二是在上述模型的基础上，改进重大工程社会稳定风险评估方法，形成核能项目的非干预在线"稳评"模式；三是借鉴国内外关于核能风险沟通的实践经验，研究如何通过常态下的心理调适与紧急状态下的风险沟通，提升公民的核能接受度。结合"机制研究"部分的产出，形成了一组防范和化解核能项目低接受度和高社会抗争风险的实用工具，共有六种，包括：核电站周边居民邻避效应测量量表、基于大数据的项目选址地民众负面情绪监测模型、核能项目社会稳定风险的非干预在线评估模式、核能项目选址（社会动员资源动员视角）分析要点、核能风险沟通的要点与框架，以及核能低接受度的心理调适要点。

二　主要研究结论

（一）形势与环境分析

1. 能源结构

研究提出中国存在能源供需缺口，一次能源消费结构不合理，化石能源特别是煤炭消费比重过大，石油依赖进口严重，能源结构需要优化。在能源结构优化过程中，可再生能源和核能将成为中国的未来能源，煤炭消费占比将大幅缩小。

2. 方向判断

研究认为应对全球气候变化，发展清洁能源，减少温室气体排放，是未来世界和中国能源发展的基本方向和主题。

3. 核能乱局

研究认为2011年日本福岛核事故发生后，世界核能技术发展进入了一个多维的政策时间窗口，世界各国的核能发展格局非常混乱。在此期间,德国、日本、法国和美国等主要核能利用国家,面对了不同的社会风险,采取了不同的核能政策。中国应当主动吸收这些国家的经验和教训。

4. 功能分析

研究探讨了核能利用的社会功能角色,分析了中国核能发展的驱动力。认为发展核能对于发展经济、缓解电力压力、保护生态环境、治理全球气候变暖有重要的意义。要大力发展核能,还存在核事故、核原料来源、核废料处置,以及核设施退役等相关安全问题。当前,中国核能发展的主要功能障碍还在于社会安全问题。

5. 性能评估

研究分析和评估了中国核能的技术、环保、经济、安全性能指标。认为中国的核电技术呈现出多技术路线发展的态势,已形成自有品牌和自主技术;化石燃料是高排放的能源,对环境存在较大的负面影响,但中国一直在过度消耗化石能源,核能作为"轻碳能源"或"清洁能源"可以部分替代化石能源;中国核能经济性能优越,具有发电成本和建设成本优势;中国核能发展在历史上有良好的安全表现,但未来的社会安全形态将趋于复杂化。

6. 发展状况

中国对全球郑重做出了减排承诺,并将发展核能作为重大战略方向。2011 年以来中国的核能发展速度非常快,中国核电的消费总量先后超过了日本、德国、韩国和俄罗斯,坐稳了全球第三大核能利用国家的位置。而按照国际能源署的估计,2030 年中国核能总量将超过美国、达到世界第一。在从"核电大国"向"核电强国"过渡的过程中,我们必须正视中国核能项目地方接受度偏低的事实,科学应对正在变得更加复杂的核能安全形势。

(二)核能接受度

中国社会的核能接受水平估高实低。汇总了国内公开发表的 16 次核能接受度社会调查的结果,可以看到:中国公众的核能接受度为 74.6%(波动区间为 70%—83.9%),在国际上居于显著高位。但是,项目选址地民众的核能接受度为 56.6%(波动区间为 42.84%—76.9%),略高于美国公众对核能的接受水平;而居民对于在当地建设核能项目的接受度仅为 24.8%(波动区间为 10.0%—54.4%),核邻避心理非常突出。因为中国社会公众对核能的接受水平非常高,所以在中国大陆地方性的反核事件不太容易获得社会的支持。但是,多数民众对在当地建设核能项目非常排斥,项目选址地的部分民众由于反对核电项目在当地的建设,进而不愿选择支持发展核能技术。人们对在当地建设核能项目的接受度比核能的社会接受度,低了近 50 个百分点,这种空隙很难通过政策来填平。中国核能发展的邻避性问题非常严重。这种抗拒身边发展核电的现象,在国际上也普遍存在,但在中国尤其突出。

(三) 核能社会抗争

中国大陆核能的社会抗争事件,规模较大的有 2007 年山东乳山事件、2011 年安徽望江事件、2013 年广东江门事件、2014 年湖南益阳舆情事件、2016 年江苏连云港事件等。这些反核事件的特征具有很强的本土特征。在国际上,反核能运动与反核武器运动紧密联系,存在大量反核政党或反核团体,从抗议者看具有向专业化进阶的倾向,与妇女运动也发生了融合,不同反核事件之间会相互学习或联动,存在核事故周年纪念日魔咒等。但是,中国大陆的反核事件与此迥异,主要有以下特征:

- 反对的对象只是具体的核能项目,不反核能技术,也不反核武器;
- 高度碎片化,几乎都是孤立的抗争事件,彼此间没有因果关系,除内陆核电舆情事件以外,还没有发现相互学习和启发的情况;
- 反对的核能发展环节,几乎都是核能项目的规划或建设,而核能设备生产、核电站运行、核废料处理等阶段,未见尖锐的社会冲突;
- 不具有政治性,没有具有反核理念的政党或社团参与,没有发现跨区域串联,抗争没有延续性,抗议者没有政治性诉求,不存在蓄意重建某类社会秩序的情况。

国内外核能抗争基本上都属于"非暴力"抗争,中国大陆的反核形式较为温和单一,未见西方反核运动中出现的无人机入侵、占领厂址、罢工等做法,应当警惕境外反核运动对我国社会的影响。

(四) 影响机制

1. 核电信任的影响机制

核电信任包括"善意信任"和"能力信任"两个维度。善意信任是对相对方可靠与诚实品格的心理认知,以及认为相对方的承诺行为可以被预测的心理状态;能力信任指对相对方的知识、能力和资源的认知,是对他人有信心、预期他人可以胜任自身角色的心理状态。本研究探索了善意信任和能力信任对项目选址地民众核电站接受度的影响机制。研究发现,当地民众对核电管理者的能力信任越高,对于预期核电站的安全管理者能够保障核电站收益兑现越有利,故而能够增强当地民众对核电站的收益感知;更高的善意信任,将让当地民众预期核电站可以得到安全管理,从而降低了当地民众对核电站的风险感知。提高善意信任和能力信任,可以间接促进核能接受度。

2. 核电公平的影响机制

核电公平感包括程序公平感与分配公平感。分配正义与程序正义是公众对于核电站公平感知的基本概念维度,程序公平感来自公众对正义保障措施及过程的认知,分配公平感来自公众对收益风险分配结果的认知。研究探讨了两者对核电站公众接受度的影响机制与路径,发现它们对于公众接受度的影响是整体的而不是孤立的,且同样具有双路径特征。分配公平感通过提升收益感知,促进公众接受度;而程序公平感通过抑制风险感知,来促进公众接受度;此外,程序公平感对分配公平感有正向推动作用。

3. 核电社会抗争的形成机制

研究发现收益感知、风险感知与公众接受度,是选址地民众选择抗争行为的重要解释变量。核电项目的收益感知有助于抑制核电项目的风险感知;风险感知对公众接受度存在负面的影响,但是收益感知对公众接受度存在正向的影响;风险感知越高、公众接受度越低,核电项目引发社会对抗的风险就越大。因此,提高收益感知、抑制风险感知,有助于改善核电项目的公众接受度,从而间接减少核电项目抗争事件的爆发。风险感知是决定邻避行为倾向的核心变量,其作用大于公众接受度。引导核电项目周边居民形成积极的风险感知,可以极大地减少核电设施邻避效应,降低爆发群体性事件的风险。

4. 核电抗争的社会资源动员机理

研究在社会资源动员的理论指导下,以厦门和漳州市 PX 项目社会抗争事件为例,对影响邻避工程项目(含核能项目)落地的社会抗争因素做了比较研究。研究回答了邻避工程项目,为什么有些可以成功落地,有些却遭遇搁置或放弃命运的问题。结果认为社会资源动员状况,影响到了邻避工程项目社会抗争的深入程度、影响范围和持续时间,斗争的激烈程度也取决于各方力量的资源动员质量。动员状况越弱,项目遭遇的对抗就越小,项目的生存概率也越高。对于核能项目而言,邻避心理是抗争的火苗、社会资源动员是风力,社会资源存量、资源动员广度,以及资源动员力度的差异,反映了社会抗争风险的大小,对邻避型项目落地的成功率有重要的影响。社会运动的政治过程理论说明,核能项目的顺利选址落地还需要政治过程的保障。对于抗争之"火",公共权力既可以担当"灭火剂"也可能担当"助燃剂"。核能的社区接受度不高,同样反映在地方公务员身上。在核能项目选址中,项目方应当选择愿意扮演好灭火剂角色的地方政府、地方权力机关,特别是要与地方参政议政机关友好合作共事。

(五) 对策研究

对中国核能形势、现状和机制的研究,较多地涉及到了问题的发现、解析和应对。某些针对性较强的对策建议,在各部分的研究中已经直接提了出来。不仅如此,本研究还从认知调适和风险沟通两个操作层面,就防范和化解核能的低社区接受度和高社会抗争风险问题做了对策研究。

1. 关于心理调适的方案与建议

研究了常态下核能心理调适的方案和要点。建议通过强调环境道德责任、倡导积极的风险感知,撬动民众对核能的认知障碍。建议从核电公平和核电信任双路径,提升民众对核能项目的公平感与信任度,完善反馈当地的显性制度,创造积极的收益感知,提升核能的公众接受度,推动核能利用由非合作向合作均衡转变。建议搭设"公众—政府—运营商"互动的平台,完善社会公众响应系统,健全政府与运营商的社会响应体系,通过提高核能技术与项目同社会公众、同管理者(运营商)、同各级政府的磨合程度,促进核能技术与社会的共生与发展。

2. 关于风险沟通的方案与建议

研究了紧急状态下的核事故风险沟通的方案和要点。梳理了应急环境下核能风险沟通的依据,分析了核能风险沟通的指导框架,探讨了核能风险沟通的方案。研究在 WSR 方法论指导下,参考美国核能管理委员会核能风险沟通模型,开发了具有东方文化特征的核事故风险沟通应用框架。新框架从"物理""事理"和"人理"三个层面部署风险沟通的方案及相关要素。

三　创新与突破

本研究主要在以下几方面有所建设。

1. 通过对中国核能接受度、风险感知、社会抗争、议题对抗的现状与特征的归纳和辨析,系统地刻画了中国社会存在的核能接受性问题,弥补了该领域研究的碎片化现象。

2. 揭示了中国核电社会接受度与社区接受度存在巨大偏离的实际,用数值计量说明了这一问题的严重性。

3. 归纳了中国核能社会抗争的鲜明特征,建构了中国反核运动的分层分析框架,揭示了核能项目对抗行为倾向的形成机制,对中国核能的未来社会抗争风险做了前瞻性分析,丰富了核能的社会抗争理论。

4. 揭示了核能接受度形成的微观心理机制,探索了核电信任、核电公平对核能项目社区接受度的影响机制,解析了善意信任和能力信任、分配公平感和程序公平感、收益感知和风险感知,对于提升核能项目社区接受度的重要作用。

5. 揭示了不同邻避型项目选址地差异化的社会抗争资源动员模式,解释了为什么同类项目有些可以成功落地,有些却折戟沉沙,从社会动员视角为核能项目的科学选址提供依据。

6. 利用互联网大数据,析出了中国核能政策议题网络的议题结构和议题观点,形成了中国核电公众认知的解析框架;开发了监测核能项目选址地"民意"的技术模型,形成了核能项目社会稳定风险的非干预在线评估模式,拓展了核能接受性和社会抗争研究中的大数据应用。

7. 开发了一组用于防范和化解核能项目低接受度和社会抗争风险的政策工具,包括:①核电站周边居民邻避效应测量量表、②基于大数据的项目选址地民众负面情绪监测模型、③核能项目社会稳定风险的非干预在线评估模式、④核能项目科学选址(社会运动资源动员视角)分析要点、⑤紧急状态下核能风险沟通的要点与框架,以及⑥核能低接受度的心理调适要点。

四 对 策 建 议

在新形势下,为防范和化解中国核能的低当地居民接受度、高社会抗争风险,有如下建议。

(一)创设和推进微观心理调适机制

虽然有研究认为提升人们对于核能技术的熟悉程度与知识掌握水平,可以提升人们对核能项目的接受水平。但是也有研究发现,知识越少越容易选择支持的立场。由此可见，知识可以改变人们对世界的看法，然而究竟是正向还是反向改变则具有不确定性。由于经历和偏好的不同，知识与接受度并不必然呈现正相关关系。所以，当前通过普及核电知识，以及提升核能熟悉度的系列活动，有无实质效果很值得怀疑。为提升当地居民的核能项目接受度，减少和化解核能社会抗争，关键还在于创设和应用核能微观心理调适机制：

1. 在宏观政策层面，应当提出更为合理的风险分配和收益分配政策。例如，核能项目的产品是电力，而项目选址地的电价却不比一般区域低廉；可以通过向周边居民提供更优惠电价的方法，来提升当地居民对于核能项目的收益感知和分配公平感。

2. 在地方行政层面，支持当地居民参与环保决策和涉核公共事务管理；在项目运营层面，支持当地居民参与安全监督，健全风险信息通报机制，通畅政商民三方风险沟通机制，提高核安全信息公开的效率和范围。提升当地居民对核能项目的程序公平感和善意信任水平。

3. 在社会服务层面，努力向当地居民完美展示关联各方防范和化解核事故风险的能力，倡导积极的风险感知，提升当地居民的能力信任水平。

（二）防范出现类似国际反核运动的一些倾向和特征

作为核能利用广泛、核能占比不断放大、同世界交流广泛的国家，中国政府必须警惕和防范内部抗议者学习西方的反核运动模式。

一是必须防范碎片化的反核社会抗争发生改变，出现反核风险传导、联结并放大的局面。也许有人认为一直到现在中国大陆的各起反核抗争都是独立事件，不会出现类似于西方反核运动联动式的抗争。但是不要忘记，中国国内出现过同领域群体性事件互相"学习"的问题，如反对 PX 项目等系列事件。

二是必须防范为实施反核抗争而进行结社的现象。避免产生类似于美国"蛤壳联盟"和德国"绿党"之类的反核社团或政党，防范"绿色和平组织"等国际非政府组织协助境内反核活动。中国有没有反核团体？这个问题很难回答，但是既然中国有反对核能的人，只要条件允可，就可能迅速结社并给核能的利用和发展造成威胁。不过有一点需要强调，多中心治理秩序的核心在于推动地方社会参与共治，应当鼓励发展各类安全监督、环境保护、气候变化的合法公益组织。

三是必须防范核事故周年纪念活动并警惕其向抗争转化。国际上的核事故周年纪念往往由单纯的纪念活动转变成反核聚众游行示威；而且此类抗争具有按时爆发、周而复始,可持续性强的特点。三哩岛核事故、切尔诺贝利核事故、福岛核事故的周年纪念,都是国际反核能运动的周年魔咒。在美国、德国、日本、法国等国,经常可以见到此类反核抗争。

四是必须警惕反核力量出现专业化倾向,或者与其他社会运动产生融合的问题。防止出现反核性质的科学家联盟、医生联盟,或者出现专门从事反核的妇女团体。不过,应当鼓励发展核能社会风险共治共管联合体。

(三) 升级和完善核能社会抗争应急管理体系

作为未来全球核能总量最大的国家,中国的核应急管理体系,也应当全面升级以应对核能社会抗争形势复杂化的局面。在低当地居民接受度、高社会抗争风险的社会现实面前,如果没有高效务实的核能社会安全应急管理能力,很难为我国持续、安全、和平地利用核能保驾护航。

一是以应对全产业链反核抗争为目标,升级应急准备能力。核能利用的产业链包括铀矿开采冶炼、核能燃料制备、核能设备生产、核电站规划建设、核电站运营发电、核乏燃料处理、核废料运输和掩埋、核电站退役等多个环节。从国际反核运动看,反核的压力来自全核产业链,需要警惕中国核能的社会抗争从规划建设环节向其他环节传导。在不同的核能产业链环节,中国还有许多事项没有遭遇过,诸如核电站服役期"延寿"、国际核废料入境处理、内陆核电站建设运营、严重核事故等。这些事项虽然还没有发生过,但它们都是核能抗争的敏感点,随着核能发展推进到这些环节,或将有冲突伴随发生,中国的核应急力量必须做好应急准备。

二是以应对多样化反核斗争模式为目标,升级应急准备能力。对于国际上常见的,以及新出现的核能社会抗争形式(如"挑战"式抗争),境内核应急管理体系应当有针对性地形成应急响应能力。但事实是先前的核应急预案并没有充分的应对思考及演练,我们还需要补课。

三是以强化核能设施反恐为目标,升级应急准备能力。针对国际上对于核能设施遭遇恐怖袭击的担心,建议做好核设施反恐怖袭击准备,编制核设施反恐预案,确保反恐体系健全、力量配足、演练到位。

四是以缓释大范围核恐慌为目标,升级应急准备能力。最后,还必须突出核社会风险管理,学习和思考核事故爆发时如何释放社会压力、提升核能的社会认可水平,避免国内出现大的核恐慌。

(四) 警惕和防范下一轮核能发展低潮期

中国的核能发展经历了 1986 年切尔诺贝利核事故(因此 1986 年香港

也爆发了反对大亚湾核电站事件），以及 2011 年福岛核事故的冲击（因此
2011 年浙江、福建、广东、江苏等多个区域爆发抢购食盐的核恐慌事件），虽
然相关事件和风险最终都得到了化解，没有造成太大的破坏。但是未来中
国核能设施产生的邻避效应，以及社会抗争的风险，都将随着核电产能的
增长而被放大。

　　国际核能的发展在严重核事故的影响下呈现振荡态势。如果世界上
又一次出现严重核事故，全球核能发展将再次进入新一轮低潮期，届时中
国的核能发展也可能受到致命的冲击。核能发展的低潮期，反向理解，就
是核能社会抗争的高潮期。在此期间，如何恢复民众对于核能的信心和信
任十分关键。

　　根据国际核事故分级标准（INES），核事故按灾难影响程度共分 7 级，
包括核反应堆事故、核燃料循环设施事故、放射性废物管理设施事故，以及
核燃料或放射性废物运输和贮存事故等。当前，核电站运行时间前五位国
家中，美国、日本、俄罗斯、法国都经历过 5 级以上核事故。我们应当搜集
和整理这些国家在应对核事故的过程中采取了怎样的社会风险治理方案？
有什么样的经验或教训？对中国的核安全应急管理有怎样的启示？

　　中国的核能风险管理制度和方案，应当吸取日本、德国、意大利、法国、
美国等国应对核能发展低潮期的经验和教训，警惕和防范在陷入核能发展
低潮期时，社会核能接受性可能受到的不可逆伤害。特别是在无法绝对避
免本土出现严重核事故的情况下，必须严密防范本国核电产能出现崩塌
式、长时间的萎缩，防范本国"碎片化"反核事件向"潮流式"反核运动转化。

（五）科学评估和监测核能项目选址的社会风险

　　当前中国的核能社会抗争事件，几乎都发生在反对规划选址事项上，
可见有必要将核能项目的规划选址风险作为第一位的防范和化解对象。
核能项目厂址选址应当把握关键、预先评估、争取一次性顺利落地。建议
从以下三方面防范核能项目规划选址建设的风险：

　　一是比较厂址备择地潜在的社会动员力量。核能项目选址除了技术
可行性评估、环境影响评估、社会稳定风险评估之后，还应当对社会资源动
员能力做出预测。通过认真衡量筛拟选址对象的社会抗争动能，评估当地
的潜在资源动员能力，调查和预见选址可能遭遇的社会阻力，从而判断彼
处是不是规划建设的适合地点。对于某些可能化解的矛盾，通过制定和实
施科学的选址建设和风险沟通方案，提前化解风险。

　　二是准确锁定利益相关者并开展前期工作。核能项目的不特定社会

利益相关者往往是反核抗争的主要力量。准确辨识反核利益相关者对于促成项目顺利落地十分关键。中国的核能项目风险管理已多次出现利益相关者定位失准的情况。山东乳山核电站项目之所以流产,主要对抗力量是与项目地点隔海相望、从全国各地到银滩来购买房地产的业主,但是该项目风险沟通所面对的主要是当地政府与民众;江西帽子山核电站项目之所以搁浅,主要压力来自其邻居望江县的民众,但是该项目早期风险沟通工作只针对项目所在地县的民众。广东龙湾工业园项目由鹤山市(县级市)政府负责社会稳定风险评估,但是群体性事件的主要参与人群却来自江门市(地级市)。可见,有必要准确瞄定核能项目的利益相关者范围,防止补偿或沟通未达实处。

三是核能项目邻避心理和负面情绪的监测。在中国核能项目社区接受度偏低的情况下,在项目选址建设过程中,从应急管理角度出发测评项目选址地居民的邻避心理,动态监测当地民众的"民意"非常必要。本项目研究提供了核电站周边居民邻避效应测量量表,以及基于社交媒体表情图片的情绪监测技术模型。当前,发改委推行了"固定资产投资项目社会稳定风险评估制度",核能项目的规划建设也在这一范畴。本研究提出了非干预在线社会稳定风险评估模式,发展了传统的"稳评"模式,可用以进行社会风险评估和分析。

总之,本研究认为就核能项目抗争而言,邻避心理是"火苗"、社会资源动员是"风力"、利益相关者是"柴薪",政治过程是"添加剂"。为提高核能项目落地的成功率,除了必须识别利益相关者,评价当地居民的邻避心理,监测当地的"民意",还应当选择社会资源动员力量较弱、政治过程支持力度较大的地方。不选址则已,若选址务求成功,由此减少财富浪费,提升项目选址落地的成功率。

五　发　散　思　考

核能安全形势复杂多变,以下根据国际反核运动爆发的历史经验及其环境,对照中国核能发展面临的低社区接受度、高社会抗争风险问题,继续做前瞻性的思考。它们同样属于本书研究不够、无法详析的事宜。之所以放在本书的末尾,是希望向决策者和研究者提出警示,下述相关问题虽然没有发生,但是非常敏感、也非常重要,是当前中国快速发展核能不可回避的问题,不可不察。

（一）如果中国发生了严重核事故

在民用核能发展的 60 年时间里，世界范围内已发生了多起二级以上严重核事故，如果认为中国核设施足够安全永远不会发生严重核事故，显然不足取。我们必须重视百姓"不怕一万，就怕万一"的核恐慌心态。国际原子能机构在《核电安全的基本原则》中曾客观地指出"无论怎样努力，都不可能实现绝对安全。"为此，我们对核安全问题必须采取审慎的态度。何祚庥院士曾用"经验概率论"分析，认为 2050 年左右中国出现重大核事故的概率最高[①]。在这里，我们不讨论这个预测的精确性，也不讨论几时中国会发生严重核事故，而是站在应急管理的视角，关心中国即将成为世界上核电总量最大的国家，遇到核事故时该怎么办的问题。

如果中国发生了严重核事故，偏低的核能项目社区接受度将使情况雪上加霜，各邻近核电设施的城市极可能发生大规模集体行动，届时中国社会、政府，以及中核、中广核、中电投等运营商将如何应对？根据 2006 年《国家应急总体预案》，各级管理部门也制定了核电厂应急预案，在一些建造了核电厂的区域，地方政府也进行过若干次应急预案演练。但是由于演练参与人群规模极小，事发时如何组织撤离、如何应对核辐射，将十分考验地方政府的应急协调能力；此外，严重核事故发生之后如何调整核能的社会认可水平，如何在常态下建设好社会公众的心理预防机制，依然未见行动方案的准备和部署。

1986 年 4 月 26 日发生的苏联切尔诺贝利核事故，深刻影响着欧洲国家人民的核能接受态度（刘植荣，2012）。在切尔诺贝利核事故发生时，被测出"铯-137"含量达到 4 k—40 k Bq/m^2（贝克勒尔/平方米，放射性活度单位）的国家有德国（44%）、瑞典（26%）、意大利（21%）、比利时（0.2%），还有法国（10%），以及俄罗斯属于欧洲的部分（40%）[②]（Fairlie & Sumner，2006）。也正因为如此，2011 年福岛核事故在日本爆发，欧洲的德国、意大利、瑞典、瑞士确认选择放弃核电。又因为福岛核事故直接伤害到了日本，日本核电的发电量陷于塌陷的边缘，2012 年至 2016 年核电占全国发电量之比仅在 0.2%—0.9% 之间，日本社会民众大部分希望终止核电。欧洲各国以及亚洲的日本由于受历史与现实核事故的影响巨大，其中某些国家选

[①]　物理学家分析中国发生重大核事故的"可能性"2013-03-20，环球网，http://hope.huanqiu.com/domesticnews/2013-03/3749237.html。

[②]　括号中为铯-137 超标国土的比例。

择退出或暂停核电发展计划。每个国家都有自己的国情,我们应当理解和尊重,并认真研究该如何避免陷入这种"先发展、再后悔"的核能利用模式。对于同样遭受过切尔诺贝利核事故影响的法国[①]和遭受过三哩岛核事故影响的美国,在灾后却能够继续坚持发展核电,相关经验更值得我们研究和思考——他们是如何释放社会压力的? 我们应当尽力分析并锁定其中的有效因素,在国内外爆发核事故时做好应急准备,避免像欧洲国家和日本那样出现雪崩式的核能发电量锐减,乃至出现核能利用退潮现象。

(二) 如果反核团体的社会活动趋于活跃

在世界范围内,反核团体掀起了抗议核能利用和发展的浪潮,许多核能项目因之撤项、延期、封存或关闭。之前我们提出一个观点,只要注册及活动条件环境适宜,中国大陆可能也会出现大量反核团体,并给核能利用和发展制造障碍。国际上一些反核团体的成员甚至跨国跨地区参与反核运动,目前虽然还未见报道在中国大陆的反核运动有境外反核团体参与,但是如果出现这种情况,中国政府与核电运营商将如何应对,这还需要加强研究。

中国缺乏应对核事故的经验,同样缺乏核电社会风险管理的经验。中国政府与核电运营商一直缺乏同非政府组织合作的经验,但是要提升核能的社区接受度、减少核能社会抗争,必须尝试扩大民众参与。在许多情况下,非政府组织可以担当运营商与民众、政府与民众之间调节关系的桥梁。2013 年中国政府首次完善国家治理体系的概念,为非政府组织的继续发展提供更宽松的环境。随着非政府组织作用的发挥,中国政府与核电运营商要学会更多与非政府组织打交道,既要努力在社会监督中不断改进自身的安全管理工作,又要警惕国内爆发激烈的反核运动。

在国际上,非政府组织一直是反核的主力。以国际绿色和平组织为例,该组织曾组织多次跨国抗争事件,包括抗议美国内华达州核试验、反对核废料从法国运往俄罗斯事件、阻挡荷兰船只向大西洋倾倒核废料等,在国际反核运动中时常可见其身影。2012 年印度的库丹库拉姆核电项目遭到社会公众的强烈反对,印度政府怀疑境外非政府组织向反核的民众提供资金支持,因而一口气封了四个非政府组织的账户(牛震,2012)。中国的核能发展也可能遭到各类非政府组织的反对,国际非政府组织也可能参与并发挥重要作用。不过,当前全球气候恶化,由于发展核能对温室气体减

---

① 切尔诺贝利核事故发生时,核尘埃扬到了德、法等国。

排有积极的作用,国际非政府性组织内部也出现了分化,部分组织与成员转而支持核能利用。中国政府必须适应新的环境,正视非政府组织在核能利中的积极和消极作用,创新社会风险管理制度。

(三) 如果核能成为主导能源后遭遇公众信念崩溃

展望未来能源的发展取向,无论是德国、日本还是美国都将可再生能源的发展置于比核能优先的地位。德国计划到 2050 年可再生能源占到总体能源的 80%;根据《美国可再生能源发电前景研究》,预计到 2050 年美国可再生能源电量占比也将达到 80%①。但中国选择同时积极发展核能和可再生能源的道路。2010 年中国能源消费结构中核电和可再生能源占比分别为 2%和 10%,预计 2050 年将分别增至 15%和 25%(赵建华,2010)——双轮驱动特征非常明显。但对可再生能源重要地位的认识要弱于美国和欧洲。25%和 80%相比实在相距甚远,这给中国未来的能源方向调整造成了一定压力,这种压力同样会向核能利用环节传递。

中国应当警惕骤发式的核能信任危机。就像福岛核事故发生之后的日本社会。预计 2050 年中国核电将占本国发电量 15%(赵建华,2010),而 2010 年日本核能发电就占本国发电量为 13%,两国的核电占比非常接近,核能都被置于核心能源位置。但是,核能比重大既是优势也是压力。从日本的经验看,如果核能占比大时出现严重核事故,将导致民众的核能信念崩溃,对能源系统构成系统性冲击。在福岛核事故发生之后,日本核能进行了紧急刹车,核能发电量被一次打到底,结果本国能源供应出现巨大问题。信念崩溃的日本社会的反核力量很强、去核呼声很高、政府努力推动复苏,但核电重建阻力重重,迟迟未能发力。

作为主要核能利用国家,退出核能绝非易事。德国明确决定只将核电作为"过渡"能源,并于 2020 年彻底退出核能应用。这是一种逐渐退出核能的模式,中间留下了适应核能退出、发展可再生能源,甚至犹豫是否最终放弃核能的空间。虽然世界核协会警告:"任何一位严肃的能源或环境规划专家都不会认为像德国这样大的经济体,会在未来的 40 年里主要依赖可再生能源"(徐婷,2010),但从现在的发展看,德国社会克服能源转型困难的决心很大。而在保加利亚,虽然社会的核能接受度也比较低,但是老

---

① 华能集团技术经济研究院.中国美国可再生能源发电前景解读.中国储能网,2013-4-8,http://www.escn.com.cn/news/show-37819.html.

百姓的游行示威既反对核电站又反对高电价[1]，再加上供电企业私有化的问题，社会矛盾重重。

作为主要核能利用国家，中国既要紧紧抓好安全防事故工作，也需要防止因为社会抗争发生核能"休克"现象。未来中国核电首先必须确保不因社会信念崩溃而走上"建而复退"之路。即使核能发展最终做出调整，也必须循序渐进地变化，尽量减少破坏。

（四）如果核能设施遭受恐怖袭击

2011 年日本福岛核事故发生之后，中国和德国都对本国核电站做了大检查，德国原子能安全委员会自行检查后认为，德国核电站总体安全，但防御空中恐怖袭击的能力不足。中国国家民用核设施检查团[2]的审查结论是"安全风险处于受控状态，运行核电厂的安全是有保障的"[3]，但个别核电站还有薄弱环节，具体高通量工程试验堆存在抗震问题、大亚湾核电站的抗海啸问题、秦山核电厂的抗洪问题。我们看到几类威胁都是自然灾害方面的。那么是不是中国的核电设施与德国的不一样，不存在遭受恐怖活动破坏的隐患呢？进一步分析中国核电检查的 11 项内容[4]可以清楚地看到，中国的核能大检查忽视了社会安全事件对核安全的影响。2001 年美国"9·11"事件中，恐怖分子挟持民用飞机，撞击纽约世界贸易中心双子楼，震惊了全世界。2016 年欧洲也发现有恐怖分子对袭击比利时核电站进行布局。近年来，随着极端势力的抬头，对于恐怖活动可能给中国核能发展带来的威胁，必须引起足够警惕。

无人机、人工智能、网络黑客攻击等，也在不断威胁核设施安全。2012年和 2018 年法国的比热核电站和克吕阿斯·美斯核电站，先后遭遇过"空中侵入"抗议事件。此类事件虽然像互联网的"红客"一样，有侦测核电漏洞、强化安全保障的作用；但是也给核能应急管理带来了巨大压力，可能触

---

① 保加利亚游行抗议高电价　呼吁重新国有化发生冲突.2013－02－19，观察者，https://www.guancha.cn/europe/2013_02_19_127165.shtml.

② 由环境保护部国家核安全局、国家能源局、中国地震局以及核与辐射安全中心等单位联合构成。

③ 环境保护部(国家核安全局)、国家能源局、中国地震局.关于全国民用核设施综合安全检查情况的报告，2012 年，第 5—6 页.

④ 2011 年中国核电大检查的内容主要涉及厂址选址过程中所评估的外部事件的适当性、核设施防洪预案和防洪能力评估、核设施抗震预案和现场抗震能力评估、多种极端自然事件叠加事故的预防和环境保护措施、全厂断电事故的分析评估及应急预案、严重事故预防和缓解措施及其可靠性评估、环境监测体系和应急体系有效性等 11 个方面。

发社会对核电反恐安全的担忧,带来新的核电舆情问题,也可能直接影响核电站的安全运行。法国"空中侵入"事件的结果,说明德国担心核能设施遭遇空中恐怖袭击的问题,同样也是各国核能安全发展的隐患。

(五) 如果更多核电站服役期满

核安全的关键问题还有很多,中国由于核能的大规模发展时间较短,还有很多问题没有深层接触到,例如核电站的到期退役问题。国内对核能公众接受度研究的时间点一般放在立项阶段和运营阶段。实际上,核电站到期退役是个矛盾交叉的时间点。中国由于核电站发展建设较晚,当前核电站的退役矛盾不太明显,但其他主要核能国家并非如此。对于到期的核电站,政府由于电力缺口、运营商由于经济利益,大都会选择推动"核电站延寿",这其中也包括了日本的福岛核电站。民众对此相当敏感,经常可以看到反对核电站超期服役的示威游行活动。例如:2010 年,10 万名德国民众走上首都柏林街头,抗议德国政府延长了 17 处核反应堆的服役年限;2011 年,加拿大魁北克的民众强烈抗议政府决定延长当地核电站的寿命;2012 年,美国政府决定延长沃格特勒核电站的寿命,同样遭到民众抗议。

从国际反核运动看,核电站延寿的直接后果是让运营商的收益增加,但社区民众的风险感知也会增长,这是一对比较尖锐的矛盾,虽然在国际社会核电站到期延寿是一个比较普遍的现象。

(六) 如果核能抗争发生从 NIMBY 到 NIMS 再到 NIMC 的转变

当某一类邻避型项目受到社会强烈关注时,群体性事件的发生就可能超过选址地的空间范围,在抗争地域上发生由 NIMBY(不要在我的后院)向 NIMS(Not-In-My-State,不要在我的州)的转变;甚至如德意澳等国,发生向 NIMC(Not-In-My-Country,不要在我的国)的转变。互相学习、不断发酵的邻避型项目事件往往具有风险放大效应,在其他选址地可能会被效仿,并在比选址地更大的地理范围内发生。如厦门、大连、宁波、昆明等地 PX 项目群体性事件的发生,都是在地市一级爆发,并在全国范围内出现效仿的潮汛。

核能项目社会抗争的地理范围在许多情况下会被扩大化,发生向NIMS 的转移很常见。举例说明:1986 年广东省大亚湾建设核电站,居住于 51 公里之外的香港市民却发起签名抵制运动;2012 年江西省彭泽县开工建设帽子山核电站,作为邻居的安徽省望江县却发起了各种抗议活动;2013 年鹤山市(县级市)龙湾工业园核燃料项目,在更大范围的江门市引发了群体性事件。这种特征说明核项目的社会关注以及社区不接受的空间范围较大,如果采取一般项目的协商与沟通范围,极有可能错定利益相关者并影响社会稳定。由此可见,核能技术利用可能遭遇的邻避效应,已经逐渐由一般邻避项目(如垃圾焚烧厂项目)的 NIMBY 向 NIMS 转变,社区接受态度表达的地理范围已经扩大了。

可见,类似江门鹤山龙湾工业园核燃料项目那样,将社会稳定风险评估与沟通的空间范围局限于项目选址的乡镇明显过于狭小。核能项目的风险感知空间由"我的后院"向"我的州",其至"相邻的州"扩张的情况,使核能的社会风险沟通和公众接受度干预变得更加困难。核能项目所引发冲突的社会影响也将会变得更大。这也是国际上由于核事故或核项目多次爆发 10 万人以上超大规模反核社会运动的根本原因。德国等国家属于极端,反核抗争已经由 NIMBY 变成了 NIMC。类似的情况对于走向核电登峰之路的中国意味着巨大的风险,应当引起足够警惕。

对于中国而言,因为核电相对清洁、安全和经济的性能,发展核能有利于应对全球气候变化,发展核电是慎重、理性、现实的选择,国家制定了核电长远发展战略,保持了积极的核电发展势头。但是当前,中国公众较高的核能社会接受度,同较强烈的核电站选址邻避效应并存。根据国家发改委的规范要求,核能项目必须采取社会稳定风险评估制度。希望在选址地民众在较低水平的核能认可水平下,从心理上全然地接受核电项目,显然是非常困难的。在后福岛时代,核能项目抗争的地理范围扩大了,意味着社会抗争聚合力量的范围也扩大了,也就是说核能和平发展的社会环境正在变差。在核能发展过程中,我们既要警惕、预防和化解社会稳定风险问题,也要预防社会稳定风险评估的失真问题。从对核能公众接受度的现状和影响机制的研究结论看,应从制度设计、能力建设和认知调适三方面,防范和化解核能的低接受度与社会抗争风险。具体要通过制度设计,防范程序公平感、分配公平感和收益感知不足的问题;通过能力建设,应对能力信任和应急准备不足的问题;通过认知调适,解决情感信任的问题和风险感知的问题。

(七) 如果核能的海外投资环境风险变大

伴随着中国首倡"一带一路"宏伟战略,中国核电企业将目光转移到了"一带一路"沿线国家上。2016 年中广核集团统计认为,"一带一路"沿线国家有 28 个计划发展核电,装机总规模大约 1.5 亿千瓦,至少需要 2.5 万亿元投资撬动[①]。中核集团也提出,一带一路沿线国家中有 41 个国家有发展

---

① 一带一路沿线核电市场空间广阔,中国经济新闻网 2016-04-19,http://www.cet.com.cn/nypd/hn/1753427.shtml。

核电的意愿,能够抓住 20% 的话,将能产生 3 万亿元人民币的产值(金可砺,2016;王轶辰,2018;余晓洁等,2016)。显然,中国的这两个巨无霸核企都认为"一带一路"沿线国家是中国核能走出去的好去处,但是两者十足乐观的预判依然让人心里不安。中国在一带一路沿线国家落子核电于国有益,但我们是不是保持了足够慎重的态度?

"一带一路"国家的经济有待发展,包括印度和巴勒斯坦在内,核能技术积累、储备或利用都不具有优势。在"一带一路"核能投资中,中国除了可以带去本国最先进的自有三代核电技术(CAP1400 和华龙一号)外,还可以带去项目投资资金,以及来自中国的经检验可行的建设和运营方案。中国的核电企业应当凭着中央政府"安全发展"核能的指示精神,做好挑选和比对、做好风险防范。对"一带一路"沿线有意愿引入中国核能技术的国家,从政治环境、恐怖主义活动、工程条件、自然灾害、到居民接受度,应当进行与国内一样严格的评估。

核能是被严格束缚的"魔鬼"(伯顿·里克特,2006),不是谁都可以发展核电,特别是政治动荡的国家,并不具备相关条件。海湾战争、阿富汗战争、叙利亚战争、乌克兰战争、利比亚内乱、乍得内乱、埃及骚乱等,曾让中资重大工程蒙受巨大损失。根据澳大利亚经济与和平研究所(Institute for Economics & Peace,IEP)的《全球恐怖主义指数 2017》,2016 年全球受恐怖主义影响最大的十个国家依次是伊拉克、阿富汗、尼日利亚、叙利亚、巴基斯坦、也门、索马里、印度、土耳其、利比亚,悉数为"一带一路"沿线国家。核能要沿着"一带一路"走出去,恐怖活动的威胁如何破解? 除此之外,禁止核武器扩散也是必要的,要绝对避免核能由民用向军用转化,确保世界核能的和平利用和发展,也是中国的大国责任。诺贝尔奖获得者伯顿·里克特认为,如果要使核能为公众所接受,还需要使之确信:①核能(技术与设施)是安全的;②核废物能够被安全处置;③核武器扩散风险不因核能推广而显著放大(伯顿·里克特,2006)。中国核能技术走进"一带一路"沿线国家,这三个问题都很重要,同样必须理性科学地解答好。

本课题的研究至此告一段落,面对未来的中国核电,我们应当抱以负责任的情怀和态度,中国核电的社会接受水平,必须在时间之轮的转动中寻找到最强有力的支点,这个支点就是安全。就像 Kidd(2008)所说,美国 104 座核反应堆有优良的运行实绩,安全地生产出大量廉价的电力,并满足了环境低排放的需要,现实远比任何说服和沟通有效,因而该国核能的发展势头一直相对比较稳健。我们应当保持严谨的态度,一步一个脚印,安全稳妥地走好核能利用之路。

附录 A　国际核能公众接受度调查数据

Globescan 的国际核能公众接受度调查结果

国家　　接受度	中国	澳大利亚	加拿大	法国	德国	匈牙利	印度	印尼	日本	约旦	韩国	墨西哥	俄罗斯	英国	美国
样本量	1 800	1 020	1 012	1 002	1 002	1 008	1 000	1 000	1 003	800	1 000	1 000	1 003	1 011	1 004
调查方式	电话	电话	电话	电话	电话	面访	面访	面访	电话	facc	电话	面访	面访	电话	电话
公众接受度															
高度接受	61.2	35.2	34.8	24.9	23.8	19.3	37.3	33	20.7	36.5	51.1	33	21	33	45.8
勉强接受	22.7	34.6	34.8	50.5	45.7	54.7	25.6	30.7	61	18.6	35.2	27.5	40.6	39.6	30.4
反对	7.4	22.9	20.9	16.3	26.6	19.1	19.6	27.6	14.6	39.5	12	23	19.9	22.2	13.7
知识															
许多	18.4	6.2	4.1	4	3.5	6.3	11.7	4.9	14.6	13	13.1	6	1.6	4.7	8.1
一些	34.2	11.8	9	5.7	17	23.7	21.9	24.4	38.4	19.9	50.2	28.7	15.8	8.5	15.4
很少	27.3	26.9	24.1	24.2	23.8	32.5	12.9	38.5	33.5	19.8	28	44.2	30.6	27.7	25

（续表）

国家\接受度	中国	澳大利亚	加拿大	法国	德国	匈牙利	印度	印尼	日本	约旦	韩国	墨西哥	俄罗斯	英国	美国
信任　根本没有	18.3	51.6	62.6	64.3	54.9	34.9	24	27.4	13	42.1	7.6	20.5	47.3	58.7	50.8
起作用	38.7	28.1	28.4	22.3	39.1	36.5	35.1	33.7	50.3	25.1	51.8	11	26.5	27	23.2
不起作用	43.7	57.1	51.7	59.3	50.3	40.9	28.9	48.5	35.1	56.6	40.6	43.5	37.2	60.8	57.7
风险　有风险的	50.1	53.9	50.7	57.4	59.3	49.7	40.7	61.9	79.5	52.3	56.9	59.5	63.5	54.7	56.3
没风险的	39.3	36.6	35.3	32.1	33.5	34.5	32	23.4	15.6	38.1	37.4	25	21.1	35.5	28.7
利益　电力	34.6	21	23.1	28.9	30.1	27.5	22.9	52.8	31.4	23.8	50.2	15.2	30.1	21.8	27.7
疾病	26.8	53.2	54.4	50.3	53	47	35.9	12.8	48.3	35.8	34.8	56.7	17.2	47.6	39.6
食品安全	7.3	4	4.2	5.3	3.5	4.4	8.4	10	1.9	3.4	4.7	5.7	0.6	8.8	5.1
食品生产	4.7	4.6	1.8	3	2.3	2.5	4.9	6.6	4	3	3.5	6	0.8	5.6	3.3
昆虫	3.6	4	4.1	2.7	3.7	2.1	7	3.3	7.1	5.3	3.5	5.2	1.5	6.3	5.1

数据来源：Kimna et al.（2014）。

附录 B 瑞士核电站接受度量表

Visschers et al.(2013)开发的瑞士核电站接受度量表

接受度 Acceptance
1. 瑞士需要大量的电力,因而人们应该接受核电站 Switzerland needs a lot of electricity; people should therefore accept nuclear power stations.
2. 瑞士放弃核电站毫无问题 Switzerland can renounce nuclear power stations without any problems.
3. 我们需要核电站因为只靠可再生能源无法生产足够的电力 We need nuclear power stations in Switzerland because renewable energy sources alone do not produce sufficient electricity.
风险感知 Perceived Risks
4. 我非常关注瑞士核电站的危险 I am very concerned about the dangers of nuclear power stations in Switzerland.
5. 正在建设中的或未来将建的核电站是安全的 The nuclear power stations that are built now or in the near future are safe.
6. 新核电站发生灾难的风险非常小 The catastrophe risks in new nuclear power stations are very small.
收益感知 Perceived Benefits
7. 新核电站将使破解瑞士电力的瓶颈 New nuclear power stations will protect Switzerland from an electricity bottleneck.
8. 如果不确保现有核电站运行那么瑞士的电价将变得极高 The electricity price would become too high in Switzerland if the existing nuclear power stations were not be replaced.
9. 不替换现存核电站工业才能继续保持安全的能源供应 Industry would still have a secured energy supply without replacing the existing nuclear power stations.
信任 Trust
10. 信任核电领域的专家 Trust in scientists in the field of nuclear power.
11. 信任瑞士联邦能源办公室 Trust in the Swiss Federal Office of Energy.
12. 信任核电站企业 Trust in the operators of nuclear power stations.

参考文献

[1]安邦咨询:《2017 年清洁能源发电量同比增 10%》,《中国煤炭》2018 年第 1 期,第 23 页。

[2]伯顿·里克特:《两个魔鬼之间》,《国际原子能机构通报》2006 年第 1 期,第 14—17 页。

[3]蔡前:《以互联网为媒介的集体行动研究》,《求实》2009 年第 2 期,第 44—48 页。

[4]查小丽:《二十世纪六七十年代美国妇女反战和平运动》,厦门大学硕士学位论文,2008 年。

[5]陈建源:《美国核能管制委员会对外风险沟通之导则》,《台电核能月刊》2004 年第 341 期,第 32—35,46—48 页。

[6]陈静:《建立社会稳定风险评估机制探析》,《社会保障研究》2010 年第 3 期,第 97—102 页。

[7]陈惠芳,袁龙,李玉文,付熙明,孙全富,雷翠萍:《从 PX 事件看核和辐射风险沟通》,《中国健康教育》2016 年第 4 期,第 379—380 页。

[8]陈虹宇,房超:《第五代核能系统的公众接受性要求研究》,《中国核电》2020 年第 6 期,第 865—869 页。

[9]陈钊,孔吉宏,耿明奎:《广东省核电公众接受性的研究》,《中国电力研究》2009 年第 1 期,第 134—137 页。

[10]陈曦:《新媒体时代核电企业舆论引导模式研究》,《科技传播》2018 年第 13 期,第 71—72,77 页。

[11]陈晓文,徐孝华,杨树强等:《日本福岛核事故后公众心理恐慌原因及控制措施》,《职业卫生与应急救援》2013 年第 6 期,第 291—297 页。

[12]陈紫涵,刘佳炜,杨宗朋:《从抢盐潮反思填平知沟的必要性》,《新闻窗》2011 年第 5 期,第 27—28 页。

[13]程宵:《从危机公关 5S 原则看"海底捞事件"》,《视听》2018 年第 2 期,第 172—173 页。

[14]崔磊:《美国核能辩论现状与核能政策前景》,《中外能源》2011 年第 9 期,第 27—32 页。

[15]戴正,张峰,芦丽嫦等:《三门核电站宁海区域居民核电认知调查》,《中国辐射卫

生》2014 年第 2 期,第 168—171 页。

［16］邓渠成,尹娟,许桂苹等:《核电项目社会稳定风险评估》,《广西科学》2016 年第 6
期,第 555—562 页。

［17］董红,李耀东:《AP1000 核电建设项目风险分析及应对》,《今日科苑》2011 年第 8
期,第 75—76 页。

［18］董玉杰,李富,刘伟:《模块式高温气冷堆的技术特点和发展前景》,《三代核电技
术报告会文集》,2007 年,第 59—61 页。

［19］杜娟,朱旭峰:《核能公众接受性:研究图景、理论框架与展望》,《中国科学院院
刊》2019 年第 6 期,第 677—692 页。

［20］［法］皮埃尔・布尔迪厄:《区分:判断力的社会批判》,刘晖,译.北京:商务印书
馆,2015 年版。

［21］范育茂:《核与辐射风险的认知与沟通》,《核安全》2011 年第 3 期,第 39—44 页。

［22］龚新琼:《关系・冲突・整合——理解媒介依赖理论的三个维度》,《当代传播》
2011 年第 6 期,第 28—30 页。

［23］顾基发,唐锡晋,朱正祥:《物理—事理—人理系统方法综述》,《交通运输系统工
程与信息》2007 年第 6 期,第 51—60 页。

［24］郭跃,汝鹏,苏峻:《科学家与公众对核能技术接受度的比较分析》,《科学学与科
学技术管理》2012 年第 2 期,第 153—158 页。

［25］韩自强,顾林生:《核能的公众接受度与影响因素分析》,《中国人口・资源与环
境》2015 年第 6 期,第 107—113 页。

［26］韩智文:《网络时代核电企业如何应对社会舆情危机》,《中国核工业》2015 年第 4
期,第 58—59 页。

［27］郝江北:《雾霾产生的原因及对策》,《宏观经济管理》2014 年第 3 期,第 42—
43 页。

［28］洪加标,余飞,张玮婷等:《内陆核电厂周边区域公众接受度调查与分析》,《中国
辐射卫生》2016 年第 6 期,第 708—710 页。

［29］侯逸民:《反对兴建大亚湾核电站的浪潮及其宁息》,《中国科学院院刊》1991 年第
1 期,第 33—38 页。

［30］何明修:《为何民进党政府的废核政策失败? 社会动员、改革机会与政治策略的
分析》,《台湾湾政治学刊》2002 年第 6 期,第 86—137 页。

［31］胡润忠:《论相对剥夺感与政治稳定》,《复旦政治学评论》2003 年第 1 期,第 292—
300 页。

［32］胡象明,王锋:《一个新的社会稳定风险评估分析框架:风险感知的视角》,《中国
行政管理》2014 年第 4 期,第 102—108 页。

［33］环境保护部(国家核安全局),国家能源局,中国地震局:《关于全国民用核设施综
合安全检查情况的报告》,2012 年,第 5—6 页。

［34］黄顺康:《论公共危机预控》,《理论界》2006 年第 5 期,第 81—82 页。

[35] 贾生华,陈宏辉:《利益相关者的界定方法述评》,《外国经济与管理》2002 年第 5 期,第 13—18 页。

[36] 姜金贵,刘显铭:《基于 ISM 的核电站公众接受性模糊层次综合评价》,《工业工程》2014 年第 2 期,第 136—142 页。

[37] 金通:《垃圾处理产业中的邻避现象探析》,《当代财经》2007 年第 5 期,第 78—80 页。

[38] [德]库尔特·考夫卡:《格式塔心理学原理(上下)》,黎炜,译.浙江教育出版社,1997 年版。

[39] 雷翠萍,孙全富,苏旭:《风险沟通在核能发展中应用》,《中国职业医学》2011 年第 38 卷第 2 期,第 164—166 页。

[40] 雷润琴:《我国核电站建设的舆情分析与对策—对〈核电中长期发展规划(2005—2020 年)〉的舆论学思考》,《环境保护》2008 年第 4 期,第 63—65 页。

[41] 李凌:《北京城乡一体化过程中"上楼"农民心理及心理调适调研》,《北京农业职业学院学报》2014 年第 2 期,第 73—78 页。

[42] 李宏伟,吴佩:《中国核能行业邻避效应及治理路径研究》,《环境保护》2015 年第 21 期,第 48—51 页。

[43] 李宁,胡爱军,崔维佳等:《风险管理标准化述评》,《灾害学》2009 年第 2 期,第 110—115 页。

[44] 李强,苏慧丽:《网络新闻受众负面偏向的关注度研究——基于传播心理学视角》,《传媒观察》2014 年第 1 期,第 51—53 页。

[45] 李全生:《布迪厄场域理论简析》,《烟台大学学报(哲学社会科学版)》2002 年第 2 期,第 146—150 页。

[46] 李琼:《边界与冲突——以 s 县某群体性冲突事件为个案》,《东南学术》2007 年第 5 期,第 129—136 页。

[47] 李炜炜,王桂敏,李晶等:《从江门反核事件看涉核舆情的预防与消解》,《核安全》2015 年第 2 期,第 75—80 页。

[48] 李旭丰,陈晓菊:《核四:全世界最贵的核电厂——一个拖延 36 年还完成不了的台湾史上最曲折离奇的公共工程》,《海峡科技与产业》2014 年第 6 期,第 17—24 页。

[49] 李永江:《核电发展要把握好成熟性和先进性之间的关系》,《中国核电》2009 年第 2 期,第 111—115 页。

[50] 李哲,刘井泉,孙浩:《个体因素对核能公众接受性的影响》,《核电工程与技术》2009 年第 3 期,第 42—49 页。

[51] 梁绵英,谭光享,杨浩贤等:《广东大亚湾核电站周围居民死因分析》,《中国辐射卫生》2009 年第 2 期,第 211—213 页。

[52] 廖力,田勇泉,王一龙等:《日本福岛核事故引发民众"抢购风"的反思》,《南华大学学报(社会科学版)》2012 年第 1 期,第 8—12 页。

［53］林海辉,杨宇华,严茂胜等:《广东省某核电站周围居民核能认知现状调查》,《中国职业医学》2016 年第 6 期,第 698—702 页。

［54］领导决策信息编辑部:《为临沂"休克式"治污点赞!》,《领导决策信息》2015 年第 28 期,第 16—17 页。

［55］林宜道:《如何应对核电项目的网络舆情》,《中国核工业》2013 年第 1 期,第 43—44 页。

［56］刘长欣,张作义,钱永柏:《关于多堆年情况下堆芯损坏概率的讨论》,《原子能科学技术》2008 年第 4 期,第 289—291 页。

［57］刘春湘,姜耀辉:《话语理论视角下政府应对网络群体性事件的善治之道》,《情报杂志》,2011 年第 12 期,第 13—17 页。

［58］刘慧君:《性别失衡议题背后的多元利益格局与政策博弈——基于中国性别失衡政策议题网络的实证研究》,《公共管理学报》2011 年第 1 期,第 61—70 页。

［59］刘颖:《资源动员理论视角下的中国环境运动分析——以厦门 PX 事件为例》,《鄱阳湖学刊》2015 年第 1 期,第 79—84 页。

［60］刘志明,刘鲁:《基于机器学习的中文微博情感分类实证研究》,《计算机工程与应用》2012 年第 1 期,第 1—4 页。

［61］路风:《被放逐的"中国创造"——破解中国核电谜局》,《商务周刊》2009 年第 2 期,第 30—55 页。

［62］卢阳旭,何光喜,赵延东:《重大工程项目建设中的"邻避"事件:形成机制与治理对策》,《北京行政学院学报》2014 年第 4 期,第 106—111 页。

［63］罗敏:《边疆民族地区公共危机事件规避机制探究》,《广西民族研究》2016 年第 2 期,第 47—56 期。

［64］陆绍凯:《风险可评估性对风险感知的影响——基于大校大学生就业风险的实证研究》,《管理评论》2011 年第 12 期,第 124—138 页。

［65］［美］查尔斯·福克斯,休·米勒:《后现代公共行政:话语指向(中文修订版)》,曹沁颖、吴巧林,译,北京:中国人民大学出版社,2013 年版。

［66］马天南:《风险集聚类"邻避型"群体事件研究——基于连云港"反核废料"事件的分析》,《湖北文理学院学报》2017 年第 6 期,第 25—29 页。

［67］莫笛:《从反核到弃核——德国反核运动回顾》,德语学习 2011 年第 4 期,第 46—48 页。

［68］欧阳纯萍,阳小华,雷龙艳等:《多策略中文微博细粒度情绪分析研究》,《北京大学学报(自然科学版)》2014 年第 1 期,第 67—72 页。

［69］潘群峰:《论核电"三国"与核电产业发展战略》,《价值工程》2009 年第 2 期,第 14—17 页。

［70］邱鸿峰,熊慧:《环境风险社会放大的组织传播机制:回顾东山 PX 事件》,《新闻与传播研究》2015 年第 5 期,第 46—56 页。

［71］单玉丽:《台湾核电发展的历程、挑战与前景》,《现代台湾研究》2013 年第 2 期,第

57—62 页。

[72] 汤汇浩:《邻避效应:公益性项目的补偿机制与公民参与》,《中国行政管理》2007 年第 7 期,第 111—114 页。

[73] 时振刚,张作义,陈飞:《日本核能接受度的变化》,《核科学与工程》2002 年第 2 期,第 135—139 页。

[74] 时振刚,张作义,薛澜,Keith Florig:《核电的公众接受性研究》,《中国软科学》2000 年第 8 期,第 71—75 页。

[75] [英]史蒂夫·基德(Steve Kidd):《核电的承诺》,《国际原子能机构通报》2008 年第 5—1 期,第 32—33 页。

[76] 谭婵:《突发性公共卫生事件下的中国舆论场分析——以新冠肺炎疫情为例》,《新闻研究导刊》2020 年第 9 期,第 46—48 页。

[77] 谭爽:《邻避项目社会稳定风险的生成与防范——以"彭泽核电站争议"事件为例》,《北京交通大学学报(社会科学版)》2014 年第 4 期,第 46—51 页。

[78] 谭爽,胡象明:《邻避型社会稳定风险中风险认知的预测作用及调控——以核电站为例》,《武汉大学学报(社科版)》2013 年第 5 期,第 75—81 页。

[79] 陶鹏,童星:《邻避型群体性事件及其处理》,《南京社会科学》2010 第 8 期,第 63—68 页。

[80] 田野:《基于微博平台的事件趋势分析及预测研究》,武汉大学博士毕业论文,2012 年,第 174 页。

[81] 田愉,胡志强:《核事故、公众态度与风险沟通》,《自然辩证法研究》2012 年第 7 期,第 62—67 页。

[82] 童星:《公共政策的社会稳定风险评估》,《学习与实践》2010 年第 9 期,第 114—119 页。

[83] 童志锋:《互联网、社会媒体与中国民间环境运动的发展(2003—2012)》,《江苏行政学院学报》2013 年第 4 期,第 52—62 页。

[84] 王斌:《新媒体与基层地的传播动员机制——"江门反核行动"个案研究》,《暨南学报(哲学社会科学版)》2014 年第 11 期,第 130—139 页。

[85] 王晨香,杨志平:《用事实说明——赵成昆谈内陆核电研究课题》,《中国核工业》2013 年第 6 期,第 27—29 页。

[86] 王驹,苏锐,陈伟明等:《中国高放废物深地质处置》,《岩石力学与工程学报》2006 年第 4 期,第 649—658 页。

[87] 王丽:《核安全文化冲突及其对策研究——福岛核事故的启示》,《北京航空航天大学学报(社会科学版)》2013 年第 1 期,第 24—29 页。

[88] 王明星,张仁健,郑循华:《温室气体的源与汇》,《气候与环境研究》2000 年第 5 期,第 75—79 页。

[89] 韦晨,郁帅:《重大项目社会稳定风险评估视角探究——以轨道交通建设项目的社会稳定风险评估为例》,《上海船舶运输科学研究所学报》2013 年第 3 期,第

8—11 页。

[90] 苇苇,唐莉,魏玖长等:《公众的邻避设施风险感知及影响因素研究——以核电站为例》,《风险灾害危机研究》2017 年第 2 期,第 67—85 页。

[91] 卫之奇:《美国核电现状及发展趋势》,《全球科技经济瞭望》,2012 年第 9 期,第 46—57 页。

[92] 温鸿钧:《第三代核电变贵了》,《商务周刊》2008 年第 20 期,第 72—75 页。

[93] 武瑞娟,李东进:《积极消费行为——概念与量表开发》,《管理科学》2009 年第 5 期,第 72—80 页。

[94] 肖洁:《当下两个舆论场撕裂现象研究》,《新闻研究导刊》2017 年第 8 期,第 62—65 页。

[95] 肖慧娟,刘祖森,陈佳慎等:《大亚湾核电站周围居民的累积剂量水平》,《中华放射医学与防护杂志》2001 年第 3 期,第 221—222 页。

[96] 肖新建:《2011 年中国核电发展状况、未来趋势及政策建议》,《中国能源》2012 年第 2 期,第 18—25 页。

[97] 谢治菊:《对后现代公共行政话语理论的解读与反思——福克斯、米勒话语理论评析》,《甘肃理论学刊》2011 年第 2 期,第 67—67 页。

[98] 熊伟民:《二十世纪三十年代美国的和平主义运动》,《世界史》2004 年第 2 期,第 32 页。

[99] 徐成彬,李开孟,彭振武:《以问题解决为导向的投资项目社会稳定风险评估新框架》,《技术经济》2014 年第 1 期,第 83—91 页。

[100] 许阳:《网络话语影响下的中国公共政策议程建构研究——基于扩散议题战略模型的分析》,《社会科学辑刊》,2014 年第 2 期,第 62—67 页。

[101] 宣志强,孙全富,钱叶侃等:《秦山核电站周围居民核能认知度调查》,《中国公共卫生》2012 年第 9 期,第 1166—1169 页。

[102] 杨波,王尔奇,彭贤勋:《浅谈核与辐射风险信息沟通》,《核安全》2013 年第 12 卷第 4 期,第 59—63 页。

[103] 杨代福:《美国政策网络研究及启示》,《广东行政学院学报》2007 年第 5 期,第 92—96 页。

[104] 杨广泽,余宁乐,韩重森等:《田湾核电站周围居民对核辐射危险认知调查分析》,《中国辐射卫生》2006 年第 5 期,第 69—72 页。

[105] 杨海霞:《民众缘何反对核电》,《中国投资》2011 年第 11 期,第 69—70 页。

[106] 杨雄:《城市重大事项社会稳定风险评估的制度建构》,《上海城市管理》2010 年第 1 期,第 7 页。

[107] 叶璐:《微博中的负面情绪传播分析》,《今传媒》2012 年第 2 期,第 54—55 页。

[108] 尹继武:《国际关系中的信任概念与联盟信任类型》,《国际论坛》2008 年第 5 期,第 55—61 页。

[109] 余宁乐,陈连生,杨广泽等:《江苏田湾核电站周围人群核电认知与健康状况调

查》，《江苏预防医学》2010 年第 5 期，第 1—4 页。

[110] 余秀才：《网络舆论场的构成及其研究方法探析——试述西方学者的"场"论对中国网络舆论场研究带来的启示》，《现代传播（中国传媒大学学报）》2010 年第 5 期，第 120—123 页。

[111] 袁丰鑫，邹树梁：《后福岛时代核电的公众接受度分析》，《中国集体经济》2014 年第 2 期，第 87—88 页。

[112] 俞宙明：《德国举行反核电示威——黑森州比布利斯市的抗议活动剪影》，德国研究 2011 年第 2 期，第 3 页。

[113] 曾繁旭，戴佳，王宇琦：《媒介运用与环境抗争的政治机会：以反核事件为例》，《中国地质大学学报（社会科学版）》2014 年第 4 期，第 116—126 页。

[114] 曾繁旭，戴佳：《风险传播：通往社会信任之路》，北京，清华大学出版社，2015 年，第 1 版。

[115] 曾志伟，蒋辉，张继艳：《后福岛时代中国核电可持续发展的公众接受度实证研究》，《南华大学学报（社会科学版）》2014 年第 1 期，第 4—8 页。

[116] 张兵，张金华：《从微博的特点看危机潜伏期政府如何预警—以富士康跳楼事件为例》，《新闻世界》2010 年第 9 期，第 151—152 页。

[117] 张超，黄乐乐，任磊等：《中国公民对核能利用的认知及态度》，《科普研究》2016 年第 3 期，第 53—58 页。

[118] 张乐，童星：《价值、理性与权力：邻避式抗争的实践逻辑——基于一个核电站备选厂址的案例分析》，《上海行政学院学报》2014 年第 1 期，第 84—95 页。

[119] 张立殷：《由雪灾引发对核电发展的思考》，《中国核电》2008 年第 2 期，第 176—178 页。

[120] 章剑锋：《中国反核行动浮出水面》，《南风窗》2012 年第 6 期，第 82—84 页。

[121] 张建民：《2030 年中国实现二氧化碳排放峰值战略措施研究》，《能源研究与利用》2016 年第 6 期，第 18—21,51 页。

[122] 张晶，朱波，梁琳琳等：《基于情绪因子的中文微博情绪识别与分类》，《北京大学学报（自然科学版）》，2014 年第 1 期，第 79—84 页。

[123] 张金荣，刘岩，张文霞：《公众对食品安全风险的感知与建构——基于三城市公众食品安全风险感知状况调查的分析》，《吉林大学社会科学学报》2013 年第 2 期，第 40—49 页。

[124] 张珊，于留宝，胡长军：《基于表情图片与情感词的中文微博情感分析》，《计算机科学》2012 年第 9 期，第 146—148,176 页。

[125] 张天杨：《简论中国公众参与制度的不足与完善》，《中国市场》2017 年第 2 期，第 146—147 页。

[126] 张书维，许志国，徐岩：《社会公正与政治信任：民众对政府的合作行为机制》，《心理科学进展》2014 年第 4 期，第 588—595 页。

[127] 张新文，潘思柳：《对政策网络与政策工具关联性的探讨》，《五邑大学学报（社会

科学版)》2008 年第 4 期,第 76—80 页。

[128] 张小曳,孙俊英,王亚强等:《中国雾霾成因及其治理的思考》,《科学通报》2013 年第 13 期,第 1178—1187 页。

[129] 张自立,孙佰清,张紫琼:《网络普及率和网民增长率对微博用户谣言关注度的影响机制研究》,《统计与决策》2014 年第 7 期,第 91—93 页。

[130] 张作义,吴宗鑫,王大中:《高温气冷堆——第四代核电技术的重要途径》,《2008 年中国核能可持续发展论坛论文集》,2008 年,第 94—103 页。

[131] 赵洲:《国际法视野下核能风险的全球治理》,《现代法学》2011 年第 4 期,第 149 页。

[132] 周夫荣:《彭泽核电疑云》,《中国经济和信息化》2012 年第 10 期,第 36—47 页。

[133] 周云倩,杨娜:《微博负面情绪的 MOA 解析》,《青年记者》,2013 年第 11 期,第 77—78 页。

[134] 朱德米:《社会稳定风险评估的社会理论图景》,《南京社会科学》2014 年第 4 期,第 58—66 页。

[135] 朱苇苇,唐莉,魏玖长等:《公众的邻避设施风险感知及影响因素研究——以核电站为例》,《风险灾害危机研究》2017 年第 2 期,第 67—85 页。

[136] 朱正威,李文君,赵欣欣:《社会稳定风险评估公众参与意愿影响因素研究》,《西安交通大学学报(社会科学版)》2014 年第 2 期,第 49—55 页。

[137] 朱正威,吕书鹏,王琼:《多元主体风险感知与社会冲突差异性研究——基于 Z 核电项目的实证考察》,《公共管理学报》2015 年第 2 期,第 97—106 页。

[138] 方芗:《中国核电风险的社会建构:21 世纪以来公众对核电事务的参与》,社会科学文献出版社,2014 年,第 1 版,第 129—144 页。

[139] 冯娟,赵伟:《美国里根时期反核和平运动述评》,《传承》2010 年第 3 期,第 84—87 页。

[140] 冯仕政:《西方社会运动理论研究》,中国人民大学出版社,2013 年,第 1 版,第 48 页。

[141] [美]拉雷·N·格斯顿:《公共政策的制定:秩序与原理》,朱子文译,重庆出版社,2001 年,第 1 版,第 2—8 页。

[142] [德]刘易斯·科塞:《社会冲突的功能》,孙立平译,北京,华夏出版社,1989 年,第 1 版。

[143] [加]迈克尔·豪利特、M·拉米什:《公共政策研究——政策循环与政策子系统》.庞诗等译,北京,三联书店,2006 年,第 2 版,第 22 页。

[144] 潘小川,李国星,高婷:《危险的呼吸——PM2.5 的健康危害和经济损失评估研究》,北京,中国环境科学出版社,2012 年,第 1 版,第 28—29 页。

[145] 谭爽:《核电工程社会稳定风险预警机制研究》,北京,新华出版社,2013 年,第 1 版。

[146] [英]维克托·迈尔·舍恩伯格,肯尼斯·库克耶:《大数据时代:生活、工作与思

维的大变革》,盛杨燕、周涛译,浙江人民出版社,2013 年,第 1 版,第 27,67 页。

[147] [荷兰]乌里尔·罗森塔尔,[美国]迈克尔·查尔斯,[荷兰]保罗·特哈特:《应对危机——灾难、暴乱和恐怖行为管理》,赵凤萍译,郑州:河南人民出版社,2014 年,第 1 版。

[148] 吴明隆:《结构方程模型——AMOS 的操作与应用》,重庆大学出版社,2009 年,第 1 版,第 227 页。

[149] 吴晓明:《新媒体传播中的社会舆论场综合考察》,《徐州师范大学学报(哲学社会科学版)》2010 年第 3 期,第 61—67 页。

[150] 肖群鹰,朱正威:《公共危机管理与社会风险评价》,北京,社会科学文献出版社,2013 年,第 1 版,第 71—72 页。

[151] 向安玲,沈阳:《共同动机作为弥合剂:场域理论下的舆论撕裂现象研究》,《新闻论坛》2020 年第 4 期,第 54—58 页。

[152] [英]谢尔顿·克里姆斯基,多米尼克·戈尔丁等:《风险的社会理论学说》,北京出版社,2005 年,第 1 版,第 174 页。

[153] [古希腊]亚里士多德:《尼各马可伦理学》,廖申白译,北京:商务印书馆,2003 年,第 1 版,第 129 页。

[154] 俞国良:《心理健康》(修订版),北京,高等教育出版社,2013 年,第 2 版。

[155] 赵鼎新:《社会与政治运动讲义》,社会科学文献出版社,2014 年,第 2 版,第 22 页。

[156] 赵姗:《互联网舆论场视角下主流话语引导力提升的精准化设计研究》,《四川大学学报(哲学社会科学版)》2020 年第 3 期,第 12—19 页。

[157] 中国工程院"中国核能发展的再研究"项目组:《中国核能发展的再研究》,北京,清华大学出版社,2015 年,第 1 版,第 76—77,135 页。

[158] 白晶:《核电复兴能走多远?》,《中国能源报》2009 年 11 月 12 日,第 12 版。

[159] 高珮莙:《菅直人:为核下台,因核上法庭?》,《青年参考》2012 年 8 月 8 日第 11 版。

[160] 何祚庥:《坚决反对在内陆建设核电站》,《环球时报》2012 年 2 月 8 日。

[161] 刘坤喆:《德国将"完全退出核能"》,《中国青年报》2011 年 3 月 16 日,第 10 版。

[162] 冯丽妃:《核电是否应挺进中国内陆? 双方研究专家激烈辩论》,《中国科学报》2014 年 4 月 10 日。

[163] 齐慧:《中国工程院院士潘自强:"核电应继续发展下去"》,《经济日报》2012 年 08 月 06 日。

[164] 钱江晚报编辑部:《野田舌战安倍:双方辩友各说各话》,《钱江晚报》2012 年 11 月 30 日,第 A12 版。

[165] 刘植荣:《发达国家放弃核电为哪般?》,《羊城晚报》2012 年 2 月 11 日。

[166] 牛震:《印度封美欧背景非政府组织账户,打响核电保卫战》,《文汇报》2012 年 3 月 1 日。

［167］杨磊:《中国核电梦想》,《中国民航报》2009 年 4 月 13 日,第 9 版。

［168］杨景成:《就我市缓建海沧 PX 项目发表看法》,《厦门晚报》2007 年 6 月 6 日。

［169］袁于飞:《为什么中国核电站安全性世界一流》,《光明日报》2017 年 2 月 9 日,第 6 版。

［170］燕子:《"废核"与"核废"台湾人心好累》,《海峡导报》2017 年 2 月 15 日,第 31 版。

［171］张彬,杨烨,钟源:《十面"霾伏",发展之痛》,《经济参考报》2013 年 12 月 30 日,第 A2 版。

［172］朱学蕊:《乏燃料后处理进入关键升级期》,《中国能源报》2014 年 12 月 22 日,第 17 版。

［173］左跃:《新舆论环境下的核电公众沟通》,《中国核电》2018 年第 1 期,第 116—119 页。

［174］[英]艾德·克鲁克斯,西尔维亚·普法伊费尔:《全球核电复兴即将夭折?》,《金融时报》2011 年 3 月 18 日,转引自:FT 中文网,http://www.ftchinese.com/story/001037565? page = 1。

［175］北极星电力网新闻中心:《石岛湾项目一波三折,华能核电"野心"泄底》,北极星电力网,2013 年 1 月 7 日,http://news.bjx.com.cn/html/20130107/412070.shtml。

［176］陈存军:《八大能源巨头携手制定措施减少天然气中的甲烷排放》,《盖世汽车讯》2017 年 11 月 24 日,http://auto.gasgoo.com/News/2017/11/24113149314970028169C501.shtml。

［177］陈玮英:《建设冲动背后的核废料安全》,《中国企业报》2011 年 4 月 1 日,http://finance.sina.com.cn/roll/20110401/07429629158.shtml。

［178］电监会:《截至 16 日全国因灾停运电力线路恢复 79.2%》,人民网,2008 年 2 月 18 日,http://politics.people.com.cn/GB/1027/6891859.html。

［179］电力学院核电发展调查小组:《广东核电公众认知的调查报告》,豆丁网,2007 年 9 月,http://www.docin.com/p-289827855.html♯documentinfo。

［180］冯丽妃:《核电是否应挺进中国内陆? 双方研究专家激烈辩论》,《中国科学报》2014 年 4 月 10 日,http://news.ifeng.com/a/20140410/40001467_0.shtml。

［181］国家统计局:《2017 年国民经济和社会发展统计公报》,国家统计局网,2018 年 2 月 28 日,http://www.stats.gov.cn/tjsj/zxfb/201802/t20180228_1585631.html。

［182］国际能源署:《〈世界能源展望 2015〉摘要精华》,国际能源网,2015 年 12 月 7 日,http://www.in-en.com/finance/html/energy-2233052.shtml。

［183］郭洋:《德国一年前全面放弃核电,能源转型艰难前行》,2012 年 5 月 24 日,新华网,http://www.chinanews.com/gj/2012/05-24/3913911.shtml。

［184］何继江:《国际能源署:2017 世界能源展望执行摘要》,搜狐网,2017 年 11 月 25 日,http://www.sohu.com/a/206518376_825427。

［185］何肇,李想,王姝力:《新视角:中国能源转型和发展(世界能源展望 2017 中国特

别报告)》,《中国能源报》2018 年 1 月 11 日,http://guangfu.bjx.com.cn/news/
20180111/873428.shtml。

[186] 何祚庥:《坚决反对在内陆建设核电站》,2012 年 02 月 10 日,环球网,http://
finance.huanqiu.com/data/2012-02/2427314.html。

[187] 何祚庥,王亦楠:《专家称湘鄂赣核电站安全风险大:若出事打击将致命》,人民
网,2015 年 03 月 10 日,http://nx.people.com.cn/n/2015/0310/c337178 -
24117167.html。

[188] 胡蓉:《公众对核电的接受度调查与研究报告》,豆丁网,2015 年 4 月 20 日,
http://www.docin.com/p-706580428.html。

[189] 华能集团技术经济研究院:《中国美国可再生能源发电前景解读》,中国储能网,
2013 年 4 月 8 日,http://www.escn.com.cn/news/show-37819.html。

[190] 袁小锋等:《媒体称陕西汉中将建核电站　当地发改委:谣言》,《华商报》2016 年
7 月 7 日,https://new.qq.com/cmsn/20160707/20160707002712。

[191] 黄霜红:《德国国会激烈辩论核能问题,在野党要求完全弃用》,中国新闻网,2011
年 3 月 17 日,http://news.eastday.com/w/20110317/u1a5791741.html。

[192] 季苏平:《首座内陆核电站湖南筹备开工》,《南方日报》2014 年 4 月 6 日,http://
news.163.com/14/0406/08/9P4QQU5M00014AED.html。

[193] 津鸣:《银滩红石顶核危机》,银滩论坛,2012 年 07 月 27 日,http://bbs.txdyt.
com/thread-124189-1-1.html。

[194] 李彬:《中国核电技术路线图:从"万国牌"到核电大国》,21 世纪网,2012 年 7 月
13 日,http://www.21cbh.com/HTML/2012 - 7 - 13/yONDE3XzQ3NDIyOQ.
html。

[195] 林春挺:《传言开工,湖南桃花江核电站再引争议》,《第一财经日报》2014 年 4 月 6
日,http://business.sohu.com/20140406/n397829677.shtml。

[196] 刘卫:《核事件怎样透明:大亚湾核电事件》,财新网,2010 年 11 月 22 日,http://
business.sohu.com/20101122/n277805113.shtml。

[197] 林堃:《加快推进整岛居民搬迁　努力解除民众后顾之忧》,《闽南日报》2015 年 3
月 21 日,http://culture.gmw.cn/newspaper/2015 - 03/21/content_105319863.
htm。

[198] 刘向晖,周丽娜:《保卫厦门发起者讲述厦门 PX 事件始末》,《中国新闻周刊》2007
年 12 月 28 日,http://news.sina.com.cn/c/2007-12-28/101314622140.shtml。

[199] 刘渊:《美国能源部投资继续研究高温气冷核反应堆项目》,中国国防科技信息
网,2013 年 1 月 31 日,http://war.163.com/13/0131/15/8MIC34L300014OMD.
html。

[200] 刘植荣:《发达国家放弃核电为哪般?》,《羊城晚报》2012 年 2 月 11 日,http://
www.ycwb.com/ePaper/ycwb/html/2012-02/11/content_1319344.htm。

[201] 龙剑武:《法国或将于 2025 年前关闭 17 座核反应堆》,《环球时报》2017 年 7 月 11

日,http://world.huanqiu.com/hot/2017-07/10960378.html。

[202] 路风:《被放逐的"中国创造"——破解中国核电谜局》,《商务周刊》2009 年 1 月 15 日,http://finance.jrj.com.cn/2009/01/1510133329784.shtml。

[203] 金可砺:《"核"领域政协委员:核能合作应为一带一路建设重点》,中国国际广播电台,2016 年 3 月 9 日,http://energy.people.com.cn/n1/2016/0309/c403139-28185245.html。

[204] Murdoch, G:《荷兰报告称中国成为世界上最大的二氧化碳排放国》,路透社,2008 年 6 月 16 日,http://cn.reuters.com/article/chinaNews/idCNChina-1422020080616。

[205] 彭利国:《中国 PX,再经不起爆炸声》,《南方周末》2013 年 8 月 2 日,http://www.infzm.com/content/93050。

[206] 阮煜琳:《今年北京市已关停取缔 4000 多家"散乱污"企业》,中国新闻网,2017 年 12 月 15 日,http://news.china.com/domesticgd/10000159/20171215/31821861.html。

[207] 社评:《不建内陆核电站,中国恐无未来》,《环球时报》2015 年 9 月 29 日,http://opinion.huanqiu.com/editorial/2015-09/7664055.html。

[208] 沈姝华:《法国运送核废料火车抵达德国终点站,遭上万人抗议》,国际在线,2011 年 11 月 28 日,http://gb.cri.cn/27824/2011/11/28/5105s3452749.htm。

[209] 石杏茹,于洋:《PX 背后的利益博弈:周边国家趁机扩大产能分蛋糕》,《企业观察报》2014 年 5 月 12 日,http://news.cnfol.com/chanyejingji/20140512/17835343.shtml。

[210] 宋亚芬:《德国 2022 年将如期关闭所有核电站,延期计划破产》,中国新闻网,2011 年 5 月 30 日,http://www.chinanews.com/ny/2011/05-30/3077390.shtml。

[211] 苏永通:《PX 项目如何"隐姓埋名"从厦门落户漳州》,《南方周末》2015 年 4 月 7 日,http://www.infzm.com/content/23372/1。

[212] Twinkle:《关于新西兰反核的那些年、那些事》,新西兰先驱报中文网,2016 年 10 月 22 日,http://www.chinesenzherald.co.nz/news/new-zealand/page-208/#GalleryModal-791。

[213] 王晓苏:《德国绿色转型变成煤炭转型》,《中国能源报》2014 年 4 月 23 日,http://www.cnenergy.org/gj/gjyw/201404/t20140423_303199.html。

[214] 王伟:《核电争议的日本宿命》,观察者网,2012 年 8 月 13 日,http://www.guancha.cn/Neighbors/2012_08_13_90461.shtml。

[215] 王心见,李山德:《重估核风险核事故发生概率为原先 200 倍》,《经济导报》2012 年 6 月 8 日,http://paper.dzwww.com/jjdb/data/20120608/html/16/content_5.html。

[216] 王轶辰:《撬动 3 万亿产值规模市场:核电闯世界　民企紧布局》,《经济日报》2018 年 2 月 2 日,中国经济网,http://www.ce.cn/cysc/ny/gdxw/201802/02/

t20180202_28022266.shtml。

[217] 汪雷:《中国为何突发抢盐事件》,经济观察网,2011 年 3 月 11 日,http://www.eeo.com.cn/observer/shelun/2011/03/17/196648.shtml。

[218] 魏黎明:《风起大亚湾》,《经济观察报》2009 年 7 月 18 日,http://www.eeo.com.cn/zt/gyzh/zxtj/2009/07/19/144369.shtml。

[219] 温鸿钧:《第三代核电变贵了》,《商务周刊》2008 年 11 月 5 日,http://finance.jrj.com.cn/2008/11/0517072564454.shtml。

[220] 伍浩松,戴定:《国际能源署:实现联合国可持续发展目标,需要发展核电》,北极星核电网讯,2017 年 11 月 21 日,http://news.bjx.com.cn/html/20171121/862914.shtml。

[221] 肖楠:《法国将提速能源转型》,《中国能源报》2016 年 5 月 5 日,中国新能源网,http://www.china-nengyuan.com/news/92806.html。

[222] 徐国栋:《一位奔着厦门环境来的厦门移民的环境恶化经历》,2007 年 6 月 11 日,http://www.romanlaw.cn/subza13.htm。

[223] 徐婷:《德国:同意核电站延期使用,结束核电新政讨论》,世界核新闻网,2010 年 4 月 11 日 http://np.chinapower.com.cn/201004/11/0027982.html。

[224] 杨春梅:《英国反核和平运动研究(1979—1984)》,湖南师范大学硕士学位论文,2005。

[225] 杨漾,张静:《特朗普宣布能源新政:重振核电,把煤炭卖给全球有需求的国家》,《澎湃新闻》2017 年 7 月 1 日,https://www.thepaper.cn/newsDetail_forward_1722545。

[226] 杨玉国:《日本前首相菅直人就福岛核事故接受质询》,国际在线专稿,2012 年 5 月 29 日,http://gb.cri.cn/27824/2012/05/29/3245s3702894.htm。

[227] 袁原:《国核废料列车不顾抗议驶入法国》,人民网,2001 年 4 月 12 日,http://www.people.com.cn/GB/guoji/22/84/20010412/440062.html。

[228] 余海舰:《退〈巴黎协定〉后美国能源产业发展趋势》,搜狐网,2017 年 6 月 5 日,http://www.sohu.com/a/146228199_257724。

[229] 余晓洁等:《核安全专家:核事故概率低　中国核安全纪录良好》,新华社,2011 年 3 月 20 日,http://news.xinhuanet.com/2011-03/20/c_121207325.htm。

[230] 余晓洁,臧晓程,刘斐:《中国将在"一带一路"沿线国家建约 30 台核电机组》,新华网,2016 年 3 月 2 日,http://www.xinhuanet.com/mrdx/2016-03/02/c_135146801.htm。

[231] 曾繁旭,蒋志高:《厦门散步带头者:我其实反对散步》,《南方人物周刊》2008 年 1 月 3 日,http://news.qq.com/a/20080103/004676.htm。

[232] 章剑锋:《江西彭泽拟建帽子山核电站遭安徽望江反对》,《南风窗》2012 年 3 月 16 日,http://news.sina.com.cn/c/2012-03-16/142424126465.shtml。

[233] 张乐:《德 12 万民众组成 120 公里长人链要求关闭核电站》,《新京报》2010 年 4

月 26 日,https://news.qq.com/a/20100426/000059.htm。

[234] 张慧:《中国核燃料暗战》,《界面新闻》2016 年 3 月 25 日,http://www.jiemian.com/article/587398.html? _t＝t。

[235] 张禄庆:《建议优先核准建设国内已自主开发的三种三代核电机》,北极星电力网新闻中心,2014 年 2 月 14 日,http://news.bjx.com.cn/html/20140212/490624.shtml。

[236] 张琦,计辉:《王毅韧调研中法合作核循环项目连云港厂址》,中国核电网,2015 年 6 月 28 日,http://np.chinapower.com.cn/201607/28/0052212.html。

[237] 张维迎:《我所经历的三次工业革命》,《经济观察报》2018 年 1 月 5 日,http://www.eeo.com.cn/2018/0105/320191.shtml。

[238] 张芸芸,聂亚佳:《为了反核,这些人上天入地、用爱发电……》,搜狐网,2017 年 12 月 17 日,http://www.sohu.com/a/210994720_257724。

[239] 赵建华:《中国代表团顾问：40 年后中国核电将提供 15% 能源》,中国新闻网,2010 年 12 月 7 日,http://www.chinanews.com/ny/2010/12-07/2703836.shtml。

[240] 郑红:《德国弃核电后火力发电获得新生》,《人民日报》2013 年 2 月 27 日,http://www.nea.gov.cn/2013-02/27/c_132195917.htm。

[241] 郑佳,华国篆:《核废料惹怒台湾兰屿岛居民威胁要挖出丢海里》,新浪新闻,2002 年 7 月 9 日,http://news.sina.com.cn/c/2002-07-09/0736629461.html。

[242] 郑小红,姚操铎:《从大亚湾到布拉德维尔,中国核电"逆袭"出海》,中国新闻网,2017 年 6 月 15 日,http://www.chinanews.com/cj/2017/06-15/8251205.shtml。

[243] 郑燕峰:《建议厦门一重化工项目迁址》,《中国青年报》2007 年 3 月 15 日,1http://news.163.com/07/0315/07/39JVFJP1000120GU.html。

[244] 郑张彬,杨烨,钟源:《十面"霾伏",发展之痛》,《经济参考报》2013 年 12 月 30 日,http://dz.jjckb.cn/www/pages/webpage2009/html/2013-12/30/node_40.htm。

[245] 周辰,于达维,张唯《中法核循环项目引争议,乏燃料究竟是什么?》,2016 年 8 月 8 日,财新网,http://china.caixin.com/2016-08-08/100975541.html。

[246] 周夫荣:《中国核电史上最吊诡项目：江西彭泽核电》,《中国经济和信息化》2012 年 5 月 25 日,http://finance.qq.com/a/20120525/005239.htm。

[247] 周扬清:《核四博弈 30 年》,凤凰资讯网,2014 年 4 月 25 日,http://news.ifeng.com/a/20140425/40046000_0.shtml。

[248] Adam, C., Dan V., Alexa S., 2011:"Nuclear power, climate change and energy security: Exploring British public attitudes". Energy Policy,39: 4823—4833.

[249] Arnstein, S.R., 1969:"A ladder of citizen participation", Journal of the American Institute of Planners, 35(4): 216—224.

[250] Bell, D., Gray T., Haggett C., 2005:"The 'Social Gap' in wind farm citing decisions: explanations and policy responses".Environmental Politics,14: 460—477.

[251] Bella, D.A., Mosher C.D., Calvo S.N.,1988:"Technocracy and trust: Nuclear

waste controversy", *Journal of Professional Issues in Engineering*, 114: 27—39.

[252] Benford, R., 1984: "The Anti-nuclear Movement (book review)", *American Journal of Sociology*, 89(6): 1456—1458.

[253] Bentler, P. M., Bonett, D.G., 1980: "Significance tests and goodness of fit in the analysis of covariance structures". *Psychological Bulletin*, 88: 588—606.

[254] Berger, E. M. 2010: "The Chernobyl Disaster, Concern about the Environment, and Life Satisfaction", *Kyklos*, 63(1): 1—8.

[255] Bertea, P., Zait A.,2011: "Methods for testing discriminant validity", *Management & Marketing-Craiova*, 2: 217—224.

[256] Blomqvist K. 1997: "The many faces of trust", *Scandinavian Journal of Management*, 13(3): 271—286.

[257] Bolsen, T., 2008: "Cook F.L. Public opinion on energy policy: 1974—2006", *Public Opinion Quarterly*, 72: 364—388.

[258] Bolsen, T., Cook, F.L.,2008: "Public opinion on energy policy: 1974—2006", *Public Opinion Quarterly*, 72: 364—388.

[259] Brutoco, R., 1977: "Profiles in power: The antinuclear movement and the dawn of the solar age", *Prentice Hall*, 63—64.

[260] Cheong, M., Lee, V.C.S., 2011: "A microblogging-based approach to terrorism informatics-exploration and chronicling civilian sentiment and response to terrorism events via Twitter", *Information Systems Frontiers*,13: 45—59.

[261] Chuanwang Sun, Xiting Zhu., 2014: "Evaluating the public perceptions of nuclear power in China: Evidence from a contingent valuation survey". *Energy Policy*, 69: 397—405.

[262] Corner, A., Dan, V., Spence, A., Poortinga, W., Demski, C., Pidgeon, N., 2011: "Nuclear power, climate change and energy security: exploring british public attitudes", *Energy Policy*, 39(9): 4823—4833.

[263] Cox, D. F., 1967: "Risk Taking and Information Handling in Consumer Behavior", *Boston: Harvard University*, 6(1).

[264] Cropanzano, R., Weiss, H.M., Hale, J.M.S., et al.,2003: "The structure of affect: reconsidering the relationship between negative and positive affectivity", *Journal of Management* 2003, 29: 831—57.

[265] Dan Venables, Nick, F. Pidgeon, Karen A. Parkhill., 2012: "Living with nuclear power: Sense of place, proximity, and risk perceptions in local host communities", *Journal of Environmental Psychology*, 2012, 32: 371—383.

[266] Dan, V., Pidgeon, N. F., Parkhill, K. A., Henwood, K. L., Simmons, P., 2012: "Living with nuclear power: sense of place, proximity, and risk perceptions in local host communities", *Journal of Environmental Psychology*, 32(4): 371—383.

［267］Daniel Weisser，2007："A guide to life-cycle greenhouse gas (GHG) emissions from electric supply technologies"，*Energy*,32(9)：1543—1559.

［268］Das，T. K.，Teng B. S.，2001："Trust，control，and risk in strategic alliances：An integrated framework"，*Organization studies*，22(2)：251—283.

［269］Dowella，D.，Morrisonb，M.，Heffernan，T.,2015："The changing importance of affective trust and cognitive trust across the relationship lifecycle：A study of business-to-business relationships"，*Industrial Marketing Management*，44：119—130.

［270］Downey，G. L.，1986："Ideology and the clamshell identity：organizational dilemmas in the anti-nuclear power movement"，*Social Problems*，33 (5)：357—373.

［271］Eiser，J. R.，Hannover，B.，Mann，L.，et al.，1990："Nuclear attitudes after Chernobyl：a cross-national study"，*Journal of Environ- mental Psychology*，10：101—110.

［272］Eiser，J.R.，Hannover，B.，Mann，L.，Morin，M.，Vander Pligt，J.，1990："Webley P. Nuclear attitudes after Chernobyl：a cross-national study"，*Journal of Environ- mental Psychology*，10：101—110.

［273］Ellis，G.，Barry，J.，Robinson，C.，2007："Many ways to say 'no'，different ways to say 'yes'：applying Q-methodology to understand public acceptance of wind farm proposals"，*Journal of Environmental Planning and Management*，50：517—551.

［274］Eschle，C.，2017："Beyond Greenham Woman? Gender identities and anti-nuclear activism in peace camps"，*International Feminist Journal of Politics*，19 (4)：471—490.

［275］Erdem，F.，Ozen，J.，2003："Cognitive and affective dimensions of trust in developing team performance"，*Team Performance Management：An International Journal*，9(5/6)：131—135.

［276］Evans，J.S.B.T.，2002："Logical and Human Reasoning：An Assessment of the Deduction Paradigm"，*Psychological Bulletin*,128(6)：978—996.

［277］Feigenbaum，A.，2015：From cyborg feminism to drone feminism：Remembering women's anti-nuclear activisms，*Feminist Theory*，16(3)：265—288.

［278］Fenton，N.，2008："Mediating hope：new media，politics and resistance"，*International Jounal of Culture Studies*,11(2)：230—248.

［279］Fine，G. A.，Holyfield，L. 1996："Secrecy，Trust，and Dangerous Leisure：Generating Group Cohesion in Voluntary"，*Social Psychology Quarterly*，59 (1)：22—38.

［280］Fischhoff，B.,1995："Risk Perception and Communication Unplugged：Twenty Years of Process"，*Risk Analysis*,15(2)：137—145.

[281] Flynn, J., Burns, W., Mertz, C. K., et al., 1992: "Trust as a determinant of opposition to a high-level radioactive waste repository: Analysis of a structural model", *Risk Analysis*, 12: 417—429.

[282] Fornell, C., Larcker, D. F. 1981: "Evaluating structural equation models with unobservable variables and measurement error", *Journal of Marketing Research*, 18(1): 39—50, 375—381.

[283] Fox-Cardamone, L., Hinkle, S., Hogue, M., 2000: "The correlates of antinuclear activism: attitudes, subjective norms, and efficacy", *Journal of Applied Social Psychology*, 30: 484—498.

[284] Ginsberg, J., Mohebbi, M. H., Patel, R. S., et al. 2009: "Detecting influenza epidemics using search engine query data", *Nature*, 457(7232): 1012—1014.

[285] Green, R., 2003: "Measuring goodwill trust between groups of people: three years of an oil industry alliance", *Strategic Change*, 12(7): 367—379.

[286] Guo, X., Zhao, H., He, Z., 2021: "Examining the influence of public participation on public acceptance of nuclear power plants: the case study of Qinshan NPP, China", Journal of Nuclear Science and Technology, 58(3): 322—332.

[287] Heclo, H., 1978: "Issue Networks And the Executive Establishment in A. King (ed.)", *American Enterprise Institute*, 87—124.

[288] Hoe, S.L., 2008: "Issues and procedures in adopting structural equation modeling technique", *Journal of applied quantitative methods*, 3(1): 76—83.

[289] Hoffman, I. E., Peene, I., Veys, E. M., De Keyser, F., 2002: "Detection of specific antinuclear reactivities in patients with negative anti-nuclear antibody immunofluorescence screening tests", *Clinical Chemistry*, 48(12): 2171—2176.

[290] Ho, J. C., Kao, S. F., Wang, J. D., et al., 2013: "Risk perception, trust, and factors related to a planned new nuclear power plant in Taiwan after the 2011 Fukushima disaster", *Journal of Radiological Protection*, 33: 773—789.

[291] Ho, M., 2018: "Taiwan's Anti-Nuclear Movement: The Making of a Militant Citizen Movement", *Journal of Contemporary Asia*, 48(3): 445—464.

[292] Ho, M., 2014: "The Fukushima Effect: Explaining the Recent Resurgence of the Anti-nuclear Movement in Taiwan", *Environmental Politics*, 23(6): 965—983.

[293] Hu, L., Bentler, P. M., 1999: "Cutoff criteria for fit indexes in covariance structure analysis: Conventional criteria versus new alternatives", *Structural Equation Modeling: A Multidisciplinary Journal*, 6(1): 1—55.

[294] Huang L, Zhou Y, Han Y, Hammitt JK, Bi J, Liu Y., 2013: "Effect of the Fukushima nuclear accident on the risk perception of residents near a nuclear power plant in China". *PNAS*, 110(49): 19742—19747.

［295］Huijts，N. M. A.，Molin，E. J. E.，Steg，L.，2015："Psychological factors influencing sustainable energy technology acceptance: a review-based comprehensive framework"，*Renewable & Sustainable Energy Reviews*，16（1）: 525—531.

［296］Johnson，D.，Graysonb，K.，2005:"Cognitive and affective trust in service relationships"，*Journal of Business Research*，58(4): 500—507.

［297］Jung-Chun Ho，Shu-Fen Kao，Jung-Der Wang，et. al.，2013:"Risk perception, trust, and factors related to a planned new nuclear power plant in Taiwan after the 2011 Fukushima disaster"，*Journal of Radiological Protection*，33: 773—789.

［298］Kasperson，R. E.，2012:"The social amplification of risk and low-level radiation"，*Bulletin of the Atomic Scientists*，68(3): 59—66.

［299］Kasperson，R.E.，Berk，G.，Pijawka，D.，et al.1980:"Wood: Public Opposition to Nuclear Energy: Retrospect and Prospect"，*Science，Technology，& Human Values*，5(31): 11—23.

［300］Kasperson，R. E.，Kasperson，J. X.，1996: "The Social Amplification and Attenuation of Risk"，*Annals of the American Academy of Political and Social Science*，545: 95—105.

［301］Kaserson，R.E.，Renn，O.，Slovic，P.，et al.1988:"The social amplification of risk: A conceptual framework"，*Risk Analysis*，8(2): 177—187.

［302］Kharecha，P.A.，Hansen，J.E.，2013:"Prevented mortality and greenhouse gas emissions from historical and projected nuclear power"，*Environ. Sci. Technol.*，47 (9): 4889—4895.

［303］Kidd，S.W.，2013:"Nuclear power: Economics and public acceptance"，*Energy Strategy Reviews*，1(4): 277—281.

［304］Kim，Y.，Kim，W.，Kim，M.，2014:"An international comparative analysis of public acceptance of nuclear energy"，*Energy Policy*，66(1): 475—483.

［305］Kim，Y.，Kimb，W.，Kim M.，2014:"An international comparative analysis of public acceptance of nuclear energy"，*Energy Policy*，66: 475—483.

［306］Kitschelt，H. P.，1986:"Political opportunity structures and political protest: Anti-nuclear movements in four democracies"，*British journal of political science*，16(1): 57—85.

［307］Kraft，M.，Clary B.，1991:"Citizen participation and the NIMBY syndrome: public response to radioactive waste disposal"，*The Western Political Quarterly*，2: 299—328.

［308］Krame，R. M.，1999:"Trust and distrust in organizations: Emerging perspectives, enduring questions"，*Annual Review of Psychology*，50: 569—598.

［309］Larson，D. W.，1997:"Trust and Missed Opportunities in International Relations"，

Political Psychology，18(3)：714—715.

[310] Lavine，H.，Thomsen C.J.，Zanna，M.P.，et al. 1998："On the primacy of affect in the determination of attitudes and behavior：the moderating role of affective-cognitive ambivalence"，*Journal of Experimental Social Psychology*，34：398—421.

[311] Lennart Sjöberg，Britt-Marie，Drottz-Sjöberg，2001："Fairness，risk and risk tolerance in the siting of a nuclear waste repository"，*Journal of Risk Research*，4(1)：75—101.

[312] Lewis J.D.，Weigert A.，1985："Trust as a social reality"，*Social Forces*，63(4)：967—985.

[313] Liao，S.Y.，Tseng，W.C.，Chen，C.C.，2010："Eliciting public preference for nuclear energy against the backdrop of global warming" *Energy Policy*，38：7054—7069.

[314] Lieberman，B.，1964："i-Trust：A Notion of Trust in Three-Person Games and International Affair"，*The Journal of Conflict Resolution*，8(3)：271—280.

[315] Lindenberg，S.，Steg，L.，2007："Normative，gain and hedonic goal frames guiding environmental behavior"，*Journal of Social Issues*，63：117—137.

[316] Liu，C.，Zhang，Z.，Kidd，S.，2008："Establishing an objective system for the assessment of public acceptance of nuclear power in China". *Nuclear Engineering & Design*，238(10)：2834—2838.

[317] Liu，J.，2017："Research on the Countermeasures of Crisis Dissemination in Colleges from the Perspective of New Media"，*DEStech Transactions on Social Science*，*Education and Human Science*，DOI 10.12783/dtssehs/hsmet2017/16531.

[318] Luhmann，N.，1988："Familiarity，confidence，trust：problems and alternatives"，*Trust-Making and Breaking Relationships*，94—109.

[319] Maathuis，O.，Rodenburg，J.，Sikkel，D.，2004："Credibility，emotion or reason?"，*Corporate Reputation Review*，6(4)：333—345.

[320] May，P.J.，1991："Reconsidering policy design：Policies and publics". *Journal of Public Policy*，11(2)：187—206.

[321] Mayer，R.C.，Davis，J.H.，Schoorman，F.D.，1995："An integrative model of organizational trust"，*Academy of Management Review*，20 (3)：709—734.

[322] Michael Kraft，Bruce Clary. 1991："Citizen participation and the NIMBY syndrome：public response to radioactive waste disposal"，*The Western Political Quarterly*，2：299—328.

[323] Michael Siegrist，Vivianne H.M.，Visschers.，2013："Acceptance of nuclear power：The Fukushima effect".*Energy Policy*，59：112—119.

[324] Mcknight，D.H.，Cummings，L.L.，Chervany，N.L.，1998："Initial trust formation in new organizational relationship"，*Academy of Management Review*，23

(3)：473—490.

[325] Midden，C.J.H，Huijts，N.M.A.，2009："The role of trust in the affective evaluation of novel risks：the case of CO$_2$ storage"，*Risk Analysis*，29：743—751.

[326] Mitchell，R.，Agle，B.R.，Wood，D.J.，1997："Toward a theory of stakeholder identification and salience：Defining principles of who and what really counts"，*Academy of Management Review*，22：853—886.

[327] Molin，E.，2005："A causal analysis of hydrogen acceptance"，*Journal of the Transportation Research Board*，1941：115—121.

[328] Montijn-Dorgelo，F.，Midden，C.J.H.，2008："The role of negative associations and trust in risk perception of new hydrogen systems"，*Journal of Risk Research*，11：659—671.

[329] Murphy，K.，Tyler，T.R.，2008："Procedural justice and compliance behaviour：The mediating role of emotions"，*European Journal of Social Psychology*，38：652—668.

[330] Nick，F.P.，Irene，L.，Wouter，P.，2008："Climate change or nuclear power—No thanks! A quantitative study of public perceptions and risk framing in Britain"，*Global Environmental Change*，18：69—85.

[331] Nooteboom，B.，1996："Trust，opportunism and governance：A process and control model"，*Organization studies*，17(6)：985—1010.

[332] Oltean，H.R.，Hyland，P.，Vallières，F.，David，D.O.，2017："An empirical assessment of REBT models of psychopathology and psychological health in the prediction of anxiety and depression symptoms"，*Behavioural and cognitive psychotherapy*，45(6)，600—615.

[333] Park，E.，Ohm，J.Y.，2014："Factors influencing the public intention to use renewable energy technologies in South Korea：Effects of the Fukushima nuclear accident"，*Energy Policy*，65：198—211.

[334] Paul Slovic，1987："Perception of Risk".*Science*，236 (4799)：280—285.

[335] Peters，E.，Slovic，P.，1996："The role of affect and worldviews as orienting dispositions in the perception and acceptance of nuclear power"，*Journal of Applied Social Psychology*，16：1427—1453.

[336] Poortinga，W.，Pidgeon，N.F.，2003："Exploring the dimensionality of trust in risk regulation"，*Risk Analysis*，23(5)：961—972.

[337] Posner，J.，Russell，J.A.，Peterson，B.，2005："The circumplex model of affect：an integrative approach to affective neuroscience，cognitive development，and psychopathology"，*Dev. Psychopathol*，17：715—734.

[338] Pushker，A.K.，James，E.H.，2013："Prevented mortality and greenhouse gas emissions from historical and projected nuclear power"，*Environ. Sci. Technol.*，47

(9)：4889—4895.

[339] Ramana, M. V., 2011："Nuclear power and the public". *Bulletin of the Atomic Scientists*, 67(4)：47—48.

[340] Reid, S.G., 2006："Perception and communication of risk, and the importance of dependability", *Structural safety*, 373—384.

[341] Richter, Felix; Steenbeck, Malte; Wilhelm, Markus, 2013 ："Nuclear accidents and policy: Notes on public perception", *SOEPpapers on Multidisciplinary Panel Data Research*, 590.

[342] Rogner, H., Toth, F. L., Mc-Donald, A., 2010："Judge Nuclear on Its Merits", *IAEA Bulletin*, 51：16—19.

[343] Ross, V.L., Fielding, K.S., Louis, W.R., 2014："Social trust, risk perceptions and public acceptance of recycled water: Testing a social-psychological model", *Journal of environmental management*, 137：61—68.

[344] Russell, J.A., Venue., 1980："A circumplex model of affect", *J Pers Soc Psychol*, 39 (6)：1161—1178.

[345] Sakaki, T., Okazaki, M., Matsuo, Y., 2010："Earthquake shakes Twitter users: real-time event detection by social sensors", Proc. International World Wide Web Conference., 851—860.

[346] Sako, M., 1998："Does trust improve business performance", *Organizational Trust: A Reader*, 3.

[347] Sara, K., Yeo, Michael, A., Cacciatore, Dominique Brossard, et. al., 2014："Partisan amplification of risk: American perceptions of nuclear energy risk in the wake of the Fukushima Daiichi disaster", *Energy Policy*, 67：727—736.

[348] Shi, Z. G., Zhang, Z. Y., Xue, L., 2002："Study on risk acceptance of nuclear power", *Nuclear Science and Engineering*, 22：3.

[349] Shu-Yi Liao, Wei-Chun Tseng, Chi-Chung Chen., 2010："Eliciting public preference for nuclear energy against the backdrop of global warming", *Energy Policy*, 38：7054—7069.

[350] Steiger, J.H., 1990："Structure model evaluation and modification: An interval estimation approach". *Multivariate Behavioral Research*, 25：173—180.

[351] Siegrist, M., Cousin, M, Kastenholz, H, Wiek, A., 2007："Public acceptance of nanotechnology foods and food packaging: the influence of affect and trust", *Appetite*, 49：459—466.

[352] Siegrist, M., Cvetkovich, G., 2000："Perception of hazards: the role of social trust and knowledge", *Risk Analysis*, 20：713—720.

[353] Siegrist, M., Visschers, V.H.M., 2013："Acceptance of nuclear power: The Fukushima effect", *Energy Policy*, 59：112—119.

[354] Sjöberg, L., Drottz-Sjöberg, B., 2001: "Fairness, risk and risk tolerance in the siting of a nuclear waste repository", *Journal of Risk Research*, 4(1): 75—101.

[355] Slovic, P., 1987: "Perception of risk. Science", *Science*, 236(4799): 280—285.

[356] Slovic, P., Layman, M., Flynn, J., 1991, "Risk perception, trust, and nuclear waste: lessons from yucca mountain", *Environment Science & Policy for Sustainable Development*, 33(3): 6—30.

[357] Slovic, P., Fnucane, M.I., Peter, E. et al., 2014: "Risk as analysis an risk as feeling, *Risk Analysis*, 24(22): 311—322.

[358] Smith, H.J., Cronin, T., Kessler, T., 2008: "Anger, fear, or sadness: Faculty members' emotional reactions to collective pay disadvantage", *Political Psychology*, 29: 221—246.

[359] Song, Y., Kimb, D., Han, D., 2013: "Risk communication in South Korea: Social acceptance of nuclear power plants (NPPs)", *Public Relations Review*, 39 (1): 55—56.

[360] Starr, C. 1969: "Social benefit versus technological risk". *Science*, 165, 1232—1238.

[361] Stuart, G., Reid., 1991: "Perception and communication of risk, and the importance of dependability". *Structural safety*, 21(4): 373—384.

[362] Steg, L., de Groot, J., 2010: "Explaining prosocial intentions: testing causal relationships in the norm activation model", *British Journal of Social Psychology*, 49: 725—743.

[363] Sun, C., Zhu, X., 2014: "Evaluating the public perceptions of nuclear power in China: Evidence from a contingent valuation survey", *Energy Policy*, 69: 397—405.

[364] Sylves, R. T., Falk, J., 1982: "Global fission: the battle over nuclear power", *American Political Science Association*, 77(3): 806.

[365] Tanaka, Y., 2004: "Major psychological factors determining public acceptance of the siting of nuclear facilities", *Journal of Applied Social Psychology*, 34: 1147—1165.

[366] Terwel, B. W., Harinck, F., Ellemers, N., Daamen, D. D. L., 2009: "Competence-based and integrity-based trust as predictors of acceptance of carbon dioxide capture and storage (CCS)", *Risk Analysis*, 29: 1129—1140.

[367] Terwel, B.W., Harinck, F., Ellemers, N., Daamen, D.D.L., 2010: "Voice in political decision making: the effect of group voice on perceived trustworthiness of decision makers and subsequent acceptance of decisions", *Journal of Experimental Psychology: Applied*, 16: 173—186.

[368] Thibaut, J.W., Walker, L., 1975: "Procedural justice: A psychological analysis",

Duke Law Journal, 1975.

[369] Thibaut, J., Walker, L., LaTour, S., Houlden, P., 1973: "Procedural justice as fairness", Stanford Law Review, 26: 1271.

[370] Van Zomeren, M., Spears, R., Fischer, A., et al.,2004:"Put your money where your mouth is! Explaining collective action tendencies through group-based anger and group efficacy", *Journal of Personality and Social Psychology*, 87: 649—664.

[371] Venables, D., Pidgeon, N. F., Parkhill, K. A., et al.,2012:"Living with nuclear power: Sense of place, proximity, and risk perceptions in local host communities", *Journal of Environmental Psychology*, 2: 371—383.

[372] Vikund, M. J., 2003:"Trust and Risk Perception in Western Europe: A Cross-National Study", *Risk Analysis*,23(4): 727—738.

[373] Visschers, V. H. M., Keller, C., Siegrist, M., 2011:"Climate change benefits and energy supply benefits as determinants of acceptance of nuclear power stations: investigating an explanatory model", *Energy Policy*, 39(6): 3621—3629.

[374] Visschers, V.H.M., Siegrist, M., 2012: "Fair play in energy policy decisions: Procedural fairness, outcome fairness and acceptance of the decision to rebuild nuclear power plants", *Energy Policy*,46: 292—300.

[375] Visschers, V.H.M., Siegrist, M., Zurich, E.T.H.,2013:"How a Nuclear Power Plant Accident Influences Acceptance of Nuclear Power: Results of a Longitudinal Study before and after the Fukushima Disaster", *Risk Analysis*, 33(2): 333—347.

[376] Vivianne, H.M., Visschers, Michael Siegrist.,2012:"Fair play in energy policy decisions: Procedural fairness, outcome fairness and acceptance of the decision to rebuild nuclear power plants", *Energy Policy*, 46 : 292—300.

[377] Vivianne, H.M., Visschers, Michael Siegrist, ETH Zurich.,2013:"How a Nuclear Power Plant Accident Influences Acceptance of Nuclear Power: "Results of a Longitudinal Study before and after the Fukushima Disaster", *Risk Analysis*, 33(2): 333—347.

[378] Wallquist, L., Visschers, V.H.M.,Siegrist, M., 2010:"Impact of knowledge and misconceptions on benefit and risk perception of CCS", *Environmental Science & Technology*, 44: 6557—6562.

[379] Wang, A., Hong, J., Fan, R., Yu, F., Zhang, S., Liu, Y., 2017: "The Investigation and Analysis of Public Acceptance in the Surrounding Region of Inland Nuclear Power Plant", *25th International Conference on Nuclear Engineering*, *Shanghai*, *China*, doi: 10.1115/ICONE25-67942.

[380] Watson, D., Clark, L. A.,Tellegen A.,1988:"Development and validation of brief measures Positive and Negative Affect", *The PANAS Schedule*, 54 (6): 1063—1070.

［381］Watson，D，Tellegen，A. 1985：" Toward a consensual structure of mood"，*Psychological Bulletin*，98(2)：219—235.

［382］Welsh，I.，1993："The NIMBY syndrome：its significance in the history of the nuclear debate in Britain"，*The British Journal for the History of Science*，26：15—32.

［383］Whitfield，S. C.，Rosa，E. A.，Dan，A.，Dietz，T.，2009："The future of nuclear power：value orientations and risk perception"，*Risk Analysis*，29：425—437.

［384］Wu，Y. N.，Naren，M.，Han，Y. L.，Wang，H. P.，2013："Analysis on public participation in decision-making of nuclear power in china"，*Applied Mechanics and Materials*，291：555—560.

［385］Wüstenhage，R.，Wolsink，M.，Bürer，M. J.，2007：" Social acceptance of renewable energy innovation：An introduction to the concept"，*Energy Policy*，35：2683—2691.

［386］Wynne，B.，1992："Misunderstood misunderstanding：social identities and public uptake of science"，*Public Understanding of Science*，1(3)：281—304.

［387］Xiao，Q.，Liu，H.，Feldman，M. W.，2017："How does trust affect acceptance of a nuclear power plant（NPP）：a survey among people living with Qinshan NPP in China"，*Plos one*，12(11)：e0187941.

［388］Yamano，N，Shioda，A，Sawada，T.，2008："Local Civic Forum：An experimental study promoting public acceptance on nuclear energy"，*Progress in Nuclear Energy*，2008，50(2)：709—711.

［389］Yeo，S.，Cacciatore，M. A.，Brossard，D.，et. al.2014："Partisan amplification of risk：American perceptions of nuclear energy risk in the wake of the Fukushima Daiichi disaster"，*Energy Policy*，67：727—736.

［390］Yokoyama，H. M.，2015："Public anxiety after the 2011 Tohoku earthquake：fluctuations in hazard perception after catastrophe"，*Journal of Risk Research*，18(2)：156—169.

［391］Yosep Song，Daewook Kimb，Dongsub Han.，2013："Risk communication in South Korea：Social acceptance of nuclear power plants（NPPs）".*Public Relations Review*，39(1)：55—56.

［392］Yuan，X.，Zuo，J.，Ma，R.，et al.，2017："How would social acceptance affect nuclear power development? A study from China"，*Journal of Cleaner Production*，163(1)：179—186.

［393］Zheng，G.，Liu，W.，2018："Same projects，different endings—Comparative case studies on NIMBY facility construction in Beijing"，*Cities*，73：63—70.

［394］Zhu，C.，Wang，J.，Ma，G.，et al.，2013："China tackles the health effects of air pollution"，*The Lancet*，382(9909)：1959—1960.

［395］Zhu Chen，Jin-Nan Wang，Guo-Xia Ma，Yan-Shen Zhan，2013："China tackles the health effects of air pollution", *The Lancet*, 382, 9909.

[396] Bennett, P., Calman, K., 1999: *Risk communication and public health*, New York: Oxford University Press, pp.3—7, 20—65.

[397] Blumer, H., 1946:"Elementary collective behavior", In: Lee, A.M. (Ed.), *New Outline of the Principles of Sociology*, New York: Barnes & Noble, pp.170—177.

[398] Bauer, R.A., 1960:"Consumer behavior as risk taking". In Hancock, R.S. (Ed.), *Dynamic marketing for a changing world*. Chicago: American Marketing Association, pp. 389—398.

[399] Carmines, E. G., McIver, J. P., 1981: Analyzing models with unobserved variables: Analysis of co-variance structures, In: Bohmstedt, G.W., Borgatta, E. F., *Social Measurement*. Thousand Oaks, CA: Sage Publications, pp.65—115.

[400] Cunningham, S.M., 1967:"*The Major Dimensions of Perceived Risk*", in Cox, D.F. (ed.). Risk Taking and Information Handling in Consumer Behavior., Boston: Harvard University, 1967: 82—108.

[401] Falk, J., 1982: Global Fission: *The Battle Over Nuclear Power*, New York: Oxford University Press, pp.327—329.

[402] Montijn-Dorgelo, F.N.H., 2009:"*On the acceptance of sustainable energy systems*", Eindhoven: Eindhoven University of Technology, pp. 11.

[403] Nunnally, J., Psychometric Theory (2nd ed), New York: McGraw-Hill, 1978.

[404] Smelser, N.J., 1963:"*Theory of Collective Behavior*", New York: Free Press, pp. 168—169.

[405] Tarrow, S.G., 2011:"*Power in Movement Social Movement and Contentious Politics*", Cambridge: Cambridge University Press,pp. 22—28.

[406] Amano, Y., 2011:"Statement to International Conference on Chernobyl: Twenty-Five Years On — Safety for the Future", April 20, 2011, IAEA, http://www.iaea.org/newscenter/statements/2011/amsp2011n010.html.

[407] DV82XL.,2010:"An informed public is key to acceptance of nuclear energy", May 4, 2010, Brave New Climate, http://bravenewclimate. com/2010/05/04/dv82xl-2/.

[408] Hans-Holger Rogner, Ferenc,L.,Toth, Alan Mc-Donald. 2010:"Judge Nuclear on Its Merits", 2010,IAEA Bulletin, http://www.iaea.org/Publications/Magazines/Bulletin/Bull512/51204721619.html.

[409] Ian Fairlie, David Sumner,2006:"The Other Report on Chernobyl(TORCH)", April, 2006, Berlin, Brussels, Kiev, http://www.chernobylreport.org/torch.pdf.

[410] Jeffrey, M., Jones.,2010:"U.S. Support for Nuclear Power Climbs to New High of 62%", March 22, 2010, http://www. gallup. com/poll/126827/Support-Nuclear-Power-Climbs-New-High.aspx.

[411] Jones, J. M., 2011: "Disaster in Japan raises nuclear concerns in US", March 16, 2011, Gallup, http://www. g008: allup. com/poll/146660/disaster-japan-raises-nuclear-concerns.aspx.

[412] Joaquín: "Albert Ellis' ABC Model in the Cognitive Behavioral Therapy Spotlight", Positive Psychology Program, 8 March, 2018, https://positivepsychologyprogram. com/albert-ellis-abc-model-rebt-cbt/.

[413] Jones, J. M. 2010: "U. S. Support for Nuclear Power Climbs to New High of 62%", March 22, 2010, Gallup, http://www.gallup.com/poll/126827/Support-Nuclear-Power-Climbs-New-High.aspx.

[414] Kidd, S., 2013: "Nuclear slowdown: why did it happen?", August 5, 2013, Nuclear Engineering International, http://www. neimagazine. com/opinion/ opinionnuclear-slowdown-why-did-it-happen/.

[415] Steve Heiser., 2009: "NRC Renews Operating License For Three Mile Island For An Additional 20 Years", Oct 26, 2009, Nuclear Power Industry News, http:// nuclearstreet.com/nuclear_power_industry_news/b/nuclear_power_news/archive/ 2009/10/26/nrc-renews-operating-license-for-three-mile-island-nuclear-power-plant-for-an-additional-20-years-10261.aspx♯.U3lqDXwbRko.

[416] Visschers, V. H. M., Siegrist, M., 2012: "How an accident in a nuclear power plant influences acceptance: results of a longitudinal study before and after Fukushima", Janaury8, 2012, Risk Analysis, http://dx.doi.org/10.1111/j.1539-6924.2012.01861.aspx.

[417] Weinhold, N., Morris, C., Hardy, M., 2014: "Billions burned: Nuclear power more expensive than renewables", May 17, 2014, Renewables International, http:// www. renewablesinternational. net/nuclear-power-more-expensive-than-renewables/ 150/537/78903/.

[418] Wikipedia, E., 2018: "Shad Alliance", April 28, 2018, Wikipedia, https://en. wikipedia.org/wiki/Shad_Alliance.

[419] Yukiya Amano., 2011: " Statement to International Conference on Chernobyl: twenty-five years on safety for the future", April 20, 2011, International Atomic Energy Agency, http://www. iaea. org/newscenter/statements/2011/amsp2011n010. html.